영어교육의 인문적 전망

영어교육의 인문적 전망

펴낸곳 서울대학교출판문화원
펴낸이 성낙인
지은이 김길중 외

초판 1쇄 인쇄 2014년 9월 1일
초판 1쇄 발행 2014년 9월 5일
출판등록 제15-3호

주소 151-742 서울 관악구 관악로 1
대표전화 02-880-5252, 팩스 02-888-4148
마케팅팀(주문상담) 02-889-4424, 02-880-7995
이메일 snubook@snu.ac.kr
홈페이지 www.snupress.com
영문홈페이지 eng.snupress.com

ISBN 978-89-521-1590-4 93370

TOWARD A HUMANIST REORIENTATION IN ENGLISH LANGUAGE EDUCATION IN KOREA

영어교육의 인문적 전망

김길중 외 지음

서울대학교출판문화원

Toward a Humanist Reorientation in English Language Education in Korea

Kil Joong Kim et al.

Seoul National University Press

머리말

세계에는 많은 말이 있고 말에는 안과 밖의 입장이 있다. 밖으로 보면 모두 불통의 외국어이지만 안으로는 오직 지당하고 절대한 어머니 말이다. 낳아서 기르고 물려주는 것이 어머니인 만큼 모성은 말의 본령이다. 말이 아니라면 사람이 태어나서 어떻게 자라고 배울 것이며 사회에 나아가 어떻게 어엿한 시민의 구실을 하겠는가. 정치하게 엮어서 면면히 이어가는 세상의 일체 내력이 어떻게 가능하겠는가. 사람의 말이 가지는 역량이 생각할수록 놀랍다.

그것은 누구나 가진 능력이지만 그렇다고 그냥 타고나는 것도 아니다. 실은 지극정성을 쏟아 부단히 연마해서 얻는 결실이다. 사람들이 그 과정의 수고로움을 기억하거나 의식하지 않는 것은 말의 습득과 성장의 과업이 혼연히 일체화되어 있기 때문이다. 모국어는 물론 말이지만 단순한 어법적 기능을 넘어 속속들이 내면화된 인간화 역량이다. 말과 삶이 함께 가는 경지이다.

외국어는 온통 다르다. 학습은 계기에서 작위적이고 진행 또한 그러하기 쉽다. 안으로 모국어일 수밖에 없는 말이 밖에서 먼발치로 학습의 대상인 외국어가 되는 순간, 안의 인간 내용은 불시에 실종하고 해독 혹은 숙련을 기다리는 어법 질서가 압도하는 것이다. 모국어의 경우는 언어를 배양하는 환경이 바로 인간 환경이었다. 이에 대해 외국어는 상응하는 별도의 현실 환경을 가지지 않는 기호의 세계처럼 보인다. 그것은 선택, 갈등, 욕망, 판단, 공감, 기억 등의 세계 내 교감과 참여가 무한히 유보된 자기완결적 상징체계이다. 여기서 기능주의 유혹이 비롯한다. 외국어가 인문소양이 아니라 언어기술 교육의 대상으로 비치는 것이다.

영어교육은 외국어로서 오랫동안 같은 유혹에 직면해 있다. 작금의 시대가 이른바 세계화 추세 속에서 영어의 수요를 일정 수준 증폭시키고 있는 것은 사실이다. 그럴수록 시대의 요청은 교육적 전망에 관한 진솔한 성찰일 터인데 그것은 드물고 영어의 막연한 중요성만 거듭하여 되풀이되는 것이다. 이때 기능 위주의 능력 제고에 일률적으로 방점이 찍히는 것이 보통이다. 이와 같이 추동되는 영어의 기능 항진이 때로는 열풍처럼 드셀 수도 있다.

영어의 중요성에 대한 기능주의적 강조가 나라의 영어 수준의 전반적 제고에 일정한 공헌을 한 만큼, 그 맹목성 또한 교육문화의 파행과 왜곡의 심화에 일조했다. 일례로, 유행 개념의 하나인 이른바 '원어민' 담론의 역설은 이와 같다. '원어'란 결국 '모국어'를 가리키는데 정작 내 안에 있는 모국어는 더욱 외면하는 역설, '원어'는 모국어로서 언어의 인간화 역량을 내화하는 경지인데 인간 내용을 탈색하고 기능적 어법주의에 더욱 경도하는 역설, 모국어라는 '원어'를 이미 가진 학습자의 학습 수용 한계에 관한 몰이해 내지 무관심의 역설 등이 그것이다. '네이티브 스피커' 곧, 말의 '모국어 사용자'가 늘 어법 관심의 척도에서 운위될 뿐, 말이 모국어 본연의 경지에서 구현하는 인간 내용의 풍요로움을 환기치 못하는 것 자체가 역설이다.

그러나 같은 '원어민' 척도가 기능주의 함정 대신 진일보한 교육 전망을 열어가는 단서 혹은 계기로 작용할 수도 있다. 언어의 근원적인 인본성이 '모국어'를 거쳐서 일깨워지기 때문이다. 영어를 위시한 모든 선택된 외국어는 모국어와 나란히 어문교육의 기반을 공유하고 시민의 교육에 함께 참여하는 것이다. 그러므로 다음과 같은 과제 판단을 할 수 있다. 곧, 학교 차원의 영어교육은 중등 수준이든지, 대학 수준이든지, 전문 기능교육의 영역이 아니라 어문소양 교육의 일환이라는 점, 그런 면에서 영어소양은 외국어 기반의 인간적 시민적 인문적 세계 전망을 감당하여야 한다는 점, 그것으로 학과와 학습의 기반이 창의 속에 정당하고 풍부하여지면 학습의 동기와 성취의 수준도 의미 있게 제고될 것이라는 점, 교육의 인문적 비전 속에서 문학 내지 문학적 상상력의 역할이 상대적으로 높아질 것이라는 점 등이다.

필자는 평생 영문학 명분의 강의를 감당하였다. 그러나 언어와 그 교육에 관한 상식인의 관심이 마음에서 떠나지 않던 중, 2007년 여름 서울대학교에서 대강 위와 같은 소견에 큰 틀에서 공감하는 동료와 후학들을 모아 '집담회'라는 이름으로 영어교육에 관한 심포지엄을 시작했다. 참가자들은 영미문학 및 영어교육 분야의 전문가였고 중등학교와 대학에서 교편을 잡고 있었다.

집담회 모두에서 필자는 "영어교육에서 텍스트의 의미와 인문적 전망"이라는 제목으로 기조 발제를 했다. 이를 통해 동서양 교육의 전통에서 인문적 가치의 규범을 개괄하고 어문교육의 일환으로서 영어 혹은 외국어가 가지는 위상을 가늠하면서 인간 내지 시민 전망을 담보하는 텍스트의 의의와 범주에 관해 논의하였다. 집담회 참가자들은 기조의 취지와 문제점 및 현장적 과제에 대해 토론하고 이에 근거하여 각자 정한 주제로 번갈아 가며 발제하였다. 집담회는 그렇게 약 2년에 걸쳐 순조롭게 진행이 되었다.

여기 펴내는 "영어교육의 인문적 전망"은 이 심포지엄의 토대 위에 일구어낸 결실이다. 처음부터 공동저술을 염두에 두고 출발하였기 때문에 공동의 주제에 대해 잦은 토론을 하고 책의 구도와 참가자의 개별 관심사를 수시로 조정했다. 인문적 전망은 기본적으로 인간과 인간가치의 교육적 전망이며 텍스트의 인문적 전략이 요청되지만 그것이 굳이 문학의 특권적 위상을 전제하는 것은 아니라는 논의를 가졌다.

책을 구성하는 14편의 글은 세 부분으로 나뉘어 묶였다. 1부는 "영어교육의 현실과 인간화 전망"이라는 제목으로 영어교육에 관한 일반론적인 전망, 이슈, 비판, 인식, 이론 등이 논의되는 자리였고 김길중, 신문수, 김재오, 강규한 네 분 필자가 참여했다. 2부는 "중등 영어교육의 인문적 전망"이다. 조자룡, 김은실, 윤미정, 이진경, 정종호 다섯 분 필자가 참여하였는데, 이진경 교수 외에는 모두 중등학교 현직교사이다. 현장의 경험과 경륜을 중심에 두고 실제적인 지혜와 창의를 구하고자 하였다. 3부는 조광순, 김경한, 이인기, 강유나, 이원주 다섯 분 필자가 "대학 영어교육을 위한 새로운 탐색"의 이름을 걸고 협력한 구성이다. 장르론, 작품론, 교과과정론, 문학과 문화, 웹 기반 학습모델 등이 다채롭게 나열되었다. 책은 이렇게 합주의 좋은 작용을 믿고 협업에 나선 십시일반의 소산이다.

공동저술의 과정에서 지성으로 일의 진행을 도운 몇 분의 특별한 이름이 있다. 그 가운데 강규한 교수는 처음부터 마지막 순간까지 온갖 연락과 거중 조정에 노고를 아끼지 않았다. 강교수와 더불어 안현기 교수 또한 초기 설계의 의욕을 견인했다. 그는 아쉽게도 필진으로 참여하지는 못했지만 끝까지 성원을 거두지 않았다. 조이스의 소설과 백석의 시를 사랑한 송인영 교수는 이 기획에 열성적으로 참여하여 발제하고 토론하였으나 애석하게도 그 사이 병을 얻어 세상을 일찍 떴다. 남은 사람으로서 받은 빚을 되돌려 주지 못한 느낌이어서 대신 이름을 남긴다. 마지막으로 서울대학교 출판문화원의 노고에 감사의 뜻을 전한다. 담당 편집자와 제작팀 여러분들이 헌신적으로 수고했다.

책이 나오기까지 뜻밖에 시간이 걸렸다. 그동안 집필자 개개인의 절차탁마와 책을 기다렸던 분들의 긴 기다림에 대해 한편 송구하고 한편 감사한 뜻을 전한다. 책이 시대의 교육과제를 작게라도 일깨울 수 있기를 희망하지만, 불민한 구석을 남겼다면 그것은 누구보다도 대표저자의 불민함의 소치일 것이다. 다만, 진일보한 교육전망을 찾아 나선 중지의 결집으로서 독자와 시대의 숨은 소명에 작은 보탬이 되기를 간절히 바랄 따름이다.

2014년 8월 30일
필진을 대표하여
김길중 삼가 씀

차례

제2부 중등 영어교육의 인문적 전망

제3부
대학 영어교육을 위한 새로운 탐색

제1부

영어교육의 현실과 인간화 전망

01

영어교육의 인문적 전망에 관하여*

김길중

1. 역사적 배경과 문제의식

우리나라의 곡절 많은 현대사 속에서 영어와 영어교육의 뜨거움은 외국어 혹은 외국어에 관한 교과교육 차원을 넘어서는 사회적 현상이다. 해방과 전란의 격동기로부터 오늘날에 이르기까지 사회의 영어에 대한 집착은 해를 거듭할수록 유난스러웠다. 영어에 대한 고조된 관심은 역사적으로 19세기 중후반 서세동점의 둔화 충격 속에서 동아시아의 여러 나라가 함께 겪은 근대적 자의식의 일환이었다. 메이지유신을 거친 일본이나 양무운동 중의 중국이 그랬던 것과 같다. 다

* 이 글은 『영미문학교육』 17권 3호에 실린 저자의 같은 논문을 다소 조정 내지 수정한 것이다.

만 우리나라의 경우는 곡절을 다소 달리했다. 서양의 도전이 일본의 식민지적 중개 혹은 굴절을 거쳐서 진행된 것이다. 해방 이후는 미국이었다. 곧, 해방과 전쟁과 전후 복구로 이행하는 고비마다 사태를 주도하는 미국의 역량은 뭇사람들의 눈에 단연 혁혁한 것이었다. 미국인의 언어인 영어를 구사하는 능력이나 미국행 유학은 당연히 사회적 갈구와 동경의 대상이 되었다. 신분상승의 징표처럼 비쳤기 때문에 더욱 그러했다. 1950-60년대 이후 이와 같은 분위기 속에서 진작된 영어학습의 의욕은 사회의 비상한 교육열에 편승하여 제도와 인습 안에 내화되어 갔다. 80년대 이후의 탈냉전 무드 속에서 국제관계는 종래의 미국 일변도에서 차츰 다변화하고 90년대 이후로는 세계화의 명분이 분분하게 된다. 그러나 이 명분은 외국어 관심이 다변화하는 계기로 크게 작용하지는 않았다. 오히려 영어의 세계어 지위를 확인하고 학교 안팎에서 영어에 관한 강박을 더욱 고조시키는 배경이 되었다. 그런 가운데 조기교육 논쟁을 위시한 몇몇 영어교육 혹은 영어교육 환경의 강화를 향한 방안과 시책의 논란은 세상을 떠들썩하게 했다.[1] 영어가 비로소 사회 이슈로 부상한 것이다. 그동안 잠복했던 영어강박의 증후가 새 국면의 스트레스 속에서 교과목의 울타리 밖으로 분출한 것이다.

한편 영어학습을 위한 제도교육의 여건이나 사회의 지원기반은 꾸준하게 개선되었다. 필경 학습의 효험도 일단 그만한 탄력으로 증대하였을 것이다. 가상이지만 나라의 평균 영어구사 능력의 총합이라 이를 만한 지수가 있어서 지난 반세기 남짓한 기간의 종합성취도 추이를 적

1 가장 두드러진 사례로 2008년 1월 30일 대통령직인수위원회가 발표한 '영어 공교육 완성 실천방안'은 "영어로 수업하는 교원 확충", "영어 교육과정의 획기적 개편", "영어 친화적 교육환경 구축"의 3대 추진방안을 5년간 약 4조 원을 투입하여 "범부처적인 사업"으로 추진한다는 "범국가적 정책과제"였는데, 이 전례 없이 담대하고 획기적인 국책사업은 매우 강하고 부정적인 여론의 반향을 야기했다.

시한다면 지속적인 장기상승세를 보였을 것이다. 그러다가 이 가상의 지표에서 한국의 영어교육이 총괄적으로 실현한 성취의 최고점을 근년에 이미 일단 당도했었을 개연성이 있다. 앞서 언급한 바와 같이 잠복했던 영어 압박감이 사회적으로 표출된 근년의 몇몇 사태가 그런 예후로 읽힐 수 있기 때문이다. 그런 경우라면 마치 탐식과 거식이 접점을 공유하듯 이 성취의 최고점이 바로 학습수용의 임계점에 상응할 것이다. 교수법의 노력 또한 마찬가지다. 지난 2, 30년 사이 그 방면의 지적 에너지는 꽤나 뜨거웠고 적어도 양적인 면에 관한 한, 사회의 영어 강박에 능히 필적할 왕성한 의욕을 과시하였다. 학교교육의 정책적 판단과 지침도 그 성과를 부지런히 반영한 것으로 보인다. 사태의 아이러니는 여건과 성취, 관심과 이론의 이와 같은 열정과 발전에도 불구하고 강박의 불안과 학습의 불만은 온존 내지 증폭하였고 그 불편이 목하 지속되고 있다는 점이다. 역시 정점의 예후를 내포하는 아이러니일 것이다.

그러므로 정점은 이를테면 단순한 지표상의 고갯마루가 아니라 교육의 문화가 조정되는 선택과 갈림의 길목이다. 지금까지 쫓기듯 여기까지 달려왔지만 이제는 숨을 고르고 지나온 길을 돌아보며 다음 여정의 바른 전망을 헤아려서 갈 길을 찾는 것이다. 결국은 기껏 외국어 하나에 불과한 영어를 두고 갈림길 운운하는 비유의 언사 자체가 과장이 지나쳐 보일 수도 있으나 사회의 영어 콤플렉스가 그만큼 심각한 것이 실상이다. 우리나라에서 영어교육의 명분과 의지는 역사적으로 서양의 충격 혹은 접촉에서 발단하여 그 수용 혹은 조정으로 가는 근대사 전개과정의 우여곡절에 조응하며 진행된 신식 교육과정의 일환이었다. 그것은 한 세기가 넘는 도전이었고 집단 자의식이었다. 그러한 근대 교육의 과정을 걸어온 여정으로 생각하고 되돌아보면 누구의 눈에도 확연하게 사회와 문화의 면모가 바뀌어 변하는 이행의 고비가 있었다. 앞서 언급한 바대로 해방에서 전란으로 이어지는 격정과 동탕의 기간이 그 시기였다. 그 전과 그 후의 문물과 풍속이 완연히 구분될 뿐만 아니라 근현대 백여 년의 기간도 그 시점에서 비슷한 폭으로 양분되는 그런 과도기였다. 서양교섭의 전 60년은 패전한 일본의 퇴장으로 극적으로 종결되고, 후 60년은 전승국 자격으로 정치와 군사와 문화를 새롭게 주도하는 미국의 등장으로 시작된 것이다. 영어교육도 교육문화 전반의 큰 진운과 궤적을 같이하며 새 국면을 시작하였다 할 수 있다.

그 후, 6.25 전란의 종결로부터 계산하여 전후복구, 경제개발, 산업화, 민주화의 격동을 거치면서 다시 60년이 지난 오늘의 우리 사회는 한 주기 이전의 엄청났던 격랑에 견주면 상대적으로 평온하다. 그런데 적어도 겉보기로는 어제와 오늘이 별반 다르지 않은 현재의 국면이 해방 후 시작된 영어교육이 첫 장을 덮고 다음 장으로 이행하는 제2의 보이지 않는 과도기일 수 있다. 한편으로는 하늘의 간지와 땅의 지지가 맞물려 60년 한 주기 했으니 이제 한숨을 돌리고 새로운 전망 속에 다음 국면으로 이행하는 것이라는 희망적인 소견이 있다. 영어라는 특정한 교과를 넘어서서 교육 전반에 대하여 가지는 쇄신과 조정의 전망이다. 다른 한편은 특별히 영어교육의 장래에 관한 진단이다. '영어교육'이란 기획은 인습화한 의욕으로서 학습의 집단의지라 할 만한 어떤 사회적 동인이 작용하는 '사업'이다. 그 의지가 가시적으로 감지되는 그런 규모의 작은 사업은 아니지만 사업인 이상 주기가 있을 것으로 정당하게 상정할 수 있다. 이제 그 한 주기의 운행이 차서 소진되었기 때문에, 바꾸어 말하자면 학습의 노력이 여건의 현실적 제한과 난관을 무릅쓰되 오랫동안 지속해서 그렇게 한 과잉의 결과로, 국면의 전환 곧 교육의 관념과 관행의 성찰, 수정, 조정이 불가피하고 그런 전환기 징후가 산재한다는 진단이다. 그런 진단의 입장에서, 사회가 가진 현재의 영어 역량이 5, 60년 전과 비교하면 가히 천양지차의 발전을 이루었고 그만한 성취는 우리 사회가 주어진 여건에서 집단적으로 이룰 수 있는 최대한일 것이라고 추정하는 것이다.

자기 나라 말 곧 타고난 모국어라면, 성장의 과정을 거치는 동안 누구라도 기대되는 최대한 곧 이상적인 통달의 지경에 이른다고 전제할 수 있다. 그렇지 않은 모든 학습하는 언어는 배우는 사람 개인이나 집단의 내외 여건에 따른 일정한 제한을 수반하는 불충분한 성취에 머무른다. 집단의 규모가 국가사회처럼 삶의 모든 요인과 관계를 유기적으로 온전하게 갖춘 차원에 이르면 사회가 학습하여 달성하는 외국어 역량은 더욱 엄정한 한계를 가질 수밖에 없다. 학습이 아무리 의욕적이더라도 모국어를 완성시킨 가정과 사회의 전폭적 지원을 그런 규모로 동원할 방도는 있을 수 없기 때문이다. 잘 알려진 제2언어 습득 이론가인 스티븐 크레션 식으로 바꾸어 말하자면, 이미 갖춘 학습의 바탕에 최소한의 보탬을 계속하여 마침내 학습자의 확대하는 바탕을 목표 언어의 전폭만큼 키워야 하는 것인데, 사회 내에 그 최소한을 계속적으로 공급해주는 원천이 외국어 환경에서는 의미있는 규모로 존재하지 않기 때문이다.[2] 그렇기 때문에 전국의 모든 학생을 대상으로 실시하는 영어교육은 한계가 매우 크고 또렷하다. 우리나라에서 '영어교육'을 거론하면 암묵적으로 모든 초중고 학생(때로는 그 이상)을 대상으로 하는 전체 국가 차원의 교육사업을 전제한다. 또 명시된 내용과는 별도로 암암리에 제2언어로서 손색이 없는 수준의 달성을 목표로 잡고 있다. 물론 불가능한 획책이지만, 부작용을 무릅쓰고 계속적으로 조기교육을 확대하는 정책이 그런 의욕의 반증이다. 차후에 진로나 취

---

2 Stephen Krashen, *Principles and Practice in Second Language Acquisition* (Oxford: Pergamon Press, 1982) 참조.

향 때문에 진일보한 언어수련의 필요가 확연해질 때 당사자에게 효율적이고 집중적인 맞춤형 교육 서비스를 제공할 수 있다는 상식을 굳이 외면하고, 영어가 중요하다는 명분을 절대화하여 보통 보편 교육의 수준에서 비용, 비효율, 흥미저하, 성과의 한계 등을 무릅쓰고 영어능통의 막연한 이상을 향해 당근과 채찍을 번갈아 드는 것이다. 영어교육의 앞날을 위하여 성찰이 절실한 시점이다. 그 출발점은 우리가 가진 여건의 의의와 한계와 교육의 인간적 목표에 대한 깊은 이해에 있을 것이다. 그것은 교육문화 전반에서 인간화 전망을 회복하는 큰 구도의 노력에 동참하는 길이기도 할 것이다.

2. 다른 아시아 나라들의 사례

여기서 외국어로서 영어교육의 위상을 우리나라와 인근한 다른 나라의 처지와 견주어 보는 것도 유익하다. 우리의 입장에서 편의상 두 부류로 나눌 수 있다. 한중일 세 나라와 대만은 외국어로서 영어를 대하는 처지가 비슷한 경우의 묶음이고, 이에 비해 동남아의 필리핀, 홍콩, 말레이시아, 싱가포르 등은 영미의 식민지 통치 유산을 배경으로 영어를 오랫동안 공식어 내지 공용어로 채택하고 있는 그룹이다. 영어를 공식어로 쓰는 정책 자체는 식민지시대의 유산이지만 여러 가지 그럴 만한 현실 사정으로 독립 이후에도 이들 지역에서는 일본어를 버린 한국과 달리 영어는 명분으로나 실질적으로나 제2언어 자격을 유지하고 있다. 필리핀의 경우는 영어가 19개 공인된 종족 사이에 법정 제1언어인 타갈로그어를 보충하는 공용어의 명분이 있다. 작은 도시국가이면서도 주민의 구성 때문에 네 가지 다른 언어를 공식어로 채택하고 있는 싱가포르의 영어는 주민 공통의 통용어(lingua franca)

자격을 가지는 것 외에 홍콩과 같이 지역 문화와 경제의 기반이 영어 친화적인 국제 상무에 깊이 의존하고 있음을 반영한다.

한국과 같은 동북아에 비하여 동남아 여러 나라의 영어 기반과 위상은 이와 같이 상대적으로 높지만 그 한계 또한 분명한 것이다. 식민지 시절의 영어의 전파는 물론 본국인과 토착인의 접촉 결과였다. 그러나 접촉의 형식이 광범위하게 섞이는 생활상의 통합이 아니었고 덧붙여 거주 본국인의 비율도 상대적으로 낮았다. 언어의 충돌에서 기층 토착 언어의 양적 우위는 외래언어의 특권적 지위로 조정되었다. 영어를 쓰는 본국인이 가진 정치적 · 사회적 역량이나 그들의 본국이 강성한 유럽의 국가로서 가지는 후광을 배경으로 관공서와 학교에서 또 그 밖의 사회영역에서 영어가 누리는 특권적 위상은 확연하였다. 접촉하는 언어의 이와 같은 포진 구도가 영어를 열심히 배우는 교육문화를 조성하였지만 두 언어권의 규모의 차이와 양자 간의 사회적 거리는 엄연했다. 세월이 지났고 영어를 수용하는 사회의 여건과 경로가 안정되고 이룬 능력의 수준도 적정선에서 안정화된다. 영어의 높은 위상을 뒷받침하는 사회의 여건과 제도는 독립 (홍콩의 경우는 이른바 '반환') 후에도 큰 변화가 없기 때문에 추정컨대 동남아 사회의 평균 영어역량은 필경 일정한 수준에서 장기적 안정세 혹은 소강상태 수준을 유지하고 있을 것이다. 그 수준과 이른바 원어민 수준 사이의 좁혀지지 않는 격차가 생활인들에게는 받아들여야 하는 현실이고 배우는 학생에게는 분발하되 극복이 쉽지 않은 도전일 것이다. 개개인이 도달한 영어실력은 낮은 수준에서 평균을 거쳐 높은 수준에 이르기까지 스펙트럼을 이룰 것이고 각자의 기대에 따라 성취 혹은 미흡, 불만, 좌절을 느낄 것이지만 전반적으로 노력의 한계를 안정적으로 수용하는 형국일 것이다. 우리나라와 비교하여 영어가 높은 실용성과 제도적 위상을 가졌되

근본적으로는 흡사한 성격의 제약과 강박이 따르는 외국어인 것이다.[3]

3. ‘한 가지 말’의 분수와 접촉의 언어학

창세기에는 바벨탑 이전에 “온 세상이 한 가지 말을 쓰고 있었다”라고 되어 있다. 이것은 사람 사는 사회의 언어가 본래 둘이나 셋이 아닌 ‘한 가지’ 말인 만큼 그 부여된 역량 또한 ‘한 가지 말’ 정도의 분수임을 덧보태서 암시하는 것일 수 있다. 바벨 설화의 깊은 매력은 사람의 말에 관한 한 가지 우의(寓意)가 종족과 개체의 두 차원을 동시에 포섭하는 것으로 읽히는 암시력이 있다는 점이다. 곧, 하늘 아래 한 세상 한 언어가 세월 속에 갈래지어 여럿이 되는 거죽 이야기 뒤에 사람의 말은 언어화 이전의 씨앗 같은 잠재태에서 종족을 구별하지 않는 ‘하나’에서 발현하는데 ‘하나’였던 그 보편 잠재언어가 현실언어로 구현되면서 ‘하나’씩 ‘하나’씩 서로 다른 개별언어가 된다는 숨은 함의가 읽히는 것이다. 여기에는 ‘하나’를 온전히 완성하는 창발, 창의, 발현의 자유자재함이 같은 ‘하나’를 벗어나지 못하는 제한, 구속, 한계와 함께하고 있다. 바벨 설화는 알려진 바와 같이 후자의 인간조건에 초점이 맞추어져 있다.[4] 이에 대해 촘스키가 인간 대뇌 속에 생물학적으로 유전하고 있을 것으로 추정한 ‘언어습득장치’(LAD)는 전자, 곧 언어의 보편적 창발 능력의 설명에 치우쳐서, 그 용량 혹은 정량(定量)의 의미, 곧 사람의 사회가 전형적으로 ‘한 가지 말’을

---

3 이상은 필자가 근년에 홍콩에 체류하면서 현지의 영어 역량과 쓰임에 관해 잡다한 경로로 관찰한 인상이다. 홍콩의 소위 ‘반환’은 다소 영국의 입장에 선 명칭인데, 영어로는 중립적인 ‘return’, 현지 혹은 중국권에서는 중국 입장의 표현인 ‘회귀’라는 명칭이 쓰인다.

4 『구약성서』, 창세기 11장 1-9절(공동번역) 참조.

쓰는 단일어 경향(monolingualism)을 가지는 '제한'(limit)의 언어 생태학을 도외시한 것으로 보인다.[5] 촘스키는 자신의 지적 탐구의 길잡이 정신인 창조적 인간 자질이 인간 특유의 언어역량에서 유래하고 다시 이 탕진이 불가한 역량은 생물학적 기반을 가진 인류의 원천적 자산으로 보았을 것이다. 언어가 가지는 창발과 창의의 무궁한 역량은 분명히 경이로운 것이다. 그러나 언어습득의 차원에서 보아 그것은 '한 가지 말'의 분수 안에서 작동하는 것이고 그런 제약 자체가 언어의 복된 원리일 수 있다. 근년의 유행어를 빌리면 그것이 '지속가능한' 언어 생태의 원리일 것이고 언어는 오직 지속성에 토대하여 존재하기 때문이다.

실제로 여러 언어가 사회 내에서 서로 섞이면서도 온전하고 충분하고 공평하게 병립, 중첩하는 이중(bilingualism) 혹은 다중 언어 상황(multilingualism)은 현실에서 매우 드물다. 마치 제로섬게임처럼 합쳐진 언어역량의 총합이 '한 가지 말'이란 타고난 분수를 크게 넘지 않도록 경계언어끼리 은연중 교섭하여 적정선에서 피차간의 한계를 조정하는 기제가 눈에 보이지 않게 작동하고 있기 때문이다. 언어 생태의 차원에서 생래적인 구도와 사회적인 구도가 서로 그렇게 내응하게 하는 더 큰 구도가 작용하고 있는 것이다. 개개인 차원에서는 능력과 성과에 차등과 예외가 있어서 드물게는 이른바 '언어천재'(linguistic prodigy)의 지경이 발양되는 수도 있지만, 사람이 무엇보다도 사회적 동물이고 사회성의 절대적 토대가 사용하는 언어인 한, 평균 인간은 개체적 차원이든 사회적 차원이든 본래 '한가지 말'을 쓰도록 점지된 존재인 것이다. 동아시아와 동남아시아의 영어에 관련한 언어사정 또한 마찬가지

5 Language Acquisition Device(LAD)는 촘스키가 *Aspects of the Theory of Syntax*(1965)에서 처음 제시한 가설이다.

일 것이다. 모국어는 강력한 외래언어를 만나 교섭하고 수용하고자 하지만 어떤 엄정한 한계 안에서 그러한 것이다.[6]

원론적으로 두 언어, 혹은 복수의 언어 권역이 서로 부닥칠 때 세력 혹은 영향력의 성격, 경로, 기간, 방향, 규모에 따른 여러 가지 복잡한 교섭과 포섭의 형식이 나타날 것이다. 그런데 이것이 원론인 까닭은 실제의 접촉(contact)은 반드시 사람의 접촉이지 사람이 가진 추상의 능력인 언어가 자기들끼리 화학실험실의 성분처럼 순수하게 접촉할 수 없기 때문이다. 그러므로 언어의 접촉은 언어를 대동(帶同)하는 총체적 문화의 접촉일 수밖에 없다. 19세기 서양 언어학의 화려한 성과인 인도유럽어계(Indo-European)의 재구성은 장구하고 광활하고 복잡하되 그 생성변전하는 인간적 현장의 세부는 아득히 망실된 무수한 접촉의 후과(後果)로서 어법(語法)의 지식 고고학 영역이다. 우리가 인문적 시각에서 주목하는 접촉은 문화의 교섭 속에 언어가 충돌하고 조정되는 현실의 구도와 그 경험내용이다. 언어의 접촉은 전 지구의 전 역사를 포괄하는 만큼 유형이 다양하지만 전형적으로 쌍방의 접촉이고 쌍방의 교섭, 조정, 융합, 길항의 문제인 까닭에 사태에 대한 도전 혹은 작용과 반응 혹은 반작용의 경영내용을 수반한다. 외국어 교육은 외래언어의 도전에 대한 한 가지 특수한 형식의 반응으로 볼 수 있을 것이다.[7]

---

6 이것은 추론과 추정 위주의 입론이지만 언어가 어떤 구도 속에서 접촉하는가 하는 진상의 추구만이 의도일 뿐, 어떤 숨은 주장이나 의도를 가진 복선, 예컨대, 소수 혹은 약세의 언어는 보호받아야 한다는 따위의 도덕적 판단 등과는 일체 무관하다. 다만, 자연어가 상호 접촉의 역사와 그 우여곡절 속에서 장구한 시간을 두고 반드시 자연스러운 계기로 일어나는 것은 아닌 확장 축소 수정 이동 소멸 대체의 운동을 계속하는 전 지구적인 언어역사의 역동적 드라마를 임의로 외면한 것처럼 보일지 모른다. 그러나 거시적인 언어의 변천사는 차원을 달리하는 관심으로서 여기서 인문적 전망이라는 글의 본래 논지에 초점을 맞추어 살펴본 '접속의 구도'에 관한 진술 내용과 상충하지 않는다.

7 예컨대, 고대 그리스와 페르시아, 로마제국과 변경, 고대영어와 노르만, 셀주크 터키와 사산왕조, 미대륙의 앵글로와 인디언, 제정 러시아와 시베리아, 만주와 중국과 청왕조, 영국과 웨일즈 및 아일랜드, 영불과 아프리카, 스페인의 바스크, 영국과 마오리족, 아일랜드의 법정 게일어 지역, 독일과 프랑스

그런데 외국어를 교육하는 교실은 선생과 학생의 자질과 의욕이 비상하다 하더라도 그 자체로 모국어 습득에 버금가는 성과를 창출할 수 없다. 그러나 거꾸로 사회가 에워싼 생활 중의 교육은 작은 교실은 결코 감당이 안 되는 거대한 교실과 같아서 예컨대 집안에 갇힌 모국어 정도는 쉽사리 무위화하는 위력을 가진다. 만청(晚淸)의 서(西)태후는 만주어를 전혀 몰랐다 한다. 우리나라에서 영어강박이 더욱 심한 까닭은 실제 현실에서나 사람들 사이의 통념에서나 그 자격이 외국어인 것이 분명한 영어를 제2언어로 생각하는 착각과 혼동에서 비롯한다. 제2언어 학습의 목표는 미국 이민자의 영어와 동남아 주민의 영어처럼 지역에 따라 편차가 크겠지만, 기본적으로는 온전한 소통이 가능한 수준, 곧 목표 언어가 모국어인 사람의 수준에 육박하는 것이다. 이것은 미국 이민자 자녀라면 어렵지 않게 해결될 시간의 문제이지만, 우리나라는 말할 것도 없고 앞서 살펴본 바와 같이 영어가 상대적으로 앞선 동남아 지역에서도 결코 쉬운 목표가 아니다. 제2언어를 완전하게 습득하기 위해서는 목표 언어가 모언어인 사회에서 온전한 성원으로서 지속적으로 활동하거나 그에 버금가는 공력을 들여야 하기 때문이다. 『맹자』에 이런 예화가 나온다. 곧, 초(楚)나라 대부가 아들에게 제(齊)나라 말을 가르치고 싶어서 제나라 출신인 선생을 초빙하는데 그가 아무리 열심히 혹은 엄하게 해도 주위에서 초나라 말이 우세하면 아이는 제나라 말을 못 배우지만 아이를 데려다가 제나라 거리에 여러 해 풀어두면 거꾸로 초나라 말을 써야 한다고 매일같이 닦달을 해도 아이는 그렇게 되지 않고 제나라 말을 쓴다는 것이다. 이른바 학습

사이의 알자스로렌, 고대 지중해연안 도시식민국가, 조선의 왜관, 당나라의 신라방, 북해도의 아이누, 타이완의 고산족, 중국의 소수민족, 미국의 차이나타운, 동남아의 화교사회 등이 본격 접촉의 다양한 스펙트럼을 예시할 것이다. 왕성하게 진행 중인 영어교육은 접촉 없이 접촉의 효과를 지향하기 때문에 접촉의 특수 유형이라 할 수 있다.

(learning)과 습득(acquisition)의 차이를 들어 제2언어 교육을 위한 몰입론을 말한 셈이다.[8]

엘리자베스 여왕의 총신이었던 에드먼드 스펜서는 『아일랜드 현 상황에 관한 소견』이라는 문제 많은 저술에서 아일랜드에 처음 진출한 영국(Anglo-Norman) 지배자들이 몇백 년 시간이 흐르고 세대가 바뀌는 사이 차츰 영어를 잊고 게일어를 쓰게 됐는데 그렇게 쉽게 문명을 버리고 자진해서 야만으로 가다니 매우 수치스럽다고 썼다.[9] 그 후 다시 몇백 년 지나고 아일랜드의 긴 저항이 영국의 문물과 문화에 압도되는 듯 보이던 19세기에 더글러스 하이드는 앞서 스펜서가 목도하고 개탄한 상황의 반대, 곧 이른바 '800년 영국지배'의 끝에 대세가 게일어에서 영어 쪽으로 확연히 기우는 조국 아일랜드의 마지막 남은 서부 토착어 지역에서 일어나는 영어교육의 극적 장면을 이렇게 적고 있다. 아이들에게 영어를 무리하게 강제하려고 원주민 학부모가 자발적으로 학교의 영어교사와 합작하는 모습이다.

> 아일랜드 말을 모르는 선생들이 영국 말을 모르는 학생들을 가르친다고 온 아일랜드에 파견됐다. 결과는 형용할 수 없이 참담했다. 왜냐하면 이 절차가 두 세대 동안이나 계속되고 나니 원래 유럽에서 가장 총기가 좋았던 민족이 알아볼 수 없을 만큼 생기를 잃고 멍청하게 변했기 때문이다. 아이들의 부모는 모국어를 쓰는 교육을 거부하고, 아일랜드 말을 지껄

8 『맹자』「등문공장구」(藤文公章句)에서 맹자가 대부승(戴不勝)에게 정치에서 외로운 독선은 통하지 않음을 빗대어 설명하는 예화이다.

9 Edmund Spenser, *A View of the Present State of Ireland*(1596)(Renascence Editions, An Online Repository of Works prepared by The University of Oregon, 1997). 가공의 두 영국 귀족이 아일랜드 문제를 논의하는 대화 형식의 이 저술에서 스펜서는 영국이 반항적인 아일랜드를 통치하는 최상의 길은 사정없는 군사주의이고 기근은 원주민의 인구수를 줄이는 좋은 처방이라는 과격한 주장을 하였다.

일까봐 자식들 목에 나무 막대를 걸어놓는다. 아일랜드 말을 하다가 들키면 그때마다 막대에 눈금을 새기는데 그 아이는 다음 날 아침 학교에 가서 눈금 수대로 매를 맞는 것이다. 사람들은 이것을 '매점수'(score of the tally)라고 불렀다. 아일랜드 말을 쓰는 지역에서 이런 벌을 받아보지 않은 아이는 거의 없었다. 내가 물어본 사람 수십 명이 그렇게 답했는데, 그 사람들이 아주 노인인 것도 아니었다.[10]

그러나 참담한 이 정신적 전족의 노력 자체가 나라의 영어화 추세에 실제로 공헌한 정도는 의외로 미미했을 것이다. 이런 반증을 들 수 있다. 훗날 하이드 자신이 창도한 세기말의 게일어연맹(Gaelic League)은 비록 민족운동의 정서적 구심점 역할은 성공적으로 감당해 내지만, 그 성공이 연맹의 명시적 목표인 쇠퇴하는 언어를 회복하는 실질적인 성과를 거두지는 못한다. 아일랜드어 학습조직을 전국에 개설하여 활발하게 운영하였으면서도 그랬다. 반향이 모자라거나 나빠서가 아니라 학습이 생활을 이길 수 없었던 것이다. 꺼져가는 조상의 말을 살리자는 취지에 동조하고 학습소를 나가지만 어렵지 않게 익힐 수 있는 상투적 표현 몇 마디를 군대 암호처럼 주고받는 정도의 동지 확인 수준을 크게 넘을 수 없었다. 아직은 꺼지지 않은 조상의 말이라 하지만 말을 배운다는 것이 그렇게 지난했다. 새로운 '한 가지 말'이 이미 사회에 안착했기 때문에 옛 말이 다시 들어설 여지가 적었을 것이다. 굴러온 돌이 박힌 돌을 몰아내는 데 일단 대세가 형성되자 관성은 그렇게 도도했다. 작은 섬나라 아일랜드는 통합된 권역의 단일한 사회로서 긴 세월을 두고 '한 가지 말'의 게임을 진행했던 것이다.

---

10 Douglas Hyde, *Language, Lore, and Lyrics: Essays and Lectures*(Dublin: Irish Academic Press, 1986), p. 19에서 필자가 번역하였다. 하이드는 예이츠와 아일랜드 문예부흥운동을 함께 주도한 명망 높은 아일랜드어 학자로서 독립 후 초대 대통령을 역임하였다.

스펜서와 하이드는 400년을 사이에 두고 민족과 정치의 대척점에서 희구하는 바가 상반되었으나, 대세가 되는 다중의 언어는 인위적인 정치적 의지나 의욕으로 좌지우지할 수 없음을 공통적으로 보여준 셈이다. 하이드보다 한 세대 늦은 아일랜드 작가 제임스 조이스의 작품에는 이 점에 관한 예리한 성찰이 나온다. 작가의 대변자격인 청년 스티븐 데덜러스는 어느 계제에 대학의 영국인 교수의 영어 이해가 피상적임을 날카롭게 지적하면서도 속으로는 영어가 "본래 저이의 말"이었음을 통렬하게 상기한다. 그런 깊은 자의식에도 불구하고 작가는 게일어가 이미 되돌아갈 수 없는 과거라는 현실주의 입장에 서는 것이다.[11] 드퀸시의 『아편 먹는 어느 영국인의 고백』에는 게일어 지역에서 게일어를 벗어나려는 하이드의 탈출형 학부모와 정반대 대척적 입장을 보여주는 흥미로운 사례가 나온다. 드퀸시는 긴 방랑성 여정의 도상에서 북부 웨일즈를 지나다가 한길에서 멀리 떨어진 후미진 마을의 어느 가정에 며칠간 유숙한다. 그를 따뜻하게 영접하는 집안의 젊은 사람들은 뜻밖에도 모두 영어를 할 줄 안다. 많은 형제자매 가운데 누구에게는 영어 연애편지도 써주고 하면서 즐겁게 지내다가 그동안 출타 중이던 부모가 돌아오면서 집안이 얼어붙는다. 감리교 목사로서 민족 자존심이 대단한 아버지가 집안에서 영어를 엄금하니 불편한 일이 생기더라도 양해해 달라는 귀띔을 사전에 아들에게서 받은 것이다. 막상 닥친 사태는 정도가 예상을 뛰어넘는다. 손님은 굽혀서 인사를 거듭하나 주인은 한결같이 "딤 사센나흐!"(Dym Sassenach) 하는 볼멘 웨일즈 말 대꾸를 벗어나지 않는다.[12] 돈키호테의 무모함처럼 보이지만,

---

11 James Joyce, *A Portrait of the Artist as a Young Man*(1916)(New York: Viking, 1964), Chapter V 참조.

12 Thomas De Quincey, *Confessions of an English Opium-Eater*(1821)(A Penn State Electronic Classics Series Publication, 2004), pp. 16-18. Dym Sassenach는 웨일즈어로 "영어 안 씁니다"(No English)의 뜻.

웨일즈어가 아일랜드어에 비해 훨씬 잘 지켜진 까닭은 이러한 자부심이 쌓인 공덕이라 할 수도 있다. 그러나 어떻게 과거의 모국어의 영광이나 현재의 영어의 영광에 필적하겠는가. 집주인의 언사는 숙명의 한계를 충분히 감지하면서 취한 비장한 행보였다. 그러므로 그의 완고하고 시의에 맞지 않는 광대짓은 우스울 만큼 안쓰럽고 애닯다. 웨일즈 최후의 민족시인이 나라를 침공하는 잉글랜드 군에 맞서 장렬하게 산화하는 장면의 여운과 연상 때문에 더욱 그렇다.[13] 물론 주인 거동의 애매한 효과는 언어의 공공성이 개별적 인간에게서 확인되고 또 본래 그렇게 유래했지만 거꾸로 사사롭게 제어할 수는 없는 구도의 아이러니에서 기인한다.

19세기 이탈리아의 방언학자 아스콜리(Graciadio Ascoli, 1829-1907)는 프랑스어, 스페인어, 이탈리아어 같은 이른바 로망스어(Romance)가 어떻게 갈리면서도 묶이는지를 설명하기 위허 층위(strata)라는 개념을 도입했다. 로마 대제국의 언어로서 권세와 명성을 가진 통속 라틴어(vulgar Latin)는 상위의 위상을 가지고 지배의 대상인 '하위'(il sostratto, substrate)의 토착언어인 에트루스칸, 켈트, 갈리아 등 토착지역 언어에 작용하여 로망스어가 태동했다는 것이다. 아스콜리 이후에 '상위'(superstrate)와 '대등'(adstrate)의 개념이 보태져서 접촉의 층위 위상이 확충되고 풍부한 시나리오의 검토를 통해 접촉의 언어학으로 개진된다. 고대 앵글로 이주인들과 브리튼 원주민 사이의 접촉은 쌍방을 견제하는 갈등, 교섭, 대치의 구도이면서도 언어의 영향이 매우 일방통행적이었던 까닭은 그 접촉의 위상의 격차로 설명된다. 브리튼 섬의 원주민은 300년에 걸쳐 본래의 자기 언어인 후기 브리튼어를 버리고

13 Thomas Grey, "The Bard" in *The Complete Poems of Thomas Grey*, eds. H. W. Starr and J. R. Hendrikson(Oxford: The Oxford University Press, 1966) 참조.

고대영어를 취하였는데 그것은 위상차에 수반하는 정치, 경제, 심리적 영향의 결과라는 것이다.[14] 실제로 이것은 주변 현실에서 강제하지 않아도 일어나는 상당히 자발적인 현상이다. 서로 세력의 등차가 있는 경우, 하위 언어 쪽에서 상위 언어를 배우는 경우가 거꾸로보다 월등히 높은 것이다. 운남성의 나시족과 내몽골의 몽골인은 중국어를 빠짐없이 배우고 세계의 허다한 비영어권 인구가 영어를 배우지만, 중국인은 그 지역에 살아도 나시어나 몽골어나 조선어나 위구르어를 잘 배우지 않고 영국인은 웨일즈어를 잘 배우지 않으며 미국인들은 세계의 언어를 잘 배우지 않는 것이다.

영어 통용력 확장의 역사는 대영제국의 근대 식민지 경영의 부산물이다. 식민지 종주국 언어로서 가지는 특권적 상위 지위에 상응하는 확장력을 구축하고 행사하여온 것이다. 그러나 북아메리카나 오스트레일리아의 경우처럼 전폭적 식민지 개척이 아닌 한 작용하는 언어의 영향은 경우에 따른 한계가 생긴다. 해외 경영의 첫 경험을 스펜서의 아일랜드에서 쌓은 영국은 왕성한 항해시대를 열어 서쪽으로는 버지니아와 뉴잉글랜드에 식민지를 세우고, 동쪽으로는 이보다 오히려 한 발 앞서서 벵골만에 동인도 회사를 진출시킨다. 차후 인도와 동남아 경영의 교두보가 되는 명성 높은 거점이다. 영국의 아시아 경영은 우선 규모에서 앞선 아일랜드의 중세적 경험과는 비교가 안 되는 도전이었다. 규모는 작되 위상이 높은 영어가 규모는 크되 위상이 낮은 현지의 언어에 에워싸인 형국이었다. 외양만으로 보면 마치 유대민족과 같은 소수족이 각지에 흩어져 다수 이족 속에 포위되는 유랑(diaspora)의 형국이다. 이런 불리한 형세에도 불구하고 접촉하는 언어는 최소한의

14 Hidegard Tristram, "Why Don't the English Speak Welsh?" in *The Britons in Anglo-Saxon England*, ed. N. J. Higham(Woodbridge: The Boydell Press, pp. 192-214), pp. 193, 195, 214. 언어 접촉에 관한 주요 저술은 Uriel Weinreich의 *Languages in Contact*(The Hague: Mouton, 1953) 참조.

규모에서나마 물론 '상위'에서 '하위'로 일방으로 침투한다.[15] 당연히 영어의 확장 의지는 제한의 장애에 봉착하고 한계 안에서 관철된다. 장애는 거꾸로도 작용한다. 하위 토착어의 입장에서 외래언어의 의지에 순응하는 이로움 혹은 불가피함이 언어 학습을 그만큼 추동하지만 성과는 역시 일정한 한계를 쉽게 넘어서지 못한다. 말은 단시간에 의욕을 앞세워 배워지는 것이 아니기 때문이다.

4. 탈기능주의 혹은 인간화

위상차를 가진 영어와 현지어 사이의 이와 같은 역사적 접촉이 시간이 경과하고 매우 다른 양상으로 일신한다. 본래 두 말이 통하는 개인 중개자(bilinguals)가 가졌던 차인(差人) 등의 역할을 지금은 사회의 제도와 교육 부문에서 배양되는 서비스가 감당한다. 본래 계기적이고 임기응변적이던 언어 교섭의 진행이 그만큼 복잡해져서 교육적 판단과 선택 그리고 조직에 관한 사회의 문화역량에 위임된 것이다. 차인 혹은 심부름꾼에게 요구되는 것은 소통의 매개적 기능이요 그 효율이다. 그러나 특수 기능의 배양 훈련과 구별되는 보통 보편의 교육은 언제나 인간성 내지 인간 역량의 기반 위에 서는 것이고 그 기초의 전폭성 혹은 전인성으로 말미암아 차후 이런저런 개별적 기능이 발현하여 전문화로 가기도 하는 것이다. 영어 또한 당연히 그러하다. 그 학습이 교육의 인문적 전망 속에 계도되고 설계될 때 그 어법 차원의 기능도 결국 반듯하고 넉넉하게 발현할 것이다.

15 힌두어, 산스크리트어를 위시해서 유럽의 고전어, 현대어를 포함하는 수십 종의 언어에 정통한 배경으로 '인도유럽어' 계통을 최초로 수립한 William Jones(1746-1794)와 그가 세운 캘커타의 아시아학회(The Asiatic Society) 회원들의 성과는 혁혁한 것이었으나, 언어 침투의 문제는 전혀 별개의 사안이다.

그런데, 지금은 기능, 계량, 경쟁이 기조인 대중교육 시대이다. 특히 시험 점수의 잣대가 진로의 단계 단계에서 족쇄나 족쇄의 열쇠처럼 작동하는 우리나라와 같은 과잉경쟁 문화에서는 매사를 성취, 서열의 관심으로 시작해서 그렇게 끝내는 수가 허다하다. 이 족쇄에서 벗어나고 싶은 비판과 의욕에서 '삶의 질', '교육의 질' 따위를 운위하다가도 부지불식간에 그것이 고점수, 고석차로 표현될 수 있는 어떤 무엇으로 치부되기도 한다. 외국어 교육은 이념으로 의사소통 중심을 앞세워도 속의 정신은 기호의 단순 해독에 머물기 일쑤이다. 영어교육은 언어기술의 성취를 강조하였고 그 점에서 필경 이룰 수 있는 최대한에 이르렀을 법하지만 그만한 성취 수준에서도 여전히 기술의 연마만 강조될 뿐이다.[16] 어문교육의 일환으로서 어떤 인문적 비전을 가질 것인가 하는 문제의식의 자리가 없다. 영어는 어렵다는 해묵은 고정관념 때문인지 마치 언어기술이 학습의 시작이자 끝인 듯 여기는 것이다. 표준 교과과정에 으레 등장하는 '문화의 이해'라는 교육목표는 내용 없는 구두선일 뿐이다. 영어의 '능력'이란 개념도 언어의 온전한 역량의 인문적 함의는 쉽게 탈색되고 잴 수 있는 기능을 재고 지수화해서 서열을 비교하는 척도처럼 쓰인다. 개념의 퇴행일 것이다. 영어를 숭앙하는 듯하지만 실제로는 외국어라는 구실을 붙여서 살아있는 말로 대접하는 일을 소홀히 하는 것일 수 있다. 언어의 본래적인 풍부함을 기호의 피상적인 교환가치로 치환하는 것은 언어의 척도나 교육의 척도에서

16 Education First라는 스위스 기반의 사설 국제 영어교육기구가 발표한 2013년도 국가별 영어능력지수(EPI)는 조사 참여 60개국의 능력을 일련 순위로 표시하고 동시에 최상위, 상위, 중위, 하위, 최하위의 5개 등급으로 나누었는데, 아시아 국가로서는 11위 말레이시아와 12위 싱가포르 2개국이 상위국에 들고, 21위 인도, 22위 홍콩, 24위 한국, 26위 일본이 중위이며, 33위 대만, 34위 중국이 하위로 되어 있다. 인터넷 테스트의 자유접속 응시자의 성적평균에 의거했다는 조사 절차가 온당했더라도, 해당 응시자집단의 성과가 해당 나라를 대표한다는 해석은 매우 무리하므로 한국이 홍콩의 수준에 육박하는 것으로 읽히는 비교 등차는 상식 혹은 실제 현장의 체감상의 온도차가 아니더라도 큰 의미는 없다. 그러나 한국의 영어노력이 그동안 임계점에 이를 만큼 비상했음을 나타내는 간접 지표는 될 것이다.

퇴행 내지 왜곡에 상당한다. 그러나 이것은 어떤 공로의 결과인 듯하다. 영어교육은 그렇게 언어기술에 숙련됨을 목적으로 지난 60년을 일로매진하여 이와 같이 어떤 임계점에 이르렀을 것이기 때문이다.

그러므로 이 시점에서 관건적 이슈는 영어교육에서 기능상의 성취수준이나 학습의 효율이 아니라 교육의 근본에 관한 교과 차원의 온전한 성찰에 근거하는 인간화 전망이다. 무엇이 교과 차원인가. 무엇보다도 잘 갖춘 시민을 배양하는 교육의 인문적 척도이다. 영어의 보통교육 교과됨의 자격은 기본적으로 국어를 포함하는 일반 어문교육의 통합적 목표를 감당하여 잘 갖춘 시민의 소양과 역량을 함양하는 것이다. 특정 언어의 능력에 달통하여 관련 전문분야에서 실제로 활용하는 것도 이 소양을 토대로 해서 열리는 가능성이지만, 그런 전문성은 보통교육의 목적은 아니다. 언어기술의 숙련을 지나치게 강조 혹은 강요하는 것은 빠지기 쉬운 함정이지만 본말을 뒤바꾸는 것이다. 외국어 학습에서 인문적 소양의 척도가 간과되는 함정은 더욱 경계하여야 한다. 인문적 성찰은 또 상황을 사리에 맞게 분석하고 비판하는 통찰을 포함한다. 일례로, 영어강박이 처한 모순어법의 한 가지 대강은 이러하다. "영어는 한국어와 매우 다르다, 배우기가 쉽지 않다, 그러나 으뜸으로 중요한 말이다, 배워서 달통하라." 여기에는 상황을 구성하는 판단과 활동과 인격이 암암리에 각자의 명분과 입장과 욕심을 숨기고서 애매하고 모순되고 긴장된 복선의 관계망을 형성한다. 이 복잡한 사태를 한 구석의 시각으로 획책하는 일반화 이론이나 전면화 정책은 당연히 근본을 해친다. 그 대가로 강박 혹은 왜곡의 구도는 심화할 것이다. 그러므로 이런 현실의 모순어법 앞에서 성찰은 어법의 표면논리 뒤에 숨겨진 모순을 꿰뚫어 밝히고 비판할 수 있어야 한다. 워즈워스는 계몽주의 시대의 과도한 주지주의 풍조가 "해부를 위해 사람을 잡는(murder to dissect)" 위험에 빠지는 어리석음을 경계하였다.[17] 영어교육도 인간 내용이 탈색된 맹목적인 자기탐닉의 과잉으로 똑같이 사람을 잡을 수 있다. 그 왜곡에서 유래하는 희생의 대상이나 양상은 경우에 따라 천차만별이겠지만 모두 어떤 의미로서든지 영어가 언어로서 가지는 온전성의 희생을 수반할 것이다. 영어는 외국어 이전에 자국민에게는 온전한 모국어이다. 그 온전성은 한국어를 포함하는 모든 언어의 보편적 온전성과 유래가 같다. 그 유래는 개별어 속에 잠재한 어떤 또 '하나'의 언어로서 언어교육 혹은 어문교육이 근거하는 자리이다. 그러므로 보통교육의 일환으로서 순리에 따라 제대로 작동하는 영어교육은 모국어의 역량을 지원하고 완성할지언정 결코 장애로 작용하지 않는다. 영어가 '하나'의 사회 내 언어로서 완성되기 위해서 그만큼 모국어를 밀어내는 것이 아니라 잘 갖춘 일반 언어교육 혹은 어문교육이 지향하는 '하나'의 언어역량을 모국어와 모순 없이 함께 지원하기 때문이다. 이런 이해를 바탕으로 영어교육은 구체적이고 현장적인 지혜의 책략도 얻을 수 있을 것이다. 예컨대, 언어기능의 확연한 한계에도 불구하고 회피할 수 없는 인문적 과제인 '읽기' 문제와 같은 것이다.

앞서 언급한 크레션에 따르면 학습자는 이미 갖춘 기반(previously acquired competence)에서 차후의 기반을 조금씩 확대하는 식으로 제2언어를 석권하는 것이라 했다. 영어를 배우는 한국 학생의 갖춘 기반은 무엇인가. 우리의 교수관행은 남의 나라 말이므로 초등단계에서는 온전한 무지에서 출발하는 것으로 되어 있다. 실제로는 어느 단계든지 학습을 가능하게 하는 바탕이 있어야 마땅하다. 고등학교 1학년 학생이라면 그때까지 읽고 들어서 아는 모든 이야기가 다음 이야기를 학습

17 William Wordsworth, "The Tables Turned" in *William Wordsworth: Selected Poetry*, ed. Mark van Doren(New York: Modern Library, 1950) 참조.

할 수 있는 '갖춘 기반'으로 작용할 것이다. 눈은 보되 귀가 듣지 못하는 사람이 말을 범상하게 주고받는 경우 상대방의 입술을 귀로 소리 듣듯 눈으로 보는 것으로 알려져 있다. 그런데 말하는 입술이 가장 중요하지만 그렇다고 보는 것이 입술만은 아니다. 문제 있는 귀를 보완하려는 노력은 입술보기를 넘어선다. 나의 감각기관이 온통 긴장하여 상황을 파악하고 상대방과 대좌하는 그런 총체적 소통의 의욕을 나의 '갖춘 기반'으로 삼아 상대방의 입술은 물론, 곁들여 나타나는 모든 표정과 몸짓과 느낌을 혼신의 힘으로 일거에 흡수하는 것이다. 겉보기로 입의 발신에서 귀의 수신으로 완결되는 듯 보이는 의사소통이 근본적으로는 혼신의 통감각적 작용임을 보여주는 것이다.[18]

사람들은 영어의 어려움을 '말귀' 곧 말을 듣는 귀의 장애라고 생각하고 '귀'의 치료에 매달린다. 물론 학생의 영어를 듣는 '귀'에 생래적인 문제가 있다. 그러나 그것은 본래 정상이다. 외국어이기 때문일 뿐이다. 그래도 말인 이상 그 '귀'의 치료 혹은 조정이 가능하지만 다만 부분적으로 또 보통교육 밖에서 그러할 것이다. 그 사이 교육은 비유하자면 '보는 귀'의 활용법을 개발하는 지혜와 그 이로움을 생각할 수 있을 것이다. 영어를 위시한 모든 언어의 본령인 인문 역량을 굳이 어법적 기능으로 환치하는 퇴행은 인간의 무궁한 역량을 생리적 차원으로만 되돌리는 환원주의와 흡사하다. 퇴행하는 기능주의 학습은 무지에서 출발하여 '영어'를 찾아 열심히 나아가지만 세계의 전망 없이 어법의 캄캄한 폐쇄회로에 갇히는 자폐증에 비견할 수 있다. 어법에서

18 근년에 방영된 어느 텔레비전 대담에서 어린 시절 청력을 잃은 후 비상한 노력으로 모국어인 한국어를 지켰을 뿐만 아니라 입술보기 공부를 통해 일본어와 영어까지 완벽하게 배워서 눈으로 정상인처럼 "듣고" 말하는 어느 놀라운 여성 출연자가 대화의 종결을 못내 아쉬워하는 대담자에게, '이제 어차피 더 이상의 대화는 힘들다'고 위로 겸 짤막하게 자신의 한계를 토로했는데, 필자는 이를 장애인 소통의 혼신성과 그 긴장에서 야기되는 빠른 피곤의 반증으로 해석하고 차츰 상술한 소견을 가지게 되었다.

출발하여 어법 안으로 자신을 가두는 영어에 대하여 당연히 상대적으로 열린 인문적 학습전망을 상정할 수 있다. 모든 학습의 기반은 원론적으로 선행한 학습의 총화이다. 영어의 경우도 여느 언어과목은 물론이고 넓게는 다른 교과와 생활의 기억을 경계 없이 아울러서 형성되는 것이다.[19]

5. 인문전망의 모색을 위하여

사람이 가지는 지식의 곳간은 '하나'이고 기억의 저장소도 분화 없는 '하나'일 것이다. 새로 익힌 외국어 기능은 그 안에 별도의 배치를 받겠지만 그 학습 기반은 다른 관심과 함께 너른 경계를 공유할 것이다. 그런데 보통 공교육으로서 영어는 다른 교과목과 나란히 특정 기능의 전문적 성취가 아닌 학습기반 자체를 원만히 구축하여 인생 경로의 다음 단계에서 좋은 시민이 되고 유능한 전문인이 되도록 기본 소양을 함양하는 것이 목적이다. 교과목을 여럿으로 나눈 까닭은 전문성 때문이 아니고 소양을 관리하는 편의 때문이다. 말하자면 편의상 나누어 가르치되 정신은 언제나 교과 통합적인 것이다. 소양은 인격 안에서 칸막이 되지 않고 칸막이가 없으므로 과제에 직면하여 창의적인 역량이 발현하는 것이다. 이 소양의 문제는 실은 차후의 고등교육이나 전문가 교육 또는 실생활에서도 끊임없이 중요한 과제이다. 소양 자체가 목적인 보통교육의 수준에서는 말할 것도 없다. 단순 지식

19 필자는 이런 학생의 경험담을 직접 들은 적이 있다. 그는 평소 영어를 잘하거나 좋아하지 않았는데 미국으로 건너간 당해 년(고1) 학교 영어시간에 원전으로 읽는 셰익스피어를 의외로 잘 소화하고 또 무척 즐겼다. 평소 독서량이 많았던 그가 전에 번역으로 읽은 셰익스피어 기억이 생생했기 때문이었다. 다른 과목도 두루 마찬가지였다고 했다.

이 아니라 이해와 창의성을 염두에 두어야 한다고 교육학자들이 누누이 강조하는 까닭도 여기에 있다. 영어 또한 마땅히 그래야 하는데 언어기능에 매달려 맹진하는 위세에 압도된 탓인지 우리의 교육문화 속에 그 과열화 현상에 대한 막연한 우려나 탄식을 넘어서는 대책의 담론이 미약해 보인다.

물론 현실적으로 문화의 추세와 관행에 관한 문제여서 쉬운 대안이나 대책이 있을 수는 없다. 또 언어가 기호상징체계인 한 언어기능의 숙지는 사용자의 숙명과 같다. 외국어를 배운다는 것은 결국 그 말로 듣고, 말하고, 읽고, 쓸 줄 안다는 것이고, 언어의 인문적 척도도 이 네 기능을 벗어나서는 발현될 수 없다. 예이츠는 '춤에서 춤꾼을 떼어놓을 수 없다' 했다(Abrams 1886). 마찬가지로 말과 사람을 떼어놓을 길이 없고, 말에서 그 기능을 배제할 수도 없다. 사실상 문제는 기능 이 아니다. 빠르게 언어기술을 갖추려는 조급증의 산물인 '기능주의'가 문제이다. 그런데 사람 사는 세상은 안중에 없이 온통 어법에 갇혀 운용되는 순간에도 말은 외양의 형식에서 언제나 사람의 말이다. 그러므로 인간의 부재가 잘 감지되지 않는다. 이런 모호성은 인식상의 난관이다. 그럼에도 인간화 전망은 교육의 관건적인 척도로서 그것이 있고 없는 차이는 뚜렷한 것이다. 로렌스의 비근한 예를 빌리면, '먹는 밥이 같아도 산 사람답게 식사할(eat) 수도 있고 시체처럼 저작질할(masticate) 수도 있는 것'이다(Abrams 2117).

같은 4기능의 접근이라 해도 맹목 기능주의로 퇴행하면 예컨대 '읽기'의 국면에서마저 인간의 관심 자체가 실종할 수 있다. 실은 '4기능'이라는 개념 자체가 이미 그 기원으로부터 지금껏 쓰여온 경위에서 문해(literacy)의 소극적 최소기능 차원에 경도되어 있다. 거꾸로 어법 일원론의 표준을 담대하게 유보, 수정할 수 있다면, 사회, 역사, 문화, 문학의 인문 관심을 의미 있는 수준에서 보충적으로 수용하는 길이 뜻밖에 열릴 수도 있다. 또 보통교육으로서 영어교육의 기능적 목표를 좀 더 낮은 수준에서 현실화할 수 있다면, 늘 구두선에 머물고 있는 영어교육의 '문화' 부문을 위시한 인문적 지평이 열릴 여지가 그만큼 늘 것이다. 그때 모국어에 의존하여 통교과적으로 수행되는 학습의 장이 일각에 열릴 수 있다. 영어를 배운다는 명분으로 정신과 세계의 활력을 억압하면 장기적으로는 영어 자체의 잠재역량을 억압하는 셈이 될 것이다. 현실언어의 구분을 가지지 않는 잠재언어의 활력은 무엇보다도 모국어에 의존하기 때문이다. 그러나 영어와 같은 외국어도 모국어를 도와 잠재언어의 역량을 크고 새롭게 지원할 것이다. 실제로 국어와 외국어를 아우르는 어문교육은 보통교육의 수준에서 이 잠재언어의 창의적 역량을 함양하는 목표에 봉사하여야 할 것이다. 잠재언어는 개별언어 이전의 언어 혹은 언어역량이다. 이것은 사람이 만나고, 느끼고, 생각하고, 배우고, 판단하고, 비판하고, 나누고, 기억하는 따위 온갖 경험이 내면화하는 언어의 공간이다. 인간성이 언어의 공구(instrument)를 심층에서 고스란히 공유하기 때문에 사람은 세상 속에 살면서 세계와 교섭하는 것이다. 언어는 상징의 온전한 체계이므로 그 자체로 어휘와 문법으로 구축한 온전한 실체를 가지는 것처럼 보인다. 그러나 말을 쓰는 사람은 반드시 세계 안에서 세계와 교섭하면서 살아가는 존재이다. 어법계(語法界)는 실법(實法)의 세계를 위험(risk) 속에 교섭하여야 하고 여기서 언어의 불가피한 인문적 지평이 열리는 것이다.

문학은 위험 속에 세계를 교섭하는 언어이므로 영어교육에서 인문적 전망을 계도하는 방편적 가치가 매우 높다. 그러나 통념과 형식에 얽매이는 '문학주의'는 오히려 경계할 일이다. 관건은 실세계의 이해와 실감을 담보하는 말의 온전성이다. 외국어라고 주눅이 들어 숭앙하거나 거꾸로 폄하하지 않고 언어 본래의 위상으로 돌아가는 것이다.

외국어인 영어가 어떻게 일반 언어교육 혹은 어문교육의 건강한 위상을 회복하고 시민됨의 소양을 지원하는 본령으로 되돌아갈 수 있는가. 필경 보통 공교육의 일환으로서 영어는 영미 본국인이 쓰는 영어와 처음부터 어느 정도 다른 개념과 위상을 가지는 것을 인정함에서 출발할 것이다. 영어는 본국인의 모국어로서 그 사회의 특권적 의사소통 수단이다. 한국인도 그런 수준에 육박하는 필요나 의욕을 가질 수 있으나 그것은 보통교육의 언어소양을 바탕으로 그 이후에 찾아오는 적절한 계제에 집중된 노력을 통해서 이루어질 것이다. 보통교육에서는 언어를 통한 인문소양에 좀 더 집중하는 책략이 이른바 세계화 시대에 걸맞는 시민을 배양하는 길일 것이다. 모국어의 경우라면 세계 이해를 홀대하고 어법 기능에만 집중하는 인간부재의 접근은 생각할 수 없을 것이다. 교육적 손상이 클 것이기 때문이다. 영어도 마찬가지일 것이다. 영어를 그토록 왕성하게 배우면서 외국어라는 핑계로 언어기능이 높아질 때까지 언어의 인문 가치를 유보한다면 그것은 보통교육의 유보에 상당하는 것이다.

한국사회의 영어강박이 문제인 것은 보통교육의 수준에서 기능주의 과잉으로 본말이 전도되고 있다는 점이다. 나라의 영어역량은 지금보다도 오히려 한 단계 더 제고되어야 하겠지만 분간을 모르는 언어기능의 맹목적 항진이 길은 아니다. 그 부분은 보통교육 수준에서 전국의 청소년을 강박할 것이 아니라 그 이후의 단계에서 필요와 의욕을 동원하여 선별적으로 제공하는 사회의 영어교육 서비스 혹은 대학의 일부가 그 과제를 감당하는 것이 합리적이고 효율적일 것이다. 보통교육 수준에서는 파행과 과잉에서 정상과 인간화 방향으로 회복하여야 할 것이다. 이것은 쉽지 않은 과정이므로 끊임없이 사람의 척도에서 언어의 기본을 환기하여야 할 것이다. 거듭 영어는 별난 귀신의 암호가 아니라 사람이 쓰는 살아있는 말이다. 경계할 일은 중요 외국어라는 명분으로 기호의 추상성 속에 갇혀서 높되 스산한 특권의 빛을 발하는 어법의 자폐적 세계에 함몰하는 것이다.

나라의 어문교육의 큰 과제 가운데 영어가 감당하는 역할은 현실의 제약이 따르는 모호하고 유동적인 과제일 것이다. 그렇더라도 그것이 언어 본상의 왜곡을 합리화할 수 없다. 무궁한 실법 세계의 온갖 계기와 처소에 들고나면서 활발하게 살아 숨 쉬는 것이 언어 본래의 역량이요 진면목이다. 그 본연의 역량을 온전하게 회복하고 실현하기란 물론 지난한 일이다. 보통교육의 차원이라면 더욱 그러할 것이다. 그러나 교육은 어느 수준에서든지 본상의 비전과 그 이해에 입각하여 수행하여야 마땅하고 또 그렇게 해야 장기적으로 학습의 효율도 증진될 수 있다. 그것이 근본에서 배우는 사람과 가르치는 사람 사이의 합의의 형식이고 그렇게 해서 기호가 인간화하는 정신의 갖춘 기반이 원리상 작동하기 때문이다. 그러므로 영어교육은 낮은 수준에서도 언어기호의 단순한 해독을 넘어 역사와 문화와 인간의 정신을 포섭하는 인문적 기획의 일환으로 수행되어야 하는 것이다.

참고문헌

『공동번역성서』. 대한성공회, 1977.

『맹자』. 박경환 옮김. 홍익출판사, 2005.

「영어 공교육 완성 실천방안」. 대통령직인수위원회, 2008. 1. 30.

Abrams, M. H., ed. *The Norton Anthology of English Literature*, Sixth Edition, Vol. 2. New York: Norton, 1993.

Chomsky, Noam. *Aspects of the Theory of Syntax*. Cambridge: MIT Press, 1965.

De Quincey, Thomas. *Confessions of an English Opium-Eater*(1821). A Penn State Electronic Classics Series Publication, 2004.

Grey, Thomas. *The Complete Poems of Thomas Grey: English, Latin, and Greek*, eds. H. W. Starr and J. R. Hendrickson. Oxford: The Oxford University Press, 1966.

Hyde, Douglas. *Language, Lore, and Lyrics: Essays and Lectures*. Dublin: Irish Academic Press, 1986.

Joyce, James. *A Portrait of the Artist as a Young Man*(1916), ed. Chester G. Anderson. New York: Viking, 1964.

Krashen, Stephen. *Principles and Practices in Second Language Acquisition*. Oxford: Pergamon Press, 1982.

Lawrence, D. H. "Why the Novel Matters," *The Norton Anthology of English Literature*, Sixth Edition, Vol. 2. New York: Norton, 1993.

Spenser, Edmund. *A View of the Present State of Ireland*(1596). Andrew Hadfield and Willy Maley, eds. Oxford and Malden: Blackwell Publishers, 1997.

Tristram, Hidegard. "Why Don't the English Speak Welsh?" in *The Britons in Anglo-Saxon England*, ed. N. J. Higham. Woodbridge: The Boydell Press, 2007.

Van Doren, Mark, ed. *William Wordsworth: Selected Poetry*. New York: Modern Library, 1950.

Weinreich, Uriel. *Languages in Contact*. The Hague: Mouton, 1953.

Yeats, W. B. "Among School Children," *The Norton Anthology of English Literature*, Sixth Edition, Vol. 2. New York: Norton, 1993.

02

우리 시대의 영어만능주의

신문수

1. 영어교육의 사회문제화와 그 문제점

영어공교육 강화 정책을 둘러싼 근래의 분분한 논의에서 새삼 확인하는 것은 사안의 근본을 짚어보는 철학의 빈곤이다. 정책 당국자는 정책 목표의 제시와 그 성과에만 집착하여 그 현실적 타당성이나 실천 방안의 교육적 함의 및 사회적 파장에 대해서 별로 고려하지 않았음을 드러냈다. 그 졸속성은 무엇보다 공교육을 통한 영어 능력 신장의 획기적 정책으로 제시되었던 영어몰입교육안이 거센 반대 여론에 부딪히자 그 시행이 철회된 데서 드러난다. 그러나 문제가 그런 졸속한 성과주의적 사고에서 비롯되는 것만이 아니라는 점에 사태의 심각성이 있다. 정책입안자는 물론 영어교육 분야의 관련자들, 더 나아가 사회 전체가 언어의 본질, 언어와 사고의 관계, 언어와 국민적 정체성과 같은 영어교육의 바탕이 되어야 할 근원적인 문제에 대한 성찰을 등한시할 뿐만 아니라 심지어 영어 혹은 외국어를 왜 가르치고 배우는 것인가라는 원론적 문제조차도 진지하게 논의한 경우도 드문 실정이다. 문제의 심층에는 이처럼 사태를 근원에서 종합적으로 파악하고 그것을 바탕으로 의사결정을 하는 사회적 관행의 부재가 자리 잡고 있다. 그리고 그 밑뿌리를 더 캐본다면 효율성과 경제성을 앞세우는 도구적 기능주의가 도사리고 있다.

영어공교육 논쟁이 남긴 또 다른 교훈은 외국어 교수와 학습의 현실도 사회로부터 독립된 중립 지대가 아니라는 사실이다. 영어교육 문제가 사회적 논쟁으로 비화하면서 이내 그것은 진보와 보수 양 진영으로 재편되어 첨예한 의견 대립을 보였다. 결과적으로 영어교육을 언어학습과 교수 기법에 초점을 맞춘 방법론 중심으로만 생각하는 것이 얼마나 협소한 시각인지 여실히 드러난 셈이다. 기실 영어 열풍이 불기 이전부터 우리 사회에서 영어는 단순히 하나의 외국어에 불과한 것이 아니었다. 영어는 중등학교에서 가장 중요한 학과목으로서 입학시험의 당락을 결정할 정도로 큰 비중을 차지해 왔고 학교 바깥에서도 각종 국가고시를 비롯하여 회사의 입사 시험 및 승진 시험에서도 빠지지 않는 필수 과목이었다. 이런 추세가 국제화 · 세계화의 바람을 타면서 영어능력은 사회적 성공과 출세의 중요한 자산일 뿐만 아니라 사람의 학식과 능력 전체를 재는 척도로 자리 잡았다. 급기야 영어실력이 한국사회의 계급 질서를 고착시키고 재생산하는 문화자본이라는 지적도 제기되기에 이르렀다.[1] 이런 저간의 사정은 영어교육을 사회적, 정치

1 최샛별, 「한국사회에서 영어실력은 문화자본인가」 참조. 이 밖에도 이 논문이 실려 있는 편서 『영어, 내 마음의 식민주의』의 필진들 상당수가 한국 사회에서 영어 능력이 사회적 출세와 성공의 중요 수단으로 작용했음을 지적하면서 영어교육을 계급적 시각에서 조명하고 있다. 언어가 이념의 투쟁장이라는 마르크시즘적 언어관의 입장에서 영어의 득세와 영어교육의 문제를 다루고 있는 Holborow 53-96, Pennycook 107-144 및 국제어로서 영어가 행사하는 헤게모니가 지역의 계급 문제로 환원되어

적, 문화적 맥락에서 복합적으로 살필 것을 요청하고 있다고 하겠으나 그것을 학습전략이나 교수방법론의 차원으로만 국한시켜 다루어 온 것이 우리 영어교육학계의 대세라고 해도 과언이 아니다.

영어만 잘하면 개인적으로 출세가 보장되고 나라 전체로도 국제 경쟁력이 제고된다고 생각하는 영어만능주의나 영어교육을 언어적 차원의 교수 방식으로만 좁혀서 바라보는 시각은 위에서 비친 도구적 합리성을 교조화하는 좀 더 광범위한 사회적 태도의 한 변주이다. 물론 이 배후에는 세계어로서 영어의 가속적인 득세가 자리하고 있다. 영어의 광범위한 사용과 확산은 영어 능력의 빠른 습득을 요구했고 영어교육론자들은 이런 사회적 요구에 부응하여 영어교수방법론에 매달렸다고도 볼 수 있다. 그러나 영어교육을 기능적 관점으로만 보는 그런 입장이 신식민주의적 문화 정치의 일환이라는 지적도 있음을 상기할 필요가 있다. 예컨대 『언어제국주의』의 저자인 필립슨(Robert Phillipson)은 기술공학적 영어교수 방법론의 강조 자체가 영어를 모국어로 사용해온 강대국의 언어제국주의의 발현 양태의 하나이고 그것이 영어 산업을 통한 돈벌이와 밀접하게 관련되어 있음을 지적하고 있다(Phillipson 216). 영어의 확산은 18-19세기 영국의 제국 경영과 20세기 이후 세계열강으로서 영국과 미국의 지속적인 영향력과 무관하지 않다는 점에서 이런 지적은 타당하다. 그러나 20세기 후반 영어가 급속하게 세계어가 되어가고 있는 현상을 전적으로 신식민주의적 시각으로만 보는 것은 일면적인 것이라 아니할 수 없다. 영어교육 종사자들을 영어제국의 첨병으로만 간주하는 것 또한 지나친 생각이다. 인터넷의 확산과 정보통신의 비약적 발전이 표상하는 급격한 사회적 변화 또

표출될 수 있음을 지적하고 있는 Shim and Park도 주목된다.

한 중요한 변인으로 고려되어야 한다.[2] 그것은 영어를 보는 시각의 변화에서 확인할 수 있다. 가령 영국의 식민통치를 받은 결과 영어가 공용어가 된 나라의 경우 식민지배 종주국의 영어가 표준이 되어야 한다는 생각은 급속히 사라지고 있다.[3] 이런 점에서 영어가 전 지구의 공용어가 되어가고 있는 현상은 새로운 사회 체제의 등장이라는 좀 더 복합적인 시각으로 볼 것을 요청한다고 하겠다.

2. 영어의 물신화와 그 폐해

근래의 영어 열풍은 국가경쟁력의 제고라는 관점에서 부추겨지고 정당화되어 왔다. 국가 경영의 차원에서 교육은 물론 중요하다. 영어교육 또한 그 일환으로 중요한 정책적 고려 사항일 수 있다. 외국어 교육에 대체로 미온적이었던 미국 사회에서도 제2차 세계대전에 참전하면서 외국어 능력의 중요성을 절감하고 군인을 위한 외국어 훈련 프로그램("Army Special Training Program")을 전략적으로 개발하여 운영했고 1957년 스푸트니크 호 발사에 자극되어 이듬해 이른바 국가방위교육법(National Defense Education Act)을 제정하고 국가적 차원에서

---

2 마찬가지로 세계화를 전적으로 신식민주의적 시각에서 서구화 혹은 미국화로만 비판하면 현상을 제대로 파악할 수 없다고 생각한다. 그와 더불어 또 다른 변수도 고려하는 복합적인 시각이 필요하다(Buttigieg 47). 이런 점에서 우리 사회의 영어 문제를 신식민주의적 시각에서만 바라보는 것은 마찬가지로 단선적이다. 한국사회가 미군정기를 거치고 6.25전쟁 이후 미국의 영향력이 지속적으로 작용한 역사적 사정이 그런 시각을 정당화하는 면이 있으나 1970년대 이후 한국의 지속적인 경제성장 그리고 최근의 수출주도형 다국적 경제체제로의 팽창은 영어가 침투한 것 못지않게 영어를 적극적으로 활용하고 있는 측면이 있기 때문이다. 20세기 말의 한국사회는 신식민주의가 관철되는 현장이면서 동시에 신식민주의에 가세하고 있는 복잡한 양상을 표출하고 있는데 후자의 문제는 종종 간과되고 있다.

3 이에 대해 Buttigieg 49 참조. 서구 식민제국주의에 대해서 비판적이면서도 영어를 아프리카 민족문화의 매체로 강조하면서 영어로 작품활동을 하고 있는 아체베(Chinua Achebe)나 인도의 살만 루시디(Salman Rushdie)의 영어에 대한 입장도 이런 맥락에 서 있었다고 볼 수 있다(크리스털 187-194 참조).

수학 및 과학과 더불어 외국어 교육을 대폭 강화하는 프로그램을 마련한 바 있다. 오늘의 한국 사회가 교육 방식을 전면적으로 쇄신해야만 할 정도로 위기 상황이라고 말할 수는 없겠지만 아무튼 영어를 능숙하게 구사하는 전문 인력의 필요성이 날로 증대하고 있음은 부인할 수 없는 현실이다.

영어의 필요성은 우선 교통과 정보통신의 비약적인 발달로 나날이 가속화되고 있는 세계화의 압력에서 비롯하고 있다. 이는 물론 한국사회의 문제만은 아니다. 영어를 공용어로 쓰고 있지 않은 나라는 정도의 차이는 있겠으나 예외 없이 영어 사용의 압력을 받고 있고 이에 대한 대처로 고심하고 있다. 지속적인 경제성장과 무역의 확대를 통해 일류 선진국으로의 도약은 경제 개발이 본격화되기 시작한 1960년대 이후 지금까지 우리 사회의 중요한 사회적 의제였다. 영어는 이렇게 선진 경제로 나가기 위한 중요한 자산으로 또한 강조되어 왔다.[4] 세계화가 밖으로부터 주어진 압력이라면 이는 한국사회 내부의 압력이라고 할 수 있다. 경제 대국으로의 길이 반드시 삶의 질을 높이는 것인가에 대한 회의가 점점 고개를 들고 있지만 어쨌든 대외적 경제 활동의 필요는 영어 능력이 긴요하다는 인식을 증대시켜 왔다. 사회가 필요로 하는 인재 양성이 교육의 중요한 몫일진대 영어를 능숙하게 구사하는 전문 인력에 대한 사회적 요구를 교육이 수용하는 것은 당연한 것이라고 할 수 있고, 이런 점에서 영어 공교육에 대한 정부의 정책적 검토를 탓할 수만은 없는 일이다.

문제는 정부의 영어교육 정책과 그 저변의 생각이 영어를 물신화

---

4 예컨대 삼성경제연구소는 『영어의 경제학』이란 연구보고서에서 영어의 효용성을 이렇게 요약한 바 있다. 첫째, 영어에 대한 투자를 통해 비즈니스 기회를 창출할 수 있다. 둘째, 개인 차원에서는 한국인의 우수성에도 불구하고 언어 능력의 부족으로 글로벌 고급 인재 시장에서 대접받지 못하는 현상을 타개할 수 있다. 셋째, 언어 장벽의 극복은 '한류의 글로벌화' 등 문화 · 지식 산업의 세계 진출과 한국 문화나 학문의 위상을 높이는 데에도 기여할 수 있다(『영어의 경제학』, 요약 페이지).

하는 영어만능주의를 조장한다는 점에 있다. 영어 전문 인력의 확충이 통상과 대외 무역에서 긴요하다는 것을 부인할 수 없지만 그것만으로 국가경쟁력이 향상되는 것은 아닐 것이다. 얼핏 생각하더라도 국가경쟁력의 강화를 위해서는 창의적 사고를 통한 기술혁신과 상품 개발, 금융 제도의 합리화, 원활한 경제활동을 보장하는 사회적 인프라의 구축, 법과 제도의 정비 등이 훨씬 중요한 문제이다. 문제를 통상과 무역 활동으로 좁혀 생각하더라도 그 성공을 위해서는 전문 지식과 소양, 종합적 사고력과 상황에 적절하게 대처하는 판단력 또한 영어 능력 못지않게 중요할 것이다. 그럼에도 불구하고 1997년의 IMF 사태나 최근의 한미 FTA 협상과 쇠고기 파동 그리고 작금의 경제 위기 상황에서의 미숙한 통상 협상을 포함하여 경제 위기에 대한 미흡한 대처의 궁극적 원인이 영어능력의 부족으로 돌려지곤 했다. 영어를 제대로 구사하지 못해서 입는 피해가 막심함을 지적하는 한 논자는 다음과 같은 사례를 든 적이 있다.

> 지난번 경제 위기가 닥쳤을 때, 우리 정부는 미국에 대표단을 파견하여 월 스트리트의 금융전문가들과 협상을 벌였다. 막상 회담이 시작되자, 우리 대표들은 상대방의 얘기를 알아들을 수가 없었다. 제도들과 상품들이 빠르게 진화하는 국제 금융계인지라, 우리 대표들은 들어본 적도 없는 개념들과 용어들이 많았기 때문이다. 우리나라에선 가장 뛰어난 인재들이요 경제와 금융에 나름의 지식을 가졌고 물론 영어도 잘하는 사람들이었지만. 실제로 협상에 들어가자, 실질적으로는 영어를 전혀 못하는 사람들이 된 것이었다.(복거일 76)

인용문은 한국의 협상팀이 봉착한 어려움이 영어라기보다는 결국 전문 지식의 부족에 있음을 지적하고 있다. 그럼에도 불구하고 이 논자는 영어능력의 부족이 개인은 물론 국가에 큰 손해를 끼칠 수 있음을 주장하는 가운데 이런 사례를 언급하고 있다. 이런 착각된 예증은 영어만 완벽하게 구사한다면 만사형통이라는 영어만능주의적 사고가 무의식적으로 작용한 탓인지도 모른다. 실제로 협상팀의 영어 능력이 현저히 부족했다 할지라도 그 잘못이 영어교육에 있는 것이라고 말할 수는 없다. 국제 금융제도와 그 관행을 숙지하고 있음과 동시에 영어도 능숙한 전문 인력을 갖추지 못한 정부의 인사 충원 정책이 일차적으로 비판받아야 마땅한 것이다. 사실 국익이 좌우되는 이런 막중한 임무를 원만하게 수행할 수 있는 영어능력은 아무리 영어 공교육을 강화하더라도 그것만으로는 결코 얻어질 수 없다는 것은 자명하다. 그것은 오랜 시간에 걸쳐 그 분야에서 다양한 경험을 쌓으면서 전문 지식을 축적하고 그 과정에서 연찬된 영어능력으로나 감당할 수 있는 것이다.

덧붙여 주목하고 싶은 것은 우리처럼 영어를 외국어로 학습하는 상황에서는 영어능력의 배양과 전문적 지식 및 교양의 함양이 서로 길항관계에 놓일 수 있다는 점이다. 영어학습에 시간을 많이 투입하면 할수록 기본 소양을 풍요하게 하고 전문적 지식을 함양할 노력과 시간이 줄어들기 마련이다. 특히 지적 욕구가 왕성한 청소년기에 영어학습에만 매달리다 보면 자칫 다른 교과를 소홀히 할 수 있고 교양의 토대가 될 폭넓은 독서 경험도 갖지 못한 채 사회생활을 시작할 가능성이 높다.

이처럼 국가 경제의 문제나 경쟁력의 미흡을 영어교육의 문제로 돌리는 것은 자칫 문제의 본질을 호도할 수 있다. 돌이켜보면 우리의 교육 문제는 그것에 대한 사회적 열의를 볼모 삼아 종종 정략적 이용의 대상이 되어 왔다. 영어교육도 행정의 실책이나 제도의 미비를 은폐하는 핑곗거리로 활용된 감이 없지 않다. 이 또한 사회에 가득 차있는 영어만능주의적 사고에 편승할 수 있기에 가능한 일이다. 영어 공교육 강화 방안을 제시하면서 정부는 “누구나 고등학교를 졸업하면 영어로 대화할 수 있도록” 하는 것을 목표로 설정했다. 이 목표 자체가 대단히 애매한 것이라 아니 할 수 없다. 영어로 대화한다고 했을 때 그 대화의 정도는 실로 천차만별일 수 있다. 무역과 통상의 현장에서 국가경쟁력을 드높일 수 있을 정도의 영어 대화 능력이라면 앞서 지적한 대로 공교육을 아무리 강화하더라고 달성하기 어려운 것이다. 다른 한편 간단한 인사말 정도의 영어 대화 능력을 상정했다면 그것을 기르기 위해서 막대한 비용과 사회적 노력을 지불해야 하는 것인지 알 수가 없다. 이런 점에서 우리에게 참으로 필요한 것은 영어교육의 사회적 의의와 목표를 더욱 분명하게 구체화하는 것이다.

그동안 우리 영어교육에 대한 비판의 핵심은 학생들이 영어교육을 받은 햇수에 비해 영어능력이 부족하다는 점에 있었다. 그러나 이 비판도 우리의 영어교육의 현실을 들여다보면 별 논거 없이 주먹구구식으로 행해진 것임이 드러난다. 현행 교육과정에 따르면 학생들은 초등학교 3학년에서부터 고등학교에 이르기까지 햇수로는 10년에 걸쳐서 영어교육을 받는다. 그러나 외국어를 효과적으로 습득하는 데 중요한 것은 학습의 집중도와 실제 학습 시간이다. 이병민의 계산에 따르면 이 10년 동안 학교 교육을 통해 학생들에게 공식적으로 제공되는 영어 학습 시간은 총 730.5시간에 불과하다(이병민 2003, 119). 유아가 모국어를 습득하는 과정에서 듣고 말하는 활동에만 적어도 9,000시간 정도를 쓴다는 연구보고가 있다. 제2언어 습득을 위한 몰입식 교육의 모범적인 사례로 종종 언급되는 캐나다의 불어 몰입식 교육의 경우 초등학교에서 8학년까지는 3,800시간, 고등학교를 마칠 때까지는 최소한 5,000시간을 이수해야만 몰입교육으로 인정한다고 한다. 이렇게 장시간 동안 불어교육을 받더라도 그 성취도를 보면 듣기나 읽기에서는 불어를 모국어로 사용하는 학생들과 큰 차이가 없으나 말하기와 쓰기의 경우는 여전히 차이가 있다고 한다(이병민 2003, 114). 외국어를 '학습'을 통해 습득한다는 것은 이처럼 많은 노력과 시간을 요구한다.

이런 경험적 사례들이 말해주는 것은 한국의 학생들이 10년에 걸쳐 영어교육을 받는다고 하지만 영어를 능숙하게 구사하기에는 절대 시간수가 턱없이 모자라다는 점이다. 물론 상당수의 학생들이 사교육을 통해서 또는 텔레비전을 포함한 여러 대중 매체를 활용하여 이보다 훨씬 많은 시간 동안 영어에 노출되어 있다고 보아야 할 것이다. 그렇더라도 학교나 가정 바깥에서 영어가 쓰이고 있지 않은 현실을 감안한다면 공교육 과정을 마친 학생들의 영어능력에 대한 사회의 기대치는 비현실적으로 높은 것이라고 말하지 않을 수 없다. 학교 영어교육 목표도 이 점에서는 마찬가지이다. 이병민의 지적대로 현행 교육과정상의 각 수준별 학습 목표는 지극히 포괄적이고 학생들이 주어진 시간에 성취할 수 있는 수준에 비해서 대단히 높게 설정되어 있다(이병민 2003, 120). 따라서 초등학교에서 고등학교에 이르는 각 학년별 수준에 합당한 구체적이고 체계적인 학습 목표의 설정이 선행되어야 한다. 영어교육의 유효성을 묻는 것은 그 후의 일일 것이다.

3. 영어만능주의의 허실

근래에 심심찮게 제기되어 논란을 불러일으켜온 영어공용어화론 또한 영어만능주의의 또 다른 표현이다. 그것은 기능적 실용주의로 무장한 영어만능주의이다. 세계어로서 날로 위상이 강화되어가는 영어를 공용어로 삼아서 세계화 시대에 국제경쟁력을 높여 경제적 손해를 줄이자는 것이 영어공용어화론의 중요 논거이다. 요컨대 토착어인 한국어는 경제활동에 도움이 안 되니 영어를 일상어로 도입하여 그것을 효율적으로 습득할 수 있는 환경을 만들자는 것이다. 그러나 이는 인간의 사회적 삶에서 언어, 특히 국어(national language)의 중요성을 과소평가한 소치이다.

산업자본주의 사회에서는 모든 것이 화폐로 계량화되어 평가되고 우리는 그런 식의 사고에 젖어 있다. 그러나 돈으로 정량화되지 않으면서도 우리의 삶을 떠받치고 있는 중요한 일이 많이 있는 법이다. 예컨대 가사 노동이 바로 그런 경우이다. 가사 노동은 산업사회의 지속적인 재화 생산을 위해 반드시 필요한 일이지만 통상 화폐 가치로 산정되지 않아 왔기 때문에 그 중요성이 간과되어 왔다. 이반 일리히(Ivan Illich)는 근대 산업사회의 특징적인 사회 현상이면서도 화폐경제 체제의 밖에 있는 이런 일들을 '그림자 노동'(shadow work)이라고 부른 바 있다(일리히 20-50). 일리히가 이 용어를 긍정적으로 쓴 것만은 아니지만 그것은 한 나라의 언어 문제를 경제적 잣대로만 고려하는 시각의 문제점을 날카롭게 지적하고 있다.

언어의 표준화 혹은 국어의 제정은 서구 근대사회 형성의 초석이었다. 표준화된 국어의 체계적 교육을 통해 지방의 방언이나 부족어를 단일한 언어로 통합하는 것은 사회 질서의 유지와 관리의 바탕이었다. 예컨대 콜럼버스가 신대륙 여정을 떠난 것과 동시에 스페인의 문법학자 네브리하(Elio Antonio de Nebrija)는 『카스티야 문법』(*Gramática castellana*)을 출간하여 이사벨라 여왕에게 스페인 제국 건설의 유용한 도구로 헌정했다. 일리히가 주목하고 있는 대로 언어 통일을 통한 일상적 삶의 국가 관리를 표상하는 네브리하의 문법서는 콜럼버스의 신대륙 발견보다 스페인 제국 건설에서 더 근본적인 역할을 담당했으나 모든 것을 경제적 가치로 재단하는 시각에서는 그 중요성이 잊혀진 일

종의 '그림자 노동'이라고 말할 수 있다.[5]

되풀이하거니와 국어는 이질적인 사회를 하나로 묶어 국가적 질서를 구축한 중요한 수단이었다. 그러나 이는 언어의 역할을 오히려 소극적으로 파악한 것이다. 좀 더 적극적으로 표현한다면 한 나라의 국어는 근대 국민국가의 전통과 문화 창조의 원동력이었다. 앤더슨(Benedict Anderson)의 표현대로 국가를 '상상된 공동체'라고 했을 때 구성원들을 하나로 묶어주는 공유적 경험, 문화, 전통은 중요하다. 이들은 언어를 통해 문화적 자산으로 구체화되고 그렇게 형성된 문화 전통은 다시금 공동체 의식을 재생산하는 밑거름이 된다. 스위스나 캐나다의 경우에서 알 수 있듯이 언어가 국민적 정체성의 절대적 요건인 것은 아니다. 그러나 공동적 삶의 경험의 저장고이자 공동체 의식을 재생산하는 원동력이라는 점에서 한 나라의 국어는 국민문화 형성과 그 존속의 바탕임을 부인할 수 없다.

우리는 일제 강점기를 통해 국어의 상실이 우리의 삶을 얼마나 궁핍하게 했는지를 잘 알고 있다. 언어를 빼앗긴 결과 우리의 고유한 문화전통은 억압되고, 멸실되고, 변질되었다. 전통의 단절로 인한 문화적 삶의 궁핍화는 해방 이후 한국사회를 이런저런 파행으로 몰고 간 하나의 원인이 되었다고 해도 지나치지 않다. 문화적 상실감을 자신의 세대적 경험으로 종종 표출한 바 있는 시인 김수영은 그의 대표작 가운데 하나인 「거대한 뿌리」에서 영국인 여행가 이사벨라 비숍(Isabella Bird Bishop)이 쓴 『한국과 그 이웃나라들』(*Korea and Her Neighbors*)을 읽은 충격을 고백하고 있다. 구한말 한국의 사회상을 소상히 전하고 있

5 다음 인용은 일리히의 주장을 더욱 분명히 드러낸다. "국민국가의 기원을 논하는 모든 역사가는 모국어의 강제에 주의를 기울이고 있다. 그런데 경제학자들은 이 가르쳐진 모국어가 근대에 특유한 상품 중 최초의 것, 곧 그 뒤의 모든 '기본적 필요'의 원형이라는 사실을 일반적으로 간과하고 있다"(일리히 109).

는 『한국과 그 이웃나라들』을 통해 김수영은 신산스러운 현대사를 살아온 한국에 뿌리 깊은 전통이 있음을 확인하고 "놋주발보다 더 쨍쨍 울리는 추억이/ 있는 한 인간은 영원하다"고 외치면서, 다음과 같이 읊고 있다.

버드 비숍여사를 안 뒤부터는 썩어빠진 대한민국이
괴롭지 않다 오히려 황송하다 역사는 아무리
더러운 역사라도 좋다

김수영의 격정적 언어는 지나간 삶의 구체적 세목, 다시 말해 우리의 현재적 삶의 거대한 밑뿌리 전통을 확인한 흥분과 그 확인이 남의 나라 사람이 쓴 책을 통해서 비로소 이루어진 것에 대한 자탄의 소산이다. 그는 잊힌 전통의 풍요로움을 확인하면서 그 단절의 깊음을 또한 절감하고 있는 것이다. 영어를 공용어로 쓴다면 우리의 후손들은 필시 김수영보다 훨씬 충격적으로 문화의 산일과 전통문화의 단절에 직면하게 될 것이다. 이로 인한 삶의 착종과 손실은 경제적으로 산정할 수 없는 엄청난 것임은 두말할 필요가 없다.

이런 우려에 대해 김수영이 아쉬워한 과거의 전통은 오늘의 관점에서 보면 보잘것없는 봉건 잔재로서 계승할 가치 없는 "마른 지푸라기"에 불과한 것이라고 대꾸한 논자도 있었다(복거일 107). 이 또한 계량적 사고의 소치이다. 영광에 찬 과거만이 아니라 김수영이 쓴 것처럼 "더러운 역사"도 모두 우리 삶의 밑뿌리로서 소중한 것이다. 더욱이 우리가 말하는 문화와 전통이란 유형적인 자산만을 말하는 것이 아니다. 그것은 사물을 보는 독특한 인식 태도, 삶의 방식, 혹은 세계관과 연관된 무형적인 것을 포함한다. 다시 말해 그것은 한국어를 통해 사물을 인식하고 사고하는 한국인에게만 고유한 어떤 것의 총체를 일컫는다. 한 나라의 문화는 이런 고유한 요소들을 토대로 타 문화와의 교류를 통해 보편적인 요소들을 확충해나가면서 발전해간다. 문화의 고유한 요소들이 궁극적으로 공동체의 언어적 차이에서 비롯한다는 것은 잘 알려진 사실이다. 주지하듯 동일한 대상을 가리키는 말이라도 그 의미 영역은 언어마다 다르다. 한국어의 '개'와 영어의 'dog'은 현실의 개를 지칭하지만 의미 영역은 일치하지 않는다. 이는 언어마다 대상을 구분하고 분류하고 범주화하는 체계가 다르기 때문이다. 언어를 단순히 명명법(nomenclature)으로 볼 수 없는 까닭도 여기에 있다.

잘 알려진 대로 언어의 고유한 의미 분할 방식이 문화적 차이를 만드는 중요한 요소이다. 이른바 사피어-워프 가설(Sapir-Whorf Hypothesis)은 이런 문화적 차이를 언어학적으로 설명하고자 하는 가설이다. 이 가설은 두 가지 명제를 함축하고 있다. 우리의 사고방식이 언어에 의해 통제되고 결정된다는 언어결정론(linguistic determinism)이 그 하나라면 언어의 차이가 결국 세계관의 차이를 구축한다는 언어상대성론(linguistic relativity)은 다른 하나이다. 전자의 언어결정론에 대해서는 여러 가지 반론이 있었지만 후자의 언어상대성론에 대해서는 수긍하는 입장이 많은 편이다(달비 462-489; May 133, 165). 그 세목에 대해서는 이론의 여지가 있겠으나 아무튼 언어가 사물을 인식하고 그에 입각한 행동에 심원한 영향을 끼친다는 핵심적 생각은 설득력 있는 통찰이다. 사피어-워프 가설은 언어가 단순히 의사소통의 도구로 그치는 것이 아니라는 사실 또한 환기시킨다. 언어를 통해서 우리는 의사소통을 할 뿐만 아니라 사물을 인식하고 사고하고 또한 표현한다. 다시 말해 언어는 국민적 정체성은 물론 문화적 정체성 및 개개인의 자기 정체성을 구성하는 핵심 요소이다.

이러한 통찰들은 영어의 공용어화는 물론이고 영어의 과잉 사용에 대해서도 심사숙고해야 할 것을 요청한다. 영어의 공용어화는 영어를 일상어로 추가하는 것에 불과한 것으로 그치는 것이 아니다. 그로 인한 정체성 혼란이나 그 결과 야기되는 사회적 혼란은 돈으로 환산하여 상쇄될 수 있는 것이 아니다. 언어문화적 차원으로 좁혀 생각하더라도 그것은 한국어 사용에 심각한 영향을 끼치고 한국적인 고유한 인식과 사고방식의 소실을 초래할 수 있다. 그 소실은 우리 사회뿐만 아니라 인류 전체로도 커다란 손실이다. 한 언어가 사라지면 그 언어로 엿볼 수 있는 정신세계와 거기에 집적된 문화유산이 지구상에서 사라지는 것을 의미한다. 북아메리카 원주민 언어에 대해서 연구한 마이선(Mariannne Mithun)은 원주민 언어가 사라지면서 그와 더불어 원주민들의 의식과 웅변술, 서정시와 서사시, 신화와 전설들이 멸실되었음을 안타까운 마음으로 상기시킨 바 있다.[6] 언어생태학자들이 강조하듯이 언어적 다양성의 보존은 인류의 문화유산의 보존이라는 측면에서만이 아니라 다른 언어와의 접촉을 통해서 사물이 존재하는 방식에 대한 대안적 사고를 얻는다는 점에서도 중요하다. 우리와 다른 인식 방식과 사고체계를 알게 됨으로써 우리는 자신을 더 심층적으로 이해할 수 있게 되고 그와 더불어 우리의 정신적 삶도 더 유연하고 창조적인 것이 될 수 있다. 언어의 소멸은 생물종의 소멸이 전 생태계를 위태롭게 하는 것과 마찬가지로 지구촌 전체로 사회적 삶의 획일화와 궁핍화를 초래할 수 있다.

세계어로서의 영어의 득세는 소수자 언어의 소멸을 가속화하고 있다. 영어의 확산에 내포된 문제점에 대한 논의에서 이 점은 상대적으로 소홀히 여겨지고 있는 듯하다. 그러나 지구촌 전체의 문화적 견지에서 본다면 이는 실로 심각한 문제이다. 현재 지구상에는 약 5,000개

6 Marianne Mithun, *The Languages of Native North America*(Cambridge: Cambridge University Press, 1999) 참조.

의 언어가 사용되는 것으로 알려져 있다. 현재와 같은 추세라면 앞으로 100년 이내에 이 중 2,500개의 언어가 사라질 것으로 추정된다. 평균 2주에 1개의 언어가 사라지는 셈이다. 그 후 한 세기가 더 지난 후에는 200여 개의 언어만이 살아남을 것이라는 전망도 있다. 2002년 현재 통계로도 전 세계 인구의 3분의 2가 사용하는 언어의 수가 12개에 불과하고 소수 민족어가 급속히 소멸하고 있는 현상은 이런 전망을 신빙성 있는 것으로 만들고 있다.[7]

오늘날 세계 도처에서 대부분의 소수자 언어 사용자들은 모어를 버리고 영어로 언어 전환하라는 사회적 압력을 받고 있다. 이 압력은 소수 언어 사용자들에게만 국한되지 않는다. 오늘날 거의 모든 학문 분야 특히 자연과학 분야와 사회과학 분야의 학술 논문을 비롯한 서적 출판은 대부분 영어로 이루어지고 있다.[8] 이는 소수자 언어 사용국이 아닌 중국, 인도, 프랑스, 독일, 스페인, 일본에서 일어나고 있는 현상이다. 영어와 동일한 문화권의 동류어(cognate language)를 쓰고 있는 경우 현상을 영어로 설명하더라도 폐해는 상대적으로 적다. 동일한 문화권일 경우 언어적 의미 분할 방식이 유사하기 때문에 의미의 망실이 상대적으로 적기 때문이다. 그러나 영어와 비동류적인 언어를 사용하는 아시아나 아프리카 문화권 나라의 경우는 사정이 다르다. 이들의 경우 개념의 범주화 방식이 전적으로 다른 영어로 자국의 현상을 설명하게 되니 결국 이들에게 고유한 시각과 사고방식은 사장될 가능성이 크다. 예컨대 한국의 식물상이나 암석에 대한 논문을 영어로 쓰게 된다면 그에 대해 영어권 사회에서 통용되는 분류 체계로 설명할 수밖에

7 앤드류 달비, 『언어의 종말』, 7, 59-83 참조.

8 예컨대 영어와 경쟁적으로 자국어의 보급에 나섰던 프랑스의 경우도 정부 지원을 받아 학술지에 발표하는 논문 중 영어로 쓰여진 것이 1978년에 75퍼센트, 1988년에는 80퍼센트, 1994년에는 84퍼센트로 증가하고 있는 것으로 보고되고 있다(이병민 2005, 29). 이 밖에 Graddol 87-102 참조.

없고 따라서 그 분류 체계에서 벗어나 있는 한국의 고유한 식물상이나 암석의 형태는 주목받지 못하거나 아예 명명될 기회를 갖지 못해서 잊히고 말 가능성이 크다. 영어로 글을 쓰게 되면 우리의 것을 알릴 기회가 많아지니 오히려 문화적 풍요를 구가할 수 있다는 반론이 있을 수 있으나 이는 근시안적이고 일면적인 시각이다. 영어로 된 자료에 의존해서 영어권 독자들을 염두에 두고 영어로 글을 쓴다면 결국 영어로 쉽게 이해될 수 있는 표현과 문체를 고려할 수밖에 없고 이런 과정이 반복되다 보면 우리 고유의 표현 양식과 문화적 온축은 관심 밖으로 밀려나지 않을 수 없기 때문이다.

오늘날 우리의 대학에서 불고 있는 영어강의 붐도 마찬가지 맥락에서 우려되는 현상이다. 영어강의는 그 교육적 성과에 대한 깊은 숙고 없이 다분히 영어에 대한 사회적 열풍에 편승하여 혹은 학문의 국제화라는 명분하에 대학의 행정 당국에 의해 강력하게 권장되고 있다. 학문의 국제화는 학문의 질적 제고를 통한 자연스런 교류의 확대로 이루어지는 것이다. 영어강의를 많이 한다고 해서, 캠퍼스에 외국인 학생 수가 많다고 해서 국제화되는 것은 아닐 것이다. 대학이 지향해야 할 방향에 대한 이런 오도된 생각도 문제이지만 전혀 여건이 갖추어지지 않은 상황에서 벌어지고 있는 영어강의가 초래하는 폐해는 실로 심각한 것이다. 언어가 의사소통 수단일 뿐만 아니라 사고와 표현 매체임을 생각한다면 영어를 외국어로 습득한 교수의 경우 그가 비록 영어를 유창하게 구사한다고 할지라도 그 한계는 자명하다. 모국어를 쓰는 것처럼 깊은 사고나 섬세한 표현을 결코 기대할 수 없기 때문이다. 주지하듯 창의적이고 참신한 사유는 미세한 생각의 차이나 사안의 미묘한 뉘앙스에 대한 숙고의 과정에서 태동한다. 영어가 모국어가 아닌 상황에서 행해지는 영어강의는 교수나 학생들 모두에게 애초에 이런 창의적이고 혁신적 사유의 가능성을 봉쇄하는 꼴이다. 강의가 일반적인 지식 혹은 상식화된 단편적 정보를 단순하게 전달하는 것일 뿐 상상력과 창의력을 자극하는 것이 되지 못할 것은 불문가지이다. 교수의 영어가 유창할 경우도 이럴진대 영어능력이 미흡한 경우는 더 말할 필요가 없다. 영어강의를 통해서 학생들의 영어능력이 약간 더 신장된다고 하더라도 그것이 전공 학문의 피상적 학습으로 인한 손실을 보상할 만큼 가치가 있는 것은 결코 아닐 것이다. 이런 상태가 지속된다면 우리의 대학은 깊은 지식이나 창의적인 사고 능력은 말할 것도 없고 일반 상식도 제대로 갖추지 못한 범용한 기능인들만을 양산하는 곳으로 전락할 염려마저 있다. 물론 영어강의를 무조건 배제하자는 것은 아니다. 영어강의는 해당 분야 전공지식을 갖춘 외국인이나 이중 언어 사용자 혹은 그에 준하는 영어능력을 갖춘 교수에 의해 학문적 필요에 의해서 행해져야 한다.

4. 한국 영어교육의 문제점

오늘의 한국 사회를 지배하고 있는 영어만능주의를 그 무대의 중심에 서있는 영어교육계는 어떻게 받아들이고 있는가? 유감스럽게도 우리의 영어교육계는 영어습득의 기술과 방법론에 주된 관심을 기울일 뿐 그것의 교육적 문제점이나 사회문화적 함의를 아울러 생각하는 문제의식은 미흡한 듯하다. 이런 탈맥락적인 기능주의 경향은 영어교육학의 전문화 요구의 결과이기도 하다. 그렇기 때문에 이는 우리나라 영어교육 전공자들에게 국한된 문제만은 아니다.[9] 실로 응용언어학 혹

9 미국의 대표적인 외국어교육 전문 학술지 『현대어지』(*Modern Language Journal*)는 2000년도에 지난 20세기 100년 동안의 미국 외국어교육 전반을 검토하는 특집호를 마련했는데, 그중의 한 필자인 번즈(Heidi Byrnes)도 바로 이 점을 문제점으로 지적하며 다음과 같이 말했다. "교실은 사회와 문화로

은 영어교육학의 학문적 전통과 방향이 그러했다. 응용언어학이라는 용어는 1948년 미시간 대학에서 발간하기 시작한 계간 학술지 『언어학습』(*Language Learning-A Quarterly Journal of Applied Linguistics*)의 부제로 쓰이기 시작하면서부터 공식적으로 사용된 것으로 알려져 있으나 언어학 지식을 언어 학습에 응용하기 시작한 것은 19세기 말 언어학이 '과학적' 학문으로 정립되고 서구세계가 식민 제국 경영의 일환으로 국어의 표준화와 그 보급에 본격적으로 나서면서부터라는 것이 통설이다(Pennycook 126-129). 20세기 전반기에 '응용'이라는 용어에 함축된 부차적 학문이라는 함의를 떨치고 그 자체로 독립된 학문적 위상을 정립하면서 응용언어학은 교수법의 과학화를 핵심적 과업으로 삼아왔다. 가령 1920년대 직접교수법 창안자인 파머(Harold Palmer)는 음성언어를 제일 중요한 것으로 강조하면서 과학적 언어 교수법 확립에 심혈을 기울였다(Pennycook 129). 파머 이후 효과적인 언어 학습을 모색하는 여러 방식의 교수법이 창안되었지만 언어 교육을 가치중립적인 교수 기술의 관점으로 보는 근본 방향은 지금까지 여전하다고 볼 수 있다. 언어 습득 및 학습에서 제기되는 미시적 문제를 실험과 통계 분석을 통해 설명하고 해결책을 찾는 이른바 양적 연구가 영어교육학계를 지배하고 있는 오늘의 현실이 그것을 말해준다.

기능주의적 언어 교육의 문제점은 무엇인가? 맥락은 다르지만 비슷한 문제와 씨름했던 막스 베버(Max Weber)는 하나의 시사점을 제공해준다. 1917년 종전을 앞두고 베버는 독일 학생들을 상대로 학문의 길에 대한 강연을 한 바 있다. 후에 『직업으로서의 학문』으로 출판된 이 강연에서 베버는 '진보'의 미명 아래 날로 과학화 · 전문화되어 가

부터 독립되어 있는 중립적 공간이 아니다. 그럼에도 불구하고 외국어 교수와 학습은 이념의 무풍지대인 양 과학적 혹은 기술적 측면에만 관심을 쏟아 왔다. 교사와 교육과정에 대한 철학적 검토가 중요한 것임에도 이에 대한 논의가 거의 없었다"(Byrnes 491).

는 학문의 전반적 추세에 대해 우려를 표명했다. 합리화 혹은 탈주술화(Entzauberung)로 표현되기도 하는 이 경향은 "원하기만 하면 언제라도 우리의 삶의 조건에 대한 지식을 얻을 수 있다는 것, 따라서 삶에서 작용하는 어떤 힘들도 신비스럽고 예측할 수 없는 것이 아니라는 것, 오히려 모든 사물은 원칙적으로 계산을 통해 지배될 수 있다"(베버 44)는 믿음을 바탕으로 한다. 그러나 삶의 현상이 이성적 논증과 수리적 계산으로 설명된다고 해서, 베버가 우려하는 대로, 삶 전반에 대한 지식이 증대되고 그 이해가 심화되는 것은 결코 아니다. 그렇게 얻어진 기술적 지식이란 지극히 제한된 현상을 전체적 연관을 도외시한 채 분석하고 설명하는 파편화된 지식일 따름이다. 그리하여 계산적 이성으로 무장한 학문 탐구는 탐구의 궁극적 의미나 윤리적 타당성에는 관심이 없고 오로지 탐구를 위한 탐구에 매달리게 된다. 이처럼 그 궁극적 의의와 목적을 도외시함으로써 삶의 구체적 현실과 유리된 지적 탐구는 자칫 맹목적이고 비인간적인 행태를 낳을 수 있다. 가령 의학은 날로 발전하고 있으나 그런 첨단 의학이 최근 안락사 문제를 통해 드러나듯이 오히려 맹목의 폭력으로 작용할 수 있다. 환자의 고통이나 개인적인 형편에 아랑곳하지 않고 오로지 환자의 병리적 증상이나 생명 연장에만 골몰하는 영혼 없는 의사를 우리는 전문 분야의 어디에서나 쉬이 발견할 수 있는 것이다.

기능주의적 교수방법론이 지배하고 있는 영어교육의 현실은 베버가 우려한 대로 "영혼 없는 전문가"의 세계이기 십상이다. 영어만능주의에 젖은 사회는 쉬이 써먹을 수 있는 '실용영어'의 신속한 습득을 갈구하고 영어교육 전공자는 그런 사회적 욕구를 충족시키는 영어 습득 방식과 학습 전략을 찾아내는 기술자로 영어교육의 일선을 선도한다. 이론과 실천의 현장은 효과적인 교수법만 찾아내면 영어는 '정복'될 수 있다는 믿음으로 연결되어 있는 것이다. 이 믿음은 현실적 가능성의 차원에서 보면 환상이다. 그러나 이 환상은 영어에 대한 우리 사회의 비상한 욕구 혹은 기대와 맞물리면서 확산되고 지속적으로 재생산된다. 이 순환적 메커니즘이 우리 사회에 불고 있는 영어 열풍의 동력일 것이다. 이 열풍 앞에서 효과적인 영어 학습에 대한 온갖 처방이 난무하고 저마다 영어교육 전문가인 양 백가쟁명의 의견을 제시한다. 설익은 영어교육 정책은 이런 사회적 분위기의 소산이며 그 반영이다. 따라서 우리 사회 영어 문제의 비등은 영어교육 전문가들이 영어교육의 사회적 의의, 목표, 방향에 대해 침묵하고 인간의 언어생활 전반에 대한 근원적 성찰을 도외시하고 있기 때문에 그 빈 공간을 채우기 위해 몰려든 제반 사회적 세력들의 억견이 만들어내는 소용돌이의 결과라고 말할 수 있다.

무엇을 왜 가르쳐야 하는가의 문제보다 어떻게 가르칠 것인가가 관심의 초점이 된다면 영어 학습 현장은 최신 교수법 이론과 교수 전략의 실험장이 되기 십상이다. 우리 영어교육 현장에도 그동안 여러 교수 이론과 방법론이 소개 · 적용되어 왔다. 이들은 대부분 영국이나 미국에서 우리와는 여건이나 문화 환경이 다른 학습자를 위해 개발된 것들이다. 따라서 이들 이론의 무비판적 적용은 여러 가지 문제와 부작용을 야기할 수 있다. 그러나 우리의 영어교육 전문가들이 수입된 이론들을 우리 실정에 맞게 변용시켜 적용하려는 노력을 얼마나 기울였는지는 미지수이다. 한국의 영어교육은 1886년 육영 공원의 설립과 더불어 본격적으로 시작된 것으로 알려져 있다. 짧지 않은 120년의 역사이다.[10] 영어교육이 이 땅에서 한 세기가 넘게 행해져 온 것을 생각하면 이제 우리 실정에 맞는 토착적인 영어교육 이론을 기대함 직하나 이 또한 기대에 못 미친다고 말해도 지나치지 않을 것이다. 캐나다의

---

10 박종성, 「한국에서 영어의 수용과 전개」 참조.

영어학습 방법론을 중국에 도입하여 가르친 바 있는 샘프슨(Sampson G. P.)은 영어 종주국이자 선진국에서 개발된 방법론을 무조건 과학적이고 우수한 것으로 간주하고 그 결과 어떤 교육여건에서도 적용할 수 있다는 환상을 야기한다는 문제점을 지적한 적이 있다(Sampson 27). 우리 영어교육학계가 실용의 바람에 편승하여 해외 이론을 기계적으로 적용하는 데 급급할 때 자생적인 영어교육 이론의 창출은 요원한 일일 수밖에 없다. 토착화된 창의적 영어교육이론을 창출할 수 있는 역량 있는 영어교육 전문가를 배출하려면 대학의 영어교육 전공 과정도 기능 위주의 교수법 교과목 일변도에서 탈피해야 한다. 언어와 인간 정신 혹은 문화의 본질에 대한 인문학적 소양과 심층적 전문지식을 두루 함양할 수 있는 교과 과정이 제공되어야 할 것이다.

영어교육학의 이런 학문적 경향은 당연히 영어교사 양성에도 영향을 끼친다. 실용적 기능주의가 지배하는 분위기에서 영어교사는 숙달된 '교수 기계'(teaching machine)로 기대되고 또 그렇게 자임하기 마련이다. 학습과정은 교사의 유창한 영어능력을 학습자에게 전수하는 회로로 단순화되기 십상이다. 당연한 귀결로 학습자의 능력이나 형편, 인성이나 취향에 대한 마땅한 고려는 실종되고 만다. 영어 학습은 따라서 유형화된 상황에서 일어날 수 있는 상투적 표현의 반복 연습과 암기의 틀을 벗어나기 힘들다. 물론 외국어 학습에서 규칙의 암기와 반복 연습은 중요하다. 그러나 학습이 기능적 수행으로 구성되더라도 운영의 근본정신은 늘 그것을 넘어서 있어야 한다. 기계적인 언어 학습은 자칫 언어의 본질이나 언어생활의 근본을 왜곡할 수 있기 때문이다. 인간의 언어 지평은 표현과 수용 양쪽에서 모두 무한대로 열려 있는 것이다. 이는 모국어든 외국어든 마찬가지이다. 외국어의 경우 제한된 언어 능력으로 인해 이 지평이 좁아 보일 수 있으나 아무리 손쉬운 표현이라도 거기에 스며 있는 의미의 세계, 곧 문화적 온축은 무한

할 수 있다. 다시 말해 외국어의 경우도 학습자나 교수자의 역량에 따라 그 지평은 좁아지기도 하고 한없이 넓어질 수도 있다. 그러나 언어의 기능적 숙련에만 치중하다 보면 의미론적 · 문화적 지평을 스스로 차단하고 구문과 어법의 세계에만 안주할 수 있는 것이다.

이런 점에서 교사 양성을 목적으로 하는 영어교육과의 교과 과정이 근래에 인문적 소양과 문화적 문해 능력을 기를 수 있는 교과목을 배제하고 교수법 계열 과목 중심으로 개편되고 있는 것은 지극히 우려되는 현상이다. 어학이나 문학 교과목의 축소는 이제 국내 영어교육과의 일반적 현상이 되고 있다. 영어교육의 전문화라는 기치 아래 이런 추세가 심화되고 있다는 점에 문제의 심각성이 있다.[11] 그러나 영어 교수법에 관한 지식이 많다고 해서 또 영어가 유창하다고 해서 반드시 유능한 영어 교사가 되는 것은 아니다. 우리의 영어교실은 "말 연습장이 아니라 지적 체조(mental gymnastics) 연습장"처럼 운영되어 왔다는 비판이 제기되곤 했다(한학성 55). 이런 비판이 이른바 실용영어 교수 일색인 오늘의 현실에서도 유효한지 의문이다. 설령 그렇다고 하더라도 교사가 지적 체조를 펼칠 수 있는 소양과 능력을 갖추고 있어야만 말 연습을 제대로 시킬 수 있다는 사실은 종종 간과되고 있다. 그동안 말하기와 듣기에 치중하는 구어 중심의 영어교육 덕분에 교사 및 교사 지망자들의 구어 능력은 전반적으로 향상되었다. 또 인터넷과 각종 영상 매체 그리고 외국인과 쉬이 접할 수 있는 사회적 환경의 변화로 구

11 개론적 성격의 영미문학 강좌들이 아직은 국내 대부분의 영어교육과에 개설되어 있다. 그러나 중요한 것은 이런 명목적 교육 과정이 아니라 다수의 학생들이 선택하는 잠재적 교육 과정이다. 대부분이 선택 과목인 문학 강좌는 학생들의 기피로 외면당하고 있는 실정이다. 이를 문학 담당 교수의 능력 문제로 환원시켜서는 곤란하다. 이 또한 영어교육학의 전문화 강조 더 나아가 사회 전반에 횡행하고 있는 실용적 기능주의와 무관하지 않다고 생각한다. 나는 최근 영어교육을 전공하는 석사 과정의 한 학생이 학과에 개설된 문학 과목의 수강 여부를 묻는 동료 학생에게 "영어교수법 이론을 열심히 배워서 영어교사로서 헌신할 준비를 해야지 사치스럽게 문학 과목을 수강할 수 있는가"라고 반문하는 것을 우연히 들은 적이 있다. 문학 과목은 영어교육에 불필요하다는 이런 오도된 생각이야말로 우리 영어교육 현장을 부실하게 만드는 한 원인임은 구태여 말할 필요가 없을 것이다.

어 능력을 신장시킬 수 있는 여건도 이전과는 비교할 수 없을 정도로 좋아졌다. 날로 취약해지고 있는 것은 읽기와 쓰기 능력이다. 우리 영어교육은 이제 이 불균형을 심각하게 고려해야 할 시점에 와 있다.

교사 양성에서도 마찬가지이다. 근래의 영어교육과 졸업반 중에 영어 회화는 제법 유창하게 하지만 기초적인 문법조차도 잘 모르고 따라서 텍스트를 읽어낼 수 있는 능력이 결여된 학생이 상당수인 실정이다. 영어교육을 전공했으면서 셰익스피어는 그만두고 영미소설 한 권도 제대로 읽어본 적이 없는 학생이 적지 않은 것이 우리 교사 양성의 현주소이다. 영어교육학은 전문화되고 양적으로 번창하고 있을지 모르지만 영어교육의 질적 수준은 저하되고 있는 역설적인 상황인 것이다. 의사소통 능력의 배양이 영어교육이 지향하는 바일지라도 가르치는 교사는 말하기, 듣기, 읽기, 쓰기의 네 기능을 두루 갖추고 있어야 할 뿐만 아니라 능력과 수준 차가 큰 학습자의 개별적인 형편과 욕구에 능동적으로 대처할 수 있는 유연성을 지녀야 한다. 이런 유연한 마음가짐은 내면적 삶의 깊이, 곧 인문적 소양과 공감적 지성에서 나온다. 영어를 숙달해야 할 기능으로만 보지 않고 정신문화의 창으로서 받아들이고 이를 통해 지적 · 문화적 · 심미적 소양을 함양시키는 교사교육이 되어야 한다. 이런 넓은 지평에 설 때 비로소 참다운 의미의 의사소통 능력도 배양할 수 있다는 사실은 거듭 강조되어야 한다.

타고난 교사는 타고난 시인보다도 적다는 말이 있다. 인간을 길러내는 교육에서 교사의 역할이 얼마나 중요한 것인지 새삼 일깨우는 말이다. 급변하는 시대에 이상적인 교사상을 구체적으로 말하기는 쉬운 일이 아니다. 그러나 어느 경우를 막론하고 교사로서 가장 경계해야 할 것은 학습자를 인격체로 생각하지 않고 획일화된 집단적 대상으로 보는 태도이다. 특정한 교수방법론을 기계적으로 적용하고 싶은 유혹이 강한 영어 교수 현장에서 이 점의 경계는 특히 강조되어 마땅하다.

학습을 방법과 전략에 입각한 기능적인 것으로만 생각한다면 학습 욕구의 좌절을 초래할 수 있을 뿐만 아니라 그것이 궁극적으로 넘어서야 할 주체적 자기 계발의 가능성을 차단하게 된다. 영어 교실이라고 해서 다른 교과목 학습 현장과 다를 것이 없다. 영어학습도 교수와 학습자의 상호 교감 속에서 개개인의 수준과 능력과 특성과 욕구가 최대한 고려될 때 학습 효과를 기대할 수 있다. 교육에 대한 열정과 더불어 넓고 깊은 인문적 소양과 지식을 갖추고 있다면 교사는 자신이 처한 교실 현실에 최적인 영어교수법을 스스로 개발해낼 수 있을 것이다. 우리의 영어교육계는 이제 도구적 이성으로 무장한 전문 기능인이 아니라 창의적이면서도 정감적이고 인간에 대한 이해가 깊은 이런 교사를 길러내고 선양하는 체제로 방향 전환을 해야 한다.

참고문헌

달비, 앤드류. 『언어의 종말』. 오영나 역. 서울: 작가정신, 2008[Andrew Dalby, *Language in Danger*, 2002].

박거용. 『영어교육과 연구의 문제틀』. 서울: 한빛문화, 2004.

박종성. 「한국에서 영어의 수용과 전개」. 『영어, 내 마음의 식민주의』 45-66.

베버, 막스. 『직업으로서의 학문』. 전성우 역. 파주: 나남출판, 2006[Max Weber, "Wissenschaft als Beruf," 1917].

복거일. 『영어를 공용어로 삼자: 복거일의 영어공용론』. 서울: 삼성경제연구소, 2003.

윤지관 편. 『영어, 내 마음의 식민주의』. 서울: 당대, 2007.

이병민. 「EFL 영어학습 환경에서 학습시간의 의미」. 『외국어교육』 10.2(2003 여름): 107-129.

_____. 「EU 대학에서 학술언어로서 영어의 역할과 위상」. 『외국어교육연구』 8(2005): 15-40.

일리히, 이반. 『그림자 노동』. 박홍규 역. 서울: 미토, 2005 [Ivan Illich, *Shadow Work*, 1981].

전효찬 · 최호상. 『영어의 경제학』. 서울: 삼성경제연구소, 2006.

최샛별. 「한국사회에서 영어실력은 문화자본인가」. 『영어, 내 마음의 식민주의』. 105-130.

크리스털, 데이비드. 『왜 영어가 세계어인가』. 유영난 역. 서울: 도서출판 들녘, 2002[David Crystal, *English as a Global Language*, 1998].

한학성. 『영어교육, 어떻게 할 것인가?』. 서울: 태학사, 1998.

Buttigieg, Joseph A. "Teaching English and Developing a Critical Knowledge of the Global." *Boundary 2* 26.2(1999): 45-57.

Byrnes, Heidi. "Shaping the Discourse of a Practice: The Role of Linguistics and Psychology in Language Teaching and Learning." *MLJ* 84.4(2000): 472-494.

Graddol, David. *English Next: Why Global English May Mean the End of English as a Foreign Language*. British Council, 2000.

Holborow, Marnie. *The Politics of English: A Marxist View of Language*. Thousand Oaks: Sage, 1999.

Lantolf, James P. and Gretchen Sunderman. "The Struggle for a Place in the Sun: Rationalizing Foreign Language Study in the Twentieth Century." *Modern Language Journal* 85.1(2001): 5-25.

May, Stephen. *Language and Minority Rights: Ethnicity, Nationalism and the Politics of*

Language. Harlow, Essex: Pearson Education Ltd., 2001.

Mithun, Marianne. *The Languages of Native North America*. Cambridge: Cambridge University Press, 1999.

Parakrama, Arjuna. *De-Hegemonizing Language Standards: Learning from (Post) Colonial Englishes about 'English'*. New York: St. Martin Press, 1995.

Pennycook, Alastair. *The Cultural Politics of English as an International Language*. London and New York: Longman, 1994.

Phillipson, Robert. *Linguistic Imperialism*. Oxford: Oxford University Press, 1992.

Plumlee, Marilyn K. "*Lingua Franca* or Language of Domination?: Implications of the Two Faces of English." 『언어와 언어학』 32(2003): 159-180.

Sampson, G. P. "Exporting Language Teaching Methods from Canada to China." *TESL Canada Journal* 1.1(1984): 19-31.

Shim, Doobo and Joseph Sung-Yul Park. "The Language Politics of 'English Fever' in South Korea." *Korea Journal* 48.2(Summer 2008): 136-159.

03

언어의 창조성과 사유의 훈련*

김재오

1. 대학의 위기와 인문학의 과제

하나의 제도로서 대학의 상은 최근 급격한 변화를 보이고 있다. 이는 일차적으로 사회의 요구를 대학이 수용하는 과정에서 전통적인 학문의 성격이 변화하는 데 기인한다. 대학에 남다른 위상을 부여하고자 하는 입장에서 보면 이러한 최근의 변화는 '위기'로 다가오지 않을 수 없다. 물론 이때의 '위기'는 대학이 생존하느냐 마느냐라는 절박한 현실적 관점에서 바라본 것이 아니라 전통적인 대학의 상이 무너지고 있다는 보수적 관점에서 파악된 것이다. 가령 대학을 이상적인 공동

* 이 글은 『새한영어영문학』 제50권 2호(2008)에 「통합의 원리로서의 '문학': 리비스와 문화적 전통의 연속성」이라는 제목으로 발표되었고, 이 책에 수록하면서 제목과 일부 내용을 수정하였다.

체의 표본으로 생각하는 하버마스(Jürgen Habermas) 같은 철학자는 다른 제도도 그렇지만, "대학조차도 일단 협동정신의 결속력이 해체되면, 전체의 틀을 만들어낼 명맥이 끊어진다"고 지적하면서 대학은 그 구성원들의 목적, 동기, 그리고 행위와 내적 연관성을 유지해야 한다고 주장한다. 그래서 분화된 학문활동을 묶어주던 상위 담론이 역부족인 상황에서 대학이 전통적인 기능을 수행하려면, 자기성찰 형태의 철학적 성찰이 학문 내부로부터 나와야 한다는 것이다(3-4). 각 분과학문이 상대적 자율성을 갖되 비판적 자기성찰을 통해 공론의 장에서 만난다는 발상이다. 그러나 분과학문의 자기성찰이 제대로 이루어질 수 있을지 의문이다. 그런 성찰이 하버마스가 늘 주장하는 이해관계를 떠난 해방에의 관심으로 심급상승을 이룰 수 있느냐가 문제이기 때문이다. 또한 공론의 장을 통한 '합의의 도출'이라는 개념이 규범성이나 규제적 이념으로서의 의미를 제쳐둔다면 무슨 실질적인 의미가 있는지도 불분명하기 때문이다.

요컨대, 하버마스가 말하는 '의사소통적 합리성'이 월러스틴(Immanuel Wallerstein) 같은 학자가 주장하는 '실질적 합리성'에 얼마나 근접하느냐가 문제의 핵심이다. 여기서 '실질적 합리성'이란 인간의 자유와 공동의 복리를 달성하고, 인간의 문제를 해결하고 인간의 잠재력을 신장하는 데 인간의 지성을 사용하는 것이다(*The End of the World* 156). 월러스틴은 이 '실질적인 합리성'을 실현하는 학문으로서 새로운 사회과학의 출현을 기대한다. 그는 우선 과학과 인문학 두 분야에서 모두 고전적인 패러다임이 붕괴되는 과정에서 결정론과 보편주의를 비판적으로 바라보는 문화연구와 복잡계 과학이 등장했음을 강조한다. 나아가 이 둘을 매개하여 새로운 사회과학이 나타날 것이라고 예견한다(188-191). 이렇게 출현한 사회과학이 학문활동의 중심이 되는 통합과학의 모습으로 나타날지 필자로서는 판단하기 힘들다. 하지만

이 학문이 인간의 문제를 해결하고 인간의 잠재력을 신장하는 데 인간의 지성을 사용하는 것을 목표로 한다면, 인간의 지성과 인간의 문제 그리고 인간의 잠재력이 무엇인지에 대한 정확한 판단이 선행되어야 하지 않을까? 즉 월러스틴의 '실질적 합리성'의 전제가 무언인지 정확히 알아야 하지 않을까?

일반적인 관점에서 볼 때, 인간의 지성과 인간의 잠재력에 관한 탐색은 인문학의 영역에 속하고, 창조적인 문학작품이 인간의 지성과 잠재력을 구현하는 탁월한 방식임은 주지의 사실이다. 그런 점에서 문학작품을 읽고 공부하는 일은 인간의 창조성에 대한 새로운 인식을 촉발하는 계기가 되며 그러한 인식은 언어가 단순히 표현수단이나 의사소통의 도구로 국한될 성질의 것이 아님을 발견하는 일이기도 하다. 이런 문제의식에서 이 글은 영문학 내에서 문화연구가 발흥하게 된 계기, 즉 문학의 힘이 현저히 위축된 시기에 문학의 위상을 재검토하는 리비스의 사유에 대해 숙고해보고자 한다. 특히 리비스가 강조하는바, 제3의 영역으로서 문학 언어의 잠재력과 창조성이, 감수성과 결합된 지성을 훈련시키고 개인과 사회의 이분법을 극복하며 문화적 전통의 연속성을 유지하는 데 핵심적 역할을 한다는 점에 주목하고자 한다.

2. '두 문화'의 분리와 문학교육

리비스가 문학에 부여하는 위상을 좀 더 분명하게 이해하기 위해서는 근대적 대학의 설립과 발전과정에서 학문의 성격이 어떻게 변모되었는가를 살펴보아야 한다. 이는 리비스가 이른바 '두 문화'의 분리라는 근대 분과 학문제도에 비판적인 입장을 취하는 만큼 리비스의 문제의식이 단순히 문학주의로 환원되는 것이 아닌 문명비판적 성격을 띤다는 점을 분명히 하기 위해서이다. 월러스틴에 따르면, 근대적 대학 제도는 훈련된 인재를 필요로 하는 정부와 새로운 기술의 향상을 요구하는 생산업체, 그리고 대학교육을 사회적 지위향상의 수단으로 삼는 개인들의 욕망이 결합되어 만들어진 것이다. 이러한 사회의 요구와 개인의 욕망이 행복하게 결합하는 경우는 과학분야이고 따라서 인문학과 과학은 분리되어 '두 문화'의 제도화로 나타난 셈이다.[1] 그러나 이러한 제도화에서 실제로 힘있는 사람들이 인문학자들보다 과학자들의 가치를 높이 평가함으로써 사회적 싸움에서 과학자들은 인문학자들을 멀리 앞서갔다(*European Universalism* 59-63).

이런 현상에 대한 문제제기는 여러 각도에서 이루어졌고, 가령 물리학자이자 소설가인 스노우(C. P. Snow)는 '두 문화'의 분리를 개탄할 만한 현실로 파악하고 두 문화 간의 새로운 소통을 주장한 것은 익히 알려진 사실이다. 그러나 그의 처방은 과학교육 분야에서 고전교육 부분을 강화하는 정도(18-21)이고, 그렇기 때문에 리비스의 호된 비판에 직면한 것이다. 스노우의 문화 개념은 지적인 가치라고는 조금도 없으며, 문학에 대한 무지는 심각한 수준이라고 리비스는 공박한 다음 우리에게 진정으로 필요한 것은 "가장 깊은 생생한 본능의 생기를 가진 어떤 것"이라고 못박는다(*Nor Shall My Sword* 53-61). 사실 이것이야말로 리비스가 생각하는 문화의 개념이며, 창조적인 문학작품이 이를 탁월하게 구현한다는 것이 그의 지론이다. 리비스가 대학에서 기대하는 것

---

1 이러한 변화가 갖는 의미를 근본적인 차원에서 이해하기 위해서는 근대과학이 갖는 본질적 성격을 규명할 필요가 있다. 외부적 요인을 지나치게 강조하다 보면 학문이라는 인간 활동이 사회적 요구의 산물로만 비춰질 수 있기 때문이다. 그런 점에서 하이데거(Martin Heidegger)의 근대 과학에 대한 성찰은 시사적이다. 하이데거는 오늘날 과학의 본질은 조사연구(research)에 있으며, 제한된 대상영역의 투사에 근거하기 때문에 개별화된 성격의 과학으로 나타날 수밖에 없다고 지적한다. 하지만 흔히들 생각하듯이 전문화란 모든 조사연구 과정의 기반이지 결과는 아니라는 것이다. 또한 조사연구가 계속되는 활동이 될 수 있는 것은 제도 속에서 그 작업이 실행되어서가 아니다. 반대로 계속되는 활동으로서의 성격을 갖기 때문에 제도가 필요하다는 것이다. 따라서 조사연구는 근대과학이 결정적인 역사적 국면에 접어들었다는 징후인 셈이다(118-126).

도 이와 관련된다.

> 대학은 문화적 전통의 상징으로 인식된다. 그 문화적 전통은 여전히 지도적인 힘으로 이해되고 근대문명보다 오래된 지혜를 대표하며, 그 인간적 결과물들을 통해 물질적이고 기계적인 발전의 맹목적인 돌진을 억제하고 통제해야 할 권한을 가지고 있다.(*Education and the University* 16)

이런 인식하에서 리비스는 문화적 전통의 연속성을 확보하기 위해 영문학이 교양교육의 중심이 되어야 함을 역설한다(17). 리비스가 영문학 공부를 대학의 중심으로 설정한 것이 영국의 옛 대학들에 의해서 대표되는 통합된 문화가 미국 대학의 기계적인 전문화에 의해 대체된 상황에 직면하여, 영국의 민족적 정체성을 유지하기 위한 방편을 찾기 위해서였다는 주장(Readings 80-81)도 있지만, 리비스의 인식은 이와는 다른 관점에서 이해해야 한다고 본다. 초기 영문학교육을 담당했던 이들이 낭만적 민족주의와 품성교육을 연결하려고 노력했었던 것은 사실이고(Reid 59-65) 리비스도 이러한 방향에서의 영문학 교육과 크게 보면 다르지 않다고 할 수도 있다. 하지만 리비스의 강조점은 다른 데에 있다. 그는 영국에서 일찍 진행된 산업화의 결과가 거대한 위협으로 다가왔음을 인식하고 인류의 공멸을 막기 위한 방편으로, 즉 문화적 연속성을 유지하려는 노력의 일환으로 영문학교육을 주창했던 것이다. 그의 현대문명에 대한 진단을 살펴보면 이 점이 분명해진다.

> 우리는 이러한 노동과 삶의 유기적인 관계를 여하한 향수에 젖어, 복원될 수 있는 어떤 것으로서 떠올리지도 않았고, 혹은 한탄하는 데서 기쁨을 얻기 위해 떠올리지도 않았다. 그것은 이러한 유기적인 관계가 그것이 속했던 유기적 공동체와 함께 사라져서 예측할 수 있는 장래에 복원될 수

> 없을 것이라는 점을 강조하기 위함이었다. 우리는 가속화하는 기술공학혁명에 따른 인간조건의 본질적인 변화와 이에 수반하는 인간 문제의 본성을 환기시켰던 것이다.(*Nor Shall My Sword* 85)

이 대목에서 분명해지는 것은 리비스가 황금시대를 동경하는 복고주의자가 아니라는 점이다. 문학연구에서의 훈련을 강조하는 이유는 문명의 문제를 환기시키는 데 있기 때문이다. 그것은 지성과 감수성을 긴밀하게 결합하는 훈련이고, 여기서 훈련된 지성은 단지 "전문가적 지성이 아니라 역사와 사회에 대한 총체적인 인식과 판단을 가능케 하는 그런 지성"(김영희 67)이다. 문제는 이러한 훈련이 소수에 의해서만 가능하다는 점이다. 한편으로 리비스는 우리가 살고 있는 세계를 "연속적인 인간의 협동적 창조에 의해 유지되고 창조되는"(*Nor Shall My Sword* 174) 가치와 의미의 세계라고 파악하면서도, 다른 한편으로 문화를 지키는 소수를 강조하기 때문이다. 그러나 리비스가 '교양 있는 일반인'을 계급으로 정의하거나 엘리트주의로 보기도 힘들다는 점을 역설하는(*Nor Shall My Sword* 213) 데서 드러나듯, 이 소수가 궁극적으로 지향하는 바를 달성하기 위해서 '협동적 창조'는 필수불가결한 요소이다. 가령 대학이 공동체 의식의 초점이 된다든가, 영문학이 연계중심이 된다는 발상도 따지고 보면 그런 협동적 창조를 가능하게 하려는 노력의 산물인 것이다. 리비스가 계몽주의적 진보주의 인텔리겐차들을 비판하는 것도 이런 맥락에서이다. 그들은 비기득권층을 대표해서 "'다인종적인 문화'를 가진 '다인종적인 사회'가 된다는, 혹은 될 수 있도록 한다는 이상을 환영하면서"(*Nor Shall My Sword* 169) 다원주의를 주장하지만 동시에 언제나 자신들이 엘리트임을 의식한다는 것이다.

리비스는 인간의 긴급한 위기를 인식하려면 무엇보다도 사심없는 지성과 창조적 충동이 필요하다고 믿었기 때문에, 이러한 위기를 타개하는 과업이 다수에 의해 시작될 수 없다고 못박는다. 민주주의는 공동체 내부에 교양 있는 핵심층이 존재하지 않는다면 제 기능을 발휘할 수 없다고 본 것이다.

> 교양 있는 일반인은 또한 흔히 계급이라는 말에 따르는 정치경제학적 의미에서 계급도 아니다. 즉 벤담적 후기 마르크스주의 식으로 사회적인 것을 축소시키면서 계급을 인간역사의 유물론적 해석의 관점에서 정의하는 의미에서의 계급은 아닌 것이다. (…) 보통 교양 있는 일반인은 그것의 필수적인 통일성을 본질적으로 다양성의 문제로 제시한다. 그러나 다양성이야말로 그 계급을 일반인으로 만드는바, 그러한 일반인 없이는 문화적 연속성의 생기를 유지시키는 (창조적 불일치로 상승하는) 창조적 차이도 존재하지 않는다.(*Nor Shall My Sword* 213)

교양 있는 일반인은 이런 관점에서 보자면, 하나의 모델집단으로서 존재하는 것이 아니라, 인간이 '협동적 창조'에 의식적으로 참여하는 과정에서 형성되는 것으로 보아야 할 것이다. 그렇기 때문에 리비스는 교양 있는 일반인이 존재해야만 문화적 연속성을 유지할 수 있고, 예술가들의 작업을 평가할 수 있는 기준이 마련될 수 있음을 역설하는 것이다. 그러나 여전히 문제는 그러한 문화적 연속성을 유지하는 데 있어서 왜 리비스는 문학작품을 중심에 두고 논의를 전개하는가이다. 즉 문학이 여타 문화적 활동과 근본적으로 다른 점은 무엇인가? 이는 문화연구와 리비스가 달라지는 지점이 무엇인가를 알아보는 일인 동시에 리비스에게서 언어가 갖는 중요성을 밝히는 일일 것이다.

3. 언어의 창조성과 문학공부

리비스는 언어의 구체적 현실성이 어떤 형태의 언어학적 인식에도 포착되지 않는다고 하면서 문화의 본질적인 생명력이 바로 이 언어에 녹아있고, 문학은 언어의 한 방식 혹은 발현이라고 주장한다(*English Literature* 49). 이런 주장의 근저에는 언어가 생명력의 터전인 의미, 의도, 힘과 함께 한 개인에 의해 발화되고 다른 개인에 의해 받아들여질 때에야 비로소 현전한다는 믿음이 깔려 있다. 따라서 공적이지도 않고 사적이지도 않는 성격을 지닌다는 것이다(49). 이런 인식은 언어를 하나의 대상으로 분리해 연구하는 언어학의 전제와는 상당히 다른 것으로서 언어가 협동적인 창조를 가능케 하는 매개체이자 그 창조의 결과물임을 의식하면서 언어가 자체의 생명력을 지니는 것으로 파악하는 태도이다. 창조적인 언어사용은 기존의 언어에 새로운 생명력을 불어넣는 작업인 셈이다. 따라서 언어를 사용하는 개인의 감수성과 사유의 성격에 따라 그 발화의 양상이 달라지지만, 바로 이런 차이를 통해 언어는 새로운 생명을 얻어 문학작품으로 탄생하게 된다. 리비스가 블레이크(William Blake)의 예를 들어 개인의 존재가 창조성에 필수적임을 주장하면서, 예술가는 그 개별성에서 자신이 얼마나 사회적인 존재인가를 발견한다(*Nor Shall My Sword* 171)는 점 또한 강조하는 것도 이 때문이다. 본질적으로 언어가 제3의 영역에 속하고 따라서 언어란 시인 자신이 운용할 수 있는 표현 수단 이상이라고 본 것이다. 따라서 창작은 일종의 발견적 과정이 된다. 시인은 말하려는 것만을 표현하는 것이 아니라 시 창작 과정에서 그 이상을 발견하고 창조한다는 것이다. 요컨대 개인과 사회의 이분법이 바로 창조작업에서 극복되는 셈이다.

> 메타포를 섞어서 말하면 그[시인]는 하나의 집약점으로서 삶의 도랑이다. 비록 그 도랑이 수많은 개별적 존재들에서만 나타나지만 말이다. 그 정체성이 무엇이고 무엇을 의미하는지를 발견하는 일이 문화적 연속성, 즉 부단한 협동적 창조, 확실히 '사회적'이라고 불릴 수밖에 없는 어떤 것에 깊숙이 내적으로 동참하고 있다는 것을 함축한다고 해서 그의 고유한 정체성이라는 점이 덜해지는 것은 아니다.(*Nor Shall My Sword* 171)

여기서 '사회적'이라는 말은 단순히 개인들의 집합을 의미하지 않는다. 한 개인이 창조적 활동을 통해 문화적 연속성을 창조하고 발견하는 일에 동참할 때 비로소 한 개인이 '사회적'이 될 수 있기 때문이다. 협동적 창조에 동참할 때 개인은 진정으로 개인이 되는 동시에 사회적 존재가 되는 셈이다. 이렇게 볼 때, 리비스가 다원주의나 기계적 평등에 입각한 민주주의를 비판하는 이유가 분명해진다. 이 두 주장 모두 개인과 사회의 이분법을 설정해놓고 이를 극복하는 방안들을 내세우지만, 이 대안들 자체가 사회를 획일화 내지 평준화시켜 진정한 창조성에 방해물로 작용할 수 있음을 경계한 것이다. 그것은 삶을 고정된 실체로 파악한다는 점에서 근본적으로 창조적인 삶에 기여하지 못한다. 반면 리비스에게 삶의 살아있음은 언어를 통해 드러나고, 언어의 살아있음은 "변화하는 조건들에 대한 인간의 창조적 반응"(*Nor Shall My Sword* 183)을 통해 유지된다. 따라서 문학작품, 문학비평, 그리고 교양 있는 일반인의 창출은 하나의 발견적 과정을 이룬다. 교양 있는 일반인의 존재는 문화적 연속성의 살아있는 증거이며, "영문학은 (…) 연속성의 핵심적 표명이며, 그 진실에 대한 살아있는 총체적 인식은, 즉 그 의미에 온당한 각성은, 우리 시대의, 그리고 우리 시대를 위한 신실한 비평기능의 수행에서 표현되고 촉발된다"(221)는 것이다.

그렇다면 문학공부에서 길러지는 감수성과 결합된 지성이 갖는 의미는 무엇인가? 이는 지식의 축적이나 비창조적 세계 전유로는 도달할 수 없는 어떤 것임이 분명하며 하이데거가 말하는바, '의식화와 인지행위'(the making conscious and the knowing)를 중심으로 하는 과학의 영역에 속하는 것이 아닌 '성찰'(reflection)의 영역에 속하는 앎의 양태라 할 수 있다. 하이데거에 따르면 우리가 의식만을 가질 때 성찰에 도달할 수 없으며 진정한 성찰이란 "물음을 던질 만한 가치가 있는 것에 고요하고 냉철하게 내맡기는 것"이며 이 성찰을 통해 "우리는 실제로 그것을 경험해보지 않거나 꿰뚫어 보지 않은 채 그 안에 오래 머물러 왔던 장소에 도달하게 된다"(180)고 한다. 하이데거는 이러한 성찰이 지성의 도야와도 본질적으로 다르다고 본다. 그에 따르면 지성의 도야란 앞서서 제시된 모델을 필요로 한다. 그리고 이러한 전제는 "불변하는 이성의 불가항력적인 힘과 그것의 원칙들에 대한 믿음"에 기초한 반면, 성찰은 먼저 우리의 체류장소로 향하는 도상으로 우리를 이끈다는 것이다(180). 지성의 도야가 인간의 이성에 대한 믿음에 근거하여 하나의 이상적인 상을 세우고 거기에 맞추어 이루어지는 행위이기 때문에 인간과 인간의 이성을 문제시하지 않는 반면, 성찰은 본질적인 것에 대한 물음으로 인간을 향하게 하는 것이다. 문학공부에서 창조되고 유지되는 지성 역시 하나의 모델을 따라 형성되는 것은 아니며 이성에 대한 믿음에 근거하기보다는 감수성과의 결합을 통해 달성되는 지성이라는 점에서 문학공부가 하이데거가 말하는 성찰의 한 방식이 될 수 있을 것이다. 리비스의 사유를 하이데거의 사유와 구체적으로 비교하기 위해 『살아있는 원리』(*The Living Principle*)의 한 대목을 인용해 보자.

> 대표적인 인간의 천재성이 강렬한 개체성과 뗄 수 없기 때문에, 모든 위대한 작가들의 사유는 독특하고, 각각의 경우 전달되는 실재에 대한 보고

에서 뚜렷한 특성을 포함한다. 그러나 차이가 아무리 첨예하다고 할지라도 사유의 훈련으로서 '영문학'을 옹호하는 데 열심인 사람이라면 누구나 강조하는 고려사항은 모든 위대한 작가는 언어를 통해 하나의 협동적인 창조적 연속성에 속한다는 점이다. 그 훈련이란 연역된 표준적인 논리나 절충적인 진짜 철학을 배우는 문제가 아니라 오히려 포착의 섬세한 영민함과 거의 본능적인 반응의 융통성을 습득하는 문제인바, 직관으로 알게 되는 '살아있는 원리', 즉 살아있는 언어와 개별적 천재의 창조성 사이의 '상호작용'에 내재한 원리가 여기에 생기를 불어넣는다. 작가가 언어를 사용했을 때, 그 언어**에서** 드러나는바, 내가 말하는 '상호작용'은 언어란 '표현수단' 이상의 것이라는 점을 염두에 두고 있다는 암시이다. 즉 언어는 가치, 언명, 특징, 충동, 잠재력에 대한 인식을 구현하고 있는 것이다. 그렇다고 해서 언어가 일의적이어서 이상적으로 포괄적인 결론을 암묵적으로 지시하고 있다는 것은 아니다. 그 자체가 창조성의 산물인 언어는 지속적이고도 전진적인 협동적 사유를 가능하게 한다. 그리고 그러한 협동에는 필수적이고 본질적으로 불일치가 수반한다는 점을 잊어서는 안될 것이다. 완결성이란 달성될 수 없는 것이다.(49 강조는 원문)

여기에서 강조되는 사항은, 문학작품에서 드러나는 위대한 작가의 사유가 그 자체로 독특한 개별성을 지닌다는 점에서 보편성을 주장하는 철학과는 구별된다는 점이다. 하지만 작가는 언어를 통해 '협동적 창조'에 참여하고 있기 때문에 그의 독특한 사유는 삶에 대한 직관적 지각과 인식을 수반한다. 언어를 통해 삶의 구체성과 작가의 개별성이 만남으로써 하나의 세계가 창조되고 그렇게 창조된 세계에서 살아 숨쉬는 사유에 대한 인식은 연역적 논리나 절충적 개념화를 통해서는 도달할 수 없는 지평이다. 문학작품은 언어를 통해 이미 존재하는 어떤 것을 '표현'하는 것이 아니라 "아직 구현되지 않는 것에 대한 예감을 인간에게 형성시키는 가운데"(44), 삶만큼이나 구체적이고 다양한 사유를 촉발하기 때문에, 그러한 사유를 인식하기 위해서는 "포착의 섬세한 영민함과 거의 본능적인 반응의 융통성"이 필요한 것이다. 이렇게 볼 때, 문학작품을 통해 발현되고 훈련되는 사유는 지성의 도야 이상의 것이고 언어와 인간 삶에 근본적인 물음을 던지게 한다는 점에서 하이데거가 말하는 성찰의 한 방식이 될 수 있다. 문학작품에서 언어는 "삶의 특정화된 실현태인 개인적 존재를 인간의식의 여명기와 그 너머로 되돌린다"(44)는 점에서 문학공부를 통한 사유의 훈련을 통해 우리는 위대한 작가들과 마찬가지로 "협동적인 창조적 연속성"에 속하게 되며 하이데거가 말하는바, 우리가 직접 보거나 경험해 보지 않고도 우리가 "오래 머물러왔던 장소"에 도달하게 되는 것이다.

4. '비평적 실천'과 사유의 훈련

리비스의 문학관은 구체적인 작품읽기를 통한 '비평적 실천'에서 섬세하고 적실하게 관철되는바, 이런 비평적 실천도 기존 비평 관행에 대한 문제제기를 동반한다는 점에서 이론 중심으로 이루어진 현재의 문학교육에 대한 일정한 반성을 촉구하는 측면이 있다. 교육현장에서 시를 어떻게 가르칠 것인가에 대한 생각은 사람마다 다르지만, 오늘날의 시 교육에 신비평이 끼치는 영향은 상당하다 하겠다. 작품 자체에 관심을 기울여 꼼꼼히 읽기를 강조하는 것이야 나무랄 일은 아니지만, 그것이 시의 총체적 의미를 생산해 내기보다는 마치 자연과학자의 작업처럼 시를 분해해 버리는 결과를 가져올 수 있다. 리비스가 이런 관행에 대해 대표적인 신비평가들인 엠프슨(W. Empson)이나 리차즈(I. A. Richards)를 거론하며 비판할 때 드러나듯, 시 분석이 부분에 대한 분석에만 머물러서는 온당한 비평을 수행했다고 보기 힘든 것이다. 리비스가 보기에 분석이란 구성적 혹은 창조적 과정이며 일종의 재창조 과정이다.

> 훈련으로서의 이러한 비평작업을 강조하는 것이 기술적 도구나 반복 연습에 공들일 생각을 하라는 것은 아니다. 훈련은 섬세하고 세심한 지성의 사용을 통해 이루어진 것이어야 한다. 그 때문에 학생에게 주어질 수 있는 그러한 도움은 기술적 절차에 대한 비법전수와 같은 성격을 띠지 않으며, 전수해줄 도구도 없는 것이다. 분석작업에서 그러한 도구를 제시하는 것은 십중팔구 텍스트에 대한 지성의 사용을 대체하는 것으로 판명날 것이다. (…) 온당한 분석적 실천은 적실성의 느낌을 강화하는 것이다. 즉 부분에 대한 정밀한 분석은 동시에 전체에 다한 더 완전한 파악을 향한 노력이어야 하며, 가치 감각의 발휘이기도 한 지성의 모든 적절한 작용은 전체적인 가치판단에 대한 암묵적인 관심에 의해 통제되어야 한다.(*Education and the University* 71)

이 대목에 기술된 비평적 전제는 시에 대한 이해가 가치판단을 동반하는 일종의 훈련과정이라는 점이다. 그것은 기술적인 도구를 통해서 시에 접근하는 것이 아니라, 지성을 발휘해서 작품에 대한 전체적인 이해에 도달하는 일이다. 물론 "섬세하고 세심한"이라는 말에서 암시되듯, 이 지성의 발휘는 텍스트 바깥의 지식을 동원하여 시를 파악하는 것을 의미하지 않고 텍스트가 촉발하는 느낌과 사유의 지평에서 가치를 발견하려는 노력을 통해 이루어진다. 이는 개별 독자들에게 선입견을 배제하고 텍스트에만 집중하라고 요구하면서, 실제로 우리의 지각이 작동하는 방식과 동떨어진 시읽기를 강조하는 리차즈 식(Bergonzi 149)의 신비평주의와는 상당히 다른 발상이다. 시의 총체적 의미 생산을 가치판단과 관련시키는 리비스의 분석방식은 시 비평이 주관적 인상주의나 객관적 과학주의로 떨어지는 것을 막아주는 역할을 한다. 이는 제3의 영역인 창조적인 언어사용에서 주객의 이분법이 극복될 수 있다고 말한 리비스의 예의 주장을 확인시켜 준다. "주관과 객관의 이분법을 넘어서려 한 리비스에게 있어, '객체' 혹은 '실재'는 주관과 분리된 '대상'이 아니라, 주체의 활동을 가능케 하는 기반이자 활동의 과정이기도 하고 활동의 산물이기도 한 '인간세계'"(김영희 142)인 것이다.

사실 이런 관점에서 보면 시 작품 하나하나가 개별적인 창조성의 산물이기 때문에 리비스의 비평관을 하나의 '방법론'으로 정의하는 것이 쉬운 일은 아니다(Eaglestone 22). 그렇다면 문학작품을 어떻게 가르칠 수 있을까? 리비스는 우선 감수성을 훈련시키는 것이 급선무이며 '기법'의 덫에 걸리지 않도록 노력해야 한다고 본다. 그러기 위해서는 좋은 비평의 다양한 예들을 자주 접함으로써 독자들이 스스로를 훈련시켜야 한다는 것이다(*Education and the University* 120-21). 요컨대 기법상의 특징을 통해 시를 분석하는 과정에서는 지성과 감수성이 제대로 단련될 수 없다는 뜻이다. 리비스 자신도 엘리엇(T. S. Eliot)의 비평이 바로 그런 좋은 비평의 예라고 소개한다(121). 실제로 리비스는 파운드(Ezra Pound)의 이미지즘을 비판적으로 바라보고 엘리엇의 안목을 창조적으로 전유하는 가운데 자신의 비평적 시각을 정립하고 있다. 그 과정에서 엘리엇의 비평 개념들, 예컨대 '감수성의 통합'이 시의 분석과 평가에 내재적인 원리로 작동함을 알 수 있다. 따라서 시가 촉발한 섬세한 느낌과 독특한 사유를 전체적으로 가치평가하는 일과 좋은 비평과 나쁜 비평에서 배울 것은 배우고 버릴 것은 버리는 분별력을 발휘하는 일은 본질적으로 동일한 과정이라고 말할 수 있다. 한편의 창조적인 시가, 따라야 할 비평적 전범과 타파해야 할 비평적 폐습을 가

려줄 잠재적 힘을 가지고 있으며, 바로 그 잠재적 힘의 가치를 파악할 수 있는 안목을 좋은 비평이 길러주는 셈이다. 시 읽기는 이런 변증법적 과정을 통해 이루어짐을 강조하기 때문에 리비스의 비평관을 하나의 '방법론'으로 정의하기가 힘들어지는 것이다.[2] 따라서 리비스의 비평관이 어떻게 드러나는지를 보기 위해서는 리비스가 시를 분석하고 평가하는 구체적인 현장을 살펴보아야 한다.

논의의 편의를 위해 블레이크의 짧은 시인 「병든 장미」(The Sick Rose)에 대한 리비스의 분석과 평가를 예로 들어보자.

오, 장미여, 그대는 병들었구나!
울부짖는 폭풍우 속,
밤 동안 날아다니는
눈에 보이지 않는 벌레가

진홍빛 기쁨의
그대 침대를 찾아내
음험하고 은밀한 사랑으로
그대의 생명을 파괴하는구나.

O Rose, thou art sick!
The invisible worm,
That flies in the night,
In the howling storm,

2 앞의 하이데거 논의를 끌어들여 말하면 일정한 '방법론'을 따르는 일이야말로 이미 제시된 '모델'에 따라 지성을 사용하는 행위로서, 하이데거가 말한 '성찰'과는 거리가 멀다고 할 수 있다.

Has found out thy bed
Of crimson joy;
And his dark secret love
Does thy life destroy.

이 짧은 시는 독자에게 강렬한 인상을 남길 것이다. 그러나 이 시에 대한 해석은 상당히 곤혹스러운 일이다. 이 시는 알레고리적 해석의 여지를 봉쇄하는 측면이 있고 이는 시각적 이미지의 생생함에 기인하는 것으로 보인다. 그렇더라도 이 시가 어떤 종류의 사랑을 말하고 있음은 분명하다. 압축적인 언어를 산문적인 언어로 풀어 설명하다 보면 이 시가 주는 효과가 반감될 수도 있을 것이다. 그렇다면 이 시를 어떻게 이해할 것인가? 리비스의 분석과 평가가 전범적인 이유는 이 시가 보여주는 생생함을 블레이크 언어운용의 탁월함과 관련시키면서 이 시가 촉발하는 감수성의 성격을 적절하게 자리매김함으로써 알레고리적 해석으로 떨어지는 것을 방지하는 데 있다. 우선 이런 비평적 안목은 파운드의 '시각적 상상력'에 대한 비판을 통해 길러진 것이라 할 수 있다. 리비스는 시에서의 이미지는 단순히 그림을 보는 문제가 아니라 거기에 계제된 모든 감각을 동원하는 문제라고 본다(*Education and the University* 115). 그런 관점에서 이 시의 시각적 이미지는 정서적이고 본능적인 내적인 삶에 속하는 어떤 것을 환기시킨다고 말한다. 그리고 이 시의 장미는 직접성(immediacy)으로 드러나기 때문에 하나의 '상징'으로 부르기도 힘들다는 것이다(*The Living Principle* 90-91). 여기에서 리비스는 장미의 직접성은 직접성대로 인정하면서 그것이 단순한 시각적 대상은 아님을 명백히 하지만, 상징화되는 것은 경계하고 있다. 이는 이 시를 해석할 때 우리가 마주치는 곤혹스러움을 있는 그대로 받아들이는 태도이다. 그렇다면 단순화된 시각적 인상과 상징적 추상화를 넘어서 이 시를 온당하게 자리매김하는 방법은 무엇인가?

> '진홍빛'이라는 말은 물론 의심할 여지 없는 시각적인 효과를 만들어내지만, 이 시각적인 효과는 그 맥락에서 이 말이 수행하는 전체적인 작업의 단지 한 요소에 불과하다. '진홍빛'이라는 말이 수행하는 것은 첫 행, 즉 "오, 장미여, 그대는 병들었구나"가 제시한 연상의 충돌을 강화하고 완성한다. 장미를 '병들었다'라고 부르는 것은 즉각적으로 그것을 보이는 것 이상의 어떤 것으로 만드는 것이다. '진홍빛 기쁨의 그대 침대'로 드러나는 '장미'는 풍부한 열정, 즉 향내를 풍기며 즉각적으로 달아오르는 미묘한 관능성과 섬세한 건강성을 환기시킨다. '진홍빛 기쁨의 침대'는 연상에서 관능적일 만큼 촉각적이고, 우리가 분석하려고 노력할 필요가 없을 만큼 촉각적인 것 이상이다. 즉 우리는 그 장미 속에 '자리잡고 누워있는' 듯 느끼며, ('찾아내다'란 말에서) 저 아래 빽빽하게 들어찬 닫혀있는 꽃잎들의 중심에 은밀한 심장, 즉 삶의 집약점이 있음이 암시되기도 한다. '울부짖는 폭풍우 속, / 밤 동안 날아다니는 / 눈에 보이지 않는 벌레'는 사랑의 온화한 안정감('그대는 모든 국가이고 나는 모든 왕이며 다른 어떤 것도 없도다'[3])과의 대조의 충격을 제공하면서 정신(psyche)의 어두운 힘들이 부조화로 나타날 때 생기는 통제할 수 없는 타자성을 전달한다. 우리는 이 시가 로렌스(D. H. Lawrence)의 많은 곳에서 확인할 수 있는 심오한 관찰, 즉 '사랑'에 들어있을 수 있는 소유적이고 파괴적인 요소에 관한 관찰을 기록한 것임을 알 수 있다.(*The Living Principle* 91-92)

3 존 던(John Donne)의 「일출」(The Sun Rising)의 한 대목임(인용자 주).

여기에서 리비스는 블레이크의 압축적 언어가 전개되는 과정과 독자가 이 시에 참여하여 시의 느낌을 체득해나가는 과정을 연계시킴으로써, 시 언어의 환기력이 극대화되면서 독자에게 '느낌으로서의 사유'로 자리잡는 과정을 섬세하게 분석하고 있다. 시각적 인상에서 촉각적인 느낌으로 이동하여 이 느낌의 근저에 있는 관능성을 추적한 다음, 이 관능성에 도사리고 있는 어두운 힘의 부조화를 지적해내서 이를 소유적이고 파괴적인 사랑과 연결시킨다. 이는 시에 그려진 시각적 공간이 수직적 하강을 통해 시의 감정적인 강도를 강화시키고 그 강화된 감정의 침전을 통해 사유가 탄생하는 과정을 예리하게 분석한 것이다. 따라서 시각적 인상이 추상적인 차원으로 성급히 환원되지 않으면서 시의 의미가 자연스럽고 적실하게 드러난다. 나아가 존 던의 시와 로렌스를 염두에 둠으로써 이 시의 문명사적 의미도 시사되고 있다. 이런 정밀하고 깊이 있는 '비평적 실천'에서 분석을 구성적이고 창조적 과정, 나아가 재창조 과정이라고 본 리비스의 비평관이 가진 힘이 입증된다고 하겠다. 그리고 여기에는 엘리엇의 '감수성 분열론'이 내재적으로 작용하고 있음을 확인하게 되는바, 리비스는 심오한 사유를 자랑하는 셸리(P. B. Shelley)의 시보다 특별히 사유를 개진하지 않는 이 시가 좀 더 튼실한 사유에 기반하고 있다고 평가하는 것이다(92). 분석에서 가치평가에 이르는 일련의 작업에서 리비스는 비평의 본령을 탁월하게 수행하고 있음을 보여주는 셈이다. 이는 언어가 단순히 '표현 수단' 이상의 것임을 확인시켜주는 작업이기도 하다. 언어에는 감정과 사유가 녹아있고, 또한 이를 촉발하는 잠재적 힘이 존재하며, 이 힘은 그 언어가 근거하고 있는 전통 내지 문화의 활력을 일깨우고 아직 오지 않은 세계에 대한 예감을 선취하는 가운데 독자를 '협동적 창조'의 연속성에 속하게 해주는 것이다.

5. 결론을 대신하여

문학에 대한 최근의 논의는 아예 문학을 시효가 만료된 과거의 것으로 치부하거나 '글쓰기' 일반으로 환원시켜 탈신비화하는 데 치중하는 등, 그 잠재적 가능성을 무시하기 일쑤이다. 그러나 '문학종언론'이나 '탈문학론'이 아무리 기세등등해도 문학이 갖는 잠재력은 그렇게 쉽게 무시될 수는 없을 것이다. 가령 문학의 창조적인 힘을 인정하는 대표적인 문학이론가 제임슨(Fredric Jameson)의 사례에 주목하는 신광현은 작품이 "작품을 낳는 상황을 수동적으로 반영하거나 그 상황에 의해 일방적으로 구성되지" 않고 "그 상황을 구성하며 처음으로 그 상황이 나타나게 드러내"주는 측면을 강조한다. 이런 관점에서 문학작품을 통해 "개별 주체가 사회적 총체성을 개인적 경험과 인식에 담아낼 가능성"에 각별한 관심을 보인다(118-119). 이는 우리가 앞서 논의했던 리비스의 관심과 일치하는 면이 있으며, 이론의 지형도에서도 리비스의 영향력이 알게 모르게 작용하고 있다는 증좌이다. 그런 점에서 언어의 잠재력에 대한 문제의식을 문화연구에서 적극적으로 수용할 필요가 있다고 본다. 문학작품에서 드러나는 이 언어의 잠재력은 삶의 구체성 내지 실감을 직접적으로 환기시킨다는 점에서 인간 삶의 경험을 심층적이고 역동적으로 파악하는 데 필수적이기 때문이다. 한 문화의 본질적 생명력이 문학작품에서 발현된다는 리비스의 주장은 바로 개별주체의 창조적 언어사용 자체가 '심층적이고 역동적인' 사회적 총체성의 구현에 다름 아님을 강조한 것이라 할 수 있다. 문학공부가 현실에 실천적으로 개입할 가능성을 찾는 과정에서 리비스를 참조해야 할 이유가 여기에 있다 하겠다.

참고문헌

김영희. 『비평의 객관성과 실천적 지평』. 서울: 창비, 1993.

신광현. 「'텍스트의 무의식': 프레드릭 제임스의 경우」. 『안과밖』 19(2005): 99-121.

Bergonzi, Bernard. *Exploding English: Criticism, Theory, Culture*. Oxford: Clarendon Paperbacks, 1990.

Blake, William. *The Complete Poetry and Prose of William Blake*. Ed. David V. Erdman. Berkeley: University of California Press, 1982.

Eaglestone, Robert. *Doing English: A Guide for Literature Students*. London: Routledge, 2000.

Habermas, Jürgen. "The Idea of the University-Learning Processes." *New German Critique* 41(1987): 3-22.

Heidegger, Martin. *The Question Concerning Technology and Other Essays*. Trans. William Lovitt. New York: Harper & Row, 1977.

Leavis, F. R. *Education and the University*. Cambridge: Cambridge University Press, 1969.

_______. *English Literature in Our Time and the University*. Cambridge: Cambridge University Press, 1969.

_______. *The Living Principle: 'English' as a Discipline of Thought*. London: Chatto and Windus, 1975.

_______. *Nor Shall My Sword: Discourse on Pluralism, Compassion and Social Hope*. London: Chatto and Windus, 1972.

Readings, Bill. *The University in Ruins*. Cambridge: Harvard University Press, 1996.

Reid, Ian. *Wordsworth and the Formation of English Studies*. Aldershot: Ashgate, 2004.

Snow, C. P. *The Two Cultures*. Cambridge: Cambridge University Press, 1993.

Wallerstein, Immanuel. *The End of the World as We Know It*. Minneapolis: University of Minnesota Press, 1999.

_______. *European Universalism: The Rhetoric of Power*. New York: The New Press, 2006.

04

문학 텍스트를 통한 통합적 영어교육의 가능성*

강규한

1. 의사소통 교수법과 총체적 영어교육

오랜 기간 문법 번역식 교수법(Grammar Translation Method)에 기반하여 문학 중심으로 전개되어 온 기존의 전통적인 영어교육 방식 대신 외국어로서의 영어의 실제적 필요를 충족시키는 '실용적' 접근을 강조하는 영국문화원 주최 케임브리지 대학교 학술대회(1963년)가 상징적으로 대변하고 있는 것처럼, 20세기 중반 이후 전통적인 의미의 문학교육으로는 영어교육의 실제적인 목표가 충족될 수 없을 것이라는 문제제기가 이어져 왔다(Stern 329-330). 영문학 고전을 중심으로 전개

* 이 글은 『영어영문학』 제55권 1호에 게재된 「영어 교실의 문학 텍스트: 영어교육의 통합적 접근」을 수정 · 보완하여 작성한 것이다.

된 대영제국의 식민지 또는 영연방 국가들의 영어교육과정이 입증하듯이, 전통적인 영어교육 교실은 오랜 기간 사실상 영문학 작품을 가르치고 배우는 현장으로서, 문법 규칙과 번역 연습에 치중하는 문법번역식 교수법이 영어교육의 중심을 차지해왔던 것이 사실이다. 그러나 이러한 교육방법은 문법규칙에 관해 길고 정교한 설명과 번역 연습으로 일관하며 학생들에게 복잡한 문법 규칙과 길고 긴 어휘 목록을 기억하고 고답적인 산문을 모국어로 번역하는 고난도 과제를 부과했을 뿐, 외국어로서의 영어를 실제로 사용할 수 있는 기회를 효과적으로 제시하는 데에는 성공하지 못했다는 비판에 직면하게 되었으며, 그 결과 '실용성'이 강조되는 영어교육의 주 무대에서 점차 소외되어 온 것처럼 보인다.

전통적인 외국어 교육 현장이 급격한 변화를 겪게 된 것은 제2차 세계대전 이후라고 할 수 있다. 미군은 전시의 실제적인 필요에 의해 문법과 번역 대신 발음, 구문, 회화 중심의 구두 언어활동을 강조하는 언어프로그램을 마련하게 되는데, 이러한 교육 방법은 당대 행동주의 심리학과 구조주의 언어학의 영향에 힘입어 다른 많은 언어교육기관에 확대 적용되면서 이른바 청화식 교수법(Audiolingual Method)으로 정착되기에 이른다. 청화식 교수법은 행동주의 심리학의 조건화와 습관 형성 모형에 기초하여 구조주의 언어학의 "과학적, 기술적 분석"을 언어 교육에 적용시키며, 문법에 관한 설명 대신 반복된 모방 훈련을 통해 언어 패턴을 학습시키고자 하였다(Brown 23). 반복된 모방 훈련을 통한 언어 패턴 학습을 위해 영문학 고전 대신 엄격히 통제된 어휘로 구성된 대화문이 수업 자료로 사용되었으며, 학생들은 오류 없는 말을 발화하도록 요구되고 성공적인 응답에는 즉각적인 강화가 주어지는 방식으로 수업이 진행되었다.

청화식 교수법은 행동주의, 구조주의 등 당대의 주류적 이론과 맞물리며 1950년대 영어 교실에서 크게 번창하였지만, 1960년대에 들어서며 촘스키(Noam Chomsky)의 인지주의 언어학을 중심으로 학습 자료의 기계적인 반복 모방이 실제 의사소통 능력의 향상으로 이어지는 것은 아니라는 비판이 제기되면서 그 열기가 차츰 수그러들게 되었다. 이후 청화식 교수법에서 벗어나기 위한 혁신적인 교수법들이 다양하게 시도되어 왔는데, 특히 반복 훈련과 기계적 암기를 통한 언어 패턴의 일방적 학습 대신 실제 의사소통 능력의 향상을 위한 의미 있는 상호작용이 영어 교실의 주된 활동이어야 한다는 점을 강조하는 이른바 의사소통적 언어 교수법(Communicative Language Teaching)은 현재까지도 영어교육 현장에 지대한 영향을 끼쳐오고 있다. 의사소통 교수법은 실생활에 필요한 실제 영어 의사소통 능력의 신장을 도모한다는 목표하에 주어진 영어 단위의 구조와 형태에 대한 반복 연습보다 맥락을 따르는 유의미한 영어 사용에 초점을 맞춤으로써 학생들이 교실 밖 세상으로 나갔을 때 교실에서 연습하지 않은 영어도 사용할 수 있는 수업설계를 지향한다는 점에서 어느새 영어교육 방법의 "일반적으로 받아들여지는 규범"(Brown 45)으로 받아들여지고 있는 듯하다.

의사소통 교수법의 위력은 우리나라 영어교육과정의 변천에서도 뚜렷하게 확인된다. 제1차 교육과정(1954-1963년) 및 제2차 교육과정(1963-1973년)이 행동주의의 영향으로 언어의 형태와 규칙에 초점을 맞추었고, 제3차 교육과정(1973-1981년)이 인지주의의 영향으로 반복 및 암기 학습만이 아니라 영어의 규칙 즉 문법을 추리하고 일반화하여 생성하는 능력의 신장에도 힘을 기울였다면, 제4차 교육과정(1981-1987년)부터는 말하기 · 듣기 중심의 살아있는 생활영어가 전면으로 부각되기 시작하여, 제5차 교육과정(1987-1992년)에서는 언어능력 향상을 위한 정확성 못지않게 의사소통을 위한 유창성이 강조되고, 제6차 교육과정부터(1992-2001년)는 영어교육의 기능적 측면을 부각시키며 본격적으로 학습자의 의사소통 능력 배양에 중점을 두기 시작하는데, 의사소통을 강조하는 이러한 경향은 제7차 교육과정(2001-2009년) 및 제7차 개정 교육과정(2009년-)의 저류에 일관되게 흐르는 중심 방향이기도 하다(박기화 501-504; 이재근 251-55).

이처럼 제4차, 제5차에 이어 제6차 교육과정부터 본격적으로 의사소통 교수법이 강하게 반영되기 시작한 것은 다년간의 영어교육에도 불구하고 영어사용이 자유롭지 못한 사례가 속출하자 전통적인 영어교육 방법을 재고하면서 무엇보다 의사소통 신장을 영어교육의 일차적인 목표로 설정해야 한다는 문제의식의 발로로 이해될 수 있다. 그러나 기존의 문법 번역 위주의 수업이 실제 상황에서 말 한 마디 하지 못하게 했다는 우려 섞인 진단의 결과겠지만, 음성언어를 통한 의사소통에 지나치게 치중함으로써 의사소통을 말하기와 듣기의 영역으로 제한하는 결과를 초래하는 측면이 없지 않다. 특히 "음성언어인 말하기, 듣기 중심의 영어교육을 강조하며, 문자언어인 읽기, 쓰기는 음성언어의 보조수단으로 사용할 것을 요구하고 있는"(부경순 110) 초등학교 영어교육과정은 음성언어 위주의 의사소통 교육과정을 단적으로 예시한다.

더욱이, 의사소통 중심 교육과정은 이전의 모방훈련과 패턴 연습 위주의 청화식 교수법과는 달리 유의미한 의사소통 과업을 지향하지만, 실제로 구현되는 것은 학습자 자신의 언어라기보다 주어진 패턴의 반복 연습일 경우가 적지 않을 수 있다는 점은 의사소통 교수법이라는 멋진 용어를 통해 "가장 합당한 교수법"의 지위를 전유하려 하면서도 실제로는 기존처럼 기계적 훈련으로 환원되기 쉬운 영어 교실의 실상을 환기시킨다. 영어 교실을 지배하는 주도적 원리가 반복 훈련을 통한 언어 패턴 학습을 위해 영문학 작품의 수업 자료 사용을 피해왔던 청화식 교수법으로부터 맥락하의 유의미한 활동을 강조하는 의사소통

교수법으로 (적어도 '공식적'으로는) 진전되었음에도 불구하고, 영문학 텍스트를 수업 자료로 사용하는 일이 여전히 활성화되지 못한 채로 남아 있는 것도 의사소통 교수법을 지향하면서도 실제로는 수시로 이전의 방법에 의존하게 되는 현실적 제약과 관련이 깊다. 의사소통 그 자체의 폭은 넓을 수 있음에도 불구하고 그것을 음성언어의 영역으로 국한하는 추세 역시 영어 교실에서 문학 텍스트 사용이 제한되도록 부추기는 또 다른 요인이라고 할 수 있다.

자극, 반응, 강화 등 행동주의적 원리에 입각해 반복된 모방 훈련에 치중하는 청화식 교수법이나 의사소통을 지향하면서도 실제로는 좁은 의미의 의사소통과 기존의 기계적 방식으로 손쉽게 환원되는 음성언어 중심 교수법에 의지하여 주로 언어적 기술 개발에 치중하게 되는 접근 방식에 과연 진정한 의미의 '실용성'이 내포되어 있는지 의문의 여지가 없지 않다. 만약 반복적 훈련을 통한 의사소통 '기술'의 연마가 영어교육의 '실용적' 목표로 설정될 수 있다면, 이러한 목표의 설정에는 인간 언어로 이루어지는 의사소통 과정에 함축될 수밖에 없는 복합적 측면, 즉 '기술'이라는 단선적 영역으로 구획될 수 없을 입체적 양상의 배제가 전제되어 있는 것이라고 할 수 있기 때문이다.

언어는 언어 사용자의 생각이나 감정을 전달하는 '기술적' 도구의 측면보다 그 자체에 이미 복합적이고 예민한 인간 사유가 분리될 수 없이 녹아들어가 있는 통합적 양상으로 이해될 소지가 훨씬 크다. 글 읽는 과정에 작동하는 읽기의 메커니즘은 언어의 복합적 측면을 보여주는 실례가 된다. 읽기의 메커니즘은 독자가 텍스트의 주어진 의미를 찾아내는 수동적인 "해독"(decoding, Hadaway 106)의 과정이라기보다 "자신의 언어, 지식, 경험을 텍스트에 가져옴으로써"(Harlin 28) 텍스트의 의미를 만들어가는 능동적인 창조의 과정으로 이해될 수 있다. 사실, 이런 점에서, 언어가 텍스트를 직조하며 산출하는 진정한 의미는 텍스트에 안락하게 숨어있는 기호가 아니라, 한편으로는 독자가 텍스트를 해석함으로써 텍스트에 작용하고, 다른 한편으로는 텍스트가 독자에게 반응을 불러일으킴으로써 독자에게 작용하며, 독자와 텍스트 양자가 역동적으로 교류하는 상호작용의 복합적인 생산물이라고 할 수 있다(Rosenblatt 16).

이렇듯 언어가 단순한 도구 대신 복합적인 사유의 통합체로 이해될 수 있다면, 이러한 언어의 교육 역시 '기술'적 측면에 국한되는 대신, "더 예민하고 창조적인 언어 사용"(Carter 2)이 어우러지는 통합적 과정에 초점이 맞추어질 때 그것의 효율적인 모형이 도출될 가능성이 그만큼 더 높아진다. 이런 점에서, 진정한 의미의 의사소통 능력이란 언어에 관한 분석적 지식이나 패턴화된 구문의 반복적 훈련 대신, '총체적 언어'(whole language)에 대한 통합된 접근을 통해 도달될 수 있다고 주장하는 이른바 총체적 언어 교육은 시사하는 바가 적지 않다.

총체적 언어 교육은 언어를 음소, 문자소, 형태소, 단어 등의 '부분'으로 잘게 토막 내어 이해하던 종래의 방식과는 달리 '총체성'의 관점에서 파악한다(Brown 54). 언어가 '총체성'의 관점에서 파악되어야 한다는 것은 언어가 분리 가능한 개별적인 여러 '부분'들의 단순한 총합으로 이해될 수 없다는 점을 암시한다. 언어 습득이 '부분'의 차원 훨씬 이전에 '총체적'으로 이루어진다는 관찰은 언어가 '총체적'으로 이해되어야 하는 주요한 근거 중의 하나가 된다. 총체적 언어 교육의 관점에 따르면, 철자나 단어의 인식과 같은 하위기능을 익힌 이후에 어떤 텍스트를 읽게 되는 것이라기보다 실제로 텍스트를 읽은 결과로 언어에 관한 지식과 규칙을 터득하는 방식으로 언어습득이 이루어지는 것이기 때문에(Smith 25), 언어 교육의 현장에서도 학습자로 하여금 부분에 매달리게 하기보다는 전체를 경험하도록 설계될 필요성이 강조된다.

언어에 관한 분석적 지식의 단순 합이 곧바로 총체적 언어로 연결되는 것이 아니며 언어에 관한 지식과 이해를 위하서도 총체적 언어의 경험이 필요하다고 할 때, 어떻게 영어가 총체적 언어로 경험될 수 있도록 할 것인지 하는 점이야말로 영어교육의 핵심 사안이 될 수 있다. 예컨대, 철자와 소리의 관계나 개별 철자 등에 관련된 하위기능이 먼저 학습된 이후 읽기와 쓰기 활동이 이어지는 대신, 시작과 더불어 실제 언어활동을 통해 읽기와 쓰기 교육이 동시에 이루어지는 영어교육 접근법이 강조될 수 있다. 따라서 총체적 영어교육 현장에서 중요해지는 것은 교실 내에서 이루어지는 영어에 대한 분석적 지식 연마나 이를 토대로 한 반복적 훈련이 아니라 교실에서 배우는 것과 실제 생활에서 배우는 것이 긴밀하고도 의미 있게 연결될 수 있도록 학습 활동을 설계하는 일이라고 할 수 있다.

실제 영어 사용이 읽기, 말하기, 쓰기, 듣기의 네 기능 중 어느 하나 또는 음성언어와 문자언어의 양자택일에 의해서가 아니라 통합된 양상으로 이루어지듯이, 영어 교실에서도 영어의 어느 한 기능만을 따로 떼어 다루거나, 음성언어와 문자언어를 분리하여 제시하는 대신, 영어의 여러 기능과 측면이 통합된 '총체적 언어'의 관점으로 접근함으로써 진정한 의미의 의사소통 능력 향상을 도모해야 한다는 것이 총체적 영어교육의 주요 원칙 중의 하나이다. 아울러, 이러한 총체적 영어교육의 원칙이 효율적으로 작동하기 위해서는 영어의 각 기능과 측면을 부각시키도록 특별히 만들어진 수업용 교재 대신, 실제 언어활동을 반영하는 진정성(authenticity) 있는 진짜 책이 수업 자료로 사용되어야 한다는 주장이 제기되기도 한다(Cameron 170).

표준화된 시험이나 특정한 언어 '기술'의 습득이 강조되면 될수록 영어 교실에서 영어를 실제로 경험하는 기회는 그만큼 줄어들게 된다(Harlin i). 즉, 영어교육의 실제적인 목표를 충족시키려는 '실용적' 차원으로 표준화된 시험이나 특정한 언어 '기술' 습득을 강조할 경우, 오히려 영어를 실제로 읽고, 말하고, 쓰고, 듣는 경험이 부족하게 되고, 따라서 실제 세계에서 사용되는 실제 언어 능력의 신장도 기대하기 어려워질 수 있다. 이러한 맥락에서 보면, 특정 언어 '기술'의 훈련에 치중하는 것보다 언어의 복합적인 양상을 통합적으로 포괄하며, 언어가 실제로 사용되는 "실제 세계를 교실로 불러들이는"(Cameron 159) 영어 교육과정이 본래적 의미의 '실용'에 더 가깝다고 할 수 있을지 모른다.

2. 문학을 통한 영어교육의 비판에 대한 재검토

20세기 중반 이후 전통적인 의미의 문학교육으로는 영어교육의 실제적인 목표가 충족될 수 없을 것이라는 비판이 이어짐에 따라 문학 중심의 영어교육으로는 효과적인 영어교육이 달성되기 어렵다는 문제제기가 다음 몇 가지 방향으로 개진되어 왔다. 첫째, 영문학 공부가 사고 능력이나 판단 능력을 길러준다는 것은 언어 기술과 관계없는 일반적인 차원이므로 특별한 이점이 될 수 없다(Baird 279). 둘째, 문학 텍스트는 복잡한 구문과 독특한 어휘로 구성되어 있기 때문에 일반 언어 교육에 도움이 되지 않으며 따라서 문학 텍스트를 이용한 영어 학습은 학생들의 학문적, 직업적 성취에 기여하기 힘들다(McKay 529). 셋째, 영어교육에 문화적인 요소가 필요하다고 해도, 문학은 특수한 문화적 시각에 대한 반영이고 문학에 나타난 문화의 이해란 논리의 비약이거나 확대해석일 수 있으므로 일반 학생들에게 문학을 통해 문화를 제시하는 것은 적절하지 않을 수 있다(McKay 531; Topping 98-99). 넷째, 문학 텍스트를 읽는 것은 독해력을 길러줄 수는 있지만 듣기, 말하기, 쓰기 능력 등을 신장시키는 데는 기여하지 못한다(Topping 97).

이러한 문제제기는 문학 중심 영어교육이 야기할 수 있을 부작용과 위험성을 상기시키는 나름의 의의는 없다고 할 수 없지만, 문학 텍스트를 통한 영어교육에 함축될 수 있을 핵심적 측면과 뜻깊은 가능성을 간과 또는 오해하고 있다는 우려를 지우기 힘들다. 위에서도 살펴보았듯이, 언어는 단지 언어 사용자의 생각과 감정을 전달하는 도구 또는 기호로 그치는 것이 아니라, 그 자체에 이미 복합적인 인간 사유가 분리될 수 없이 녹아들어가 있다고 할 수 있다. 따라서 언어의 습득은 단순히 소리와 문자의 습득이 아니라 복합적인 사유의 과정이자 정의적인 내재화의 과정으로, 언어활동은 복합적 사유와 정의적 내재화를 통해 주어진 텍스트에 촉발된 상상력과 자신의 배경 지식을 취사선택하면서 자신의 관점으로 새로운 의미를 창출하가는 과정으로 이해될 수 있다. 이런 면에서, 문학 텍스트를 통한 사고력 배양이 언어 기술과 무관하므로 특별한 이점이 될 수 없다는 비판적 문제제기(Baird 279)는 인간 사유와 분리될 수 없는 언어의 복합적 양상을 간과하며 마치 양자가 분리되어 있는 것으로 상정하는 오류에 기초하고 있는 셈이다.

문학 텍스트는 "더 예민하고 창조적인 언어 사용"을 통해 실제 세계에서 사용되는 '총체적 언어'를 입체적으로 실현하는 가장 대표적인 매체라는 점에서 본래적 의미의 '실용'을 구현하려는 영어교육 현장에 적극적으로 도입될 필요가 있다. 문학 텍스트는 해독과정으로서의 읽기 능력 향상을 도모하는 정형화된 읽기 프로그램 자료나 좁은 의미의 수업 목표 성취를 위해 원전을 인위적으로 변형 및 단순화한 ESL/EFL 교재와는 달리 애초의 "예민하고 창조적인 언어 사용"을 담고 있는 진정성 있는 자료라고 할 수 있다. 이런 점에서, 문학 텍스트는 복잡한 구문과 독특한 어휘로 구성되어 있기 때문에 일반 언어 교육에 도움이 되지 않는다며 문학 중심 영어교육의 가능성을 폄하했던 문제제기(McKay 529)는 다시 검토될 필요가 있다.

물론 문학 텍스트의 언어가 일상에서 실제로 사용되는 언어와 항상 동일하지 않을 수 있다. 실제로, 문학 언어는 일상적 의사소통에서 사용되는 언어보다 훨씬 고양된 형태일 경우가 많다. 때로는 복합적이고 정교하게, 또 어떤 때는 놀랄 정도로 단순하게 짜여 있지만, 텍스트 전체를 지배하는 것은 고밀도의 농축이다. 이렇듯 문학 텍스트의 언어가 일상 언어와 동일하지 않은 것은 일상적인 의사소통과 전혀 다른 차원에서 문학 텍스트의 '의사소통'이 진행되기 때문이 아니라, 문학 텍스트의 구조 내에서는 일상적 의사소통이 한층 농축된 고밀도의 형태로 이루어지기 때문이다. 즉 고밀도의 문학 언어는 일상 언어와 무관하게 진행된 또 다른 영역이라기보다 일상 언어가 농축되어 견고하게 영근 결과물로 이해될 수 있다. 따라서 문학 텍스트를 영어교육의 현장에 도입하는 것은 일상적 의사소통과 무관한 또 다른 차원을 학습자들에게 들이대는 것이라기보다 고도로 압축된 언어 텍스트를 통해 언어의 일반적 의사소통 과정을 고밀도로 경험하도록 도와주는 것이라고 할 수 있다.

이와 관련하여, 텍스트 내에서 맥락화되어있는(contextualized) 문학 언어의 기본 속성은 문학 텍스트를 영어교육 현장에서 주목해야 하는 주요한 이유가 된다. 언어가 언어이기 위해서는 기본적으로 맥락화를 전제로 한다고 할 때, 맥락이 과감하게 삭제된 채 제시되는 단순화된 의사소통 모형은 단선적인 언어 '기술'의 훈련과정에 필요할망정, 맥락화를 함축하는 언어의 진면목을 교육할 수 있는 효과적인 방안으로 평가되기는 쉽지 않다. 반면, 영어교육 현장에 도입되는 문학 텍스트는 학습자로 하여금 텍스트 내의 언어가 맥락에 의해 어떻게 그 의미를 획득 또는 변형시켜 가는지를 터득하도록 도와주는 강력한 매체가 될 수 있다.

이처럼 맥락화된 문학 언어를 통해 "언어적 풍성함"을 제공할 수 있는 문학 텍스트에 내재된 또 다른 매력은 "분석적이고 파편적인" 수동적인 언어 학습 대신, "인간적인 참여"가 수반되는 능동적인 학습을 가능케 한다는 점이다(Collie 2-4). 문학 텍스트를 활용한 영어교육의 효과를 논의하는 많은 연구가 보여주듯이, 문학 텍스트를 읽어 내려가면서 등장인물과 깊은 유대와 공감을 느끼고, 텍스트상의 플롯 전개에 독자 자신이 깊이 빠져 들어가는 경험은 학습자에게 흥미와 즐거움을 불러일으키며 적극적인 영어 학습을 위한 자발적인 동기를 유발하게 된다(Lazar 773; Arthur 202). 이렇듯 문학 텍스트를 이용한 영어교육은 학습자에게 흥미와 적극적인 동기를 부여함으로써 주목할 만한 학습 효과 증대를 불러일으킨다는 점에서, 문학 텍스트가 학생들의 학문적·직업적 목적에 도움이 되지 않는다는 비판적 문제제기(McKay 529)는 문학 중심 영어교육이 산출할 수 있는 잠재적 위력을 간과한 소치라고 하겠다.

또한 문학 텍스트는 과거시대 또는 다른 나라나 지역의 문화를 핵심적으로 조망하는 창이 될 수 있다. 이러한 문학 텍스트가 영어교육 현장에서 사용되면 학습자가 해당 영어권 문화의 핵심적 단면을 경험하도록 도와줄 수 있다. 그런데 이러한 경험은 해당 문화에 대한 개별 지식 습득의 차원으로 그치지 않는다. 언어가 해당 사회 구성원들의 경험의 소산이고 사회의 실체는 언어습관을 바탕으로 형성되므로 사회의 실체를 이해하기 위해서는 언어를 알아야 하며 언어를 이해하기 위해서는 사회의 실체, 즉 문화를 알아야 한다고 할 때(Sapir 161), 문학 텍스트가 제공하는 "문화적 풍성함"(Collie 2)이야말로 영어교육 현장에 포함되어야 할 주요한 경험 중의 하나가 될 것이다. 사실, 언어 습득 과정에서는 의식적이든 무의식적이든 문화도 함께 흡수되게 마련이며, 따라서 문화에 대한 이해와 어우러지지 않는 언어 학습은 그만큼 효율성을 기대하기 어려울 것이다.

문학에 반영되어 있는 것은 특수한 문화적 관점이므로 문학에 나타난 문화의 이해는 논리의 비약이거나 확대해석에 지나지 않을 수 있다며 문학을 통한 영어교육을 비판적으로 조망하는 입장(McKay 531; Topping 98-99)에는 문화가 여러 항목의 객관적, 과학적 진술로 요약 정리될 수 있는 전제가 깔려있는 셈이다. 그러나 문화의 본질이 과연 객관적, 과학적 '정보'의 차원으로 이해될 수 있는 것인지 의문의 여지가 없지 않다. 문화에 대한 이해가 문화에 '관한' 정보를 통해서라기보다 구체적인 맥락에서 그것을 경험함으로써 얻어질 수 있다고 할 때, 문화가 구체적이고 특수하게 반영되어 있는 문학 텍스트야말로 문화에 대한 이해가 이루어질 수 있는 가장 적절한 장이라고 하지 않을 수 없다.

문학 텍스트는 이렇듯 각 시대와 사회의 문화를 핵심적으로 반영하는 거울이지만, 이와 동시에 시대와 공간을 뛰어넘어 지속적으로 호소하는 인간적 주제들을 환기시키는 보편적 인식과 통찰의 보고이기도 하다(Collie 2). 구체적인 시대와 사회의 문화에 대한 생생한 형상화뿐 아니라 시공의 경계를 벗어나 지속적으로 호소하는 근원적인 인간 문제에 대한 인식적 통찰(Stern 328) 역시 문학 텍스트에 함축된 주요한 특성 중의 하나가 될 수 있다. 이러한 인식적 통찰에 의해 학습자는 인간과 사회를 한 차원 높게 이해할 수 있는 "인격적 성장"(Carter 3)에 도달하게 된다.

이처럼 문학 텍스트는 각 시대와 사회의 문화뿐 아니라 인류의 보편적 주제를 경험할 수 있는 장이 된다. 문학 텍스트는 또한, 위에서 살펴보았듯이, 학습자의 "인간적인 참여"와 동기부여를 불러들이며 "예민하고 창조적으로" 사용된 맥락화된 언어가 경험되는 뜨거운 현장이기도 하다. 이러한 다양한 경험이 통합적으로 이루어질 수 있다는 점이야말로 문학 텍스트를 통한 영어교육의 필요성을 지탱하는 핵심이라고 할 수 있다.

3. 『샬롯의 거미줄』과 다양한 언어 경험

통합적인 영어 경험이 이루어질 수 있는 텍스트로서의 문학 작품은 실로 무궁무진하겠지만, 현재 가장 널리 읽히는 아동문학 작품 중의 하나인 『샬롯의 거미줄』(*Charlotte's Web*)을 통한 다양한 언어 경험의 구체적인 실례는 영어 교실에서 왜 문학 텍스트가 비중 있게 다루어져야 하는지를 보여줄 수 있을 것이다. 『샬롯의 거미줄』은 1952년 출간된 이듬해 뉴버리 아너(Newbery Honors) 상을 수상했고, 1970년에는 로라 인골즈 와일더(Laura Ingalls Wilder) 아동문학상을 수상하는 등 비평적 주목을 받아왔을 뿐 아니라, 현재까지 4,500만 권 이상이 팔리고 23개 언어로 번역될 정도로 많은 독자들에게 사랑과 관심을 받아오고 있다.

독자를 끌어들이는 힘은 작품의 첫 장면에서부터 확인된다. 작게 태어났기 때문에 "말썽만 일으킬" 무녀리(runt) 돼지새끼를 죽이려는 아버지와 아버지가 든 도끼에 매달린 딸이 "작게 태어났기 때문에 죽어야 한다는 것은 세상에서 가장 큰 부당함"이라고 흐느끼며 실랑이 벌이는 인상적인 장면(3)은 작품의 시작부터 독자의 관심을 사로잡는다. 이 장면이 인상적인 것은 무녀리 돼지새끼를 "말썽만 일으킬" 것으로 바라보는 통상적인 인간중심적 관점과 "내가 작게 태어났어도 날 죽였을 것이냐?"며 "생명과 죽음의 문제"를 인간뿐 아니라 무녀리 돼지새끼에까지 적용시키려는 탈인간중심적 관점의 대립이 한 장의 그림 안에 압축적으로 제시되어 있기 때문이다. 이처럼 첫 장면에서 주인공 펀(Firn)에 의해 제기되는 탈인간중심적 관점 그리고 "생명과 죽음의 문제"는 작품 내내 독자를 사로잡으며 플롯을 이끌어가는 구심점이 된다.

편이 무녀리로 태어난 돼지 윌버(Wilbur), 마지막까지 윌버의 "진정한 친구"(182)였던 거미 샬롯, 쥐 템플튼(Templeton) 그리고 거위, 양, 말 등의 동물들과 함께 펼쳐가는 헛간의 세계는 지금까지 인간적 관점으로 파악했던 것과는 달리, 동물들의 공동체가 생생한 활력이 넘쳐나는 살아 움직이는 영역일 수 있음을 보여준다. 특히, 일반적인 인간적 관점으로는 돼지하면 으레 식탁에 오를 식용고기가 연상되기 십상이지만, 자신이 크리스마스 시즌에 햄이 될 것이라는 주위의 전망에 대해 "나는 죽고 싶지 않다"(51)고 외치는 돼지 윌버의 이야기는 "생명과 죽음의 문제"가 인간만이 아니라 동물에게도 적용될 수 있음을 환기시킨다. 실제로, 과연 윌버가 크리스마스의 햄이 되는 고비를 넘기고 생명을 건질 수 있을 것인지 하는 점이야말로 작품 전체의 플롯을 이끌어가는 핵심 동인이 된다. 윌버가 처음 만났을 때는 다른 곤충의 피를 빨아먹는 흡혈귀처럼 여겨졌던 거미 샬롯이 자신의 목숨을 다해 "진정한 친구" 윌버의 생명을 구해주는 흥미진진한 우여곡절의 궤적은 이 작품을 텍스트로 삼는 영어 교실의 학습자로 하여금 자신을 윌버, 샬롯 그리고 펀 등과 동일시하는 "인간적인 참여"를 수반하며 텍스트 속으로 깊이 빠져들어 가게 한다. 위에서 살펴보았듯이, 이러한 "인간적 참여"는 흥미유발과 동기부여로 이어지며 학습효과를 증대시킬 수 있다.

『샬롯의 거미줄』 전편에서 제기되는 "생명과 죽음의 문제"는 읽는 이로 하여금 텍스트에 빠져들게 하는 흥미로운 주제일 뿐 아니라, 시대와 공간의 경계를 벗어나 근원적으로 호소하는 보편적인 주제이기도 하다. 특히, 새끼 거위의 탄생으로 이어지는 거위 알의 부화과정 그리고 무엇보다, 죽은 샬롯이 자기 인생의 걸작(*magnum opus*, 144)으로 남기고 간 알주머니에서 새끼 거미들이 탄생하고 그중의 일부가 샬롯을 대신해 윌버의 친구가 되는 과정은 자연의 원리로서의 "생명과 죽음의 순환"(Misheff 138)을 상기시키기에 충분하다.

『샬롯의 거미줄』을 텍스트로 삼을 때 얻을 수 있는 이점은 "생명과 죽음의 문제" 같은 근원적 주제에 대한 인식적 통찰 그리고 이러한 통찰이 불러들이는 "인격적 성장"만이 아니다. 『샬롯의 거미줄』은 20세기 중반의 미국문화, 그중에서도 특히 농장지역 문화의 다양한 측면을 생생하게 전달해 준다. 작품에 형상화된 미국 농장지역 문화의 다양한 측면 중에서도 이른바 "fair"(118)는 문학 텍스트에 문화적 요소가 어떻게 반영되고 활용될 수 있는지를 보여주는 좋은 예가 되어준다. 영어 교실에서 이 텍스트를 사용하는 학습자는 "fair"에서 벌어지는 돼지 품평 경연대회, 페리스 휠(the Ferris wheel) 등의 놀이기구, 경마, 가전제품 판매대, 판자돌려 인형따기 등의 놀이판들에 대한 생생한 묘사를 통해 "fair"가 벌어지는 20세기 중반 미국 농촌의 한 단면을 구체적으로 이해할 수 있게 될 뿐 아니라, 이러한 이해와 관련하여 "fair"라는 어휘가 의미하는 개념을 견고하게 구축할 수 있게 된다. 즉, 스토리를 따라 전개되는 "fair" 관련 묘사를 통해, "각종 경연대회, 게임, 경주, 오락 등이 벌어지는 대규모 공식 행사"를 뜻하며 "미국의 경우 농산물과 가축의 전시 및 품평회가 함께 열리기도 한다"(*Merriam-Webster's Advanced Learner's English Dictionary* 590)는 사전적 이해보다 훨씬 입체적으로 "fair"를 이해할 수 있게 된다. 이처럼 문학 텍스트의 문화적 요소는 "문화적 풍성함"을 가져오는 동시에, 언어 그 자체의 이해에도 함축적인 영향을 끼치는 셈이며, 따라서 문화에 대한 이해와 함께 어우러질 때 언어 학습의 더욱 높은 효율성을 기대할 수 있을 것이다.

문학 텍스트가 언어 학습에서 강조되어야 하는 더 중요한 이유는 문학 텍스트야말로 맥락에 의해 그 의미가 획득 또는 변형되어가는 언어의 본질적 속성을 가장 생생하고 전형적으로 보여주는 자료 중의 하나이기 때문이다. 문학 텍스트의 언어는 텍스트에 맥락화되어 있고, 따라서 맥락화되어 있는 언어의 특성은 모든 문학 텍스트를 통해서 확인될 수 있을 것이다. 실제로, 날실과 씨실로 직물을 짜듯이 정교하게 텍스트를 빚어내고 있는 『샬롯의 거미줄』의 언어 전체가 맥락화되어 있는 언어의 속성을 드러내고 있는 셈이지만, 샬롯이 자신은 죽어가면서도 위기에 처한 윌버를 위해 마지막으로 거미줄에 새기는 "humble"이라는 단어는 언어의 의미가 스토리 전개의 맥락과 밀접하게 관련되어 있음을 구체적으로 보여주는 생생한 실례가 되어 준다.

자신의 목숨이 다해가는 중에도 윌버의 생명을 구하겠다는 약속을 끝까지 지키기 위해 윌버, 템플튼과 함께 "fair"로 간 샬롯은 템플튼이 휴지통의 헌 신문지를 뒤져 가져온 "humble"이라는 단어를 생명이 다하기 전에 자신의 거미줄에 "마지막으로 쓸 단어"(138)로 선택한다. 그러나 샬롯이 밤새 거미줄에 새긴 "humble"이 아침 햇살과 함께 드러났을 때, 윌버의 주인인 주커먼(Zuckerman) 씨는 이 단어가 이 전에 거미줄에 쓰였던 "some pig"나 "terrific"과는 달리 "윌버에 해당되지 않는 말"(149)이라는 반응을 보인다. 윌버를 자신의 농장에 현시한 "기적"(82)으로 여기고 싶어하는 쥬커먼 씨에게 "humble"이라는 단어는 실망스러울 수밖에 없었을 것이다.

샬롯이 이 단어를 선택한 것은 전날 옆 우리에서 보았던 엉클(Uncle)이라는 무지막지하게 커다란 돼지와 관련이 깊다. 윌버가 품평경연 대회에서 상을 받아야 크리스마스의 햄이 되는 일을 피할 수 있다는 점을 감안한다면, 엉클이 비록 "붙임성 없는 성격"(135)의 소유자이긴 하지만, 돼지 품평회에서 무엇보다 중요한 것이 고기가 될 수 있는 돼지의 살집인 한, 엉클의 "엄청난 몸집"(136)은 샬롯과 윌버에게 위협적이지 않을 수 없을 것이다.

실제로 품평회의 우승은 엉클에게 돌아가고, 이 소식이 전해지자 쥬커먼 씨 가족은 크게 실망한다. 그러나 품평회의 구경꾼들은 윌버가 옆에 있는 엉클보다 크지는 않지만 더 깨끗할뿐더러 거미줄에 쓰여 있는 대로 "humble"하다고 생각하며 윌버에 호감을 표한다(151). 결국 윌버에게 품평회의 특별상이 주어지게 된다. 이제 윌버는 고기로서의 살집 이상의 의미를 띠게 되어, 샬롯의 계획대로 겨울이 지나고도 생명을 부지할 수 있게 된 것이다. 윌버가 "some pig"나 "terrific" 등의 특별한 존재로 언명되기를 기대했던 쥬커먼 씨에게 거미줄에 새로 쓰여진 "humble"이라는 단어는 윌버가 "특별하지 못한"(*Merriam-Webster's* 808) 것에 불과할 수 있음을 시사하여 실망스러웠던 반면, 윌버에게 호감을 갖고 있는 구경꾼들에게 "humble"이라는 단어는 "붙임성 없는" 엉클과는 달리 "다른 이들에게 자만하지 않고 겸손한"(*Merriam-Webster's* 808) 윌버의 모습을 부각시킨다. 말하자면, 전날 무지막지하게 덩치가 큰, 그러나 "붙임성이 없는" 엉클을 본 이후 윌버를 구하기 위한 자신 생애의 마지막 단어로 "humble"을 선택한 샬롯의 지혜가 당일 아침 쥬커먼 씨가 처음 이 단어를 발견하는 장면까지는 묻혀 있다가, 엉클의 우승이 알려진 이후 구경꾼들이 "붙임성 없는" 엉클과는 달리 "겸손한" 윌버에게 호감을 보이는 장면에 이르러 그 빛을 발하게 되어, 결국 윌버의 생명을 구하는 계기가 되는 셈이다.

이처럼 스토리의 플롯 전개와 "humble"의 의미가 긴밀하게 관련되어 있다는 점은 시사하는 바가 적지 않다. 『샬롯의 거미줄』을 텍스트로 삼은 영어 교실의 학습자들은 스토리 전개를 따라가면서 맥락과 긴밀하게 관련된 "humble"이라는 단어를 역동적으로 접하게 되고, 이 과정에서 이 단어의 좀 더 온전한, 맥락화된 의미에 점점 더 다가서게 되는 것이다.

4. 통합적 언어 경험의 모형

현장에 밀착된 구체적인 교육방법의 차원에서도, 문학 텍스트는 읽기, 쓰기, 듣기, 말하기로 대별되는 언어학습의 다양한 층위가 통합적으로 제시될 수 있는 이점을 가지고 있다. 이런 점에서, 문학 텍스트를 읽는 것은 읽기 능력을 길러줄 뿐, 듣기, 말하기, 쓰기 능력 신장에는 도움이 되지 못한다는 비판적 주장(Topping 97)은 문학 텍스트를 이용한 통합적 언어교육의 가능성을 간과한 소치라고 할 수 있다. 특히, 언어 그 자체는 통합되어 있는 것이면서도 그것에 대한 교육은 읽기, 쓰기, 듣기, 말하기 등 기능별 세부 분야로 분리되기 쉬운 현 시점의 영어교육 실상을 고려한다면, 문학 텍스트를 통해 제시될 수 있을 효과적인 통합 영어교육 모형이 한층 더 강조될 필요가 있다.

영어교육이 읽기, 쓰기, 듣기, 말하기 등의 세부 기능을 통합하는 방향으로 진행되어야 하는 첫째 이유는 실제 언어 환경에서 각각의 언어기능이 독립적으로 사용되기보다는 서로 연결되며 통합적으로 사용되고 있기 때문이다(부경순 111). 더욱이, 각각의 언어기능을 중심으로 의사소통 과정을 분석하여 그 구성요소를 확인하는 일은 가능하지만, 의사소통에 대한 분석적 지식을 가졌다고 해서 의사소통 자체를 잘하게 되는 것은 아니라고 할 때(Morrow 61), 영어교육 현장에서 요구되는 것은 기능별 언어 분석이나 그것을 바탕으로 하는 개별적 훈련이라기보다, 실제 언어 사용에서처럼 각 기능이 어우러지는 통합 언어적 경험일 것이다.

영어 교실은 영어에 '관한' 지식이 전수되는 '교사 중심'의 일방적인 영역이 아니라, 영어 '자체'가 실제로 경험되는 '학습자 중심'의 생생한 현장일 필요가 있다. 해당 외국어가 사용되는 지역에서 직접 생활하는 것이 그 언어를 실제로 경험하는 최선의 길이겠지만, 위에서도 논의했듯이, 문학 텍스트야말로 생활을 통한 직접적인 경험은 아니더라도 실제에 매우 가까운, 또 어떤 면에서는 그것보다 더 긴밀하게 농축되어 있는 언어 사용을 의미 있게 경험할 수 있는 공간이라고 할 수 있다.

이런 점에서, 역동적인 영어 교실의 문학 텍스트 활용이 읽기 영역으로 국한되지 않는다는 것은 당연하다고 하겠다. 위에서 확인했던 것처럼 텍스트를 읽는다는 것이 단지 그것을 해독하는 과정이 아니라 독자와 텍스트 사이에 의미가 산출되는 과정으로 이해될 수 있다면, 독자의 내면에서는 이러한 과정을 통해 산출된 결과, 예컨대 짜릿한 느낌이나 진한 감동 같은 경험을 누군가와 나누거나 표현하고 싶은 욕망이 생겨나게 된다. 이러한 자발적인 욕구야말로 통합적 영어교육으로 진전되는 원동력이 된다.

영어교육 현장에서 사용되는 문학 텍스트는 모든 학습자에게 균일한 한 가지 답을 요구하지 않는다. 각각 다른 이전 경험과 배경을 안고 각각 다른 양상으로 텍스트 안으로 빠져 들어가기 때문에 학습자마다 각각 다른 반응이 산출될 수 있다. 이처럼 문학 텍스트에 대한 학습자의 반응은 미리 준비되어 있는 객관적인 정답을 찾는 과정이 아니라 자기 자신의 대답을 스스로 찾아가는 과정이므로 자신의 반응을 표현하려는 학습자의 열의도 그 만큼 더 적극성을 띠게 된다.

문학 텍스트에 대한 학습자의 적극적인 반응과 표현은 영어 교실을 지식 전달의 수동적 공간에서 영어가 실제로 경험되는 역동적인 공간으로 변모시킬 수 있는 단초가 된다. 텍스트를 읽은 자신의 경험을 말하기나 쓰기를 통해 표현하는 기본적인 활동은 물론이고, 주어진 텍스트를 자료로 삼아 자신들이 직접 각본을 쓰고(또는 각본 없이 즉흥적으로) 공연/낭독하는 활동, 또는 학습자가 작중 인물이 되어 인물이 느끼는 감정과 처해있는 상황을 극적 독백 형식으로 표현하는 활동, 작중

인물로 설정된 학생에게 다른 학생들이 질문하고 대답하는 인터뷰 활동 등등의 다양한 경험들은 문학 텍스트를 통한 영어교육 현장이 읽기 활동만이 아니라 말하기, 쓰기, 그리고 듣기 활동으로 자연스럽게 이어지며 통합적으로 접근될 수 있음을 보여준다.

위에서 예로 들었던 『샬롯의 거미줄』을 텍스트로 사용하는 경우, 여느 다른 문학 텍스트의 경우처럼, 읽기, 말하기, 쓰기, 듣기 등의 언어 기능이 통합적으로 어우러지는 실로 다양한 활동이 설계될 수 있을 것이다. 예컨대, 아침 식사 차리는 어머니를 돕다가 아버지가 무녀리 돼지새끼를 제거해 골칫거리를 없애려고 한다는 말을 들은 펀이 아버지의 도끼에 매달려 "작게 태어났기 때문에 죽어야 한다는 것은 세상에서 가장 큰 부당함"이라고 항의하여 결국 돼지 윌버를 자신의 '아기'로 키우게 되는 작품의 첫 장면(3)을 드라마로 극화 하는 활동을 해본다면, 다양한 언어 기능을 통합적으로 사용하는 학습 경험이 마련될 수 있다. 즉, 해당 부분의 텍스트를 '읽은' 후, 모둠 별로 대본을 '쓰고'[1] 이를 토대로 담당 모둠이 공연 또는 낭독하는[2] 동안(물론, 이때 '말하기'가 이루어지는 셈이다), 다른 모둠 학생들은 이를 '들으며' 관람하고 공연 후 그것에 대한 평을 '말하거나' '쓰는' 활동을 한다면, 언어의 네 기능이 모두 포괄되는 통합적인 언어 경험이 이루어질 수 있다.

첫 장면뿐 아니라 작품 내의 여러 다른 장면과 대목들도 극화 활동이나 그 밖의 다양한 방법을 통해 통합적 언어 학습에 사용될 수 있다. 쥬커먼 씨 일가가 샬롯의 거미줄에 새겨진 "some pig"라는 글자를 처

---

1 대본은 주어진 텍스트의 디테일에 충실하게 '있는 그대로' 극화시킨 것일 수도 있고, 큰 뼈대만 놔두고 내용을 학생들의 상황에 맞게 대폭 수정한 것일 수도 있다. 또한, 경우에 따라서는 사전에 대본 쓰는 작업이 생략된 채 즉흥극의 형식으로 수업에 도입될 수도 있다.

2 영어 학습의 일환으로 이루어지는 드라마이니만큼, 대본을 모두 외워 공연할 필요까지는 없을 수도 있다. 경우에 따라서는, 대본을 낭독하며 공연하는 학습법(readers theater)도 큰 효과를 거둘 수 있다.

음 보고 놀라는 대목도 하나의 예가 될 수 있다. 학생들에게 주어진 텍스트의 해당 대목을 '읽게' 한 후, 인터뷰하는 기자, 쥬커먼 씨, 쥬커먼 부인, 일꾼 러비(Lurvy) 그리고 이와 관련하여 예배시간에 기적과 계시에 대해 설교하는 목사님의 역할을 나누어 맡아 "some pig" 사건에 대한 각 인물들의 반응을 질문하고 대답하는(즉, '듣고' '말하는') 인터뷰 활동을 하게 할 수 있다. 인터뷰 활동 이후에는 이를 바탕으로 신문 기사를 '쓰는' 활동도 생각해 볼 수 있다. 전체 학생들에게는 각 모둠의 인터뷰와 신문 기사에 대한 소감을 '말하거나' '쓰게' 할 수 있다.

또한, 봄이 되자 샬롯의 알주머니에서 새 생명으로 잉태한 샬롯의 새끼 거미들이 헛간을 버리고 날아갈 때 윌버가 느끼는 아쉬움과 세 마리 거미가 다시 돌아와 자신의 친구가 될 때 느끼는 행복감, 그러나 이 모든 새로운 친구들에도 불구하고 그의 가슴속에 계속 "진정한 친구"(184)로 남아 있는 샬롯에 대한 특별한 기억을 담고 있는 작품의 마지막 장면은 극적 독백 형식을 빌려 윌버의 내면을 '말로 표현해보는' 활동, 더 나아가 이를 바탕으로 샬롯 또는 제3의 인물에게 윌버가 자신의 마음을 전하는 편지를 '써보는' 활동으로 이어질 수 있다. 다른 학생들은 이에 대한 평가를 '말해보는' 활동이나 평가보고서를 작성하는 '글쓰기' 활동을 해볼 수 있다.

주어진 텍스트를 읽는 것으로 그치지 않고 그것을 바탕으로 자신의 언어로 말하고 쓰게 하며, 더 나아가, 이를 듣고 읽은 또 다른 학생들 역시 자신의 의견을 말하고 쓰는 이러한 통합적 활동들은 영어 교실이 수동적인 지식 전달의 장이 아니라 영어가 실제로 경험되는 적극적인 공간이 될 수 있을 가능성을 시사한다. 이러한 통합 영어교육 과정에서 중요한 것은 학생들의 활동이 문학 텍스트의 스토리 선상에서 이루어진다는 점이다. 어떤 관념적인 주제를 던져주고 이에 대해 자신들의 언어로 표현하라고 하는 것보다는 구체적인 스토리에 타고 있으면서 이에 대한 이해와 반응을 자신의 언어로 표현하는 것이 훨씬 효과적인 언어 학습이 될 수 있다. 문학 텍스트가 통합적 영어교육에 기여할 수 있을 이러한 가능성은 언어를 스토리 구조에 담아 제시하는 스토리텔링 교수법의 효율성과도 긴밀하게 연관된다. 언어 자료가 스토리 구조에 따라 논리적 연속으로 그리고 때로는 약간의 의외성이 가미되어 제시될 때 더 오래 기억되고 더 효과적으로 학습될 수 있다는 이른바 '에피소드 가설'에 기초하고 있는 스토리텔링 교수법은 학습자가 스토리를 통해, 관련된 다양한 언어활동에 좀 더 효율적으로 참여하도록 도와준다는 점에서 통합 언어적 영어교육을 위한 의미 있는 시사점을 던져준다(Oller 39-43).

5. 맺음말: 하향식 영어교육 및 텍스트 선정의 중요성

지금까지 살펴보았듯이, 영어 교실의 문학 텍스트는 학습자의 "인간적 참여"와 동기부여를 동반하며 고밀도로 농축된 맥락화된 언어 그리고 각 시대의 문화와 보편적 인간 주제를 통합적으로 경험할 수 있는 뜨거운 현장인 동시에, 학습자를 스토리 안으로 끌어들임으로써 읽기, 쓰기, 듣기, 말하기 등의 기능별 언어 층위를 통합적으로 경험하게 하는 강력한 매체로 이해될 소지가 충분하다. 문학 텍스트를 통한 영어교육의 이러한 가능성에도 불구하고, 어휘, 구문, 문맥의 이해가 초보단계에 머물고 있는 영어 학습자에게 문학 텍스트의 스토리를 제시하는 것은 적절하지 못하다는 입장이 아직도 적지 않은 영어 교실에서 관철되고 있는 것이 현실이다. 스토리를 구성하고 있는 영어 어휘, 구문, 문맥에 대한 이해가 전제될 때 해당 텍스트가 수업 교재로 제시될 수 있다는 이러한 입장은 읽기 행위를 글자 해독에서부터 시작하여 단어, 어구, 문장의 이해를 거치며, 즉 글의 가장 작은 단위부터 시작하여 점차 큰 단위로 나아가며 글 전체의 내용 이해에 도달하는 과정으로 파악하는 이른바 상향식(bottom-up) 읽기 모형의 소산이다. 상향식 관점에서의 읽기 활동은 의미를 구성해 가는 과정이라기보다 단지 문자를 해독하는 과정, 즉 주어진 내용을 단순히 수용하는 과정으로 축소될 수밖에 없다는 점에서, 언어 사용자 중심의 유연하고 역동적인 의미구성과정이 강조되는 하향식(top-down) 모형이나 상호작용 모형이 영어교육 현장에서 적극 고려될 필요가 있다(Brown 358; Nuttall 16-17).

이와 관련하여, 중·고급 단계는 물론이려니와 초급단계의 영어 교실과 학습자에게도 적절한 효과를 가져다 줄 수 있을 다양한 스토리의 다양한 문학 텍스트가 그야말로 무궁무진하다는 점이 새삼 강조될 필요가 있다. 부족한 것이 있다면 그것은 적절한 스토리나 텍스트가 아니라, 각각의 교실과 학습자에게 가장 적절한 교재를 고르려는 열렬하면서도 섬세한 노력일지 모른다. 실제로, 영어 수업의 성공 여부가 얼마나 적절한 교재가 사용되느냐와 관련이 깊다고 할 때(McKay 531), 학습자의 언어수준, 문화적 배경, 흥미와 관심 등의 기준에 적합한 텍스트를 선택하는 것의 중요성은 아무리 강조해도 지나치지 않을 것이다. 이처럼 해당 영어 교실과 학습자에 가장 적합한 문학 텍스트를 선택하고, 이 텍스트를 통해 지식을 일방적으로 전수받기보다는 "예민하고 창조적인 영어 사용"을 실제로 경험할 수 있도록 영어교육 현장을 역동적으로 설계하려는 지난한 노력이 수반될 때에 문학 텍스트를 통한 영어교육의 가능성이 십분 발휘될 수 있을 것이다.

참고문헌

박기화. 「한국의 외국어 교육과정과 교과서의 변천」. 『베리타스』 6(1989): 489-506.

부경순. 「초등학교에서의 통합적인 영어교육」. 『초등영어교육』 5.2(1999): 109-138.

이재근. 「영어교과서 개발의 최근 동향」. 『영어어문교육』 8.1(2002): 241-259.

Arthur, Bradford. "Reading Literature and Learning a Second Language." *Language Learning* 18.3-4(1968): 202-223.

Baird, Alexander. "Literature Overseas: The Question of Linguistic Competence." *ELT Journal* 23.3(1969): 279-283.

Brown, H. Douglas. *Teaching by Principles: An Interactive Approach to Language Pedagogy*. New York: Pearson Education, 2007.

Cameron, Lynne. *Teaching Languages to Young Learners*. New York: Cambridge Language Teaching Library, 2001.

Carter, Ronald and Michael N. Long. *Teaching Literature*. New York: Longman, 1991.

Collie, Joanne and Stephen Slater. *Literature in the Language Classroom: A Resource Book of Ideas and Activities*. New York: Cambridge Handbooks for Language Teachers, 1988.

Hadaway, Nancy, Sylvia M. Verdell and Terrell A. Young. *Literature-Based Instruction with English Language Learners*. Boston: Pearson Education, 2002.

Harlin, Rebecca, Sara Lipa and Rosemary Lonberger. *The Whole Language Journey*. Markham: Pippin Publishing Press, 1991.

Lazar, Gillian. "Exploring Literary Texts with the Language Learner." *TESOL Quarterly* 30.4(1996): 773-776.

McKay, Sandra. "Literature in the ESL Classroom." *TESOL Quarterly* 16.4(1982): 526-536.

Misheff, Sue. "Beneath the Web and Over the Stream: The Search for Safe Places in *Charlotte's Web* and *Bridge to Terabithia*." *Children's Literature in Education* 29(1998): 135-157.

Morrow, K. "Principles of Communicative Methodology." *Communication in the Classroom*. Ed. K. Johnson and K. Morrow. New York: Longman, 1981.

Nuttall, Christine. *Teaching Reading Skills in a Foreign Language*. Oxford: Heinemann, 1996.

Oller, J. W. "Story Writing Principles and ESL Teaching." *TESOL Quarterly* 17.4(1983): 39-53.

Rosenblatt, Louise M. *Literature As Exploration*. New York: Modern Language Association, 1995.

Sapir, Edward. *Language*. New York: Harcourt, 1949.

Smith, Frank. *Understanding Reading: A Psycholinguistic Analysis of Reading and Learning to Read*. New York: Holt, Rinehart & Winston, 1982.

Stern, Susan L. "An Integrated Approach to Literature in ESL/EFL." *Teaching English as a Second or Foreign Language*. Ed. Celce-Murcia. New York: Heinle & Heinle, 1991. 328-346.

Topping, D. M. "Linguistics or Literature: Approach to Language." *TESOL Quarterly* 2.2(1968): 95-100.

White, E. B. *Charlotte's Web*. New York: Harper Collins, 1952.

제2부

중등 영어교육의 인문적 전망

01

중등 영어교육에서 인문적 가치의 중요성

조자룡

아직 철학을 할 준비가 되어 있지 않다거나
철학을 할 시기가 지나버렸다고 말하는 사람은,
행복을 맞이하기에 너무 젊거나 늙었다고 말하는 사람과 같다.
- 에피쿠로스

1. 영어, 인문적 가치와 의사소통기능

영어를 배우는 주된 목적이 영어로 외국인들과 의사소통을 수행하기 위함인지 전 세계에서 생산되는 학문과 지식을 습득하고 받아들이기 위함인지에 관한 논쟁은 오랫동안 한국 영어교육의 위상과 목표를 정의하는 과정 속에서 반복되며 전개되어 왔다. 지금으로부터 삼십여 년 전(前)인 1977년 문용 교수는 영어교육에서 '말'과 '글'의 우선성과 '교양성'과 '실용성'의 문제가 대립하고 있음을 날카롭게 지적한 바가 있다.

> 個人에 따라서 差異가 있고 集會集團에 따라 또 다른 英語學習의 目的이나, 英語에 관한 意識 내지 態度는, 이것을 集約할 때 英語教育은 〈글〉 위주로 하여야 하느냐, 〈말〉을 위주로 하여야 하는 問題를 中心으로 두 갈래의 相反된 見解로 갈라지고, 또한 그 目的을 〈教養性〉에 두느냐 〈實用性〉에 두느냐에 따라서 두 갈래로 갈라진다.
> (…) 英語教育이나 學習에서 實用性을 들고 나오는 이들은, 흔히 요즈음 7,8년 동안 英語를 공부했다는 大學生이 간단한 會話 하나 제대로 못하고 英語便紙 한 장 변변히 못 쓰는 現實嘆한다.
> 이런 主張에 맞서 (…) 外國語를 공부하는 첫째 목적은 외국서적을 통한 知識의 輸入이다. (…) 말하는 외국어가 장님 외국어를 만들어서는 안 된다. (…) 만일 우리가 漢文을 책으로 배우지 않고 소위 會話로 배웠다면 思想이나 文學과 哲學과는 거리가 먼 서투른 中國通譯만이 이 땅에 우글거렸을 것이다.(문용 218)

그리고 이 문제가 어느 한쪽으로 섣불리 기울어져 해결되는 것이 바람직하지 않다는 사려 깊은 사고의 힘을 강조하였다.

> 〈말〉과 글의 優先權에 관한 問題라든가, 〈教養性〉과 〈實用性〉의 問題는 一朝一夕에 시원스럽게 한쪽으로 기울어져 解決될 問題가 아니다. 그렇게 볼 때 現今의 英語教育이 이와 같은 겉으로는 極과 極的인 것으로 보이는 두 要素를 절충하는 方向으로 나아가고 있는 것은, 極히 現實的이며 鼓舞的인 現象으로 여겨도 좋을 것이다.(문용 219)

영어의 위상과 학습의 목적을 정의할 때 '말'과 '글', '교양성'과 '실용성'의 관점이 서로 대립하는 모습을 띠는 것은 때로는 문법번역식 영어교육(Grammar Translation Method)과 의사소통중심 영어교육

(Communicative Language Teaching)이라는 이름 속에서 나타나기도 했으며, 영어를 의사소통의 도구로 볼 것인지 학교 교과목으로 볼 것인지에 대한 입장 정리를 요구하는 주장을 통해서도 간접적으로 드러나며, 언어의 네 가지 기능인 듣기, 말하기, 읽기, 쓰기를 고르게 가르쳐야 한다는 주장과 읽기를 중심으로 가르치면서 약간의 듣기, 말하기, 쓰기를 함께 가르쳐야 한다는 영어교육의 실제적 실행을 고려한 주장이 대립하는 이면에서, 그리고 외국어로서의 영어교육(English as a Foreign Language; EFL)과 제2언어로서의 영어교육(English as a Second Language; ESL)의 구별을 요구하는 주장 속에서도 배경으로 숨겨져 있다. 이러한 논쟁들이 합리적이고 학문적으로 잘 정리되지 못하고 오랜 세월 동안 지속적으로 반복되는 이유는 영어가 한국 사회와 전 세계에서 차지하는 위상과 영향이 복합적이고, 이를 통해 학교 교육의 현장에서 구현되는 교재와 교수법 역시 중층적으로 작동하기 때문이다.

한국은 고유한 언어를 발전시켜온 나라이다. 수천 년 역사를 통해 정치, 사회, 문화적으로 중국의 영향 아래에 있었음에도 중국어를 공용어 또는 제2언어로 사용하지 않고 우리 말 한글의 외적, 내적 테두리 안으로 통합해왔다. 중국어를 통해 대부분의 지식과 정보가 생산되었음에도 중국어를 전 국민의 의사소통의 언어로 받아들이지는 않았고, 이러한 중국어의 위치를 해방 이후에는 영어가 대체하였다. 그리고 영어를 받아들이는 방식도 중국어와 마찬가지로 인재 양성을 위한 지식과 인문적 소양을 중심으로 이루어졌다. 우리 사회는 전통적으로 글 또는 학문적 소양으로서의 영어교육과 의사소통기능을 향상시키는 방편으로서의 영어교육 사이에서, 전자를 중등교육의 핵심적 가치로 삼고 후자는 그 하위에 위치하는 것으로 보아왔다. 이는 또한 명시적 교육과정 속에서가 아니라 잠재적 교육과정 속에서 중등과 대학의 영어교육의 실재에서 비교적 자명하게 이루어진 것이다.

다음으로 양차 세계대전을 거치면서 미국이 주도하는 자본주의의 질서 속에서 영어는 의사소통의 도구로서 전 세계를 지배해 왔다. 경제, 무역, 외교, 문화 등의 영역에서 영어는 지식과 학문을 위한 도구를 넘어서서 일상생활을 포함한 거의 모든 영역에서 사용될 환경을 구축하게 되었다. 따라서 이러한 세계 자본주의 질서 속으로 순응하기 위한 의사소통의 방편 또한 필요하게 된 것이다. 영어를 가르치는 목적 역시 인문적 가치를 기르고 배양하는 것으로부터 경쟁과 이윤의 창출이라는 도구적 기능을 중시하는 것으로 함께 변화해왔고, 영어교육에 대해서도 이러한 목적을 위해 부응할 것이 요청되었다.

한국의 영어교육의 발전을 전망하고 바람직한 목표와 실행을 위한 튼실한 방편을 세우기 위해서는 영어를 어떻게 볼 것인가에 대한 관점이 가지는 의의와 그 사회적, 역사적 흐름을 이해해야 한다. 교양과 인문적 가치를 중심으로 하는 고유의 학문적 전통과 더불어 외국어로서의 영어교육(EFL)을 보는 관점과 의사소통을 중심으로 하는 기능적, 서구적, 심리학적, 언어학적 관점이 조화를 이루어야 한다고 주장하기에 앞서 두 가지 관점이 서로 다른 고유의 철학과 역사와 논리를 가지고 있다는 것을 명확하게 하는 것은 영어교육의 학문적, 실제적 미래를 건전하게 설계하기 위해 반드시 필요하다. 그리고 이러한 한국적 영어교육에 대한 이해를 바탕으로 미래의 인재를 양성하기 위해 어떻게 두 가지 관점을 조화롭게 교육의 현장에서 구현시켜 나아갈 것인가에 대한 노력을 기울이는 것이 주체적이고 생산적 영어교육 연구를 위한 소중한 자산이 될 것이다.

영어를 바라보는 관점을 합리적으로 정립하는 것은 영어교육의 목표와, 학교 교육과정, 교과서, 평가의 과정과 내용을 결정하는 중요한 전제가 된다. 이러한 전제를 중심으로 이 글은 영어교육이 이론적 실제적으로 견지해야 할 중심적 가치 중 하나에 해당하는 인문적 가치가 중등교육의 교육과정과 그 교육적 실행 속에서 어떠한 상황적 배치 아래 놓여 있는가를 살펴보고, 이에 대한 영어교육의 이론적 · 논리적 재정립에 대하여 논의할 것이다.

2. 인문적 가치, 중등 영어교육 속 위상과 실재

1) 인문적 가치와 영어교육

인문적 가치란 인간이 처한 삶의 문제를 깊이 있게 성찰하고 숙고해 얻어진 지식과 인식을 총칭한다. 이러한 지식과 인식은 한 개인 삶의 경험 테두리 안에서만 머무르지 않고 당대의 역사적, 사회적, 실존적 삶의 문제를 포함하는 속성을 함께 갖는다. 따라서 인문적 가치를 담고 있는 텍스트는 인간 세상과 관련된 문제를 성찰하여 얻은 결과물이며, 인문적 텍스트를 읽고 이해하는 것은 인간 삶의 문제에 대한 성찰과 사고를 경험하고 이를 개발하는 것에 해당한다. 이를 알기 쉽게 설명하자면 진정한 깨달음에 이르기 위해 끊임없이 '왜'라는 질문을 던지는 것이 된다. '왜 나는 영어를 배우는가?' '왜 영어는 동사가 주어 다음에 위치하는가?' '왜 셰익스피어(Shakespeare)는 햄릿(Hamlet)을 자신과 같은 인물로 묘사했을까?' '왜 heart라는 단어는 심장, 영혼, 사람의 의미로 쓰이는가?'라는 질문들은 모두 그 자체가 고유한 인문적 의미를 가지는 것이 아니라, 이 질문들을 진정으로 깊이 있게 끝까지 추구하는 과정에서 인문적 의미가 파악되는 것이다. 예를 들어 '왜 나는 영어를 배우는가?'라는 질문을 똑같이 했더라도 '시험을 보기 위해서' 또는 '취직에 필요하니까'라는 대답에서 그치는 사람과, '그렇다면 왜 시험 점수가 중요한 것일까?' '취직이 왜 나에게 중요한가?'라는 질문을 계속 이어나가고 마침내 자신의 삶의 가치와 목표를 자기 나름의 방식으로 논리적이고 합리적으로 설명하고 이해할 수 있는 사람 사이에는 인문적 '사고력'의 차이가 존재하는 것이다.

인문적 성찰은 인간의 모든 정신적 활동의 근본이며 어디에서나 존재하고 누구라도 할 수 있지만, 그것은 인간과 우주에 대한 근원적 통찰을 함께 고려할 때 참된 의미를 획득한다. 영어교육이 이러한 인문적 가치를 가르쳐야 한다는 당위성은 영어교육이 내재적으로 지니고 있는 본질적 물음에 해당한다. 교육의 본질이라고 할 수 있는 질문과 대답의 과정을 '영어'라는 교과목 속에서 언어와 지식을 창조하고 구성하도록 조직하는 것은 교육이 추구해야 할 최고의 목적이 되는 것이다.

인문적 성찰의 과정은 이렇게 삶에 대해 끊임없는 질문을 던지고 이에 대한 답을 찾아가는 편견 없는 사고에 바탕한 탐구이고, 이러한 인문적 성찰의 과정을 거쳐 인간의 삶과 사회에 대한 높은 성취를 이룩한 것으로 인류의 역사와 전통 속에서 인정받은 것이 바로 고전(古典) 또는 명문(名文)이라고 불리는 것이다. 따라서 "거인의 어깨 위에 올라앉은 난쟁이"의 비유가 의미하듯 교육적 방편으로서의 텍스트 선정에 있어서도 언어적 가치와 함께 그 고유한 가치를 따지는 것은 필수적인 것이다.

2) 중등영어교육 속 인문학 텍스트

교사: 요즘 어떤 책을 가지고 영어 공부하고 있니?

학생: ㅇㅇ 문법책하고, ㅇㅇ 독해집 공부합니다.

교사: 그래. 그런데 그 책 읽으면서 배운 내용은 뭐가 있을까?

학생: 어휘, 문법 그리고 독해문제 풀이 같은 거죠 뭐.

교사: 혹시 그 영어교재를 읽으면서 새로이 알고, 느낀 내용은 무엇이니?

학생: 음…… 없는데요. 그리고 영어에서 그런 게 중요해요? 왜 물어보세요?

필자가 가르치는 어느 학생과의 대화에서처럼 한국의 중고등학교 학생들에게 영어 학습은 영어라는 언어를 이용하여 이루어지는 기능적 언어능력의 향상을 의미한다. 그리고 그 언어능력의 대부분은 많은 어휘를 효과적으로 암기하고, 복잡한 구문의 어구와 문장을 분석하고, 주어진 문제의 답을 빠른 시간에 읽어 정답을 찾아내는 기능(skill)에 한정된다. 글의 내용에 대한 깊은 이해(understanding)와 거기에서 비롯한 자기 삶에 대한 인식과 반성(reflection), 그리고 '왜 그러한가?'라는 질문을 던지는 합리적 · 비판적 활동은 좀처럼 발견하기 어렵다. 현재의 영어교육의 이론과 실재에서는 교육적, 인문적 가치의 핵심에 해당하는 '사고력' 계발의 바로 전(前) 단계에서 인지적, 심리적 활동이 멈추고 있는 것이다.

학교 영어교육의 기본 개념을 규정한 교육과정, 영어교육의 언어와 내용을 담고 있는 텍스트에 해당하는 교과서와 교재, 그리고 교육활동을 평가하는 모의고사와 대학입학수학능력시험의 시험 문제에서 제시된 지문 등 거의 모든 영어교육의 교재와 텍스트들에서도 인문적 가치에 대한 이해와 고려는 크게 부족하다. 그리고 설령 그러한 과정을 통과한 텍스트라고 하더라도 지문의 길이, 어휘 제한 등을 고려해 개작하거나 수정이 되면 원본이 지닌 깊이와 느낌을 제대로 살리기 어려워진다.

영어 학습의 목표를 영어 사용 능력(competence) 또는 기능(skill)의 습득으로 정의하고 있는 현재의 영어교육 이론은 말하기, 듣기, 읽기, 쓰기의 네 기능을 영어학습의 핵심 능력으로 고려한다. 이는 대개가 영어를 모국어로 사용하는 국가들의 이론적 관점에 바탕을 두며, 주로 BANA지역(Britain, America, New Zealand, and Australia)의 기능적, 도구적 영어관을 그대로 수용하고 있다. 하지만 영어교육의 목적을 의사소통기능을 수행하는 도구로 생각하는 관점은 ESL 환경에서 영어를 학습하는 것을 가정하기 때문에 한국의 EFL 환경에서는 크게 뿌리내리지 못하고 있다.

영어를 당대의 사람들이 살아가는 현실 속 문제의식과 고민이 살아 숨쉬는 언어로 바라보지 않고 학생들이 습득해야 하는 언어 기능을 기르기 위해 사용되는 맥락으로 배치하는 것은 인문적 가치를 교육적 내용과 대상에서 배제하는 조처에 해당한다. 이는 또한 언어학, 심리학을 모태로 한 서양의 주류 영어교육학의 전통으로부터 거리두기에 실패하고 한국의 특수한 EFL 현실과 여건에 필요한 이론과 실재를 탐구하지 못한 한계 때문이기도 하다. 그리고 '시험'과 '입시'가 거꾸로 영어교육의 내용과 형식을 규정하는 교육적 모순과 제한점도 영어교육에서 인문적 가치의 참된 위치와 배치를 고려하지 못하도록 하는 이유가 된다.

영어를 ESL로 학습하는 환경에서는, 영어를 일상생활에서 사용하고 이를 통해 의사소통을 하게 되어 언어(영어)의 학습이 곧 삶의 경험과 떨어질 수 없는 것이 되고, 이는 다시 그 시대와 사회에 대한 이해와 경험 자체가 영어의 학습을 통해 통합적으로 이루어지는 셈이 된다. 따라서 ESL 영어 학습자들에게는 영어를 배우는 과정 속에서 '지금 여기'(now and here)라는 존재론적 고민에 해당하는 '인문적' 가치와 '사고력'이 삶과 생활과 분리되어 있지 않고 통합되어 있는 것이다. 하지만 영어를 일상생활 속 의사소통의 도구로 사용하지 않고 학교에서 배우는 교과목으로만 접하는 EFL 환경에서는 언어와 삶의 경험이 분리되어 있다. 한국에서 영어를 배우는 것은 그 목표가 아무리 세계어로서의 영어라고 외부적으로 강조되더라도 영국, 미국, 뉴질랜드, 오스트레일리아에서의 삶과 경험을 쌓기 위한 것이 아니라 일차적으로 한국에서의 삶과 경험 위에서 존재한다. 따라서 EFL 환경에서 영어교육의 목표는 '여기'(한국의 삶)에서 출발하여 '거기'(영어사용 환경)에 도달하는 과정으로 존재하는 것이 되고, ESL 환경의 영어교육이 가정하는 과정과는 대칭적으로 이루어지는 것으로 이해하는 것이 더욱 적절할 것이다. 한국의 영어교실에서 "여러분, 지금부터 여기가 브로드웨이라고 생각하고 얘기해 봅시다."라고 설득하면서 수업을 진행하고 영어사용 국가의 정치제도와 사회문제를 이해하는 것보다, 영어로 우리 가족을 소개하고, 어제 있었던 자신의 경험을 일기로 쓰고, 한국의 교육, 사회와 경제 문제를 이야기하면서 이와 관련된 세계 곳곳의 정보와 지식을 함께 읽고 이해하는 것이 EFL 환경의 영어교육이 나아가야 할 방향인 것이다. 이렇게 언어적 삶과 경험을 타자의 것을 바탕으로 구성하지 않는 것, 이곳의 현실을 이해하고 이를 전 지구적(global) 삶의 문제로 투사해 연결시켜 보는 것, 그것이 바로 '인문적' 가치를 영어교육의 이론과 실행의 과정 속에서 희생시키지 않고서 언어능력과 조화시키는 길이 될 것이다.

자신의 삶과 존재에 '왜?'라는 질문을 던지며 사고하는 '인문적' 가치에서 출발하여 '우리 한국 사람들은 왜 꼭 이렇게만 살아야 하는 것일까?' '다른 국가와 지역의 사람들은 어떻게 살고 있을까?'라는 질문이야말로 영어학습의 과정에서 핵심적인 역할을 해야 하는 것이다. 이를 영어교육의 이론적 관점에서 다시 이야기하자면, 한국의 EFL 영어교육에서 '내용'과 '사고력'은 '인문적' 가치를 포함하는 영역으로 적극적으로 확대하여 연구해야 할 가치로 삼고, 이를 위한 새로운 영어교육 적용과 실천을 위한 접근법을 개발해야 한다는 것이다.

그런데 앞서 '여기'에서 '저기'로의 이해의 과정을 제기한 것은 한국의 EFL 영어교육 현실에서 공교육의 가장 자연스러운 학습 과정을 이야기한 것일 뿐이다. '여기'에서 출발하여 '거기'에 도달하는 과정으로서의 영어교육이 한국의 생활과 사회문화에 관련된 것을 먼저 이야기한 후에 영어권의 삶과 문화 또는 세계 곳곳의 문화와 정신을 영어로 이해하는 단선적 과정만을 말하는 것은 아니다. 중요한 것은 '여기'의 정신과 '거기'의 정신이 서로 소통하는 것이다. 한국인과 외국인이 서로 만나서 대화를 나누는 것의 본질이 서로 다른 존재와 함께 공통의 이해와 소통을 함께하는 과정을 의미하듯, 앞서 이야기한 영어교육 속에서 인문적 가치를 실현하는 과정 역시 한국에서의 삶과 경험을 바탕으로 질문을 던지고, 이에 대한 답을 다른 지역과 세계에 대한 대화와 지식을 함께 가지고 찾아가는 과정을 하나의 방편으로 제시하는 것이다. 설사 영미권의 삶과 사상을 이해하는 것에서 출발하더라도 '여기'의 문제와 사상에 대한 이해와 삶의 방편이 모색되는 돌아옴이 있고, 이를 통해 '여기'와 '거기'가 만나고 서로 대화를 통한 정신과 언어 활동의 풍요로움이 가능하도록 하는 과정이라면, 이 역시 '인문적' 영어교육이 추구하는 바로 모자람이 없을 것이다.

3) 교육과정, 교과서, 교재와 인문적 텍스트

초, 중등 영어교육의 이념, 목표, 과정, 평가 등을 밝히고 있는 영어과 교육과정에 '인문적'이라고 이름 붙일 수 있는 내용은 얼마나 있는지 살펴본다면 영어교육의 현장 속에 존재하는 인문적 가치의 위상을 가늠할 수 있을 것이다. 아래 제시된 2006년 8월 개정된 교육과정에서는 6, 7차 교육과정의 이론적 바탕인 의사소통중심 영어교육을 그대로 강조하고 있다. 교육과정에 진술된 영어교육의 핵심적 가치는 '의사소통'과 '언어 습득 과정'에 해당하며, '인문적 가치'라고 볼 수 있는 내용은 '인성교육'으로 진술되어 있다. 영어를 기능으로 습득하는 것을 넘어서 소양(cultivated knowledge)을 갖춘 창의적 인재 양성이라는 교육의 고고(time-honored)한 이념을 추구하기 위해서는 '인성교육'에 대한 더욱 깊은 논의가 필요하다. 교육 과정에서 추상적으로 진술된 내용이 실제 영어교육 상황에서 구현될 수 있기 위한 균형 잡힌 교육적 체계를 만들기 위해서는 더욱 구체적으로 논의되고 상술되어야 할 것이다.

> 한편, 중등학교의 영어교육은 초등학교 영어학습을 통해 형성된 영어 학습에 대한 흥미와 관심을 지속시키고, 영어로 의사소통할 수 있는 기본적인 능력을 기르도록 하며, 유창성과 정확성을 기르도록 학습 경험과 활동을 극대화하여야 한다. 따라서, 언어 습득 과정을 중시하는 교수·학습 방법을 적용하여 학생 중심의 영어 수업이 되도록 한다. (…)
>
> 영어 교과는 영어 의사소통 능력을 길러 주는 것이 중요한 목표이지만 인성교육도 중요하므로, 건전한 도덕관과 자주적 시민 정신을 기르도록 도와준다. 또한, 외국 문화를 바르게 이해하고 나아가 국제적 안목과 세계인으로서의 협동심과 소양을 기르도록 한다.(교육인적자원부 2)

전반적으로 이렇게 대강화해 기술된 교육과정을 바탕으로 제작되는 교과서는 까다로우면서도 구체적인 방향에 대한 지침이 애매한 심사 기준 때문에 실제 창작의 과정에서 '인문적 가치'를 구현하는 것은 다양한 방식으로 포기하기를 강요받는다. 교과서 각 단원의 핵심이 되는 '소재'의 경우 아래와 같이 비교적 다양하게 선택할 수 있도록 되어있지만, 심사과정에서는 여러 가지 실제적 규정이 따로 존재하고 그 개념조차 '미풍양속' 또는 '건전한 상식'으로 진술되어 있으며, 그 해석과 적용 역시 많이 경직되어 있다.

1. 개인생활에 관한 내용
2. 가정생활과 의식주에 관한 내용
3. 학교생활과 교우 관계에 관한 내용
4. 주변의 사회생활과 대인 관계 등에 관한 내용

5. 생활 습관, 건강, 운동 등에 관한 내용 (…)

19. 애국심, 통일 및 안보 의식 함양에 도움이 되는 내용

그리고 실제로 '인문적 가치'를 교과서에 담아낼 때 가장 큰 난관은 '의사소통기능과 예시문' 그리고 '어휘' 제한이다. '소재' 다음으로 제시된 '의사소통기능과 예시문'은 '의사소통'과 '언어 습득 과정'을 고려한 교육과정의 중핵(中核)으로서 교과서 제작과 교육적 응용의 가장 큰 핵심이다. 교과서의 도입에 해당하는 '듣기', '말하기' 기능에 걸쳐 꾸준히 반복되도록 한 '의사소통기능'은 단순히 '기능'만을 나열한 매우 단순한 목록에 불과한 것으로 이를 구체적으로 구현하기 위해 필요한 사용의 맥락과 화용적 의미를 제공하지 않고 있다. 그러므로 이는 어느 면에서는 한국 사람들이 'Hi!', 'Hello!' 등의 간단한 몇 마디를 나눈 후에는 대화를 계속 이어나가지 못하는 문제를 야기하는 이유가 되기도 하는 셈이다.

친교 활동

ㅇ 인사하기

– 만나고 헤어질 때 인사하기

△Hello!

△Hi!

△Good morning/afternoon/evening.

Long time, no see.

△Good–bye./Bye.

△So long.

'의사소통기능'은 사고와 생각을 전달하는 도구적 기능을 갖는 언어의 한 측면이다. 따라서 전달되고 파악되는 내용과 사고가 무엇인지, 또 어떻게 전달되고 파악되는가에 따라서 그 활동 양상과 성격이 거꾸로 규정되는 것이지, 미리 어느 특정한 언어의 기능을 결정짓고 그에 따라서 언어활동을 해나가는 것은 유의미한 언어활동을 고려한 것이 아니다. 가령 'yes'의 경우에도 때에 따라서는 'okay'라는 의미와 'no'라는 의미로 사용될 수 있으므로 언어의 기능에 대한 지나친 고려는 발달의 특정 시기에 이르러서는 자연스러운 학습을 저해하게 된다. '의사소통기능'은 무슨 내용을 어떻게 다루는가에 따라 자연스럽게 반복되는 것이며, 다양한 삶의 양상에서 필수적으로 반복되는 것이기도 하다. 따라서 의사소통 자체에 중심을 두기보다는 '의사소통의 기능'을 중심으로 교과서를 구성하도록 하는 것은 두 가지를 동일시하는 결과로 발생한 착시현상으로 생각된다.

다음으로 이야기할 어휘 통제 역시 '인문적 가치'를 교과서에 담을 수 없는 큰 장벽에 해당한다. 현재 초등학교 교과서에 500, 중 · 고등학교 교과서에 1,290개의 어휘를 고등학교 1학년까지 실을 수 있으며 총 1,790개의 어휘를 담을 수 있도록 되어있다.

기본 어휘 관련 지침

1. 각 학년에서 사용하기를 권장하는 새로운 어휘 수는 다음과 같다.

3학년: 110 낱말 이내　　4학년: 120 낱말 이내

5학년: 130 낱말 이내　　6학년: 140 낱말 이내

(누계: 500 낱말 이내)

7학년: 170 낱말 이내　　8학년: 280 낱말 이내

9학년: 390 낱말 이내　　　　　　10학년: 450 낱말 이내
(누계: 1,290 낱말 이내)
(총계: 1,790 낱말 이내)

그러나 이러한 어휘 제한은 교육과정의 목적과 이념 그리고 현장에서 이루어지는 영어교육의 실제를 잘 고려한 것이라고 보기 어렵다.

이처럼 교육과정과 교과서의 내용과 형식에 대한 규제와 제약이 지나치리만큼 경직된 방향에서 이루어지고, 이상적 ESL 영어사용 환경에서 강조되는 의사소통중심 영어교육을 과도하게 강조함으로써, 인문적 가치가 담긴 텍스트의 선정과 활용이 매우 어려운 것이 되었다.

2009년 1월 발표된 교과부 심의를 통과한 고등학교 1학년 15종의 교과서를 분석한 결과 고유한 '인문적 가치'를 인정받은 고전적 텍스트는 『오만과 편견』(*Pride and Prejudice*)이 유일한 것으로 나타났다. 그러나 이 역시 원문을 학생들의 수준에 맞추고 장편 소설을 교과서의 분량에 맞추기 위해 조절하다 보니 원작의 느낌과 감동을 보존하고 있지 못하였다. 이러한 사정을 고려한다면 우리의 미래 세대들에게 인문적 가치가 담긴 좋은 글을 어떻게 고르고, 싣고, 개작하고, 가르칠 것인가에 대한 연구와 고민이 더욱 절실해진다고 할 수 있다.

영어교육의 수준과 형식을 규정하는 잣대로서 어휘 개수, 교과서 페이지 분량, 그리고 의사소통기능 예시문의 반복적 사용 등이 영어교과서 제작의 주된 고려사항이 되고, '인문적' 가치에 대한 고려가 심도 있게 진행되지 못하는 것은 결국 영어 교과서의 전반적 수준을 크게 낮추는 요인이 되고 있다. 이러한 경향이 교과서의 완성도에 미치는 영향은 상상 이상으로 지대한 것으로 보아야 할 것이다. 많은 영어교

육 연구가들과 교사들이 바라는 내용과 수준의 글들 대부분이 실리지 못하는 것은 아무리 생각해보아도 바로잡아야 할 것이다. 그리고 이러한 논의는 또한 언어학과 심리학을 바탕으로 하는 영어교육의 논의 수준과 깊이를 더욱 성숙하도록 이끌어갈 것이다.

교육과정을 이수한 학생들의 영어능력을 측정하는 '모의고사'와 '수능시험'에 실리는 지문에서도, '인문적' 가치에 대한 고려는 이루어지지 않고 있다. 열 줄가량의 짧은 지문과 그마저도 글의 표면적 이해능력을 다루는 문제를 풀기 위해 청소년기를 일관된 문제 풀이로 흘려버리는 교육을 지적하는 것은 이제 너무도 고리타분한 일이 되어버렸다. 다음은 2007년 9월 실시된 대학수학능력시험 9월 모의평가 문제의 지문이다.

> The specific combinations of foods in a cuisine and the ways they are prepared constitute a deep reservoir of accumulated wisdom about diet and health and place. In Latin America, for example, corn is traditionally eaten with beans; each plant is deficient in an essential amino acid that happens to be abundant in the other, so together corn and beans form a balanced diet in the absence of meat. Similarly, corn in Latin America is traditionally ground or soaked with limestone, which makes available a B vitamin in the corn, the absence of which would otherwise lead to a deficiency disease. Very often, when a society adopts a new food without the food culture surrounding it, as happened when corn first came to Europe, Africa, and Asia, people get sick. The context in which a food is eaten can be nearly as important as the food itself.(대학수학능력시험 6)

글의 내용과 수준을 고려함에 있어서도 의사소통기능을 중심으로 읽기 지문의 길이와 어휘만을 고려하는 현행 출제 기준은 '인문적' 가치가 담긴 지문을 실을 수 있도록 하는 데 큰 장벽이 되고 있다.

3. '인문적 가치'를 영어교육의 장으로

'왜 내가 고등학교 시절에 공부한 어느 문법책에서 읽은 케네디 대통령의 취임 연설문, 아인슈타인 박사의 글, 마틴 루서 킹의 연설문 등은 교과서에서는 읽을 수 없는 것일까?'라는 의문이 이 글의 주된 문제의식이었다. 영어로 된 글을 읽으면서도 글 속에 드러난 시대정신과 감동적인 철학 때문에 가슴 벅찬 경험을 하였고, 읽고 난 후에도 평생 동안 떠올릴 수 있는 기억에 남는 가치있는 글이 왜 한국의 영어교과서에는 실리지 못하는 것일까? 교과서의 많은 지문이 읽기 기능을 위한 것으로 채워지더라도 '사고력'과 '인문적' 가치를 담을 수 있는 단 하나의 인문적 가치를 담은 글을 싣기 위한 노력을 제대로 기울이고 이를 미래의 청소년들이 경험할 수 있다면, 그 교육적 가치는 하나의 작은 시도를 넘어서 영어교육을 되살리는 새로운 전기가 될 것이다.

우리의 중등교육은 교육적 가치를 시험과 경쟁에 우위를 두는 인간 능력의 계발, 선발과 평가를 중심으로 운영한 입시제도를 통해서 운영하고 있다. 따라서 자기의 생각을 정리하고, 논하고, 비판하고, 창조해 가는 학습은 현재의 교육제도 속에서 철저히 소외당하고 있다. 더욱 우려스러운 것은 이러한 중등교육과 사회적 환경으로 인해 영어교육 전체의 방향이 소위 토익과 토플 중심의 영어 능력 시험이나 몇 마디 영어 회화를 배우기 위해 어학연수를 준비하는 것으로 움직여가고 있다는 점이다. 예전 같았으면 영어로 쓰인 수준 높은 고전 또는 명서를 읽었을 대학생들이 내용과 깊이를 파악하기 어려운 실용문과 시험 대비용 문제를 풀기 위해 소중한 영어 학습 시간을 낭비하고 있다. 질적인 교육과 평가의 전통과 함께 양적인 교육 및 평가를 실시하고 있는 서양의 교육 상황에서 빠르고 획일적인 후자의 경험과 논리만을 받아들인 결과이다. 영어교육에서 의사소통과 인문적 가치를 함께 고려하는 성숙함이 대학에서도 더더욱 필요하다. 따라서 우리가 다시 모색해야 하는 것은 교육의 기본 정신이자 우리 사회가 길러내야 할 바람직한 인간의 최종적인 목표에 대한 근본적인 반성이다.

중고등학교 교과서에 들어 있는 한 학년에 열 내지 열두 개의 단원 중에서 한 단원이라도 인문적 가치를 가지고 있는 경문이 들어가는 것이 아쉬운 상황을 고려하면, 즉, 중고등학교 학창시절에 뜻깊은 글을 한 조각이라도 읽을 수 있도록 해주는 것이 아쉬운 것을 고려한다면, 현재 우리의 교육과정과 교과서는 지나치게 언어 기능과 의사소통을 중심으로 구성되고 있다는 점을 지적하지 않을 수 없다. 의사소통기능과 언어능력이 인문적 소양과 함께 조화를 이루어 나갈 수 있다면 아마도 전 세계 영어교육의 새로운 이론적, 실천적 장을 열어가는 것이 될 것이다. 한국이 고민하고 있는 영어교육의 여러 문제들을 새로운 영어교육의 이론과 실천으로 바람직한 방향으로 해결하도록 노력하는 것은 바람직한 영어교육을 고민하는 지구촌 모든 이들의 공통된 관심사가 될 수 있다. 그리고 그 해결방안을 인문적 가치의 새로운 정립과 함께 이룰 수 있다면, 전 세계 영어교육의 미래의 바람직한 한 장을 새로이 제시하는 것에 다름아닐 것이다.

참고문헌

교육인적자원부. 『외국어과 교육과정: 교육인적자원부 고시 제2007-79호』. 별책14. 서울: 대한교과서주식회사, 2007.

대학수학능력시험 외국어영역. 2008.

문용. 「英語敎育의 史的評價」. 『응용언어학』 8.2 (1977): 203-222.

Botton, D. A. *The Consolations of Philosophy*. New York: Pantheon Books, 2000.

02

고등학교 영어수업에서 문학 텍스트의 활용 방안*

김은실

1. 들어가는 말

최근 우리나라 학교 영어교육에서 고려되어야 하는 특징을 두 가지 면에 초점을 맞추어 논의해 보자. 첫째, 학생들의 의사소통기능 측면에서의 영어실력은 과거보다 분명히 향상되어 있다는 점이다. 학교 교육에서는 초등학교 3학년 때부터 영어교육을 시작하게 되는데, 개인적으로는 유아 시기부터 영어를 접하게 되는 학생들도 적지 않다. 학부모의 넘치는 열의가 방법의 옳고 그름과 상관없이 어떤 식으로든 영어학습의 기회를 늘리고 있는 것은 사실이다. 또한, 외국인을 접할 기회의 증가, 인터넷의 사용, 각종 문화교류나 행사, 학생 개인의 외국문화에 대한 호기심 등이 영어에 대한 학생들의 관심을 높이고 있다. 개인

* 이 글은 서울대학교 대학원 석사학위 논문인 「현행 고등학교 영어수업에서 문학 텍스트 활용방안에 관한 연구」(2009)를 수정 · 보완하여 작성한 것이다.

차, 지역차를 감안하더라도 학생들의 실력이 과거에 비해 향상된 것은 사실이고, 이를 감안한 교수방법과 정책이 강구되어야 하는 시점임은 분명하다.

둘째, 그럼에도 예나 지금이나 학교 영어교육의 실제는 언어생활의 본질적인 목표를 달성하기에는 미약한 수준에 있다는 것이다. 단어의 암기나 어법 지식, 맥락과 동떨어진 짧은 텍스트를 통한 독해 연습으로 의사소통기능이 달성되기는 어려운 상황이다. 언어가 참다운 의미의 의사소통기능을 달성하도록 이용되려면, 보다 깊이 있는 복잡한 교감을 통해서 이용되어야 한다.

학습자와의 언어적 교감이 장려되는 '감성적 영역'을 허용하지 않는 자료를 매개로 한 학습에서(Collie & Ladousse 3), 타인과의 관계를 통해 '욕망'을 표현하고 실현하는 행위로서의 언어행위는 사회적 의미를 잃은 연습으로 전락되고 따라서 진정한 의사소통행위를 왜곡할 수밖에 없다(어도선 70).

또한, 현재 우리나라의 고등학교에서 이루어지고 있는 영어 수업은 짧은 텍스트의 정독(intensive reading) 위주로 진행되고 있어 학생들에게 충분한 읽기 양을 제공하고 있지 못하고, 영어 학습에 대한 동기를 상실케 한다(한수형 2). 그 반대개념인 다독(extensive reading)은 주로 교실 밖에서 다소 긴 텍스트를 전반적인 내용이해를 목적으로 읽는 방법으로 최근 관심이 급증하고 있다.

이에, 학생들의 감성 영역을 자극하고, 독서교육의 일환으로써 기여하며, 다독을 통한 언어학습의 효과를 줄 수 있는 문학 텍스트를 활용하는 영어교육 방법에 관한 연구가 그 어느 때보다 필요한 시점이다. 문학 텍스트를 활용한 영어교육 방법은 영어능력을 기르기 위해서 영어 공부를 강제적, 의도적, 단편적으로 하기보다는 독서를 통해서 자연스럽게 체득하는 효과를 주고, 영어를 외국어라는 생각 없이 인간적인 감정을 향유하면서 접근할 수 있는 방법이다.

이에, 이 글에서는 고등학교 영어수업에서 문학 텍스트를 활용하는 방안을 실제 수업의 예시를 통하여 제시해보고자 한다. 문학 텍스트를 실제 고등학교에서 어떻게 활용할 수 있는가에 대한 수업 운영방안, 학습활동 방안들도 논의의 대상이며, 이는 현장에서 문학 텍스트를 활용하는 수업을 구안할 때 유의미한 도움을 줄 수 있으리라 본다.

실제 수업의 예시로 세 가지의 수업 유형을 소개하게 되는데, 첫 번째는, 포(Edgar Allan Poe)의 『도둑맞은 편지』(*The Purloined Letter*)를 활용한 수업의 예시이다. 영어교과서에 탐정소설이 소개된 단원에서 같은 장르의 문학 텍스트를 다독(extensive reading)으로 활용하여 단원의 마지막 차시에 과제수행을 통해 수업을 전개해 나가는 방식이다. 텍스트의 결말부분을 밀봉하고, 각 모둠은 전문가 집단이 되어 결말을 추론하게 된다. 각 모둠은 도둑맞은 편지가 어디에 숨겨져 있을까를 추론하고 수업 시간에 발표하기 위한 과제를 수행하면서 단원의 목표를 달성하게 되고, 문학 텍스트를 통한 의미 있는 체험을 하게 된다.

두 번째로, 디킨스(Charles Dickens)의 『위대한 유산』(*Great Expectations*)을 영화를 활용하여 진행한 수업의 예시를 보여주게 된다. 언어학습자 문학으로 편집된 텍스트와 감동적인 영화를 통해 학습자들은 작품의 주인공과 교감하게 되는데, 이는 자연스럽게 학습의 대상이 아닌 언어로서의 영어에 노출되고 그것을 토대로 자신의 감상과 의견을 발화하게 되는 기회를 가질 수 있게 해준다.

마지막으로, 문학 텍스트 활용의 한 방안으로 문학 텍스트 자체를 읽으며 활동하는 수업이 아니라. 국문이든 영문으로든 읽은 작품에 대한 작품 이해활동으로서의 수업 모형을 제시하고자 하였다. 이 수업에서는 국문학 작품인 염상섭의 『삼대』의 영어 번역본(*Three Generations*)에 대한 영어화자의 감상문, 인기 인용구, 번역 비교, 영어로 된 작품 소개 영상 등을 통하여, 학생들이 이미 한글로 읽은 작품을 이해하는 수업 활동이 영어로 진행된다. 학습자들은 자신이 국문으로 읽어서 내용을 이미 알고 있는 작품을 영어를 매개로 이해하게 되는 과정을 거치면서 진정한 내용중심교수법의 수업을 경험하게 되는 것이다.

위에 언급한 세 가지 수업의 실제는 고등학교에서 문학 텍스트를 활용할 때 실질적인 도움을 줄 수 있는 방안들을 제시해주고, 이를 바탕으로 다양한 다른 수업 활동을 구안해 볼 수 있는 실마리를 제공하게 될 것이다.

2. 외국어 교육에서 문학 텍스트의 중요성

언어교육에서 문학 텍스트의 의미는 단순한 학습자료 이상의 것이다. 문학 텍스트는 삶의 모든 국면을 다루고 있으며, 그 언어를 사용하는 사람들의 언어생활의 일부로써, 언어교육에 있어서 단순한 문장의 분석과 해석을 넘어서는 포괄적인 언어체험을 제공하게 된다. 이에, 언어 학습에서 문학 텍스트의 중요성과 의의에 관하여 여러 학자들(김길중, 2003; 어도선, 2007; 조일제, 1999; Brumfit & Carter, 1986; Colli & Slater 1987; Duff & Maley, 1990; Hatch, 1978; Lazar, 1993; Mckay, 1982; Povey, 1972)이 논의한 바를 바탕으로, 문학 텍스트가 실제 외국어 학습에 있어서 실용적, 교양적으로 기여하는 효과에 대한 연구결과가 점차 늘어가고 있다. 이러한 연구결과들은 외국어 교육의 기본 목적에 문학 텍스트가 얼마나 충실히 기여하는가를 보여주고 있다.

리버스(Rivers)는 외국어 교육의 목적을 다음과 같이 지적하고 있다. 문학 텍스트를 활용하여 얻게 되는 이점과 본 외국어 교육의 목적의 밀접한 관계들을 통해 문학 텍스트 활용의 의미를 새겨볼 수 있다.

- 외국어 학습을 통해 학생의 지적 능력을 키운다.
- 외국의 문학작품, 과학서적 등을 읽어 개인의 교양을 함양한다.
- 외국어 학습을 통해 언어가 어떻게 그 기능을 다하는가에 대한 이해를 증진시켜, 모국어의 기능을 보다 잘 이해한다.
- 외국어의 독해능력을 키워, 최근의 저술, 연구결과 및 기타 정보를 접할 수 있다.
- 학생들에게 또 다른 언어적, 문화적 틀 속에서 자기 자신을 표현해 보는 경험을 하게 한다.
- 그들이 학습하는 언어를 사용하는 국민들의 문화양식과 사고방식에 대한 이해를 증진시켜 국경을 넘는 인간유대 즉, 국제적 안목을 키운다.
- 외국어를 통해 다른 나라 사람들과 구두, 서신으로 의사소통할 수 있는 능력을 길러준다.

학습자들은 문학 텍스트를 통해서 지적, 교양적 측면의 개인적 성장을 도모할 수 있다. 또한, 같은 언어의 범주에서 모국어의 기능을 더 잘 이해할 수 있다. 실제 언어생활의 일면인 문학 텍스트를 통해, 그 언어를 사용하는 나라의 문화를 이해하는 일이 더 수월해지며, 실제 텍스트에 몰입하고 이를 활용한 학습 활동을 전개해 감으로써, 의사소통 능력을 신장하는 기회를 가지게 된다. 다양한 장르, 문체와 내용의 문학 텍스트들이 학습자들의 독해능력을 향상시킬 수 있으며, 문학 텍스트의 흥미로운 주제들은 그것들을 바탕으로 학습자들이 자기 표현 활동을 자연스럽게 이끌어낼 수 있도록 도와준다. 문학 텍스트의 활용은 외국어 교육의 목적에 정확하게 부합하고 있다.

문학은 우리의 일반적인 인간성을 다루기 때문에 학생들이 문학

작품을 읽는 것에 흥미를 느끼고, 느낀 것에 대해 말하고 싶어 하는데, 이것은 다른 어떤 것보다도 학급토론을 활발히 추진할 수 있게 도와줄 수 있으므로 언어학습의 모든 단계에서 문학을 포함시켜야 한다(Power 8)는 주장이 나오기도 한다.

콜리와 슬레이터(Colli & Slater) 역시 문학작품이 읽고 있는 독자의 인간적인 참여를 촉진시켜주기 때문에 언어학습에 도움이 된다고 주장한다(4). 그들은 학습자들이 상상력을 가지고 문학작품을 대할 때, 외국어의 기계적인 측면들을 넘어서까지 그들의 주의를 유도할 수 있다고 본다.

로젠블라트(Rosenblatt)는 다양한 장르의 문학이 쓰기 주제의 폭을 넓히는 데 기여함을 강조하고 있는데, 학생들은 그들의 경험과 글 사이의 적극적인 처리를 통해 텍스트에 반응할 수 있기 때문이라고 주장한다. 라자르(Lazar)는 문학 텍스트 활용의 필요성을 동기부여, 진정성, 교육적 가치, 문화이해, 언어습득에 대한 자극, 학생의 해석능력 개발, 학생들에게 흥미부여 등에서 찾고 있다(15-19).

문학은 제2언어로서 영어 학습에 여러 가지 도움을 제공하는데, 우선 그것은 영어 용법과 영어 사용의 수준에 대한 언어적 지식을 개발하는 데 유용하며, 다음으로 학생들이 문학 작품 읽기를 즐기는 한 작품의 내용과 상호작용을 할 수 있도록 동기를 부여하여 궁극적으로 읽기 능력을 신장시켜 준다. 마지막으로 문학을 통한 외국의 문화에 대한 탐구는 문화 이해를 증진시키고 상상력이 풍부한 작품을 쓸 수 있는 촉진제의 역할을 한다(McKay 531).

기존 연구들을 바탕으로 외국어 교육에서 문학 텍스트를 활용할 때 얻게 되는 교육적 효과를 정리해보면 다음과 같다.

- 학습 자료의 진정성을 확보할 수 있다.

- 학습자의 동기를 부여하고 흥미를 높인다.
- 문화이해를 증진시킨다.
- 학습 효과를 극대화할 수 있다.
- 독서역량이 함양되고, 개인적 성장에 도움을 준다.

3. 문학 텍스트 현황 및 활용 방안

1) 영어교육에서 활용가능한 문학 텍스트 현황

영어수업에서 활용가능한 문학 텍스트는 크게 세 범주로 나누어 살펴볼 수 있다. 세 가지 범주는 언어학습자 문학, 문학작품 원전, 번역문학작품이다. 먼저, 언어학습자 문학(Language Learner Literature)이라는 용어는 데이와 뱀포드(7-8)의 책에서 사용된 것으로 제2언어 학습자를 위하여 특별히 만들어진 모든 부류의 책들을 말한다. 수준별로 나누어진 책은 줄여지고 요약되고 개작된 것과 원작 그대로의 것으로 구분되며, 또 단계별로 구분된다.

언어학습자 문학의 활용의 한 예로, 학생들에게 언어학습자 문학 목록을 수준별로 제시해주고, 교과 외 활동으로 각자 일지를 쓰면서 다독할 수 있도록 방향을 제시해주는 방안은 효과적이다. 이에, 양미화는 문학작품을 이용한 다독 읽기 수업에 관한 연구에서 데이와 뱀포드의 책 목록을 기초로 해서 책 목록을 구성하였다(160-163). 책 속에 들어있는 어휘의 양이 수준을 결정하게 되는데, 7단계 수준을 제시하고 있다.

다음으로 문학작품 원전이나 그의 발췌본을 선정하기 위해서 다양한 기관에서 발표하는 좋은 책 혹은 권장도서 목록 등을 활용할 수 있다. 대한출판문화협회, 서울시교육청 영어과 권장도서, 한국간행물윤

리위원회 청소년을 위한 좋은 책, 각종 독서 동호회 권장도서 등의 목록 중에서 교사가 적절하게 수업에 활용할 수 있는 도서를 선택하여 학생들의 선호도 조사를 하고, 영문판을 구비하여 활용하면 된다. 또한, 각 학교의 학교 도서관 다(多)대출 도서현황을 참고하여, 학생들이 좋아하는 책의 목록을 가지고 선정 작업을 시작할 수도 있다.

마지막으로, 번역문학 작품에 대해 살펴보자. 언어는 수용과 표현의 두 측면이 있는데, 학생이 내 자신의 문화에 대하여 표현할 수 있도록 영문 저술이나 번역을 동원할 수 있다. "남이 나를 보듯이"라는 말이 있는데, 영문으로 자신의 문화를 이해하고 확인하는 읽기 텍스트를 개발하는 것이다. 한국문학을 영문번역으로 읽기와 외국인이 한국에 관하여 쓴 글을 읽기가 있을 것이다(김길중 41).

한국문학의 번역 작품을 교사가 선정하고 목록을 작성하여 학생들에게 소개하고, 협동적으로 작품을 선정하여 수업을 계획해 볼 수 있다. 다수의 국문학 작품이 영어로 번역되어 출판되고 있고, 그 목록이나 전자텍스트 등을 인터넷에서 쉽게 찾아 활용할 수 있다. 또한, 한국문학번역원(http://www.klti.or.kr)에서는 번역텍스트를 자유롭게 활용할 수 있도록 제공하는 경우도 있고, 작품의 줄거리와 작가와 관하여 영어해설이 되어 있는 동영상을 탑재하고 있다.

2) 영어수업에서 활용 가능한 텍스트 선정 및 활용 방안

수많은 문학작품 중에서 영어 수업에서 활용할 텍스트를 선정할 때, 선정의 원칙이 있어야 한다. 선정기준에 대한 연구들이 있긴 하지만, 실제 학교현장에서 학습자의 실태 조사를 통한 선정기준 마련보다 더 효과적이지는 않다. 활용할 문학 텍스트의 '언어학습의 측면', '동기부여의 측면', '교양가치의 측면'을 고려하여 선정되어야 함을 원칙으로 하되, 해당 수업을 받을 학생들의 실태 파악을 통해 교사가 분석하고 판단하는 방식이 되어야 효과적인다.

구체적으로, 다음과 같은 질문을 통해 교사 자신이 선정 과정을 거쳐야 한다.

- 학생들이 읽고 싶어하는 작품은 무엇인가?
- 학습자 수준에 적절하고 주어진 시기의 학습목표와 부합하는 면이 있는가?
- 학생들이 읽은 후에 자기주도적인 후속학습을 이끌 수 있겠는가?
- 학생들이 읽고 감동을 받을 수 있으며, 인성교육에 도움이 되겠는가?
- 해당 수업이 원전을 다룰 정도의 연계성 있는 시수확보가 되는가?
- 정규수업의 심화·보충 학습 자료로 다룰 것인가 아니면 정규수업 이외의 수업 시간에 다룰 것인가?
- 한두 차시 정도의 수업으로 발췌본이 필요한 수업인가?
- 언어학습자 문학작품과 발췌본 중 어느 것이 더 효과적이겠는가?
- 국어과나 다른 교과에서 다룬 작품들이 효과적이겠는가?
- 번역 문학을 이용하는 것이 적절한 수업인가?
- (필요한 경우)[1] 영상자료가 제공되는 작품인가?

교과서에 수록되지 않았지만, 다양한 주제로 학생들의 독서 생활에 가까이 있는 수많은 문학작품 중 어떤 작품을 선택해야 할 것인가에 대한 고민은 학생들이 읽고 싶어하는 작품을 선택하는 것에 초점을 맞추면 해결될 수 있다.

교사는 수업을 계획하는 처음 단계로 학생들에 관한 실태 조사를 하게 된다. 이때 학생들의 흥미, 언어학습능력 정도, 학습에 대한 동기

1 학습자들의 학습동기가 낮거나, 선정할 작품이 다소 어렵거나, 계획한 활동이 영상자료와 원본의 비교를 위한 것일 때 등이 해당된다.

등을 파악할 수 있게 된다. 교사가 대상 학습자에 대한 분석내용을 바탕으로 흥미로우며, 학습에 유익하다고 판단되는 텍스트 목록을 작성하여 학습자들에게 설문조사[2]를 실시할 수 있다. 이는, 조사 자체로서의 의미를 지니는 것이 아닌, 그 자체가 영어학습의 과정이 된다. 여기저기서 들었던 흥미로운 책들에 대한 소개를 영어로 읽고 그 내용을 토대로 자신이 읽고 싶은 책을 선정하는 과제를 수행하는 과정이 바로 내용중심학습법이 진행되는 과정인 것이다.

3) 문학 텍스트 활용을 위한 실제 수업 운영 방안

정해진 학교 교육과정 내에서 주어진 교과서로 학습목표를 달성해가며 교수·학습과정을 계획하는 교사에게, 교과서 이외의 자료들을 선택하고 적절하게 학습 자료를 구성할 만한 시간적 여유가 충분하지는 않다. 그러나 영어교육의 목표가 학생들의 의사소통능력의 향상에 있고, 교육이라는 것은 학생들을 전인적으로 성숙시키는 의도적 행위라고 볼 때, 교사가 적극적으로 문학 텍스트를 활용할 방안을 모색해 볼 필요가 있다. 고등학교에서 영어교육이 가능한 수업시간은 정규시간과 창의적 체험 활동시간, 방과 후 학교 등으로 볼 수 있다. 각 수업 범주에 따라 문학 텍스트를 활용하는 방안은 달라질 수 있다.

고등학교에서 정규 영어수업 시간 수는 학교나 학년별로 다르지만, 이 시간 동안 교과서를 중심으로 명시된 교육과정 내에서 수업활동이 이루어지는 방식은 비슷하다. 이때, 교사는 주어진 텍스트의 주제와 관련된 문학 텍스트를 선정하여, 일부 발췌본을 심화 학습자료로 제시할 수 있다. 또한, 각 영역별 활동에서 문학 텍스트를 활용한 대화 구성이나 글쓰기 과제 등을 제공할 수도 있다.

---

2 학생들의 설문조사 양식에 책의 주제, 내용, 작가 소개, 인용문 등을 다양하게 제시해 주어야 한다.

창의적 체험활동 중 동아리 활동은 연간 운영계획을 통해 집중도 높은 문학 텍스트 활용방안을 구안하기 좋은 영역이다. 대개 동아리명을 보고 희망하는 학생들이 신청하여 운영되는 활동이므로, 충분히 문학적으로 진행되는 것이 가능하다.

방과 후 학교 수업은 20시간을 1기간으로 구성하여 하루에 한 시간씩 진행되는 경우가 많다. 하루에 한 시간씩 매일 수업을 할 수 있으므로, 흥미로운 문학 작품 한 권을 선정하여 다루면 효과적이다. 학생들의 설문조사를 통해서 학생들이 읽고 싶은 텍스트를 고르되, 20시간 동안 끝낼 수 있는 길이를 고려하는 것이 좋다. 또한, 구성된 학생들은 '영어 소설반', '영어 문학반' 등의 강좌명을 보고 신청한 희망자들이므로, 언어 중심적이라기보다 문학 중심적으로 수업을 하여 내용중심 교수법의 일환으로 운영하는 것이 가능하다.

4. 고등학교 영어수업에서 문학 텍스트 활용의 실제

1) 과제기반 수업모형을 활용한 영문학 텍스트 수업의 예시: 포(E. A. Poe)의 『도둑맞은 편지』(*The Purloined Letter*)

우리나라 고등학교의 실제 대부분의 수업은 동일 수준의 교과서나 보충 문제집을 통한 정독(intensive reading) 방식의 시험대비 수업이 진행되고 있음이 현실이다. 이러한 방식은 영어 능력 향상에 나름의 도움을 주고 있기는 하지만, 다른 방식의 접근으로 보완될 필요가 있고, 그렇게 된다면 교육 효과는 배가될 것이다.

본 수업 예시에서는, 수준별로 차별화된 보조 텍스트 활용을 시도하였으며, 그 보조 텍스트를 다독(extensive reading) 방식으로 읽어가도록 하였다. 또한, 각 모둠이 전문가 집단이 되어 결말을 추론하는 과정을 통해 자기 주도적으로 발화의 경험을 가져볼 수 있도록 구성하였다. 그 속에서 텍스트 이해에 핵심적으로 필요한 3W(Who, What, Why)를 파악해 나가도록 이끌게 된다.

읽기 자료는 교과서 해당 단원의 텍스트인 탐정소설과 같은 장르로, 문학 텍스트로도 의미를 가지는 포의 『도둑맞은 편지』를 선택하였다. 학생들은 8차시 동안 과제로 집에서 일부분씩 텍스트를 읽어온 후 수업에 임하여 읽은 분량에 대한 요약 및 감상을 정리하게 된다. 또한, 읽은 분량에 관한 쓰기 일지(writing journal)를 작성하여 제출하게 된다. 쓰기 일지에는 학생의 감상, 맘에 드는 문장, 요약 등을 적도록 한다.

그러나 결말 부분은 교사가 페이지들을 봉하여 날인하고 읽지 않도록 주의를 준다. 학생들은 1차시부터 각각 모둠을 구성하게 되는데, 각 모둠은 전문가 집단으로 구성된다. 학생들은 각기 기자단, 경찰단, 탐정단, 심리학자단으로 구성되어 1차시부터 자신이 전문가라고 생각하고 결말부분을 추론하게 된다. 기자단은 기자의 입장에서, 탐정단은 탐정의 입장에서 전체적인 글을 자기 주도적으로 분석하고 마지막 차시에 표현활동을 통해 추론한 결론을 보여준다.

본 수업 단원은 탐정소설의 발췌본인 "The Stolen Jewel"이다. 이에 덧붙여 다독 읽기 자료로 활용한 작품은 포의 『도둑맞은 편지』이다. 비슷한 제목과 장르의 텍스트를 교과서를 통해서는 정독(intensive reading) 방식으로, 심화 읽기 자료로는 다독(extensive reading) 방식으로 병행 진행해감으로써 학습의 양과 경험을 늘릴 수 있게 된다.

탐정소설에서 핵심적인 내용을 파악하기 위하여 필요한 3W (Who, What, Why)를 파악하는 것을 학습목표로 하고 있으며, 학습목표 달성을 위한 3단계의 연습이 이루어진다. 즉, 먼저 내용 복습을 통해 3W를 파악하도록 하고, 이후 각 조별 발표내용을 듣고 3W로 정리하도록 하며, 결말 부분을 읽고 3W로 내용을 요약하도록 한다.

수업의 전개과정은 다음과 같다.

『도둑맞은 편지』(*The Purloined Letter*)를 활용한 수업 전개 과정

1. Introduction

학생들과 반갑게 인사 → 포의 모습을 비디오로 보여줌 → "애너벨 리"라는 포의 시를 감상하고 학생들과 상호작용 → 본시학습 목표의 필요성 유도 → 본시학습 목표 제시 → 본 수업의 의미 설명 → 수업 전개 과정 설명

2. Activity 1 : Review by 3W

전 시간까지 읽어온 내용을 그림을 통해서 정리 → 3W에 의해 발표토록 유도 → 결말 부분 전까지의 내용에 대한 상호작용

3. Activity 2 : Understanding presentations by 3W

활동 소개 → 4개 모둠의 전문가 집단(탐정단/기자단/경찰단/심리학자단)의 과제 표현 활동 → 각 발표에 대한 내용 요약 및 활동에 대한 평가 → 각 집단의 결말 추론에 대한 비교

4. Activity 3 : Read the last part of the book

밀봉된 결론 부분을 개봉 → 묵독의 시간 → 내용을 3W로 정리하는 학습지를 완성 → 각 전문가 집단의 결말 부분과 실제 결말 비교 → 결말 부분을 통한 작품의 의미에 대한 감상을 발표

5. Consolidation

형성평가를 통해 본시학습 확인과 정리 → 차시 학습을 위한 과제 제시(쓰기 일지 작성) → 칭찬과 격려

2) 영화를 활용한 영문학 텍스트 수업의 예시:
디킨스(Charles Dickens)의 『위대한 유산』(*Great Expectation*)

영상물에 익숙한 현재 고등학교 학습자들에게 작품의 영화 장면을 학습자료로 활용하는 것은 학생들의 동기유발에 효과적일 뿐만 아니라, 좋은 듣기 자료가 되고, 화제를 제공하고, 읽은 자료에 대한 이해를 도와주며, 쓰기의 소재를 풍부하게 제공해줄 수 있다. 더불어, 학생들이 읽은 내용에 대해 확인할 수 있는 기회를 제공하고, 책 속의 세상을 실제로 만나게 되는 경험을 줌으로써 학습자들의 학습욕구를 증가시켜준다.

방과 후 활동인 '영어 소설반'에서 수강을 한 학생들을 대상으로 『위대한 유산』[3]을 언어 학습자 문학작품으로 읽으면서 영화를 활용하여 학습을 전개해 나갔다. 하루 한 시간씩 20시간으로 구성되어 있어, 영화와 텍스트 모두 충분히 감상하고 활동할 수 있었다. 읽기 과정의 진행에서 19장(chapter)으로 이루어진 텍스트를 두세 장(chapter)을 읽어오도록 과제로 제시하고, 영화 장면을 활용하여 내용 이해 활동을 한 후, 다음 수업에서 다시 한 번 읽을 시간을 주고 텍스트 자체에 집중하는 수업활동을 전개하였다. 6차시 정도에 한 번씩 그동안 읽어온 부분에 대한 총괄적인 이해활동으로 토론이나 역할극, 조별 주제발표, 통합활동 등을 진행하였다. 전체 작품에 대한 활동의 예시는 다음과 같다.

- 여러분이 감독이라면 우리나라의 어느 배우에게 어떤 역할을 맡기겠는가? 이유는 무엇인가? (pair work)
- Pip과 Herbert 중 어떤 인물이 결혼 상대자로 더 적합하다고 생각하는

3 사용한 텍스트는 Oxford University Press에서 발행하는 "Oxford Bookworms"의 "Stage 5"(1800 headwords) *Great Expectations*이다.

가? 영화 속 인물일 때와 작품 속 인물일 때 차이가 있는가? (discussion)

- Miss Havisham이 Pip을 처음 만난 날의 영화 장면을 보고 여러분이 주인공인 Miss Havisham이 되어 1인칭 작가시점으로 글을 써보시오. (writing)
- Estella와 Pip에 관한 13장의 내용을 두 사람 사이의 dialogue로 구성하여 역할극을 해봅시다. 그리고 영화 장면과 비교해 봅시다. (group work)
- 작품의 내용과 영화의 내용은 어떻게 다른가? 어느 쪽이 더 맘에 드는가? 이유는? (debate)
- 여러분이 이 작품을 가지고 영화를 만든다면, 어떤 이야기를 가장 중요하게 다루겠는가? (individual work)
- 각 모둠은 영화 등장인물의 팬클럽이다. 어떤 인물의 팬클럽이 될지 결정하고, 그 인물의 팬클럽이 되기로 결정한 이유를 조별로 발표하시오. (group presentation)
- Pip의 인생에 영향을 끼친 인물들을 나열하고 어떤 영향을 주었는지 서술하고 난 후, 자신의 인생에 영향을 끼친 인물들을 적어보고 어떤 면에서 그러한지 적어보시오. (individual work)

각 수업의 주요활동들을 간략히 정리해 보면 다음과 같다.

- 동기부여
  - 영화에 관한 뮤직비디오 보여주기

    영화 "*Great Expectations*"의 뮤직비디오를 보여주고, 노래를 들려준 후 작품에 어떤 내용이 전개될지 추측해 보도록 한다.
  - 영화에 관한 댓글 읽어보기

    영화를 인터넷으로 검색하여 외국 사이트에 달려 있는 댓글을 읽어본다.
  - 영화의 주요 장면들 감상

영화의 주요 장면들을 10초에서 20초 정도로 감상하도록 한다. 짧은 주요 장면을 통해서 이야기의 흐름이 어떻게 진행될 것이라고 생각하는지 발표토록 한다.

• 주요 학습 활동
 – 주어진 분량 읽기
 – 영화의 장면과 문단 연결시키기
 – 영화의 장면과 실제 문단의 내용 비교하기
 – 텍스트와 영화 줄거리 요약 비교 및 발표하기
 – 작가 되어보기/ 감독 되어보기

각 모둠은 작가나 감독 중에 하나를 고르고, 자신들이 이 작품의 작가라면 스토리를 어떻게 이끌었겠는가를 토의하여 결정하고, 혹은 자신들이 이 작품을 영화화한 감독이라면 어떤 배우를 캐스팅하여 어떤 내용을 중점적으로 보여주었겠는가를 토의하여 결정하고 발표토록 한다.

 – 가장 인상적인 등장인물을 정하고 그 인물에 관한 문장들 발췌하기

3) 국문학의 영어 번역 작품을 활용한 작품 이해활동 수업의 예시: 염상섭(Sang-sop Yom)의 『삼대』(*Three Generation*)

이 수업은 국어교과서에 일부 발췌본이 실린 염상섭의 『삼대』의 영역본을 활용한 수업의 실제이다. 『삼대』는 이 수업을 들은 학생들이 국어과목의 수행평가 과제로 모두 읽은 작품인 상황이었으므로, 작품 자체를 읽는 활동이 아닌, 작품에 관한 이해활동을 도모해보고자 하였다.

학생들은 이미 마음속에 작품에 대한 감상을 가지고 있고, 작품을 통한 감동을 지니고 있으며, 머릿속에 줄거리와 주인공에 대한 정보와 인상을 담고 있다. 이는 영어수업에서 작품을 통해 이끌어 낼 수 있는

요소들을 충분하게 만들어 준다. 학생들은 하고 싶은 말들이 많고, 자발적으로 즐겁게 활동에 참여할 수 있다.

또한 국문학 작품을 영어로 읽는 학습 효과뿐만 아니라, 번역된 우리 문학작품에 대한 외국인들의 서평이나 감상을 읽어보고, 우리 국문학에 대한 이해를 증진시킬 수 있는 수업방법이다. 학생들은 우리 국문학이 영어로 번역되어 외국인들이 읽었다는 사실만으로도 흥미진진하게 수업에 임했다. 영어로 번역된 우리 국문학 작품을 읽은 외국인들의 서평이나 감상문이나 인터넷 댓글들을 확인하면서 호기심을 느끼고, 자부심을 가지게도 되었다. 번역된 영문을 보고, 영어 어휘와 구문에 대한 이해의 기회를 가지게 되고, 자신이 이미 가지고 있는 작품에 대한 선행지식과 새로이 접한 영어로 된 작품이해 자료들을 토대로 서로 영어로 의견을 교환하는 과정에서 의사소통능력을 신장시킬 수 있다. 작품과 작가에 대한 소개가 영어로 된 영상자료는 좋은 듣기 자료가 되기도 하였다.

수업의 절차와 학습 자료는 다음과 같다.

- 동기부여
  - 작품소개에 관한 영어 영상 보여주기
    [한국문학번역원 홈페이지(http://www.klti.or.kr)에서 작품소개에 관한 영어 영상을 이용하였다.]
  - 국어시간에 배운 내용 발표하기
  - 교사의 준비 자료 소개
    (교사는 작품 요약 및 작가 소개에 관련한 유인물을 나누어 주고 같이 읽고 정리한다.)

- 주요 활동

– 활동 1: 모둠별 준비자료 발표

1모둠: 원작과 번역본 비교하기

원작의 도입부와 번역본의 도입부를 학습 자료로 준비하여 제시하고, 모둠별로 발표 자료를 준비하였다. 한 명의 학생이 원작 한 문단을 읽고, 다른 학생이 번역본의 한 문단을 읽고 나서, 또 다른 한 명이 비교 및 평가를 해주었다. 특별한 어휘의 쓰임, 번역본의 어색한 점 등을 언급하였다.

2모둠: 서평에 관한 조사

인터넷에서 영어번역본을 읽은 외국인들의 서평을 찾아 학습 자료로 준비하였다. 조원들은 각자 서평을 찾아오도록 하고, 수업 전에 그 중에 하나를 선정하는 절차를 거쳤다. 모든 조원이 서평을 찾는 과제를 수행하면서 우리나라 문학작품을 외국인들이 읽고 적은 반응들이 흥미로웠다고 말하였는데, 그 과정 자체가 학습이라고 판단된다.

3모둠: 인기 인용구 조사

작품 중에서 독자들이 인상 깊게 읽은 부분인 인기 인용구를 조사하여 발표하였다. 학습 자료는 한 인터넷 사이트에서 올려놓은 인기 인용구로 이루어져 있었지만, 그 부분이 왜 사람들 인상에 남았을지에 대한 간단한 언급해주었다. 또한, 발표한 인용구가 가장 감명 깊다고 생각하는 인용구이었는지를 다른 학생들에게 질문하기도 하였다.

4모둠: 작품 속에 나타난 당시의 '경성' 모습을 영어로 발표

당시의 경성의 모습에 관한 인터넷 자료를 활용하여 사진자료와 설명을 준비하여 발표하였다. 학생들은 현재 서울의 모습과 다른 작품 속 당시의 경성의 모습에 흥미로워하였으며 작품에 배경으로 등장하는 장소들을 그림으로 접하면서 작품에 몰두할 수 있었다.

– 활동 2: 모둠별 토론(모둠의 재구성을 통한 질문과 답변)

각 모둠의 2명씩이 모여 새로운 모둠을 구성한다. 자신의 이전 모둠에

서 조사한 학습과제에 관하여 간단하게 발표한다. 전체 발표를 듣고 가지게 된 질문을 새로운 모둠의 모둠원에게 질문하고 답변하는 시간을 가진다.

– 활동 3: 퀴즈 게임을 통한 수업 정리

모둠별 대항 퀴즈 게임을 진행한다. 학생들은 수업 중에 다른 모둠의 발표를 잘 듣고, 모둠별 토론에서 다른 학습자의 발표를 잘 들어야 퀴즈 게임에서 좋은 성과를 낼 수 있다.

• 수업에 대한 평가

이 수업은 텍스트를 실제로 읽는 수업 활동이 아닌, 이미 읽은 작품에 대한 작품 이해 활동이라는 점과 국문의 번역 작품을 활용한 수업이라는 데 의의가 있다. 학생들은 국문으로 읽은 작품을 영어수업에서 다루는 것을 흥미로워했고, 영어 말하기 실력이 낮아도 작품에 관하여 하고 싶은 이야기가 많으면 참여할 기회가 많은 것을 즐거워했다. 영어가 시험의 한 과목으로 성적을 올려야 하는 하나의 학습 대상이 아닌, 언어로써 읽고 쓰고 말하고 듣는 기회를 자연스럽게 가지게 해주는 수업 방안이다. 모국어로 된 모국 문학작품을 읽고 외국어로 감상을 주고받고 이해하는 체험은 학습자들에게 언어의 본질을 깨닫게 하고 또한 독서의 풍요로움도 주게 된다.

5. 맺음말

의사소통 중심의 영어교육을 표방하고 공교육의 수업의 질 향상에 집중적인 노력을 기울이고 있는 최근에도 우리나라 고등학교 영어교육은 여전히 내신 성적과 수학능력시험에 초점을 맞추고 있고, 단기간에 시험성적을 향상시켜놓는 학습법 구안에 관심이 높은 상황이다. 영어로 하는 영어수업이 현 상황에서 최선의 방책이 아니며 무조건적인 흥미 위주의 활동들이 영어교육의 질 향상에 도움을 주는 것은 아니다.

현 영어교육에서 필요한 것은 학생들의 수험용 공부로서의 언어수업이 아니라 영어를 언어생활의 일환으로 참여시키고 자발적인 학습을 개진할 수 있도록 하며 즐겁게 수업에 참여하도록 하여야 한다는 것이다. 문학 텍스트는 한국 영어교육의 현 시점에서 요구되는 의미 있는 학습 자료로써, 현행 교과서에 형식적으로 수록되어 있는 문학 텍스트의 활용을 넘어서는 보다 넓고 깊이 있게 활용되어야 하는 텍스트이다.

이 연구에서는 외국어 교육에서 문학 텍스트를 활용하는 방안의 연구를 위해 현행 고등학교 수업에서 문학 텍스트를 활용할 수 있는 수업운영 방안에 관한 고찰과 함께, 실제 수업 방안의 예시를 통해 다음과 같은 결론과 교육적 시사점을 얻을 수 있었다.

실제 수업의 예시로, 세 가지의 수업 유형을 소개하였는데, 첫째, 포(E. A. Poe)의 『도둑맞은 편지』(*The Purloined Letter*)를 교과서의 탐정소설의 발췌본인 "The Stolen Jewel"과 병행하여 읽고 활용한 수업에서 학생들은 다독과 정독의 효과를 동시에 가질 수 있었다. 또한, 각 모둠이 전문가의 입장에서 결말을 추론하고 발표하는 과정은 자기주도적인 과제수행의 의미를 살릴 수 있었으며, 효과적으로 3W(What, Who, Why)를 파악하면서 작품의 주제를 찾아낼 수 있는 수업이었다.

둘째, 영미문학작품 중 디킨스(Charles Dickens)의 『위대한 유산』(*Great Expectations*)을 영화를 활용하여 지도한 수업의 예시에서 학습자들은 언어학습자 문학으로 편집된 텍스트와 감동적인 영화를 통해 작품의 주인공과 교감하면서 자연스럽게 학습의 대상이 아닌 언어로서의 영어에 노출되고 그것을 토대로 자신의 감상과 의견을 발화하게 되었다.

마지막으로, 문학 텍스트 자체를 읽으며 활동하는 수업이 아니라. 국문이든 영문으로든 읽은 작품에 대한 작품 이해활동으로서의 수업 모형에서 국문학 작품인 염상섭의 『삼대』의 영어 번역본에 대한 영어 화자의 감상문, 인기 인용구, 번역 비교, 영어로 된 작품 소개 영상 등을 통하여 학생들은 자신들이 알고 있는 주인공들, 작품의 줄거리들이 영어로 소개되고 설명되는 것에 흥미로운 관심을 보였고, 외국인들이 우리나라의 문학 작품에 대해 어떤 감상을 가졌는가에 진지한 호기심을 보이며 수업에 임하였다.

위 세 가지의 수업의 실제는 영어교과에서 실행할 수 있는 의미 있는 내용 중심 교수법의 적용이며, 고등학교에서 문학 텍스트를 활용할 때 실질적인 도움을 줄 수 있는 면모를 보여주고, 이를 바탕으로 다양한 다른 방안을 강구해 볼 수 있는 실마리를 제공해 준다. 그러나 문학 텍스트를 활용하는 수업은 그 교수법이나 접근 방법이 어떻게 되느냐에 따라서 그 텍스트가 한층 더 의미를 줄 수 있다. 또한 다양한 학습자들에게 맞는 문학 텍스트 활용방안은 정해져 있는 것은 아니라 학습자와 교사가 서로 만들어 나갈 수 있는 것이다.

인간과 인간이 진정으로 의사소통할 수 있기 위해서는, 상대의 마음을 제대로 이해하고, 자신의 마음을 제대로 표현할 수 있어야 한다. 사람에 대한 이해, 상황에 대한 이해, 다양한 언어 표현에 관한 이해들은 그 어떤 과학적인 교수법으로도 가르칠 수 없는 것들이다. 일상생활에서 목표 언어를 항상 연습하고 사용할 수 있는 환경이 아닌 우리 현실에서, 마음을 움직이는 글을 읽고 그 글 속에서 의사소통을 연습하게 되는 일이 문학 텍스트 활용이 주는 의미 있는 효과인 것이다.

부록: E.A. Poe의 *The Purloined Letter* 주요 수업 자료

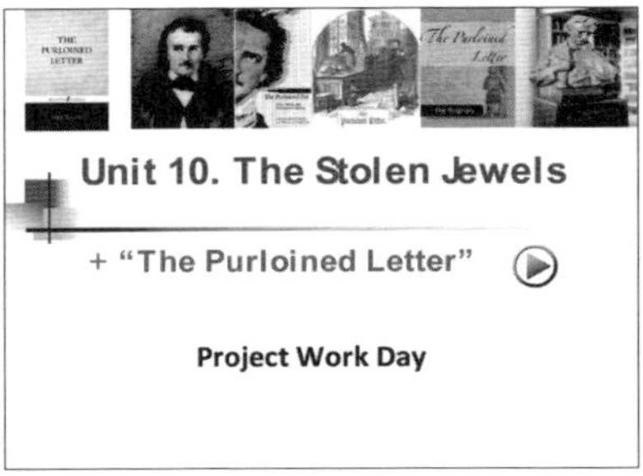

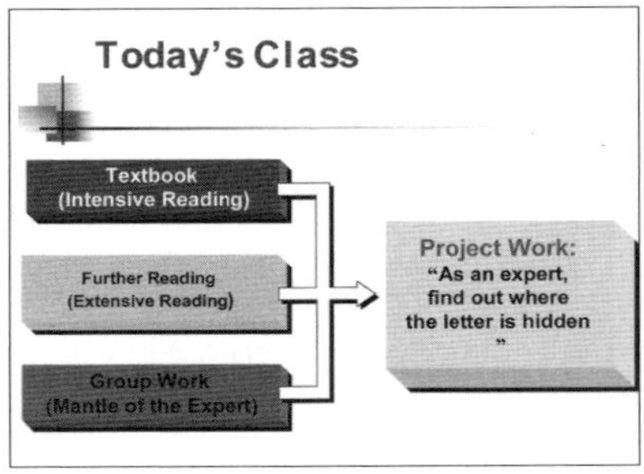

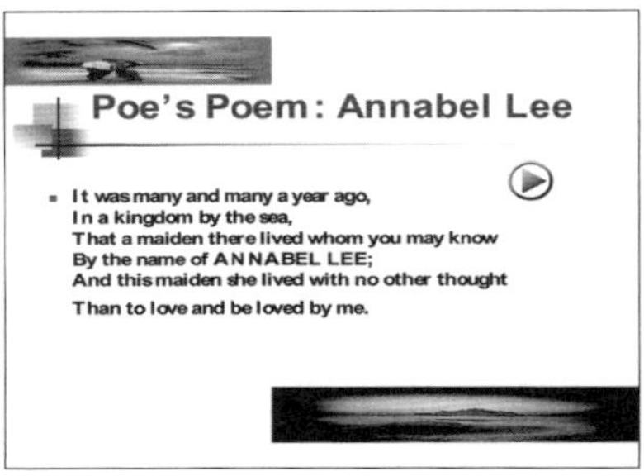

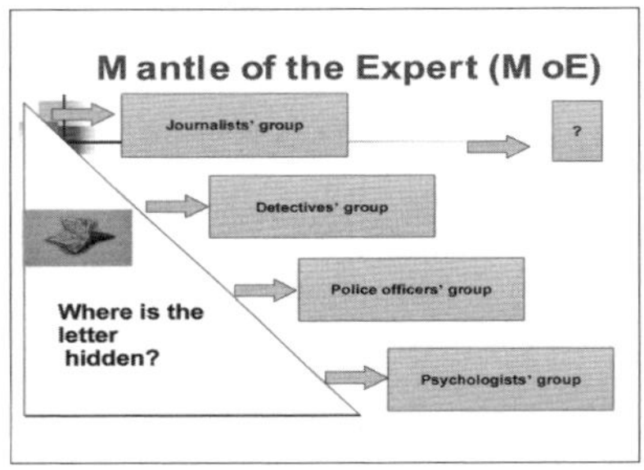

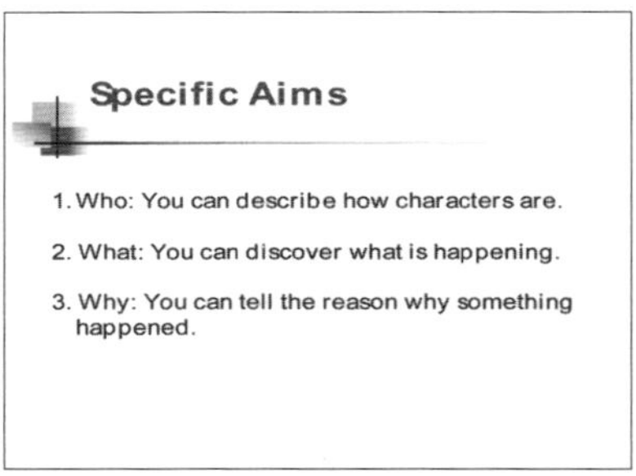

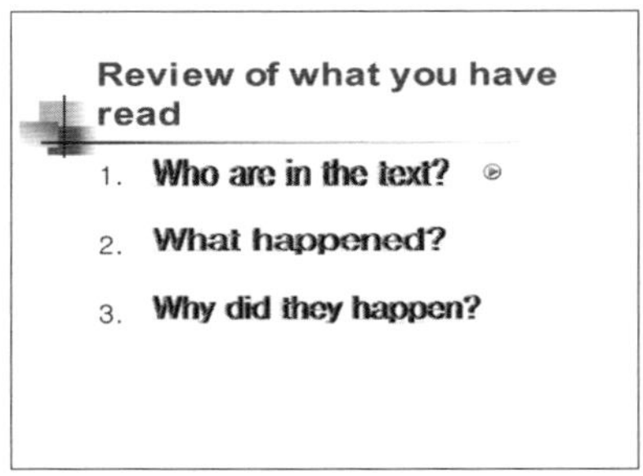

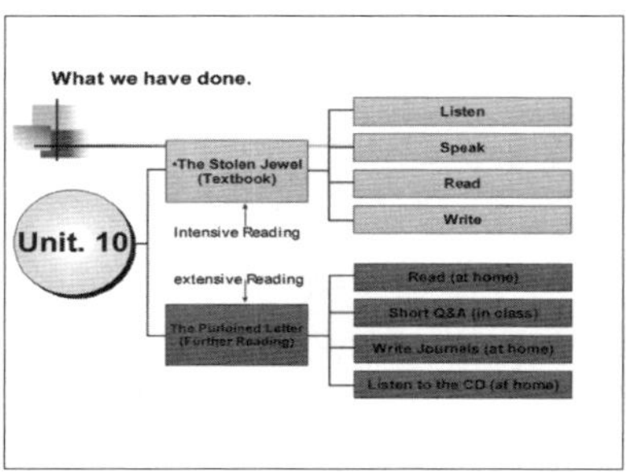

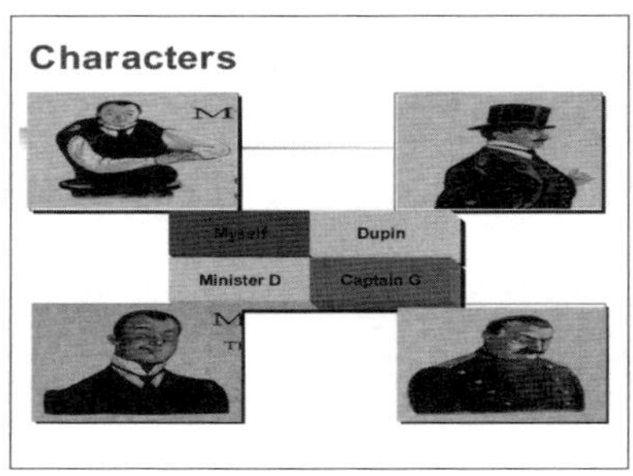

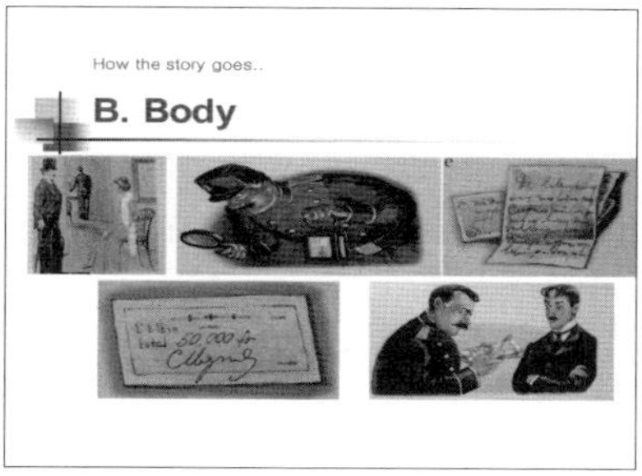
How the story goes..
B. Body

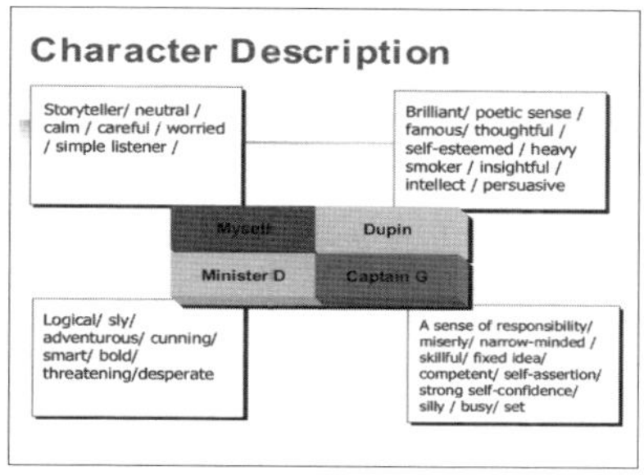
Character Description
Storyteller/ neutral / calm / careful / worried / simple listener /
Brilliant/ poetic sense / famous/ thoughtful / self-esteemed / heavy smoker / insightful / intellect / persuasive
Myself
Dupin
Minister D
Captain G
Logical/ sly/ adventurous/ cunning/ smart/ bold/ threatening/desperate
A sense of responsibility/ miserly/ narrow-minded / skillful/ fixed idea/ competent/ self-assertion/ strong self-confidence/ silly / busy/ set

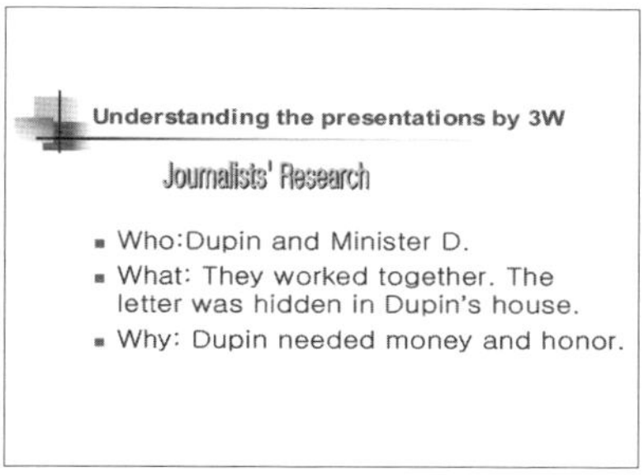
Understanding the presentations by 3W
Journalists' Research
Who:Dupin and Minister D.
What: They worked together. The letter was hidden in Dupin's house.
Why: Dupin needed money and honor.

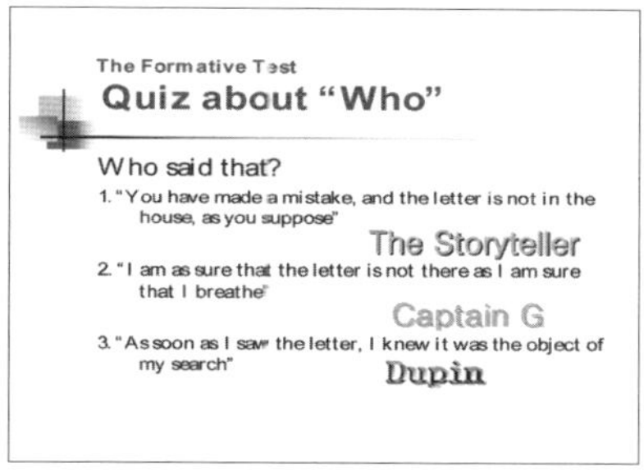
The Formative Test
Quiz about "Who"
Who said that?
1. "You have made a mistake, and the letter is not in the house, as you suppose"
The Storyteller
2. "I am as sure that the letter is not there as I am sure that I breathe"
Captain G
3. "As soon as I saw the letter, I knew it was the object of my search"
Dupin

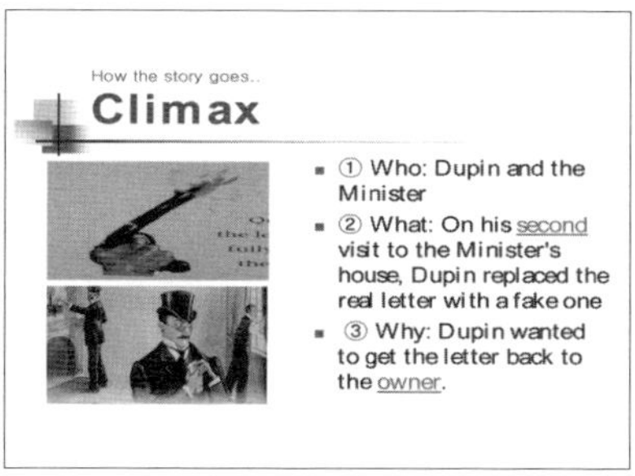
How the story goes..
Climax
① Who: Dupin and the Minister
② What: On his second visit to the Minister's house, Dupin replaced the real letter with a fake one
③ Why: Dupin wanted to get the letter back to the owner.

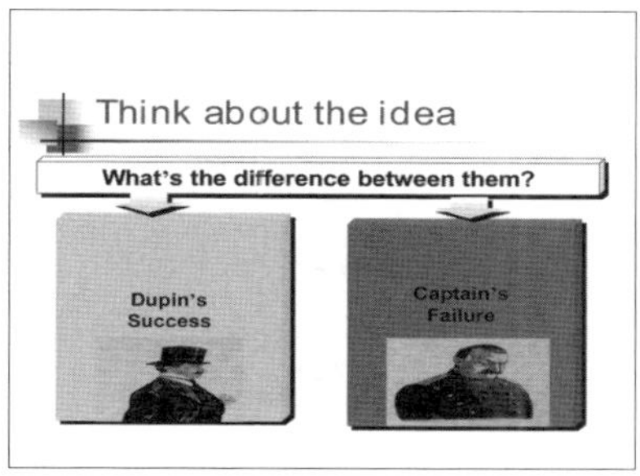
Think about the idea
What's the difference between them?
Dupin's Success
Captain's Failure

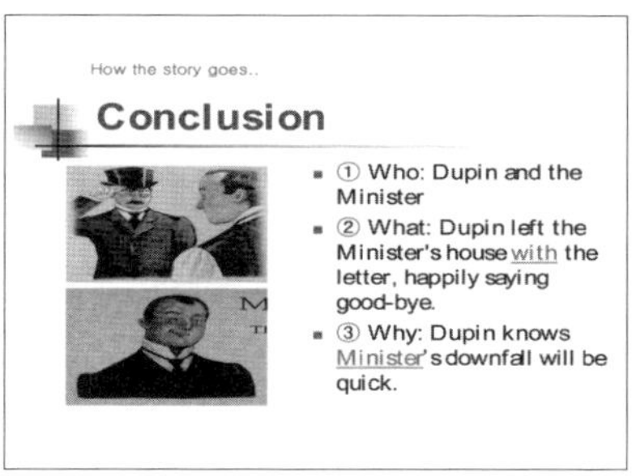
How the story goes..
Conclusion
① Who: Dupin and the Minister
② What: Dupin left the Minister's house with the letter, happily saying good-bye.
③ Why: Dupin knows Minister's downfall will be quick.

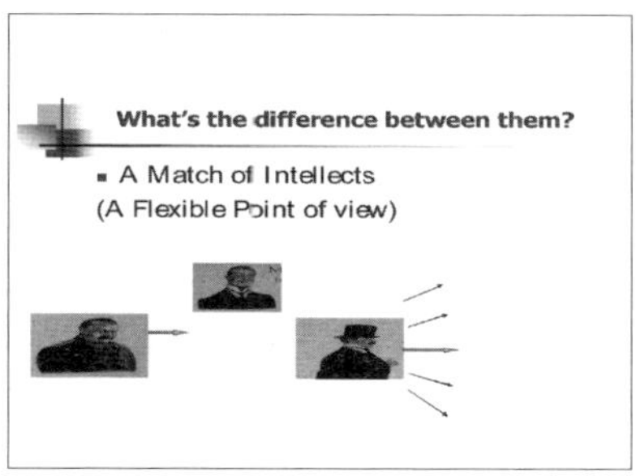
What's the difference between them?
A Match of Intellects
(A Flexible Point of view)

참고문헌

김길중.「영어교육에서 텍스트의 의미: 무엇을 왜 어떻게 가르칠 것인가?」.『외국어교육연구』 6(2003): 33-44.

양미화.「Using Literature in an Extensive Reading Instruction」,『영미어문학 연구』 19.2(2003): 153-174.

어도선.「왜, 어떻게 영미문학교육을 할 것인가: 영미문학과 영어교육의 아름다운 만남을 위하여」.『영미문학교육』 6.1(2002): 161-166.

조일제.「영어교육을 위한 영문학 작품 지도법」.『영미문학교육』 3(1999): 225-253.

한수형.「언어학습자 문학을 활용한 다독수업이 한국고등학생의 읽기능력과 영어 학습에 대한 태도 및 동기에 미치는 영향에 관한 사례연구」. 석사학위 논문. 서울대학교 대학원, 2007.

Brumfit, C. J. and R. A. Carter. *Literature and Language Teaching*. Oxford: Oxford University Press, 1986.

Collie, Joanne and Gillian Porter Ladousse. *Paths into Poetry*. Oxford: Oxford University Press, 1991.

Collie, J. & Slater, S. *Literature and Language Teaching*. Cambridge: Cambridge University Press, 1987.

_______. *Literature in the Language Classroom*. New York: Cambridge University Press, 1995.

Day, R. R. & Bamford, J. *Extension Reading in the Second Language Classroom*. Cambridge: Cambridge University Press, 1998.

Duff, Alan and Alan Maley. *Literature: Resource Books for Teachers*. Oxford: Oxford University Press, 1990.

Hatch, E. M. "Discourse Analysis and Second Language Acquisition." In *Second Language Acquisition: A Book of Readings* (401-435). Ed. E. M. Hatch. Rowley, MA: Newbury House, 1978.

Lazar, Gillian. *Literature and Language Teaching*. Cambridge: Cambridge University Press, 1993.

Mckay, S. "Literature in the ESL Classroom." *TESOL Quarterly* 16.4(1982): 529-536.

_______. "Literature in the ESL Classroom." *Literature and Language Teaching*. 1987. 191-198.

Povey, John. "Literature in TESL Programs: The Language and the Culture." *TESOL*

Quarterly 1.2(1972): 40-46.

Power, Helen W. "Literature for Language Students: The Question of Value and Valuable Questions." *English Teaching Forum* 19.1(1981): 8-10.

Rivers, W. M. *Teaching Foreign Language Skills*. Chicago & London: University of Chicago Press, 1981.

Rosenblatt, L. M. *The Reader, the Text, the Poem: The Transactional Theory of the Literary Work*. Rev. ed. Carbondale: Southern Illinois University Press, 1994.

03

고등학교 수업시간에 영소설 읽기*

윤미정

1. 교실에서 문학작품 읽기

어릴 때부터 문제를 풀게 하거나 시험에 나올 만한 내용을 골라서 가르쳐주는 학원교육에 길들어진 학생들은 유사한 교육을 학교에서도 기대하지만, 학원식 교육방식에는 교육의 핵심적인 부분이 빠져 있다. 모든 교과교육이 지향하는 바가 단순한 지식의 전달은 아니겠지만, 언어교육, 특히 다른 나라의 언어인 영어를 가르치는 영어교육의 지향점이 구문이나 단어의 기계적인 암기일 수는 없기 때문이다. 인간이 세계와 만나서 자신의 세계를 구축하는 과정에서 언어가 차지

---

* 이 글은 『영미문학연구』 제13집 2호에 게재된 「수업시간에 영소설 읽기: 고등학교 영어 수업에 대한 새로운 접근」을 수정 · 보완하여 작성한 것이다. 수업 계획을 같이 세워주시고, 활동책 집필을 도와주신 서울과학고등학교 김미경 선생님께 감사드린다.

하는 역할을 생각해본다면, 다른 나라의 말을 배우는 과정이 발음, 어휘, 문법, 표현 등을 외우는 것으로는 부족하다는 점을 쉽게 짐작할 수 있다. 또한 외국어 학습자가 다양한 상황에서 접하게 될 모든 것을 가르쳐주는 것이 현실적으로 불가능하기 때문에, 영어 학습에 있어서 새로운 상황에서 배운 것을 응용하거나 새로운 말을 만들어내는 능력이 필수적일 수밖에 없다. 이러한 상황에서 교사의 역할은 모든 것을 다 정리해서 가르쳐주는 것이라기보다는 학생들이 생각할 수 있는 역량이나 새로운 상황에서 배운 것을 응용할 수 있는 능력을 갖도록 도와주는 것이라고 할 수 있다.

영어학습의 지향점에 대한 비슷한 문제의식은 영어과 선택 과목 교육과정의 성격을 규정하는 대목에서도 드러난다.

> 고등학교 영어 선택과목에서는 학생들이 장차 국제화 시대에 걸맞는 국민으로서의 자질을 함양하는 데 필요한 일반적 교양을 높이고, 영어로 의사소통할 수 있는 실용적 사용 능력을 기르도록 한다. 즉 영어를 단순한 도구와 수단으로만 학습하는 것이 아니라, 영어 학습을 통하여 사고력과 탐구 정신을 길러 장차 학술과 직업분야에서 주도적인 역할을 할 수 있는 역량을 기르는 데 역점을 둔다. 또한, 외국 문화에 대한 바른 이해를 바탕으로 인류 발전에 이바지할 수 있는 역량을 기르도록 한다.(교육인적자원부 98)

이 인용문에 의하면 "영어로 의사소통할 수 있는 실용적 사용 능력"은 단순한 반복이나 암기가 아니라 "사고력과 탐구정신," 즉 생각하는 능력과 새로운 것을 추구하는 태도와 연결될 때 함양된다. 또한 "단순한 도구와 수단으로만 학습하는 영어"로는 부족하고, "사고력과 탐구정신"과 연결된 "실용적 사용 능력"만이 "학술과 직업분야"에서 주도적인 역할을 할 수 있는 역량으로 작용할 수 있다. 이와 같은 맥락에서 보자면 어떤 문법, 의사소통기능을 가르칠 것인가 등의 세부적인 목표설정도 중요하지만, 생각하고 탐구하게 만드는 것이 영어교육의 목표설정에서 중심이 되어야 한다. 그리고 학생이 제시된 지식을 수동적으로 베끼거나 외우기보다는, 오히려 문제를 제기하고 생각하면서 답을 추구해갈 수 있을 때 진정한 의미의 영어교육이 이루어진다고 할 수 있다.

"사고력과 탐구정신"에서 나오는 실용적인 영어 사용능력을 기르는데 있어서 문학작품이 좋은 교재가 될 수 있다는 것은 이미 국내외의 여러 학자들에 의해서 다양한 방식으로 주장되고 있다(Maley 180-85; Diaz-Rico 162-65; McKay 319-32). 또한 교사로서의 체험도 문학작품의 효용성을 뒷받침한다. 지금까지 소설, 시, 수필 등 다양한 영문학 작품을 수업시간에 같이 읽은 바에 의하면 고등학생들은 문학작품 읽기를 통한 영어공부를 좋아한다. 그것은 의사소통기능과 문법을 중심으로 가공된 교재에 익숙한 고등학생에게 문학 작품을 읽는 과정이 영어에 대해서 새롭게 눈뜨게 하는 경험이기 때문일 것이다. 단순히 어떤 기능을 익히기 위한 영어 읽기가 아니라, 읽은 내용에 대해서 끊임없이 생각하면서 의미를 구축해가는 문학작품과의 만남은, 외우고 베끼는 영어가 아니라 생각하고 판단하는 영어를 만나게 하는 훌륭한 장이 될 수 있다. 더불어 영어를 공부하기 위해서 읽는 것이 아니라, 읽으면서 성장해가고 내용이 궁금해서 읽는 과정은 자기주도적이고 즐거운 영어 학습의 기본 바탕이 된다.

이러한 장점에도 불구하고 교실에서 본격적으로 문학작품을 읽지 못하는 것은 문학작품을 통한 수업의 장점을 영어교사들이 모르거나, 탐구하게 만드는 수업을 하고 싶은 열정이나 능력이 영어교사들에게 부족해서가 아니다. 그것은 오히려 정해진 교육과정의 틀 안에서 고등학교 교실에 문학작품을 끌어들일 만한 여지가 거의 없기 때문일 것이다. 이와 같은 고등학교의 상황에서 정해진 교육과정으로부터의 자율성을 갖는다는 것은 예외적인 축복이라고 할 수 있다. 교육과정으로부터의 자유는 처음부터 교육과정을 짜고 수업을 설계해야 하는 책임을 동반하기는 하지만, 새롭고 다양한 실험을 해볼 수 있는 동력이 된다. 이 글은 예외적으로 교육과정을 자유롭게 짤 수 있는 서울의 한 과학고등학교에서 2009학년도 1학기에 1학년 학생들과 함께 세 권의 장편소설을 읽었던 경험에 대한 것이다. 학습지도 계획을 세우는 과정, 수업이 실제로 이루어진 과정, 수업 평가의 내용을 검토하는 이 글은, 문학작품을 고등학교 교실에 도입할 수 있는 가능성에 관해서 모색해보는 장이 될 것이다.

2. 교재로 장편소설 읽기

과학고 학생들은 대부분 이과 성향을 가진 학생들이고, 학생들 중 중학교 때 영어를 특별히 열심히 했거나 어문분야에 뛰어난 재능을 지닌 학생은 거의 없다. 또한 영어가 대학입시에서 중요한 과목이 아니기 때문에 다른 인문계 고등학생처럼 영어에 특별히 많은 시간을 할애하려고 하지 않는다. 그렇지만 뛰어난 학습능력, 적극적이고 성실한 학습태도, 열다섯 명이라는 학급당 학생 수는 영어교육에 이상적인 조건을 제공한다. 1학년 1학기 영어는 〈영어 I〉 3학점과 영어회화 1학점으로 이루어지는데, 2009학년도에는 영어회화시간 1시간과 〈영어 I〉 1시간을 원어민 선생님이 담당하게 되었다. 결과적으로 영어교사에게는 일주일에 두 시간씩 18주 동안 인문계 학생들의 1학년 과정인 공통영어와 2학년 과정인 〈영어 I〉을 가르쳐야 하는 임무가 주어진 셈이다.

1학년 과정에 해당하는 공통영어와 2학년 과정에 해당하는 〈영어 I〉 교과서를 채택할 수도 있었지만, 학생들의 자율성을 충분히 살리면서 영어실력을 향상시키는 데 장편소설 읽기가 제격이라고 판단했다. 장편소설로만 고등학교 교과과정을 꾸리는 것이 한 부분에 너무 편중되어 있다고 생각할 수도 있으나, 원어민 선생님에게 할당된 〈영어 I〉 시간에 문학 이외의 글을 읽도록 배려하였다. 장편소설은 단편만큼 자세히 읽지 않아도 이해하기 쉽고 어느 정도 읽어서 이야기의 흐름을 따라가기 시작하면 재미가 있어서 계속 읽게 되는 장점 때문에 많이 읽으면서 공부하게 하는 데는 훌륭한 교재가 될 수 있다. 특히 영어실력을 함양하기에는 현재 교실 수업에서 읽는 양으로는 턱없이 부족하다는 문제를 해결해 준다는 점에서, 또한 학생들에게 영어를 자기주도적으로 공부하는 방법을 제시해 준다는 점에서, 장편소설은 좋은 교재가 될 수 있다. 장편소설을 한 주에 한 권 이상 읽는다면 좋겠지만, 학생들의 일정을 고려해서 대략 4주에 한 권을 읽는 것이 적절하다고 판단하였다, 책 한 권이 끝난 후에 영화를 보거나, 연극을 하는 등의 활동시간을 1차시 추가한다면, 결과적으로 6차시에서 7차시 분량의 소설이 적당하다. 1차시 독서량이 많을수록 좋겠지만 학생들의 상황을 고려할 때 매 차시마다 20-30쪽 정도, 일주일에 50쪽 안팎을 읽는 것이 적당하다고 판단하였다. 이렇게 본다면 대략 150쪽 내외의 소설이 가장 좋다는 결론이 나온다.

이러한 결정에는 모국어뿐 아니라 외국어 학습에서도 효과적인 방법으로 각광받고 있는 리처드 알 데이(Richard R. Day)와 줄리안 뱀포드(Julian Bamford)의 "다독"(extensive reading) 이론이 든든한 뒷받침이 되었다. 외국어 학습에서 다독의 중요성을 본격적으로 언급하기 시작한 해롤드 파머(Harold Palmer)에 따르면, "정독"(intensive reading)이 사전을 찾고 표현이나 문법을 생각하면서 한 줄 한 줄 자세히 읽는 방식이라면 다독은 언어형식보다는 의미에 중심을 두면서 책을 빠르게 여러 권 읽어 나가는 방식이다(Day and Bamford 5 재인용). 파머의 다독개념을 발전시킨 데이와 뱀포드는 다독의 조건을 다음과 같이 열거한다. 학생들이 스스로 고른 책을 최대한 많이 읽어야 하고, 읽는 이유는 즐거움, 정보, 이해 등 다양할 수 있다. 읽기 교재는 주제나 성격에 있어서 다양해야 하지만 문법이나 어휘의 난이도 면에서 학생들의 수준보다 약간 아래여야 하고, 책 읽기는 그 자체가 보상이 되어야 하며 읽은 것을 연습하는 읽기 후 활동으로 연결되지 않아야 한다(7-8).

그런데 우리나라 고등학교의 상황에서 이상적인 다독의 상황, 학생들이 관심을 갖고 있는 다양한 분야의 책을 스스로 재미있게 읽는 상황을 조성한다는 것은 거의 불가능하다. 고등학교 교사로서 솔직하게 고백하자면 시험이나 성적과 긴밀하게 결합되지 않은 수업이나 활동은 학생들에게 많은 관심을 끌지 못한다. 그리하여 절충적으로 스스로 읽게 하고 재미있게 읽어서 영어실력을 함양한다는 다독 이론의 핵심은 취하면서도, 시험이나 성적과 절묘하게 결합되어 있는 다독의 상황을 마련하기로 했다. 우선은 중간고사나 기말고사에서 학생들이 소설을 얼마나 열심히 읽고 있는지를 확인해볼 수 있는 문항을 계발하는 것이 중요하다. 또한 지속적으로 읽도록 유도하기 위해서는 읽은 내용과 배운 내용을 점검하는 퀴즈가 필수적인 장치가 될 수 있고, 그래서 이번 학기에는 2차시에 한 번, 즉 일주일에 한 번 정도 퀴즈를 풀었다. 매시간 학생들이 발표하거나 수업에 참여한 내용을 수행평가점수로 반영하는 것도 중요하며, 이번 학기의 경우에는 퀴즈, 발표, 수업 참여와 숙제, 연극 및 프로젝트 등을 포함하여 수행평가점수를 50점, 즉 총점의 50퍼센트를 반영하였다.

장편소설을 아주 많이 읽는다면 읽는 것 자체가 읽기뿐 아니라 말하기와 쓰기 기능도 자연스럽게 향상시켜 주겠지만, 시간상의 한계 때문에 아주 많이 읽는 것이 불가능하다. 네 달의 한정된 시간에 단 세 권의 소설을 읽으면서 읽기, 쓰기, 듣기, 말하기의 네 기능의 실력 함양에 대한 절박한 욕구를 충족시켜주기 위해서는, 학성들이 읽은 내용을 자기 것으로 만들 수 있게 해주는 다양한 장치가 필요하다. 말하기와 듣기 능력을 향상시키기 위해서 모든 수업을 영어로 진행하기로 했고, 오디오북(audio book)을 들려줌으로써 듣기 부분을 보충하기로 했다. 또한 수업시간에 다양한 활동을 할 수 있도록 고안된 보조장치인 활동책(workbook)을 집필하여 읽기와 쓰기를 강화하기로 했다. 장편소설 읽기가 다독에서 오는 재미와 효과를 충족시켜 준다면, 활동책은 효과적인 영어실력 향상을 위한 인위적인 장치가 될 수 있기 때문이다.

3. 소설 선정과 학습지도계획 수립

영어 수업시간에 문학 작품을 읽는 경우에 가장 중요한 요소는 어떤 작품을 읽을 것인가의 문제라고 해도 과언이 아니다. 외국어 학습자를 위해서 고전을 특별히 간추린 언어학습자 문학(language learner literature)은 종종 가장 좋은 읽기 교재로 여겨진다(Day and Bamford 97). 어떤 학자는 학습자 문학 중 옥스포드 책벌레(Oxford Bookworms) 시리즈와 같은 특정 시리즈를 가장 좋은 교재로 권고하기도 한다(I. S. P. Nation 52). 그렇지만 특별히 제작된 교재들이 군더더기가 없고 평이하게 진행된다는 점에서 문학작품을 읽는 재미를 반감시킨다는 사실 또한 간과할 수 없다. 또한 언어학습자 문학을 읽는 것은 핵심적인 내용만 받아들이려는 학생들의 잘못된 학습습관을 고질화시키는 선택이기도 하다. 내용이 고등학생 수준에 맞는 고전은 문학작품 읽기의 장점을 극대화할 수 있지만, 난이도나 흥미도 면에서 교재로 적절하지 않은 경우가 많다. 그래서 미국권장도서 연령을 기준으로 하여 초등학교 고학년이나 중학교의 수준에 적합한 청소년 문학(young adult literature)을 고르기로 했다. 학생들의 영어실력으로 볼 때 3학년에서 5학년의 도서가 적당하나, 추천 학년은 언어형식의 난이도보다는 내용의 깊이에 기반을 둔 것이기 때문에, 6학년에서 8학년의 추천도서도 고려해 볼 수 있다.[1]

고심 끝에 카렌 쿠쉬맨(Karen Cushman)의 『산파의 조수』(*The Midwife's Apprentice*), 로알드 달(Roald Dahl)의 『마녀』(*The Witches*), 게리 폴슨(Gary Paulson)의 『손도끼』(*Hatchet*)를 선택했다. 『산파의 조수』는 6학년에서 8학년의 권장도서로, 『손도끼』는 3학년에서 5학년의 권장도서라는 점에서 우리 학생들의 지적인 수준에는 못 미치지만, 이 두 이야기가 모두 십 대 중반의 청소년이 자신의 정체성을 확립해가는 내용을 다룬다는 면에서 학생들이 당면한 상황과 깊은 관련을 지닌다. 『산파의 조수』와 『손도끼』의 주인공이 각각 열세 살쯤 된 중세의 떠돌이 소녀와 비행기 추락 사고를 당한 현대의 열네 살의 청소년이라는 점에서 두 이야기는 완전히 다른 상황을 배경으로 하여 여성과 남성을 주인공으로 내세우고 있다. 이러한 차이점에도 불구하고 두 소설이 자아의 확립이라는 보편적인 주제를 다루고 있다는 점에서, 또한 각 작품의 작가가 남성과 여성이라는 점에서, 두 권을 같이 읽는 것은 학생들의 공감능력과 사고의 범위를 넓힐 수 있는 여지를 극대화한다.

『마녀』의 선택에는 저자인 달이 미국 사람이 아니라는 점이 우선 고려되었다. 학생들이 다양한 생각의 방식과 다양한 언어 형식에 접하

1 미국의 많은 주들이 학년별 권장도서를 소개하는 정보를 제공하고 있는데, 캘리포니아 주의 권장도서를 소개하는 사이트(http://www.cde.ca.gov/ci/rl/ll/ap/litsearch.asp)에서도 유용한 정보를 얻을 수 있다.

는 것이 교육적으로 효과가 크다고 생각하기 때문이다. 『찰리와 초콜릿 공장』(*Charlie and the Chocolate Factory*)으로 우리나라에 잘 알려져 있는 달의 소설은 아동문학에 속하는 것처럼 보이지만 남녀노소 모두 읽을 수 있는 이야기라는 점에서 훌륭한 영어 교재가 될 수 있다. 학생들과 이야기를 나누어 본 결과에 의하면 『마틸다』(*Matilda*)도 학생들이 좋아하는 소설 중에 하나이지만, 이야기의 풍부함이나 단어, 구문을 고려한다면 『마녀』나 『제임스와 거대 복숭아』(*James and the Giant Peach*)가 우리나라 학생들에게는 가장 적합할 것 같았다. 3학년에서 5학년의 권장도서로 추천되는 두 소설 모두 주인공이 십대 이전의 어린이라는 면에서 학생들에게 수준이 낮은 소설로 여겨질 수 있지만, 실제로는 다양한 관점에서 접근해볼 수 있는 재미있는 소설이다. 두 소설 중 짧지 않다는 이유로 『마녀』가 선택되었다.

세 소설을 어떤 순서로 읽을까라는 문제를 고려할 때 쪽수와 난이도가 매우 중요하게 작용한다. 17개의 장과 작가의 말(author's note)로 이루어져 있는 『산파의 조수』는 122쪽으로 6차시에 공부하기에 적당한 분량이다. 한 시간에 20쪽씩 읽는다는 면에서 양은 적으나, 세 책 중에서 가장 어렵고 생소한 어휘가 다수 등장한다. 19개의 장과 에필로그(epilogue)로 이루어져 있는 『손도끼』는 181쪽으로 한 시간에 25쪽 내외를 읽어서 7차시에 공부하기에 적당한 분량이다. 22개 장으로 이루어져 있는 『마녀』는 208쪽으로 1차시에 30쪽 정도를 읽으면 된다. 『마녀』는 분량 면에서 200쪽이 넘지만, 그림이 다수 포함되어서 실제로는 『손도끼』보다 읽을 양이 적다고도 볼 수 있다. 순수하게 언어형식의 난이도 면에서 보자면 세 권의 순서는 『마녀』, 『손도끼』, 『산파의 조수』가 되어야 할 것이다.

그러나 3월에 덜 바쁘다는 과학고 학교생활의 특수성을 고려하여 『산파의 조수』를 먼저 읽기로 했다. 이러한 결정에는 이 학생들의 학습능력이 예외적으로 뛰어나다는 점과 학년 초에는 학생들이 무엇이든 열심히 하려는 의욕이 충만한 시기라는 점도 고려되었다. 아울러 『산파의 조수』가 다른 책에 비해서 122쪽으로 분량이 아주 짧다는 점이나, 번역본을 쉽게 찾을 수 없다는 점이 중요한 고려요소였다. 그 다음 순서로는 『마녀』를 읽기로 했다. 4월 말과 6월 중순에 예정되어 있는 중간고사와 기말고사 등의 학교 일정을 고려하여, 중간고사 전에 두 권의 책을 읽어야 하는데, 시간 순서가 섞여 있고 긴 문장이 주를 이루는 『손도끼』보다는 시간 순서에 따라 전개되고 간단한 구문으로 이루어져 있는 『마녀』가 학습 부담이 적다고 판단했기 때문이다.

결과적으로 세워진 2009학년도 1학기 학습지도 계획은 〈표 1〉과 같다.

이 수업안은 학생들이 매 차시 소설을 20-30쪽 정도, 장으로는 세 장씩 읽고, 활동책의 문제를 풀어 온다는 것을 전제로 세워졌다. 그렇기 때문에 소설을 선택하는 문제만큼 활동책을 어떻게 구성할 것인가도 이 수업의 성공을 좌우하는 데 핵심적인 열쇠가 된다. 활동책은 차시별로 정리되며 학생들이 읽은 세 장의 세부적인 내용을 묻는 20문항 안팎의 이해(comprehension) 부분, 세 장의 어휘를 다지게 하는 25문항 내외의 어휘(vocabulary) 부분, 어휘를 다시 확인해볼 수 있게 하는 크로스워드퍼즐(crossword puzzle)로 이루어져 있다. 활동책의 마지막 부분에는 학생들의 상상력을 자극하면서도 재미있게 할 수 있는 선택활동과 어려운 단어를 설명하는 어휘사전(glossary)이 첨가되었다.[2]

---

2 이번 학기에는 편의상 어휘사전을 활동책 뒤에 첨부하였으나, 단어를 설명해주는 어휘사전의 유용성에 대해서는 의문스러운 점이 많다. 어휘사전은 어휘의 의미를 학생들이 하나로만 받아들이게 할 뿐 아니라 다독의 가장 큰 장점 중에 하나인 자연스러운 어휘 습득을 오히려 방해할 수 있다. 특히 단어의 의미를 우리말로 설명해주는 어휘사전은 영어를 항상 우리말로 정확하게 해석하려고 하는 전통적인 수업의 폐해를 답습할 수 있다.

〈표 1〉 학습지도 계획

월	주	작품	학습내용
3	1	*The Midwife's Apprentice*	Introduction, chapters 1–3
	2		chapters 4–9
	3		chapters 10–15
	4		chapters 16–17, Author's Note, Activity
4	5	*The Witches*	Group Presentation, chapters 1–3
	6		chapters 4–9
	7		chapters 10–15
	8		chapters 16–21
5	9		〈Mid Term Exam〉
	10		Activity
	11	*Hatchet*	chapters 1–6
	12		〈Field Trip〉
	13		chapters 7–12
6	14		chapters 13–18
	15		chapters 19–epilogue
	16		Activity
7	17		〈Final Exam〉
	18		Evaluation

4. 수업시간활동 구성과 수업시간에 고려할 요소

수업에 오기 전에 학생들은 세 장을 읽고, 활동책의 이해와 어휘 문제를 풀어오는데. 이 과정이 학생들의 영어공부에서 가장 많은 시간을 차지하는 부분이다. 수업시간의 활동은 퀴즈를 푸는 날을 제외한다면 정해진 패턴대로 진행된다.

〈표 2〉 수업 시간 활동

순서	활동	목적	소요시간	기능	활동유형
1	재미있는 부분 듣기	흥미유발	5분	듣기	전체 활동
2	요약한 내용 발표하기	개략적 내용 이해	10분	쓰기, 말하기	개별 활동, 전체 활동
	요약 들으면서 내용 되새기기			듣기, 말하기	
3	내용에 관해 질문하고 답하기	구체적 내용 이해	15분	읽기, 쓰기, 듣기, 말하기	짝 활동, 개별 활동, 전체 활동
	자신의 답 확장하기				
4	단어의 뜻 설명하기	어휘력 향상	10분	읽기, 쓰기, 듣기, 말하기	짝 활동, 개별 활동, 전체 활동
	다른 단어와 연결하여 어휘력 넓히기				
5	단어 게임	재미있는 마무리	10분	읽기, 쓰기, 듣기, 말하기	그룹 활동, 개별 활동
	크로스워드퍼즐				

수업은 배울 내용 중 가장 재미있는 부분을 간단하게 듣는 것으로 시작하여, 요약 부분, 내용 부분, 단어 부분을 거친 후에, 시간에 따라서 단어 게임(word game)만 하거나 크로스워드퍼즐까지 하는 것으로 끝난다. 퀴즈를 보는 날에는 요약에서 시작하여 단어에서 끝나는 경우도 있다. 한 시간에 소화하기에는 너무 많은 활동을 한다고 생각할 수도 있으나, 과학고 학생들의 경우에는 대부분의 수업시간에 이 모든 활동을 했으며 학급에 따라서는 시간이 남는 경우도 있었다. 중요한 점은 학생들이 따라오지 못하더라도 모든 활동을 다 하는 것이 아니라 상황에 따라서 융통성 있게 운영하면서 각각의 활동에서 학생들이 흥미를 느끼고 자기주도적으로 접근할 수 있도록 유도하는 것이다. 수업시간에 모든 것을 가르쳐준다기보다는 공부를 하고 싶어하도록 유도하고 공부하는 방법을 가르쳐주는 것이 더 중요하기 때문이다.

수업 시간의 도입부분에 해당하는 듣기활동은 흥미를 유발하는 것이 목적이다. 그날 배울 내용 중에서 가장 재미있는 부분을 2-3분 정도 듣는다. 이렇게 짧게 듣는 것 자체가 학생들의 듣기 실력을 크게 향상시킨다고 볼 수는 없지만, 학생들에게 더 듣고 싶다는 동기를 유발하기에는 충분하다. 일차적인 문제는 듣기파일을 어디서 구할 수 있는가 하는 점인데, 시중에 나와 있는 오디오 북을 구입하는 것이 가장 손쉬운 방법이다. 그런데 오디오 북은 가격이 비쌀 뿐 아니라 『산파의 조수』와 같이 우리나라 서점에서 구할 수 없는 경우가 있다. 그런 경우에 소리파일을 제공하는 사이트(http://www.audible.com)를 통해서 인터넷으로 저렴하게 오디오 북을 구입할 수 있다. 다양한 목소리를 가진 전문가들이 읽는 오디오북을 듣는 것은 영어의 다양한 방언과 그에 따른 발음법에 학생들을 노출시켜서 학생들의 듣기 기능을 향상시키는 데 기여한다(McKay 326). 또한 학생들이 지속적으로 소설을 들으면서 공부하게 하기 위해서는 퀴즈에 받아쓰기를 포함시키는 것도 중요하다. 학생들이 소설 전편을 듣는 것을 너무 힘들어 한다면 상황을 고려하여 들어야 할 부분을 지정해 주고 그 부분에서만 받아쓰기 테스트를 치를 수도 있다.

듣기는 요약으로 이어지는데, 매시간 세 명의 학생이 그날 읽어온 부분을 한 장씩 맡아서 요약하여 발표한다. 학생들의 부담을 줄여주기 위해서 요약은 한 소설당 한 번씩만 했다. 우리나라 학생들은 자신의 생각을 글로 쓰거나 다른 사람들 앞에서 조리 있게 말하는 것을 힘들어하는 경우가 많다. 연구직에 종사하게 되더라도 생각하는 바를 다른 사람에게 효과적으로 전달하는 것이 연구역량의 핵심적인 부분이기 때문에 글쓰기와 말하기를 연습하는 것은 이과 성향의 과학고 학생들에게도 필수적이다. 또한 영어로 글쓰기를 시작할 때뿐 아니라 일반적으로 생각을 글로 표현하는 연습을 하는 데에도 요약은 훌륭한 출발점을 제공할 수 있다. 학생들은 요약을 하면서 성각을 정교하게 정리하는 것이 얼마나 힘든지를 체험하면서 동시에 생각하는 방법을 터득하게 된다.

생각하는 방법과 글쓰기 방법을 체험하게 한다는 것 외에도 요약 단계는 발표력과 의사소통 능력 함양을 주요한 목적으로 한다. 사소한 문법오류는 고쳐 주지 않으며, 질문이나 덧붙이고 싶은 말은 학생이 발표를 다 마친 후에 하도록 한다. 학생들은 영어실력에 따라서 외워서 발표하기도 하고 제출한 요약문과는 즉석에서 다르게 발표하기도 한다. 우리나라 사람들만 있는 상황에서 영어로 이야기하는 것이 어색하고 힘든 일이라는 점을 고려하여 학생들이 자신 있게 발표할 수 있는 편안한 분위기를 제공해 주는 것이 중요하다. 또한 다른 학생들에게 자연스럽게 질문을 유도하는 것이 중요한데 이번 학기에는 아쉽게도 학생들의 질문이 거의 안 나왔다. 그날 배울 세 장의 전체적인 내용을 확인하는 과정이 따로 없기 때문에 핵심적인 내용이 빠져있다면 교사가 질문을 통해서 중요한 내용을 짚어주는 것이 중요하다. 또한 서면으로 제출한 요약문을 고쳐 준다면 학생들의 영작문 실력 향상에 도움이 되겠지만, 이번 학기의 경험으로 볼 때는 언급할 내용이 있다면 시간관계상 그 시간 내에 해결하는 편이 좋다.

내용에 대한 이해를 점검하는 문제는 모두 서술형으로 이루어져 있고, 부분부분의 자세한 사실을 확인하는 문제에서부터 전체를 아우르거나 주관적인 판단을 묻는 문제까지 다양한 유형으로 구성하였다. 문제를 직접 내기 어렵다면, 시중에 인쇄물로 나와 있는 책을 구입할 수도 있고, 인터넷에서 교사용 지도서를 제공하는 사이트(http://www.sparknotes.com, http://www.bookrags.com, http://www.enote.com)를 통해서 유료, 무료로 문제를 참조할 수 있다. 그런데 이러한 자료들은 영어를 모국어로 배우는 학생들을 위해서 만들어진 것이고 난이도가 천차만별이기 때문에, 우리나라 학생들의 상황에 맞추어서 문제를 조정하는 과정이 필요하다. 그리고 『마녀』와 같이 작가가 미국인이 아닌 경우에는 참고할 수 있는 책을 구하는 것이 쉽지 않다. 이 부분의 수업을 할 때 가장 중요한 점은 정답을 제시하려 하면 안 되고 의사소통의 관점에서 접근해야 한다는 점이다. 본문을 거의 그대로 베끼는 수준에서부터 스스로 문장을 만들어내는 수준까지 학생들은 다양한 답을 써올 수 있다.

교사는 학생의 답에서 부족한 부분을 보충해 주면서도 맞는 부분에 대해서 인정해 주어야 한다. 문제의 답을 생각하고 쓰는 과정에서 학생들이 발휘하는 자기주도성과 창의성이 이 활동에서 가장 중요한 부분이며, 따라서 그러한 부분을 훼손하지 않는 것이 중요하다. 시간이 부족하다면 학생들이 풀어 온 20문항 안팎의 문제를 전부 같이 확인할 필요는 없다. 경우에 따라서는 학생들끼리 확인해 보는 것을 주로 하고 융통성 있게 문제를 추려서 학생들이 써온 답을 확인해 볼 수도 있다. 교사는 정답을 제시하려고 하면 안 되고, 모범 답안을 제시하는 개념으로 접근해야 한다. 그리고 질문이 단선적으로 정답으로 연결되지 않는다는 점을 체험하는 것도 이 활동에서 강조되어야 하는 부분이다. 특히 이과 성향의 학생들은 문제에 대한 단선적인 정답을 요구하는 경향이 있기 때문에 아무리 간단한 답이라도 여러 가지로 할 수 있다는 것을 강조할 필요가 있다. 학생들은 교사를 포함한 다른 사람의 답을 듣고, 자신의 답과 비교하여 생각해 보고 빠진 부분을 보충하거나 말과 생각의 복합적인 관계를 체험해 볼 수 있다.

단어 부분은 주로 선택형 문제로 구성된다. 핵심단어가 들어있는 소설의 문장을 원문대로 주고 단어의 뜻을 추측해서 고르게 하거나, 단어와 단어의 영어 뜻을 주고 연결하게 하거나, 열두 개 정도의 새로운 문장을 주고 같은 수의 단어가 있는 보기 상자에서 단어를 찾아서 쓰게 하는 세 가지 유형을 사용하였다. 내용에 관한 문제와는 달리 단어에 관한 문제에는 정답이 존재하기 때문에 학생들은 답을 쓰는 과정에서 다양한 시도를 하거나 창의성을 발휘하는 단계까지는 나아가지 못한다. 그렇지만 단어의 의미에 대한 논리적인 사고에 기반을 둔 정답을 찾는 과정은 단어의 뜻이나 쓰임새가 한 가지로 고정될 수 없다는 것을 체험하는 과정이 되기도 한다. 그런데 이 부분의 활동책을 쓸 때 가장 어려운 점은 단어의 정의(definition)뿐 아니라 콜로케이션(collocation)을 잘 보여줄 수 있는 전형적인 예문을 제시해야 한다는 점이다.

단어 활동의 가장 큰 재미는 수업시간에 즉흥적으로 발생할 수 있으며, 교사가 학생들에게 정답이 되는 단어를 설명해보게 하거나 주어진 단어의 동의어나 반의어, 동족어 등에 대해 질문함으로써 창의성을 발휘할 수 있는 기회를 제공하는 것이 중요하다. 학생들의 실력과 성격에 따라서 즉석에서 재미있고 정확하게 설명하는 경우도 있지만, 그 자리에서 사전을 찾아서 그 내용을 그대로 말하는 경우도 있다. 이 활동의 목적이 학생들이 기존에 알고 있는 어휘와 지금 배우고 있는 어휘를 연결하여 익히거나 지금 배우고 있는 어휘에 새로운 어휘를 연결해주는 것이기 때문에 사전을 찾아서 그대로 말하는 학생도 격려해주어야 한다. 목표가 되는 어휘를 정확하게 설명해주면서도 그 어휘의 의미를 넓혀서 다른 어휘와 연결해주는 부분이기 때문에 교사로서는 가장 많은 시간을 할애해서 수업 준비를 해야 하는 부분이다. 학생들의 수준에 따라서 기본적인 설명을 강조할 수도 있고, 새로운 단어를 도입하는 것을 강조할 수도 있다.

수업의 마지막 부분은 재미의 요소를 더한 단어 게임과 크로스워드퍼즐 시간이다. 크로스워드퍼즐은 시간에 따라서 즉석에서 하거나 숙제로 주어진다. 크로스워드퍼즐은 20문항 안팎의 단어로 이루어지며 프로그램을 사서 이용하면 손쉽게 만들 수 있다. 과학고 학생들의 경우에는 수업시간에 직접 다룬 어휘로만 문항을 구성하면 지루해하는 경우가 있어서 몇 문제 정도는 직접 다루지 않은 것을 넣어주는 것이 좋다. 단어 게임의 경우에도 수업 시간에 직접 다룬 어휘나 책에 나오는 어휘가 대상이 되는데, 이 경우에도 직접 다룬 어휘만을 다루면 학생들이 흥미를 잃는 경우가 있다. 단어를 설명하는 학생은 매번 달라지며 즉석에서 단어를 영어로 설명하는 과정이 쉽지는 않지만 학생들의 창의성이 문득문득 드러나서 교사로서도 재미를 느낄 수 있는 활동이다.

단어 게임 활동을 준비하기 위해서 교사는 그날 학습하는 세 장을 면밀하게 읽어 보고 많이 쓰는 어휘나 재미있는 어휘 위주로 골라서 다루어 주는 것이 좋다. 수업이 시작되기 전에 단어를 골라서 그 시간의 학습 분량에 따라서 14-20개 정도를 길쭉한 종이에 쓴다. 수업 시간에는 반 전체를 두 팀으로 나누어서 대표학생이 나와 반대편 팀 학생들에게 단어를 보여주면서 자신의 팀에게 단어를 설명하여 맞추게 한다. 이 활동은 게임식으로 진행되어 단어를 복습하면서 수업의 재미를 더하고자 하는 활동이다. 그렇지만 학생들이 어휘를 정확하게 익히는 것도 중요하기 때문에, 교사는 수업이 시작되기 전에 어휘의 정확한 의미를 점검해두어야 하며 학생들의 설명에서 부족한 부분이 있다면 흐름에 방해가 되지 않게 약간의 보충설명을 해주면 좋다.

5. 소설 수업에 대한 학생들의 평가

수업이 얼마나 성공했는지를 평가하는 것은 간단한 일이 아니다. 어휘력이나 문법에 대한 지식이 얼마나 향상되었는지를 알아보는 것도 그 자체로 복잡한 일이지만, 수업 목표가 수치화할 수 없는 것일 때는 더욱 그러하다. 수업 후에 이루어지는 간단한 설문조사로 전체 수업의 성공 여부나 각각의 활동에 대한 평가를 내릴 수는 없지만, 이 글에서는 문학교재로 고등학교에서 수업할 때 참조할 수 있을 기초 자료를 제공하고자 하는 목적으로 수업에 대한 설문조사 결과를 분석하고자 한다. 수업 후 설문조사에서 각 활동을 비교하는 부분을 제외하고 나머지는 주관식 질문에 대한 서술형 응답으로 이루어졌다. 한 학급당 15명씩 4학급의 인원 60명 중 5명의 학생이 공적인 이유로 결석을 해서 55명의 학생이 설문에 응했다. 55명이 의미 있는 자료를 제공하기에는 충분하지 않은 수라고 생각할 수도 있으나, 수업에 대한 만족도나 여러 활동에 대한 학생들의 전반적인 생각을 살펴보기에 참고가 될 수는 있을 것으로 보인다.

이 수업의 목표 중 하나가 학생들이 영어에 노출되는 시간을 늘리고 많이 읽게 한다는 것이었다. 책을 읽는 시간과 활동책을 공부하는 시간을 합쳐서 학생들은 수업을 준비하는 데 많게는 여섯 시간에서 적게는 30분까지 시간을 보냈으며, 책을 읽는 데 평균 90분, 활동책을 공부하는 데 평균 45분, 합쳐서 135분 동안 수업을 준비했다. 책별로 이야기하자면 『산파의 조수』의 경우에는 책에 93분, 활동책에 47분이, 『마녀』의 경우에는 책에 81분, 활동책에 42분이, 『손도끼』의 경우에는 책에 95분, 활동책에 45분이 걸렸다. 『산파의 조수』에서는 평균 20쪽을, 『손도끼』에서는 평균 26쪽을 읽었다는 점을 생각해볼 때 수업이 진행됨에 따라 읽는 속도가 늘었다고도 볼 수 있으나, 『손도끼』가 더 쉬운 소설이라는 점을 생각한다면 읽는 속도를 획기적으로 늘리기에는 세 권의 소설이 부족하다는 결론을 내릴 수 있다. 매 차시 수업 준비 135분에 퀴즈 준비 시간을 더한다면 결국 일주일에 대략 다섯 시간씩 수업 이외의 영어공부를 한 셈이다. 책보다 활동책에 더 많은 시간을 쓴 학생은 열 명이 있었는데, 이들 중 한 명을 제외한 모든 학생이 책을 읽는 데 30분 이내가 걸렸다.

영어공부에 가장 도움이 된 책을 고르라는 질문에 대해서 『산파의 조수』는 9명, 『마녀』는 10명, 『손도끼』는 34명의 응답자가 나왔다. 책을 고른 이유에 대한 주관식 답변을 살펴보면 적절한 난이도, 재미, 내용의 풍부함과 깊이, 영어실력 향상에 도움 등의 언급이 고르게 나온다. 비슷한 수의 학생들이 『산파의 조수』와 『마녀』를 선택한 것에서 학생들이 난이도가 약간 높은 책을 반드시 꺼리지는 않는다는 것을 알 수 있다. 또한 수업을 영어로 진행하는 것에 대한 학생들의 서술을 크게 분류해 보자면 23명의 학생이 도움이 되었다는 응답을, 11명이 별로 영향이 없다는 응답을, 13명이 도움이 되지 않았다는 응답을 하였다. 도움이 되지 않는다는 대답의 이유로는 이해도 저하, 수업부담감, 지루함 등이 나왔는데, 이 중 지루함의 이유로 수업이 매시간 똑같은 형식으로 진행되다 보니 교사가 쓸 수 있는 표현에 한계가 있었다는 지적이 있었다. 이번 학기에는 수업을 잘 따라오지 못하는 학생을 위해서 일주일에 한 시간 정도의 방과 후 보충수업 시간을 운영하였는데, 우리말 수업인 보충 시간은 주로 듣기와 해석을 위주로 하는 전통적인 수업 방법으로 진행되었다. 수업을 잘 이해하지 못하거나 수업에 심한 부담감을 느끼는 학생들을 위해서는 보충수업 시간을 잘 활용해야 할 것이다.

각각의 활동에 대한 학생들의 생각을 살펴보는 것이 똑같은 형식으로 진행되는 수업방식을 개선하는 데 첫걸음이 될 수 있다. 〈표 3〉은 각 활동에 대한 학생들의 응답결과를 정리한 것이다.

이 표에서 별표로 처리된 부분은 해당 소설을 읽을 때는 하지 않은 활동이며, 수업의 도입부인 듣기활동은 학생들이 더 많은 것을 듣게 하기 위한 동기를 제공하는 활동일 뿐 자기주도적인 부분이 부족하여 선택지에 넣지 않았다. 오른쪽 끝에 합계가 55를 넘는 경우가 있는 이유는 학생들이 복수응답을 한 경우가 있기 때문이다. 표의 맨 마지막 줄에 있는 합계는 각 활동별 응답자 수를 모두 더한 수인데, 이 숫자

〈표 3〉 활동에 대한 설문 결과

질문	작품	summary	compre-hension	voca-bulary	word game	crossword puzzle	activity	연극	영화	퀴즈	계
가장 도움이 된 활동	*Midwife*	8	17	17	1	11	0	2	*	4	60
	Witches	3	16	14	1	8	*	*	7	2	51
	Hatchet	2	20	19	1	8	*	*	*	6	56
가장 재미있는 활동	*Midwife*	1	9	5	22	5	1	10	*	4	57
	Witches	1	6	2	12	4	*	*	25	0	50
	Hatchet	1	13	5	23	8	*	*	*	2	52
가장 어려운 활동	*Midwife*	6	15	17	2	2	1	2	*	9	54
	Witches	11	14	6	3	3	*	*	4	18	59
	Hatchet	4	15	11	2	1	*	*	*	19	52
	계	37	125	96	67	50	2	14	36	64	

는 수업시간에 해당 활동이 차지한 비중이나 활동 비중에 대한 학생들의 생각과 관련이 있다. 이 합계 부분을 살펴보면 내용이해 점검 부분과 단어 부분이 수업시간에 가장 비중 있게 다루어진 활동이고 학생들도 그렇게 받아들였다는 것을 알 수 있다.

가장 많은 응답자가 나온 이해 부분에서 살펴보아야 할 점은 도움이 되는 활동이나 재미있는 활동에 대한 『손도끼』의 응답자 수가 늘어난 데 반해서 어려운 활동이냐는 질문에 대한 응답자 수에는 변화가 없다는 것이다. 수치의 차이만으로는 큰 의미가 없어 보이지만, 『손도끼』의 이해부분의 문제유형이 종합적인 사고를 요하거나 주관적인 반응을 가미한 문제들, 학생들의 표현에 따르자면 "국어스러운" 문제들이었다는 점을 추가해서 보자면, 학생들이 단편적인 이해를 묻는 문제에 비해서 복합적인 사고를 요하는 문제를 특별히 어려워하지 않으면서도 재미있고 도움이 된다고 생각한다는 점을 알 수 있다. 단어 부분에서 재미있는 활동과 어려운 활동에 대한 응답자가 『마녀』에서 많이 떨어지는데, 이것은 이 소설의 단어가 다른 소설보다 쉬웠다는 점이나, 활동책의 단어 부분 페이지 수가 다른 책보다 적었다는 점과 관련이 있다.

이해 부분과 어휘 부분 다음으로 응답횟수가 많은 활동이 단어 게임인데, 단어 게임의 경우에는 가장 재미있는 활동이라는 응답이 57번인 데 반해서 도움이 되는 활동이라는 응답은 3번에 지나지 않는다. 반면『마녀』의 영화 관람의 경우에는 비중 있게 받아들인 36명의 학생 중에서 7명의 학생이 도움이 된다고 대답했다. 단어 게임이 매시간 10분씩 이루어졌고, 영화 관람은『마녀』를 다 읽은 후 두 시간에 걸쳐서 단 1회에 이루어졌다는 점을 고려한다면, 영화 관람이 학생들에게 더 유의미하게 여겨진 활동이라는 결론을 내릴 수 있다. 단어 게임이 지니는 문제점은 크로스워드퍼즐을 비중 있는 활동으로 받아들인 50번의 답변 중에서 재미와 관련된 응답이 열일곱 번이고 실력향상과 관련된 응답이 스물일곱 번이라는 점에서도 드러난다. 크로스워드퍼즐과 단어 게임이 모두 매일의 수업의 일부였다는 점을 생각해보자면 수업의 틀을 개선하기 위한 작업은 단어 게임에 변화를 주는 것에서 시작될 수 있다.

매 차시 시간 계획에 따르면 어휘부분과 합쳐서 20분의 시간을 단어공부에 보내게 되는데, 영어공부의 바탕인 단어실력을 늘리자는 것이 이 수업의 목표였다는 점을 고려하더라도 지나치게 많은 시간을 단어에 할애한 셈이다. 다른 종류의 단어 게임을 도입하는 것이 단어 게임에 변화를 주는 방법이 될 수도 있지만, 그보다는 종합적인 활동을 하는 것이 더욱 도움이 될 수 있다. 배운 것을 종합하는 활동은 학기 초의 계획과는 달리『산파의 조수』에서만 선택활동으로 이루어졌다.『산파의 조수』의 선택활동은 짝 활동으로, 소설에 등장하는 다양한 인물의 입장에서 주인공 소녀에게 편지를 쓴다든지, 사라진 주인공 소녀를 찾는 포스터를 만든다든지, 기승전결의 구조에 맞게 소설의 중요한 사건을 정리해 보는 작업 등이 중심이 되었다. 선택활동을 비중 있게 받아들인 응답이 단 두 번에 그친 것은 선택활동이 일회성에 그쳤다는 점과 관련이 있다. 매 차시 배운 내용을 종합하여 2차시나 3차시마다 한 번씩 10분 정도 시간을 들여서 지속적으로 내용과 관련된 재미있는 활동을 한다면, 기계적인 수업의 틀을 벗어나면서도 더욱 도움되는 수업이 될 수 있을 것이다.

전체를 아우르는 활동으로 가장 높은 점수를 받은 것은 『마녀』에서의 영화 관람이지만, 『산파의 조수』 다음에 이루어진 연극도 14번의 응답을 받았고 두 명이 도움을 받았다는 면에서 유의미한 활동이었다고 볼 수 있다. 모든 학생이 참여하게 하기 위해서 세 사람이 한 팀이 되게 하여, 학생들이 스스로 각본을 쓰고 배우도 하고 연출도 하게 하였다. 작품에서 가장 인상적인 부분을 뽑아서 3-5분 정도 소요되는 연극을 보여주어야 했는데, 각본은 학생들의 영어실력과 예술적인 판단에 따라서 소설의 대화를 그대로 가져온 경우도 있고, 완전히 각색하거나 새로운 내용을 첨가한 경우도 있었다. 현장감을 살리기 위해서 채점은 원어민 선생님께 부탁드렸다. 연극은 학생에게는 단조로운 학교생활에 변화를 주는 활동이 되었고 교사들에게는 다양한 수준의 연극을 관람하면서 수업시간에는 볼 수 없는 학생들의 다양한 끼를 느낄 수 있는 좋은 기회가 되었다. 이번 학기에는 시간이 없어서 하지 못했지만 『마녀』도 연극으로 만든다면 재미있는 부분이 많이 나올 수 있는 작품이며 실제로 몇몇 학생은 자발적으로 『마녀』의 최고마녀(Grand High Witch)가 등장하는 장면을 일인극으로 꾸며서 보여주기도 했다.

이 수업과 다른 영어수업의 차이점에 대한 서술형의 응답에서 수업에 대한 학생들의 종합적인 의견을 읽을 수 있다. 55명의 응답자 중 무응답 1명, 이전의 수업과 다르지 않다고 응답한 1명을 제외한다면 53명의 학생이 이 수업이 중학교 때까지의 수업과 확연히 다르다고 대답했다. 다름의 이유로는 재미, 참신함을 든 학생들이 많았다. "보통의 수업은 가르치는 형식으로 진행되기 마련인데, 서울과학고에서의 영어수업은 먼저 과제물을 해오고 그것을 수업시간에 확인하는 방법으로 조금 더 주체성을 띠었다"라는 응답이나 "교과서를 통해서 단어, 문장, 숙어 등을 암기하는 수업에서 벗어난 새로운 방법의 수업, 자율적으로 영어를 배워나가는 방법으로 배운다는 점이 크게 달라진 점이다"라는 응답에서 알 수 있듯이, 문제풀이식이나 주입식 교육에서 벗어나서 학생들이 자율적으로 공부해야 한다는 점을 다름의 이유로 든 경우도 많았다.

문법이나 단어를 가르쳐 주지 않고 스스로 배우게 한다는 점이 몇몇 학생들에게는 수업에 대한 부정적인 평가의 이유가 되었지만, 대부분의 학생들에게는 긍정적인 평가의 이유가 되었다. "문장을 자연스럽게 익히면서 단어를 공부할 수 있는 좋은 방법이다"라는 언급이나 "소설을 읽으면서 어휘력과 독해능력을 늘릴 수 있다", "전체적인 것을 한꺼번에 익힐 수 있었다"라는 언급에서 자연스럽게 실용적인 영어능력을 기른다는 수업의 의도가 따로 설명하지 않아도 학생들에게 실현되고 있음을 알 수 있다. "소설을 이용한다는 점에서 재미있었고 좀 더 일상적인 영어를 접할 수 있었다"에서 알 수 있듯이 긴 지문을 읽으면서 내용 위주로 공부하는 것에 대해서도 학생들은 긍정적인 평가를 내렸다. 다만 "더 흥미롭고 재미있었으나, 긴 소설을 읽기 전에 준비 단계가 필요하다"는 언급이나 "실력이 안 되는 사람에게는 너무 어렵다"라고 대답한 몇몇 학생들을 위해서 학기 초에 수업의 목적을 학생들에게 충분히 설명해주거나, 교과서 지문보다는 약간 긴 글을 읽으면서 장편소설 읽기를 준비하는 과정이 있어야 할 것이다. 또한 보충수업을 통해서 부족한 학생들에게 도움을 주거나 정독할 부분을 따로 정해서 설명을 해주는 수업을 추가하는 것도 좋은 방법이 될 수 있다.

참고문헌

교육인적자원부. 『외국어과 교육과정: 교육인적자원부 고시 제2007-79호』. 서울: 대한교과서 주식회사, 2007.

박선희. 「'청년문학' 교육 연구」. 『영어영문학』 52.1(2006): 179-195.

유제분. 「영미 청소년문학, 영어교육, 그리고 젠더」. 『영미문학교육』 10.2(2006): 129-150.

채유순. 「아동문학을 통한 영문학 교육의 위기극복 기여」. 『영어영문학』 52.1(2006): 59-76.

황효식. 「미국에서의 청소년 문학 교육」. 『영미문학교육』 12.1(2008): 147-170.

Cushman, Karen. *The Midwife's Apprentice*. New York: Harper Collins, 1996.

Dahl, Roald. *The Witches*. New York: Penguin, 2007.

Day, Richard R. and Julian Bamford. *Extensive Reading in the Second Language Classroom*. Cambridge: Cambridge University Press, 1998.

Diaz-Rico, Lynne T. *Teaching English Learners: Strategies and Methods*. Boston: Pearson Education, 2004.

Maley, Alan. "Literature in the Language Classroom." *The Cambridge Guide to Speakers of Other Languages*. Ed. Ronald Carter and David Nunan. Cambridge: Cambridge University Press, 2001. 180-185.

McKay, Sandra Lee. "Literature as Content for ESL/EFL." *Teaching English as a Second and Foreign Language*. Ed. Marianne Celce-Murcia. Boston: Heinle & Heinle, 2001. 319-332.

Nation, I. S. P. *Teaching ESL/EFL Reading and Writing*. New York: Routledge, 2009.

Paulsen, Gary. *Hatchet*. New York: Aladdin Books, 2006.

04

고등학교 교과서 읽기 자료의 문제점과 개선 방안: 의사소통적 관점에서*

이진경

1. 들어가는 말

지금껏 영문학과 영어교육은 엄격히 분리된 학문 영역이었다. 흔히 영문학 전공자들은 영어교육 분야를 응용학문으로서 인문학적 관점이 결여되기 쉬운 실용적인 학문 분야로 보는 경향이 있다. 반면 영어교육 전공자들은 문학이 언어 교육의 중요한 자원이기는 하지만 우리나라 실정에서 현실적인 적용이 어렵다고 생각한다. 현재 우리나라의 영어교육과 관련해서도 영문학 전공자들은 지나치게 기능 중심적인 관점에서 벗어나기 위해서는 영문학 텍스트의 도입이 필요하다는

* 이 글은 『영어어문교육』 15권 4호에 실린 저자의 논문과 내용이 동일하다.

입장이면서도 막상 구체적인 적용 방식이나 교수법 등에는 큰 관심을 두지 않았고 영어교육 전공자들은 언어 능력의 향상을 위해 텍스트의 내용보다는 텍스트를 어떻게 제시하고 어떤 활동을 하게 할 것인가에 치중해온 감이 없지 않다. 어떻게 보면 그동안 영어교육 분야에서 내용을 구성하거나 선택하는 기준은 특정한 언어의 기능을 훈련하는 매개, 혹은 재료로서의 역할을 할 수 있는가에 있었다. 다시 말하면, 영문학 연구자들의 입장에서는 '무엇'에 초점을 두었다면 영어교육 전공자들은 '어떻게'를 중요하게 고려하였다고 할 수 있다. 그러나 어떻게 가르칠 것인가 하는 문제는 무엇을 가르치는가에 따라 결정되는 것이므로 무엇을 가르칠 것인가를 먼저 고민해야 마땅할 것이다. 왜냐하면 내용과 방법은 엄격하게 분리된 것이 아니기 때문이다. 내용은 방법의 눈으로 포착된 내용이며, 방법 역시 내용으로 투사되고 규정된 방법이다. 둘 사이를 엄격하게 구분짓는 것은 영어교육을 한층 기능적인 방향으로, 영문학을 계속 고답적인 영역으로 남겨둘 개연성이 높다.

이 고립된 두 영역을 이어주는 고리는 '의사소통능력'이다. 의사소통능력은 영어교육의 '무엇'에 해당되면서 또한 '어떻게'를 말해 주기 때문이다. 의사소통능력에 대해서는 다음 장에서 자세하게 살펴보겠지만 언어를 배운다는 것, 곧 의사소통능력을 갖는다는 것은 좀 더 복잡하고 다층적인 과정이므로 단지 문법이나 어휘 지식을 습득하는 것만으로는 부족하다. 다른 한편으로 의사소통능력은 언어 교실에서 교수 활동을 조직하고 실행하는 준거이기도 하고 방식이기도 하다. 이렇게 의사소통능력이라는 개념에서 비롯되는 중층적 성격이 영문학과 영어교육 영역 간에 관점을 공유하게 하는 연결고리가 될 수 있다는 생각이다.

따라서 이 글을 통해서 논의하고자 하는 것은 의사소통능력의 함양이라는 우리 영어교육의 중요한 목표를 달성하기 위해서는 교수 방법뿐만 아니라 적절한 내용에 대한 고려도 중요하다는 입장에서 고등학교 교과서에 수록된 읽기 텍스트를 의사소통 접근법의 관점에서 검토하고 분석하는 일이다. 달리 표현하면 현재처럼 문학 텍스트를 거의 배제하고도 의사소통능력의 함양이라는 목표가 성취 가능한 것인지를 살펴보고자 한다. 이를 위해 먼저 의사소통능력의 함양이라는 것이 무엇을 의미하는지 살펴보고 이 목표를 이루기 위해 제작된 중등학교의 영어 교과서는 그 역할을 제대로 하고 있는가를 구체적인 예시를 들어가며 살펴보겠다.

2. 의사소통능력과 의사소통 중심 교수법

의사소통능력은 언어학, 심리학, 철학, 사회학, 교육학 등 여러 학문의 관점을 포괄하는 개념이다. 하임즈(Hymes 1972)는 촘스키(Chomsky 1965)가 언어능력을 '이상적인 원어민 화자'로 규정한 것에 반대하여 의사소통능력이라는 용어를 제시하였다. 즉 언어는 사회적인 맥락에서 사용되는 것이므로 언어학적인 능력만으로는 부족하고 사회언어학적 규범 안에서 적절한 표현을 사용할 수 있어야 한다는 것이다. 그는 또한 언어에 의미가 잠재되어 있다고 보고 상황 맥락에 따라 언어의 기능이 다르게 실현된다고 주장하였다. 실제 의사소통 상황에서 의사소통능력은 참여자 간의 의미 해석과 표현, 그리고 협상에 필요한 능력이라고 할 수 있다. 하임즈(1974)는 촘스키가 언어능력과 대비되는 개념으로 언어수행을 제시한 것에 두 가지를 더하여 의사소통능력을 네 가지 요소로 나누어 기술하였다. 첫째, 언어학적으로 가능한 표현인가의 여부, 둘째, 심리언어학적인 관점에서 화자가 의도한 소통행위를 실행할 수 있는가의 여부, 셋째, 언어 표현이 사회 문화적으로 적절한 표현인가의 여부, 그리고 실제로 의사소통행위가 실행되었는가의 여부이다.

촘스키가 이상적인 모어 화자의 언어 능력을 연구 주제로 삼은 것에 대한 반응으로 하임즈가 의사소통능력이란 개념을 제안하였다면, 할러데이(Halliday 1973)는 언어 분석에 언어학적 지식 이외에 사회적 맥락을 중요하게 고려하는 유럽의 기능주의적 언어학에 토대를 두고 있다. 하임즈의 의사소통능력에 대응하는 의미잠재성(meaning potential)이란 개념은 언어의 의미가 미리 정해진 규칙에 의해 해석되는 것이 아니라 주어진 맥락적인 특성, 즉 주제, 참여자, 소통의 방식 등에 따라 달라진다고 본다. 따라서 언어를 기술하는 원리도 구조라기보다는 융통성이 허용되는 체계(system)에 의해 행해지는 것으로 보았다. 어린이의 언어 습득은 사회적 존재로서 주변사람들과의 상호작용을 통해 이루어지는 것으로 사회적 과정의 결과물로서의 언어를 강조하였다.

할러데이나 하임즈는 둘 다 의사소통능력을 어떻게 기술할 것인가에 대해 초점을 두었다. 대체로 언어의 형식보다 기능적인 측면에, 그리고 언어 자체보다는 사회적 행위로서의 언어 사용에 대한 강조가 언어 교육의 영역에서는 더욱 적절할 수 있다는 새로운 관점을 제공하였다는 점에서 의사소통 중심 교수법에 크게 기여하였다. 그러나 두 사람이 언어 교수에 대해 직접적으로 언급한 바는 없다. 커넬과 스웨인(Canale & Swain 1980), 커넬(1983)을 선두로 여러 학자들이 의사소통능력이라는 개념을 어떻게 언어 교육에 도입하고 적용할 것인가를 논의하기 시작하였고 그러기 위해 다소 추상적인 의사소통능력을 구체화하고자 노력하였다. 의사소통능력을 논의하는 여러 논문에서 가장 많이 인용되고 있는 커넬과 스웨인의 의사소통능력은 화자의 문법적 능력, 사회언어학적 능력, 전략적 능력, 그리고 담화 능력으로 구성된다. 이후 바흐만(Bachman 1990)은 의사소통능력(Communicative Language Ability)이 언어 능력, 전략적 능력, 그리고 심리생리학적 기제로 구성되는 것으로 정의하였다.

이와 같이 언어의 사용에는 언어학적 지식 이외에 사회 맥락적 지식과 언어 수행에서의 전략적 능력까지 필요하다는 개념을 언어 교육에 적용한 것이 의사소통 중심 교수법이다. 수업시간에는 정확하게 영어 문장을 만들어낼 수 있는 학생들이 교실 밖에서는 그 문장들을 적절하게 사용하지 못한다는 점에서 언어능력 이외에 의사소통능력이 필요함을 강조한 것이다. 그런 점에서 본다면 위에서 말한 대로 의미의 해석과 표현, 그리고 협상이 필요한 상황에서 말하기, 듣기, 읽기, 쓰기와 같이 4기능으로 언어 사용을 분리하여 생각하는 것은 사실 적절하지 않다(Savignon 1991). 왜냐하면 의사소통은 참여자 간의 협동적인 상호작용을 기반으로 이루어지기 때문이다.

의사소통 중심 교수법만큼 영어교육에 지속적이면서도 포괄적인 영향을 끼친 것은 없다고 할 수 있다. 그러나 의사소통능력이 무엇인지, 맥락 속에서 의미를 협상해 가는 언어 행동은 무엇인지 그리고 어떻게 평가를 해야 하는지 등 구체적인 실행에 있어서 명확한 규정이 없는 만큼 교육 현장에서는 혼란과 오해도 많았으며 다들 의사소통 중심 교수법에 의해 수업을 한다고 하지만 그 양상을 들여다보면 천차만별이기도 하다(Savignon 2001). 여러 혼란 가운데 하나가 의사소통 중심 교수법은 주로 얼굴을 마주보고 나누는 구어를 통한 의사소통에만 한정된다고 받아들여진 점이다. 이런 생각은 그룹 활동이나 짝 활동을 주요한 교수활동으로 설정하는 것으로 드러났다. 읽기가 의사소통 활동의 하나라는 것을 부인하지는 않지만, 그렇다고 의사소통중심 교수 방법의 전형적인 예로 읽기가 제시되는 경우는 매우 드물다(Swaffar 1985). 그러나 의사소통 중심 교수법은 구어뿐만 아니라 문어를 매개로 한 활동에도 마찬가지로 적용되는 것이며 학습의 상황과 학습자의 요구에 따라 개별적인 활동도 얼마든지 가능하다.

의사소통 중심 교수법에 대한 또 다른 오해는 의사소통 중심 교수법이 단지 여러 교수 방법 중의 하나라는 것이다. 그러나 의사소통 중심 교수법은 바이른즈(Byrnes 2006)의 주장대로 이론적 개념이자 궁극적인 언어 학습의 목표, 교육적 접근 방법, 심지어는 평가의 준거가 될 수 있다. 리처드와 로저스(Richards & Rogers 1986)가 지적한 대로 의사소통 중심 교수법은 단순히 교수 방법이라기보다는 교수와 관련된 여러 요소를 통괄하는 접근법으로 보는 것이 옳다. 즉 의사소통의 도구로서 언어를 보는 관점, 사용을 통하여 언어를 학습한다는 관점 등 이론적인 측면은 어느 교육 현장에서나 일관되게 이해되는 측면이지만, 구체적인 절차나 수업 설계, 교재 등은 사람마다 다르게 해석할 여지가 충분하다는 것이다.

의사소통 중심 교수법에 대한 여러 가지 논의에도 불구하고 여전히 의사소통 중심의 언어교수는 이론적 개념으로서 그리고 교수활동의 구체적인 준거로서 유효하게 작용하고 있다. 우리나라의 경우에도 영어교육의 목표는 1988년 5차 교육과정 이래로 2007 개정 교육과정에 이르기까지 세부적인 차이는 있지만 거시적인 목표는 일관되게 영어로 의사소통할 수 있는 능력을 길러 외국의 문화를 이해하고 우리의 문화를 소개하는 것으로 명시하고 있다. 최근 들어 사회적인 분위기는 구어를 통한 의사소통의 중요성이 더욱 강조되고 있어 기업에서 신입사원을 채용할 때 별도로 구두시험 성적을 요구하고 있으나 대학입시를 중심으로 한 학교 교육은 여전히 필답고사 비중이 높다. 문제는 구어 혹은 문어가 학습의 목표나 초점이 되어야 한다는 식의 주장이 아니다. 문제는 학교 교육이 목표한 대로 학생들의 의사소통능력을 제대로 길러주고 있는가 하는 것이다. 다음 장에서는 고등학교의 교과서에 제시된 읽기 자료를 토대로 하여 의사소통능력의 향상이라는 영어교육의 목표가 어떻게 실현되고 있는지 구체적으로 살펴볼 것이다.

3. 의사소통 중심적이지 않은 읽기 텍스트

세비뇽(Savignon 2001)은 의사소통 중심 교수법이라고 주장하는 교수방법들이 새롭게 추가되고 늘어나면서 어떤 것이 의사소통 중심 교수법의 본질적인 특성인가를 분명하게 제시하는 것이 어렵다고 주장한다. 오히려 어떤 것이 의사소통 중심 교수법의 관점에 맞지 않는가를 기술하는 편이 빠를 것이라고 하였다. 따라서 이 글에서도 우리 교과서의 어떤 부분이 의사소통능력이라는 본래의 목표를 성취하는 데 오히려 방해될 수 있는가 하는 시각에서 읽기 텍스트를 살펴보려 한다.

1) 사건의 나열과 설명 위주의 글

윌리엄스(Williams 1984)는 읽기를 그 목적에 따라 세 가지로 구분하였다. 첫째는 텍스트로부터 일반적인 정보를 얻기 위해서, 둘째는 텍스트로부터 특정한 정보를 얻기 위해서, 그리고 셋째는 즐거움을 얻기 위해서라고 하였다. 우리 영어 교과서에 제시된 읽기는 이 가운데 딱히 어느 것에 해당한다고 하기 어렵다. 대부분의 읽기 텍스트는 그 단원에서 다루어야 할 어휘나 구조를 제시하기 위한 바탕 구실을 하는 듯하다. 물론 교과서에 제시된 글은 학생들의 읽기능력을 향상시키는 것이 주요한 목적이다. 특히 새롭게 제시된 어휘와 문법구조의 활용 양상을 읽기 텍스트를 통해 연습하게 하는 의도가 다분하다. 따라서 글의 의미를 해석하고 감상하는 활동과는 거리가 멀고 내용 해독에 치중하게 된다. 의사소통적인 언어 사용의 가장 큰 특징을 참여자들이 분명한 의사소통의 의도나 목적을 갖고 있는 점이라고 볼 때, 영어 교과서의 읽기 자료는 의사소통능력을 기르기 위한 텍스트와는 거리가 멀다.

이처럼 해독 위주의 읽기는 편중된 텍스트 유형과도 관계가 있다. 아래의 〈표 1〉은 고등학교 교과서 다섯 종에 수록된 읽기 자료 59개의 텍스트 유형을 보여 준다. 여기에 제시된 텍스트 유형은 냅과 왓킨스(Knapp & Watkins 2005)의 장르 구분을 따른 것이다.

사실 교과서에 제시된 읽기 자료들이 뚜렷한 장르적 특성을 드러내지 못하고 있고 대부분 매우 초보적이거나 일상적인 유형에 속한 것으로 보인다. 예를 들어, 논설문이라 하기에는 논리적 인과관계가 분명하지 않지만 설득적인 내용이 많다. 여기에서는 *should*와 같은 동사를 사용하여 주관성을 드러내는 글은 주장하는 글로 분류하였다. 특정한 주제에 대한 정보를 제공하는 것이 글의 목적으로 보일 경우에는 설명문으로 분류하였는데 가장 많은 경우가 이 범주에 해당됨을 알 수 있다. 기술(description)은 설명이나 주장하는 글의 도입부분에 많이 사용되었으나 기술이 중심을 이루는 글은 기술 중심의 글로 분류하였다.

〈표 1〉 고등학교 교과서 읽기 자료의 텍스트 유형–7차

교과서	설명문	논설문	이야기 글	묘사중심 글	기타
A	5	1	3		토론 편지, 시나리오 각각 1편
B	1		7	1	대화, 편지, 인터뷰 각각 1편
C	4		4		인터뷰, 퀴즈, 편지 각각 1편
D	7	1	3		인터뷰 1편
E	5		5		편지, 인터뷰 각각 1편
합계	22	2	22	1	12

이야기는 넵과 왓킨스의 표현대로 모든 장르를 이해한 후에 가장 마지막으로 이해하게 되는 장르임에도 불구하고 가장 흔하게 읽히는 유형이다. 따라서 설명문과 함께 가장 많은 유형으로 특히 교과서에 제시된 이야기 글은 언어의 복잡성이나 특수성과는 거리가 먼 매우 단순한 구조를 보이고 있다. 주로 사건의 나열이 주축이 된 글이다. 가장 많은 이야기글을 포함하고 있는 B 교과서의 다음 인용문을 보자. 사건의 나열과 시간적 연결어 중심으로 텍스트가 직조되고 있음을 확인할 수 있다.

> In the garden of the Taj Mahal we saw a very old man wearing a long black formal coat and standing in the heat of the summer afternoon. My father went to the old man out of curiosity and talked with him in English. Later I heard from my father that the old man had come to this garden every week since his wife died 20 years ago. The reason was that he could not forget the place where he had proposed to her.(114)

위의 글에서 보듯 교과서에 제시된 이야기 글은 주로 동작을 나타내는 동사 중심으로 사건을 기술하고 있다. 이야기이지만 어떤 정서적 감응을 받기 어렵다. 또 다른 교과서의 이야기 글도 유사한 특성을 보인다.

> Bill and Tom grew up together in a small town. While Bill was strong and brave, Tom was weak and quiet. When other boys tried to make fun of Tom, Bill was always there to help him. Whenever Bill helped him, Tom always smiled and said, "I just felt you would come."(교과서 E 32)

이와 같이 정보를 전달하기 위한 설명 중심 텍스트와 사건의 나열로 구성된 이야기 글의 비율이 높은 것은 아마도 교육과정에 제시된 읽기 성취기준의 영향도 있으리라고 본다. 교육과정에는 필요한 정보의 확인과 요지의 파악을 중요하게 제시하고 있기 때문이다. 교육과정의 성취기준에는 다양한 주제를 읽고 이해할 것을 강조하고 있으나 다양한 텍스트 유형에 대한 언급은 없다. 글의 형태가 다양하다고 해서 읽기 수업의 효과가 높아지는 것은 아니지만 글 형태의 다양성이 상대적으로 한층 흥미도를 높일 수는 있을 것이다. 물론 현재의 양상은 학습의 용이성이나 교육의 수월성을 고려한 선정이겠지만 학생들이 과연 얼마나 흥미와 관심을 갖고 읽기 자료를 대할 것인가도 교육의 중요한 변인이라는 점에서 둘 사이의 균형이 필요하다.

한 가지 주목할 만한 점은 7차 교육과정에 의한 교과서가 6차 교육과정에 사용된 교과서와 비교하여 설명 중심의 글은 줄어들고 구어적 특성을 그대로 유지하는 글들의 비율이 대폭 증가한 것이다. 〈표 1〉과 〈표 2〉에서 보듯 7차 교과서에는 긴 대화라고 할 수 있는 유형의 글들이 읽기 자료로 제시되는 경우가 늘어났다. TV 쇼나 인터뷰, 혹은 일상적인 공간이든 설정된 상황에서 대화가 진행되는 것이다. 그러나 전체가 대화로 구성된 읽기 자료는 읽기 자료의 다양성이라는 장점보다는 구어 담화와 문어 담화의 특성을 희석시키고 가뜩이나 부족한 읽기 자료의 비중을 감소시키는 단점이 더 많은 변화라고 생각한다.

〈표 2〉 고등학교 교과서 읽기 자료의 텍스트 유형–6차

유형	이야기	설명중심의 글	주장하는 글	기술 중심의 글	기타
수	22	30	3	2	2

2) 정서적 어휘(Emotion Vocabulary)의 결핍

의사소통능력은 자신의 생각과 감정을 상대방에게 효율적으로 표현하는 능력이다. 세비뇽(2001)은 개인적인 언어 사용을 의사소통 중심 교육과정의 핵심적인 요소 중 하나로 들고 있다. 언어 학습의 인지적인 측면만이 아니라 정의적인 측면까지 고려하여야 학습 목표를 성취할 수 있다는 것이다. 인지와 정의는 부피와 무게처럼 언어사용의 분리할 수 없는 두 측면이기 때문이다. 무엇보다도 개인적인 언어사용이라 하면, 학생들이 개인적인 감정이나 경험을 표현할 수 있도록 하는 것이다. 익숙하지 않은 언어로 자신을 표현하는 일은 쉽지 않으므로, 읽기 자료가 언어의 형식에 초점을 두는 데서 벗어나 감정의 표현이 가능하도록 정의적인 입력이 풍부하게 제공되어야 할 것이다. 그러나 교과서에 제시된 읽기 자료들이 정보 전달에 치중되어 있기 때문에 사용의 맥락에 맞는 정의적인 형용사의 사용을 보여줄 가능성이 낮아진다고 할 수 있다. 할러데이의 용어를 빌려 표현하자면, 언어의 관념적(ideational) 기능이 대인적(interpersonal) 기능보다 우위를 차지하고 있는 것이다.

이와 같은 경향을 보여줄 간단한 예로 교과서에서 사용된 전체 형용사와 정의적 형용사의 비율을 살펴볼 수 있다. 다섯 가지의 교과서에 공통으로 제시된 형용사의 수는 모두 461개였고 이 가운데 *afraid*, *comfortable*, *delightful*, *glad* 등과 같이 사람의 감정을 표현하는 형용사는 모두 41개였다. 전체 형용사의 8.8퍼센트에 해당하는 양이다. 다음의 〈표 3〉은 교과서에 제시된 감정을 표현하는 형용사의 사용 현황을 나타낸 것이다. 이 형용사 가운데 밑줄로 표시한 경우는 읽기 자료에 제시된 것들이고 그렇지 않은 단어들은 부록의 어휘목록에 제시된 것들이다. 그 과정에서 *happy*, *sad*, *good*, *bad*, *sorry*와 같은 형용사는 초등 수준의 단어로 목록에서 누락되었다.

〈표 3〉 교과서에 제시된 감정 표현 형용사 목록

교과서	감정 표현 형용사
A	ashamed, uncomfortable, confident, nervous, crazy, excited, familiar, frustrated, terrible, miserable, satisfied, surprised, annoyed, scared, bored, wondering, depressed, upset, angry
B	afraid, anxious, ashamed, uncomfortable, confident, interested, comfortable, upset, wondering
C	confident, satisfied, worried, surprised, afraid, uneasy, upset, interested, lonely, amazed, discouraged
D	embarrassed, ashamed, frustrated, miserable, nervous, scared, surprised, worried, satisfied, comfortable, excited, afraid, confident
E	nervous, grateful, confident, regretful, curious, excited, glad, impressed, interested, lonely, satisfied, sorry, surprised, worried

앞에서 살펴본 대로 읽기 텍스트의 유형이 설명적인 글 혹은 단순한 서사 형식의 글에 집중되어 있기 때문에 감정을 표현하는 형용사의 비율이 낮은 것은 자연스러운 결과이다. 필요한 정보를 찾아내는 것이 주요한 과업이 되는, 객관성을 기본으로 담보한 읽기 텍스트에서는 감정을 나타내는 형용사가 등장할 가능성이 매우 낮은 것이다.

최근 중간언어(interlanguage) 연구에서도 이에 대한 시사점을 얻을 수 있다. 드웨일과 파블렌코(Dewaele & Pavlenko 2002)는 학습자의 언어 능숙도, 외향성의 정도, 성별, 그리고 언어 교재가 정서를 나타내는 형용사 사용의 범위와 빈도에 영향을 준다고 주장하였다. 심리언어학의 관점에서도 정서를 나타내는 형용사는 습득이 어렵다고 한다(Amati-Mehler, Argentieri, & Carnestri 1993; Anooshian & Hertel 1994). 특히 사춘기 이후에 제2언어를 학습한 경우, 두 언어 간에 정서적인 강도가 다르기 때문에 모국어는 개인적인 감정을 표현하는 데 사용되는 반면, 제2언어에 대해서는 정서적인 거리를 느끼게 된다고 한다. 우리나라의 영어 학습자들의 경우도 예외는 아니라고 생각한다. 정보를 교환하는 의사소통 상황에는 비교적 자주 노출되는 학습 환경에 놓여 있지만, 자신의 감정을 표현해야 하는 상황에서는 매우 일반적인 몇몇의 형용사들, 예를 들어 *happy*, *sad*, *angry*에 의존할 가능성이 높다. 정보의 교환이 일어나기 전에 일차적으로 대인 간의 관계 형성이 필요하다는 점을 고려하면 정서적으로 내용이 풍부한 텍스트의 제시가 매우 필요하다는 생각이다.

교과서는 학생들의 학습 부담을 고려하여 어휘의 수를 제한하고 있는 것도 한 가지 원인이 될 수 있다. 그러나 카터(Carter 2001)의 주장대로 우리가 알고 있는 어휘의 대부분은 명확하게 배운 것이 아니라 입력에 여러 차례 노출된 결과 습득하게 된 것일 수 있다. 바꿔 말하면 수업을 통해 명확하게 가르친다고 하여 그 어휘를 학생들이 습득하게 되는 것도 아닌 것이다. 좀 더 정확하게 말하면, 명시적인 학습과 암시적인 학습의 연속선상의 어느 지점에서 어휘 학습이 일어나고 기억에 보유된다고 한다. 이런 관점에서 보면, 교과서의 어휘 수를 다소 늘리더라도 다양한 텍스트 유형이나 주제를 제시하는 것이 실질적으로 읽기 자료의 질과 의사소통적 기능을 향상시키는 방법이 될 수 있다고 하겠다.

3) 진정성(Authenticity)[1]의 결여

의사소통 중심 교수법이 본래의 교수방법론에서 언어 학습과 교수 둘 다를 아울러 이론적인 토대와 실행의 체계까지 제공하는 접근(approach)으로 진화하였으나 그간의 연구성과를 놓고 볼 때, 방법의 측면에 집중되어 있는 것이 사실이다. 따라서 교수방법의 원리나 구

1 진정성은 쉽게 정의하기 어렵고 다양한 논의가 진행되고 있는 개념이지만 여기에서는 영어교육 분야에서 일반적으로 받아들여지는 '언어 학습을 위해 고안된 것이 아닌 모어 화자를 위한 텍스트'의 의미로 사용하기로 한다.

체적인 실행 계획은 제시하고 있으나 교재나 내용의 측면에서 구체적으로 언급한 부분을 찾기 어렵다. 학습자 중심의 교재, 학습자 간의 상호작용을 강조하여 짝 활동이나 집단 활동이 많은 점, 그리고 진정성 있는 교재를 강조하는 것이 전부라고 해도 과언이 아닐 것이다. 진정성 있는 텍스트에 대한 평가는 대략 세 가지 문제와 관련해서 의견이 나뉘는 듯하다. 첫째, 바로 난이도이다. 진정성 있는 텍스트가 언어 사용의 맥락을 그대로 보여주기 때문에 좋기는 하지만 변용되지 않은 상태로 교실 수업에 도입할 경우 얻게 되는 이점보다 해결해야 할 문제가 더 많다는 주장이다(Geddes & White 1978). 한편에서는 자연스러운 반복이 드러나는 진정성 있는 텍스트를 개조하는 것은 읽기에 더 어려울 수 있으며, 의미 해석에 사용될 수 있는 비언어적 단서를 제거하는 것도 읽기를 더욱 어렵게 할 수 있다고 주장한다(Grellet 1981). 낮은 수준의 언어 능력을 가진 학생들의 경우에도 주제가 그들에게 익숙하고 흥미로운 것이라면 얼마든지 다룰 수 있으며 텍스트가 될 만한 자료들이 많기 때문에 교재로 선택할 때 어려움이 없다고 한다.

둘째, 학습의 동기와 관련된다. 고안된 텍스트는 목표언어의 언어 형식에 초점을 두는 경향이 있지만 진정성 있는 텍스트는 의사소통의 진정한 의도가 담겨 있으므로 학습자에게 흥미를 불러일으킨다는 주장이 있는가 하면 반대로 진정성 있는 텍스트가 어렵기 때문에 오히려 흥미를 떨어뜨린다는 주장도 있다. 그러나 동기를 성취의 원인이 아니라 결과로 본다면 진정성을 갖춘 텍스트는 학습자의 동기 형성에 기여한다는 주장(Cross 1984)이 설득력 있게 들린다.

셋째, 세계화시대의 국제어가 된 영어의 '모어화자 준거'라는 개념을 어떻게 받아들일 것인가 하는 문제이다. 그러나 이 문제는 진정성 있는 텍스트에 제시된 목표언어의 사회 문화적 규범을 학생들이 그대로 수용하게 된다는 관점보다는 우리 문화와 다른 목표언어의 문화를 이해하게 된다는 관점으로 받아들이면 해결된다. 교과서에 제시된 것은 학생들에게 거의 확고한 사실로 받아들여지기 때문에 오히려 고안되거나 변용된 텍스트가 위험할 수 있다. 길모어(Gillmore 2007)의 표현대로 공용문화(cultura franka)로서가 아니라 목표언어에 대한 올바른 문화를 이해하는 문화간 이해자로서의 자질을 길러주기 위한 텍스트의 선별이 필요한 것이다.

그렇다면, 진정성이 결여된 텍스트가 어떤 점에서 의사소통능력의 함양이라는 영어교육의 목표와 부합하지 않는지 다음 세 관점에서 접근해 볼 수 있다.

(1) 상호작용의 측면에서

의사소통적인 언어 활동의 주요한 특성 중의 하나가 참여자 간의 상호작용이라고 보면, 우리나라의 교실 수업에서 행해지는 읽기 활동은 의사소통적인 것과 거리가 멀다는 생각이다. 위에서 논의한 대로 주어진 읽기 텍스트 자체가 학생들이 몰입하여 텍스트 혹은 저자와 상호작용할 바탕이 마련되지 않은 주로 의미 해독에 치중한 텍스트 중심의 읽기라고 할 수 있다. 위도슨(Widdowson 1990)은 진정성을 말할 때 중요한 것은 텍스트 자체보다는 모어 화자와 같은 반응을 하게 되는가의 여부에 달려 있다고 주장한다. 즉 읽기의 과정이 중요하다는 것이다.

> 학생들에게 제시되는 언어가 모어 화자의 행동을 기록한 진짜의(genuine) 기록일 수 있다. 다시 말하면, 텍스트 자료로서 진짜라는 말이다. 그러나 이것이 모어 화자의 반응을 불러일으키지 못한다면 진정성 있는 담화로서 실현될 수 없다.(1990: 45)

학생들이 텍스트를 읽는 동안에 어떤 생각을 하고 무엇을 느끼게 되었는가 하는 것이 읽기 활동의 초점이 되어야 한다는 말일 것이다. 이와 같이 독자와 텍스트의 상호작용을 강조한 읽기 전문가들은 텍스트 안에 무엇이 들어 있는가 하는 것보다 독자가 텍스트에 무엇을 끌어오는가가 더 중요하다고 한다(What one brings to a text is actually more important than what is in the text. Anderson, Reynolds, Schallert & Goetz 1977). 독자가 능동적으로 텍스트에 반응하는 과정이 결국은 의사소통 능력이라고 하겠다.

요약하면, 읽기 활동도 학습자와 저자 간의 상호작용이며 의사소통이다. 그러나 학생들의 관심을 고려하지 않은 채 고안되거나 조정된 텍스트의 경우, 맥도너와 쇼(McDonough & Shaw 1993)의 주장대로 어떤 메시지도 전달되는 것이 없는 듯이 여겨져서 진정한 의미의 상호작용이 일어나기 어렵고 따라서 의사소통이 일어난다고 보기 어렵다. 이러한 상황은 전통적으로 독자를 주어진 정보를 일방적으로 받아들이는 수동적인 수혜자로 보는 관점에서 비롯된다.

(2) 통합적 교수의 관점에서

영어를 외국어로서 학습하는(EFL) 학생들이 일상에서 영어를 말할 기회는 드물다. 그러나 어떤 목적에서건 영어로 된 글을 읽을 기회는 광범위하다. 크레션(Krashen 1993)의 표현대로 읽기 활동에는 발음을 제외하고 목표언어의 모든 측면이 다 포함되어 있다고 할 수 있다. 그러나 통합적 교수가 가능하기 위해서는 텍스트의 선택이 중요하다. 맥케이(McKay 2001)는 문학적 텍스트를 사용하였을 때 효과가 가장 높은 영역은 말하기로, 특히 사회언어학적인 능력과 화용적 능력의 발달에 작용할 잠재력이 크다고 하였다. 말하기 자료로 구성된 대화와 달리 이야기에 삽입된 대화는 화자의 배경과 역할 관계에 대한 정보를 부가적으로 제공하기 때문에 학생들은 특정한 형식의 언어 사용이 적절한지를 판단할 근거를 갖게 되는 것이다. 다시 말하면, 문학 작품 속의 대화는 일반적인 텍스트와 달리 맥락 자체가 이중적이다. 일반적인 텍스트는 외적 맥락으로 존재하지만, 문학 작품은 필자와 작품, 독자의 외적 맥락과 함께 작품의 내적 맥락 또한 엄연히 존재한다. 그리고 작품 속에서 구성되는 내적 맥락이야말로 인물들의 발화와 서술자의 서술을 생생하게 살아있는 언어, 곧 진정성 있는 언어로 만든다는 것이다. 아래의 인용문은 패터슨(Paterson 1972)의 『테라비티아』(*Bridge to Terabithia*)에서 발췌한 것이다.

> "Tonight on Channel 7 at 8 P.M. there is going to be a special about a famous underwater explorer-Jacques Cousteau. I want everyone to watch. Then write one page telling what you learned."
>
> "A whole page?"
>
> "Yes."
>
> "Does spelling count?"
>
> "Doesn't spelling always count, Gary?"
>
> "Both sides of the paper?"
>
> "One side will be enough, Wanda Kay. But I will give extra credit to those who do extra work."
>
> Wanda Kay smiled primly. You could already see ten pages taking shape in her pointy head.
>
> "Mrs. Myers."
>
> "Yes, Leslie." Lord, Mrs. Myers was liable to crack her face if she kept up smiling like that.
>
> "What if you can't watch the program?"

> "You inform your parents that it is a homework assignment. I am sure they will not object."
> "What if" — Leslie's voice faltered; then she shook her head and cleared her throat so the words came out stronger — "what if you don't have a television set?"(34-35)

교실 수업 중에 과제를 내주는 교사와 학생 간의 대화가 잘 드러나 있다. 이와 같은 텍스트에서 학생들은 평소에 자신들이 자주 사용하는 일상적 표현들을 목표언어로 접하게 되어 읽기뿐만 아니라 말하기 활동에도 도움을 받게 될 것이다. 위 인용문에서 보듯 진정성 있는 텍스트에서는 생략과 반복, 잘못된 발화의 번복, 생략, 돌려 말하기 등을 맥락 속에서 보여주기 때문에 실제 언어 사용의 측면을 자연스럽게 드러내 준다. 때에 따라서 반복은 수행상의 오류가 아닌 대화자 간의 심리적 결속을 표현할 수도 있고 화자의 심리상태나 성격을 보여주기도 한다. 교과서에 제시된 문장이라고 해서 언제나 완전한 문장의 형태로 제시된다면 오히려 자연스럽지 못한 것이다. 말하기뿐만 아니라 교과서에서 주목해서 가르치는 구조나 어구 표현들, 예를 들어 관계대명사 *what*, *keep up ~ing*나 *what if* ~와 같은 표현들도 맥락 속에서 제시되므로 설명을 통한 교수보다 이해와 학습에 도움이 될 것으로 보인다.

위와 같은 텍스트의 사용은 학습 과정이라는 관점에서도 교육적 함의를 담고 있다. 언어는 반복을 통해서 배우는 것이므로 특정한 표현이 자연스럽게 반복되는 맥락을 보여주는 것은 어법과 교수 방법의 두 가지 측면을 다 아우르는 것이라 할 수 있다. 이런 점에서 볼 때 우리 교과서는 지나치게 '안전' 중심으로 구성되고 있지 않은가 하는 생각이 든다. 즉 언어 사용에서 피할 수 없는 수행상의 오류라고 할 수 있는 잘못된 시작, 반복과 머뭇거림, 생략과 같은 요소들이 학생들에게 잘못된 입력이 되는 것을 우려하여 문제적인 요소들을 모두 제거하고 흠집이 없는 문장들로 텍스트를 구성하거나 변용하는 것은 아닌가 하는 생각이다. 이러한 이유들로 영어 교과서에 실린 글들을 읽기는 하였으되 기억에 남을 만한 내용이 없는 느낌을 주게 되는 것은 아닌지 반성해 보아야 할 것이다. 의사소통 중심 교수법에서 진정성 있는 교재를 사용할 것을 주장한 것은 교실학습에서 배운 것을 교실 밖의 의사소통상황에 적용하지 못하는 문제를 해결하기 위한 것이었다. 이런 관점에서 교실 밖의 의사소통 상황에 제대로 적응할 수 있게 도와주는 읽기 텍스트를 교과서가 잘 제시하고 있는지 생각해 보아야 할 것이다.

(3) 문화적 이해의 관점에서

언어는 문화적 산물이기 때문에 언어를 가르치면서 문화를 배제하는 것은 불가능하다. 그러나 문화를 언어 교육에 통합하는 문제가 쉽지 않은 이유에 대해 랑저(Lange 1999)는 문화의 어떤 측면을 가르쳐야 하는가 그리고 어떤 방법으로 가르칠 것인가에 대해 합의가 이루어지지 않은 것을 들었다. 역시 문화가 언어 교육의 교육과정에 통합되기 어려운 이유로 실리(Seelye 1984)는 교사들의 문화교육에 대한 생각을 들고 있는데 첫째는 학생들이 어휘나 문법구조와 같은 기본적인 것들을 다 익힌 후에 나중에 문화를 배워도 늦지 않다고 생각한다는 점이다. 그러나 학생들이 기본적인 것들을 다 통달하는 시기는 결코 오지 않으며, 문화를 언어와 별도로 생각한다는 것 자체에 문제가 있다고 실리는 주장한다. 두 번째 이유는 교사들 자신이 문화에 대해 잘 알지 못한다는 점이다. 교사가 잘 알고 있다고 해도 교사의 역할이 단편적인 사실을 전달하는 데 그쳐서는 안 되며 학생들이 알고 있는 사실들을 종합하여 목표언어 문화를 의미 있게 이해할 수 있도록 훈련시키는 것이 중요하다고 하였다.

무르자니와 필드(Moorjani & Field 1988)도 문화 교육이 단편적인 사실을 가르치는 것에 그쳐서는 안 된다고 주장한다. 이들은 목표 문화(target culture)의 이해는 사실상 대조분석적인 과정이라고 주장하면서 목표 문화 자체가 학습의 목적이 되기보다는 자신의 문화와 어떻게 같고 다른지 세상을 사는 두 방식과 세계를 보는 두 관점 사이의 대화로 바라봐야 한다고 기술하였다. 단편적인 사실을 전달하는 것이 아니라 가치와 관점을 이해하게 하는 가장 좋은 교재는 역시 진정성 있는 읽기 자료이다. 다음에 제시하는 글은 패터슨의 다른 책 『내가 사랑한 제이콥』(*Jacob Have I Loved*)에서 인용한 것으로 20세기 중반 미국 메릴랜드 주의 라스라는 섬에 사는 십 대의 소녀가 쌍둥이 자매 중의 첫째로 태어난 날의 이야기를 전해 들으면서 갖게 되는 느낌을 잘 보여준다.

> What my father needed more than a wife was sons. On Rass, sons represented wealth and security. What my mother bore him was girls, twin girls. I was the elder by a few minutes. I always treasured the thought of those minutes. They represented the only time in my life when I was the center of everyone's attention. From the moment Caroline was born, she snatched it all for herself.
>
> When my mother and grandmother told the story of our births, it was mostly of how Caroline had refused to breathe. How the midwife smacked and prayed and cajoled the tiny chest to move. How the cry of joy went up at the first weak wail-"no louder than a kitten's mew."
>
> "But there was I?" I once asked. "When everyone was working over Caroline, where was I?"

A cloud passed across my mother's eyes, and I knew that she could not remember. "In the basket," she said. "Grandma bathed you and dressed you and put you in the basket."

"Did you, Grandma?"

"How should I know?" she snapped. "It was a long time ago."(19)

위와 같은 텍스트를 자료로 하여 우리나라의 학생들에게도 익숙한 주제인 남아 선호나 형제 간의 경쟁심 혹은 아이를 낳을 때 산파를 부르는 관습 등을 주제로 하여 어렵지 않게 문화 간 비교와 대조가 가능할 것이다. 뿐만 아니라 작문이나 토론과 같은 통합 수업을 통해 당시 미국의 섬 지방에 사는 사람들의 삶의 모습이며 가치관과 가족관계도 이해할 수 있을 것이다. 현재의 우리 교과서와 같이 정보 전달이 주요 목적인 읽기 텍스트는 목표 문화에 대한 사실은 전달할 수 있겠지만 문화에 대한 이해로 발전시키기는 어렵다는 생각이다.

4. 맺음말

지금까지 고등학교 교과서에 실린 읽기 자료를 의사소통능력의 향상이라는 영어교육의 목표 아래 살펴보았다. 현재의 읽기 자료의 대부분이 주로 정보 전달 중심의 텍스트 유형으로 의사소통능력의 향상보다는 특정한 언어 구조나 어휘의 제시에 목적을 두고 고안되거나 변용된 것으로 본래의 의도를 충족시키기에 어려움이 있는 것으로 생각된다. 무엇보다도 현재 자료들은 학생들이 관심을 갖고 재미를 느끼며 읽기에 부족함이 많은 듯하다.

학생들의 학습 부담이나 현재의 언어 발달 수준을 고려하였을 때 진정성 있는 텍스트가 어렵다고 생각될 때는 읽기 자료 자체를 변용하거나 단순화하기보다는 연습문제나 교사의 교수활동을 통해 중재가 되도록 하는 것이 바람직할 것이다. 그러나 무엇보다도 진정성 있는 자료를 도입할 수 있기 위해서는 읽기 방식이 현재와 같이 정독(intensive reading)이 아닌 다독(extensive reading)으로 바뀌어야 할 것이다. 대학에 입학하기까지 현재의 학제에서는 십 년 동안의 영어 수업을 받게 되는데, 문자언어가 제대로 도입되지 않은 초등학교 3, 4학년을 제외하고도 그 긴 시간 동안의 영어 수업에서 학생들의 기억에 남을 정도로 감동적인 읽기 텍스트가 과연 있는지 생각해봄 직하다. 다양한 주제와 난이도, 유형을 갖는 텍스트들로 구성된 진정성 있는 읽기 교과서의 제작을 고려해볼 만하다. 이 가운데 가르쳐야 할 학생의 수준이나 요구, 특성에 맞게 선택해서 읽게 한다면 교육과정에서 영어교육의 목표로 제시하고 있는 의사소통 능력의 함양이라는 목표를 훨씬 더 효율적으로 달성할 수 있을 것이다.

나아가 영어교육의 관점에서 문학작품을 활용함으로써 텍스트의 진정성을 높여가는 것에는 한계가 있다. 다양하고 적절하며 흥미진진한 영문학 텍스트의 이해는 누구보다 영문학자들의 영역이기 때문이다. 그런데도 대부분의 영문학자들은 순수 학문의 영역 속에서 안주하고 있다. 그러나 인문학으로서의 영문학이 응용학문으로서의 영어교육학과 대화하고 협력하여야만 영어교육의 내용이 풍성해질 것이다. 적어도 영어교육을 염려하는 영문학자들만이라도 영어권 아동문학과 청소년문학에 관심을 기울여, 우리 청소년들에게 딱딱한 정보나 그저 그런 주장이 아닌, 풍부하게 삶을 돌이켜 보는 문학작품을 건네주는 데 힘을 쏟아야 할 것이다. 그 노력에 힘입어 아름답고 감동을 주는 문학작품들이 중등학교 교과서 속에 대폭 들어와, 의사소통의 진정성을 높이는 영어교육의 궁극적인 목표에 근접할 수 있게 되기를 바란다.

참고문헌

교육인적자원부. 『2007년 개정 외국어과 교육과정』. 서울: 교육인적자원부, 2007.

김덕기 외. 『High School English』. 서울: 금성출판사, 2001.

박영식 외. 『High School English』. 서울: 법문사, 2001.

심영호 외. 『High School English』. 서울: 교학사, 2001.

이맹성 외. 『High School English』. 서울: 지학사, 2001.

이병민 외. 『High School English』. 서울: (주)두산, 2008.

이완기 외. 『High School English』. 서울: (주)금성출판사, 2008.

이재영 외. 『High School English』. 서울: 천재교육, 2008.

이찬승 외. 『High School English』. 서울: 능률교육, 2008.

임병빈 외. 『High School English』. 서울: 장원교육, 2001.

정길정 외. 『High School English』. 서울: (주)중앙교육진흥연구소, 2008.

Amati-Mehler, A., S. Argentieri, and J. Canestri. *The Babel of the Unconscious: Mother Tongue and Foreign Languages in Psychoanalytic Dimension*. Madison: International Universities Press, 1993.

Anderson, R. R. Raynolds, R. D. Schallert, and E. Goets. "Frameworks for comprehending discourse."*American Educational Research Journal* 14.4(1977): 367-381.

Anooshian, L. and P. Hertel. "Emotionality in free recall: Language specificity in bilingual memory." *Cognition and Emotion* 8(1994): 503-514.

Bachman, L. *Fundamental Considerations in Language Testing*. Oxford: Oxford University Press, 1990.

Byrnes, H. "Perspectives." *Modern Language Journal* 89(2006): 244-266.

Canale, M. "On some dimensions of language proficiency." *Issues in Language Testing Research*. Ed. J. Oller. Rowley: Newbury House, 1983. 333-342.

Canale, M. and M. Swain. "Theoretical bases of communicative approaches to second language teaching and testing." *Applied Linguistics* 1(1980): 1-47.

Carter, R. "Vocabulary." *The Cambridge Guide to Teaching English to Speakers of Other Language*. Ed. Carter, R. and D. Nunan. Cambridge: Cambridge University Press, 2001. 42-47.

Chomsky, N. *Aspects of the Theory of Syntax*. Boston: MIT Press, 1965.

Cross, D. "News and Activity in the Media." *Using Authentic Resources in Teaching French*.

Ed. B. Jones. London: Centre for Information on Language Teaching and Research, 1984. 19-28.

Dewaele, J. and A. Pavlenko. "Emotion Vocabulary in Interlanguage." *Language Learning* 52(2002): 263-322.

Geddes, M. and R. White. "The Use of Semi-Scripted Simulated Authentic Speech in Listening Comprehension." *Audiovisual Language Journal* 16(1978): 137-145.

Gillmore, A. "Authentic Materials and Authenticity in Foreign Language Learning." *Language Teaching* 40(2007): 97-118.

Grellet, F. *Developing Reading Skills*. Cambridge: Cambridge University Press, 1981.

Halliday, M. A. K. *Explorations in the Functions of Language*. London: Edward Arnold, 1973.

Hymes, D. "On Communicative Competence." *Sociolinguistics*. Ed. J. B. Pride and J. Holmes. Harmondsworth: Penguin, 1972.

_______. "Ways of Speaking." *Explorations in the Ethnography of Speaking*. Ed. R. Bauman and J. Sherzer. London: Cambridge University Press, 1974. 433-451.

Knapp, P. and M. Watkins. *Genre, Text, Grammar: Technologies for Teaching and Assessing Writing*. Seattle: University of Washington Press, 2005.

Krashen, S. *The Power of Reading*. Englewood, CO: Libraries Unlimited, 1993.

Lange, D. "Planning for and Using the New National Culture Standards." *Foreign Language Standards: Linking Research, Theories, and Practice*. Ed. J. Phillips and R. Terry. Lincolnwood: National Textbook Company, 1999. 57-135.

McDonough, J. and C. Shaw. *Materials and Methods in ELT*. Oxford: Blackwell, 1993.

McKay, S. "Literature as Content for ESL/EFL." *Teaching English as a Second or Foreign Language*. Ed. Marianne Celce-Murcia. Boston: Heinle & Heinle, 2001. 319-332.

Moorjani, A. and T. Field. "Semiotic and Sociolinguistic Paths to Understanding Culture." *Toward a New Integration of Language and Culture*. Ed. Singerman, J. Middlebury: Northeast Conference, 1988.

Paterson, K. *Bridge to Terabithia*. NY: HarperCollins Publishers, 1972.

_______. *Jacob Have I Loved*. NY: HarperCollins Publishers, 1980.

Richards, J. and T. Rodgers. *Approaches and Methods in Language Teaching: A Description and Analysis*. Cambridge: Cambridge University Press, 1986.

Savignon, S. "Communicative Language Teaching: State of the Art." *TESOL Quarterly* 25.2(1991): 261-271.

________. "Communicative Language Teaching for the Twenty-First Century." *Teaching English as a Second or Foreign Language*. Ed. Marianne Celce-Murcia. Boston: Heinle & Heinle, 2001. 13-28.

Seelye, N. *Teaching Culture: Strategies for Intercultural Communication*. Lincolnwood: National Textbook Company, 1984.

Swaffer, J. "Reading Authentic Texts in a Foreign Language." *The Modern Language Journal* 69.1(1985): 115-134.

Widdowson, H. G. *Aspects of Language Teaching*. Oxford: Oxford University Press, 1990.

Williams, E. *Reading in the Language Classroom*. London: Macmillan, 1984.

05

고등학교 학생들 가슴 속에 영문 명연설 담기

정종호

1. 들어가는 말

필자에게는 만 여섯 살이 된 유치원생 아이가 있다. 전종섭(2005; 2007)에 따르면 "대학생 집단을 대상으로 현재의 영어실력과 영어 학습 개인사의 상관관계를 조사한 결과, 영어를 잘하는 사람들은 두 부류가 있는데 초등학교 진학 후 만 6세에서 10세에 외국에서 체류 경험이 있는 사람들은 외국에서 살았던 기간만큼 영어실력이 좋았고 스스로의 의지에 의해 능동적으로 문법, 어휘, 독해, 듣기 등을 머리 싸매고 공부했던 사람들이 영어를 잘하는 다른 부류였다"(508). 외국에서 영어를 습득할 기회를 줄 수 없는 입장에서, 아이가 학교와 직장에서 영어 때문에 힘들어하지 않기를 바라는 아빠는, 아이가 학업성취형 인간이 안 될까봐 벌써 걱정이다. 영어공부를 시켜보면 아이는 단어나 문장 쓰기를 매우 부담스러워한다. 알파벳을 가르친 지 만 2년이 되는데도 b와 d, p와 q를 구분시키는 것이 불가능해 보인다.

하지만 영어교육을 전공하는 아빠는 아이에게서 희망을 보고 있다. 아이는 우리말과 영어로 번갈아가면서 아동용 만화영화를 즐겨 반복한다. 쉬운 아동용 영어책을 읽어주면 30분을 넘겨가며 책의 세계에 빠져든다. 교육인적자원부 고시 초등학교 6학년에 해당하는 어휘 수준 500단어의 동화책을 큰 무리 없이 소화한다.

필자는 학업성취형이 아닌데도 영어학습 동기를 유지하는 아이의 동력은 무엇일까 생각해보았다. 아이는 내용에 빠져들고 내용의 주공급원은 이야기이다. 내용이 유치하거나 어려운 것은 쉽게 흥미를 잃는 것으로 보아 지적으로나 정서적으로 자극을 주는 내용에 끌리는 것으로 보인다. 내용에 강하게 끌리면 언어수준이 어려울 때 열 번 내외의 지근한 반복을 요구한다. 아이의 영어학습 장르는 동화이다. 전래 동화, 창작 동화, 과학 동화, 신화를 막론하고 스토리를 즐긴다.

영어교육을 전공하는 아빠는 아이의 영어교육에 대한 고민이 중등학교에서의 영어교육에 대한 고민과도 닿아있다고 느낀다. 필자는 1980년대 전후의 문법 · 번역식 학교수업에서 학업성취형 인간이 아닌 대다수 학생들이 너무 힘들어했던 것을 보았다. 의사소통 활동이 강조되는 최근의 분위기에서도 대다수 학생들이 수업에 몰입할 수 있는 것은 아니라고 본다.

교육인적자원부는 2007년의 『외국어과 교육과정』에서 의사소통의 목표를 명확히 하고 예시문까지 제시하며 말하기 의사소통기능을 강조하고 있다. 어휘수와 문장의 길이를 제시하며 언어수준을 안내하고, 여러 가지 활동을 장려하고 있다. 하지만, '소재 채택 시 학생들의 흥미, 필요, 인지적 수준 등을 고려하여 학습 의욕을 유발할 것'을 권장하고 있기는 하지만, 내용적 측면을 별로 강조하지 않는다. 그 결과 교과서를 포함한 수업자료들은 의사소통을 목적으로 하고 있고 언어수준이 개선되고 다양한 활동이 들어 있지만 내용상으로 학습자들에게 재미없거나 유치한 경우가 많아 보인다.

내용적 측면과 마찬가지로 부적당한 대접을 받는 또 다른 분야는 장르이다. 2007년의 『외국어과 교육과정』 전체로 보아 '다양한 장르', '다양한 종류의 글'이란 말이 몇 군데 언급되어 있기는 하지만 자세한 안내가 되어 있지 않아 막연한 요구에 그치고 있다. 고등학교 1학년의 경우 듣기에 짧은 안내 방송, 간단한 토론과 논쟁이, 읽기에 신문이나 잡지 기사, 쉬운 문학 작품이, 쓰기에 메모하기, 서식 채우기, 간단한 기행문 쓰기가 언급되어 있지만 충실해보이지는 않는다. 대학수학능력시험의 경우 장르가 더욱 편중되는데 읽기 부분만을 보자면 대부분 설명문과 논설문으로 되어 있다. 교과서의 장르에 대한 관심 부족과 수능의 여파(backwash effect)로 인해 고등학교 실제 영어수업 자료의 대부분은 두어 가지 장르로 집중되고 있다.

그런데 필자에게 교육부의 일반적 교육과정과 수능의 영향으로부터 어느 정도 벗어날 기회가 생겼다. 2007학년도에 서울의 모 과학고에 부임하면서 동료교사들의 동의 아래 1학년 학생들의 수업을 자율적으로 구상하게 되었다. 학생들의 인지적 수준을 존중하는 관점에서 수업자료를 찾게 되었고 감동적인 영어 연설이라는 장르로 새로운 수업을 시도하기도 했다.

새로운 학교 환경에서의 시도는 연설문을 통한 영어교육에 대한 연구로 이어졌는데, 필자는 다음과 같은 관심을 발전시키고 해결하고 싶었다.

1. 명연설은 외국어 학습의 동기를 강화할 수 있다.

2. 외국어 학습에서 명연설은 내용상으로 가치 높은 교재이다.
3. 외국어 학습에서 명연설은 언어상으로 가치 높은 교재이다.
4. 외국어 학습에서 학습자들은 내용적 측면을 언어적 측면에 못지않게 중요시한다.
5. 연설은 고등학교 외국어 학습의 주요 장르가 될 수 있다.

이 글에서 자주 쓰이는 용어들을 정리하면 다음과 같다. 영어 명연설은 사람들 사이에서 유명한 영어로 된 연설을 의미한다. 연설은 연설자가 신념이나 사상을 미리 신중한 사고를 거쳐서 계획하고 조직한 후 청중에게 구어로 발화함으로써 지지, 설득, 호소의 효과를 얻으려는 의사전달 행위(최선경 16)를 의미한다.

동기(motivation)는, 윌리엄스(Marion Williams)와 버던(Robert Burden)이 인지적인 관점과 사회적 구성주의의 틀 내에서 정의한 개념을 받아들여서, "설정한 목표를 달성하기 위하여 의식적으로 행동에 나설 결심을 하게 되고 일정 기간 동안 지적이거나 신체적인 노력을 지속할 수 있을 만큼 인지적 · 정서적으로 상기된 상태"(120)를 의미한다.

내용적 측면은 언어가 담고 있는 대상으로서 학습자의 인지적, 정서적 성장과 관련된 내용을 의미한다. 기계적 훈련(mechanical drill)에 대비되는 의사소통언어교육(Communicative Language Teaching; CLT)에서의 의미 있는(meaningful) 의사소통을 넘어서서 학습자의 인지적, 정서적 성장에 도움이 된다라는 취지에서의 내용적 측면이다. 언어적 측면은 내용의 조직, 구문, 어휘 외에도 읽기, 듣기, 쓰기, 말하기를 모두 포함한다.

주요 장르는 정규 외국어 학습에서 반드시 일정한 범위를 점하도록 포함해야 하는 구체적인 텍스트 유형이다. 장르(genre)는 특정한 예술 형태를 의미하지 않고 특정 목적을 달성하기 위한 언어 사용의 사회적 관행을 의미하는데, 이 장르 덕분에 우리의 상호작용은 혼란스럽지 않다(Derewianka 135). 장르의 구체적 실례로는 동화, 신문기사, 조리법, 실험보고서, 광고, 논쟁(debate), 연설, 초대장, 요구하기, 방향 가르쳐주기 등을 들 수 있다(Lin 236-237).

2. 이론적 배경: 외국어 교육에서의 내용과 장르

배우고자 하는 것은 인간의 속성이다. 많은 심리학자들은 아동은 세상에 대해 알고 싶은 호기심과 배우고자 하는 욕구를 타고난다고 본다(Dörnyei 50). 구성주의의 교육이론에 의하면, 교육은 비계설정(scaffolding)을 통해 학습자들이 근접발달영역(zone of proximal development) 내에서 발달할 수 있도록 효과적으로 돕는 것이다(Anton 304). 근접발달영역은 학습자가 혼자서 문제를 해결하는 실제적 발달 수준(actual development level)과 좀 더 지식이 풍부한 성인이나 동료의 도움을 받아 성취할 수 있는 잠재적 발달 수준(potential development level) 사이의 거리이다. 비계 설정은 도움의 수준을 민감하게 조절함으로써 아동의 발달을 지원하는 발판 역할을 하는 것이다.

의사소통중심 언어교수법(CLT)은 1980년대 이래로 엄청난 인기를 누려왔다. CLT는 상호작용(social interaction) 능력을 키우기 위한 교육 활동을 의미하는 포괄적인 개념이다(Savigon 263). CLT 이론가들은 언어의 창조적, 목적의식적 활용을 강조하고, 이해(interpretation)와 이해의 조정(negotiation)과 표현을 중시한다. 대표적인 교수모형으로는 정보차 활동(information gap activity), 게임, 역할극과 드라마 기법이 있다(Kumaravadivelu 61). CLT는 문법과 번역 중심으로 영어교육이 진행되어 오던 우리나라에서도 6차 교육과정부터 전면적으로 강조되어 왔다(Kwon 60-61). 하지만 CLT는 여러 장점에도 불구하고 한국과 같은 다양한 환경에서의 적용가능성 등에 대해 문제가 제기되어 왔다(Kumaravadivelu 62; Bax 278).

힌켈(Hinkel)에 따르면 제2언어 학습과 관련한 최근 경향은 외부에서 주입하는 방식의 교수방법론 퇴조, 즉 학생의 역할과 상황에 적절한 교수법의 강조, 정확성과 유창성의 동시 강조, 상달(bottom-up)과 하달(top-down) 방식의 동시 강조, 의미 있는 의사소통(meaningful communication)을 중시하면서 여러 가지 언어기능을 역동적으로 통합하는 것 등이다(110-114). 언어기능을 통합하는 모델의 교수방법론으로는 내용(content), 과업(task), 장르(genre, text), 프로젝트, 문학 등에 기반한 모형을 망라한다. 이런 언어기능 통합형 모델들은 목적의식적인 의사소통, 상호작용, 실생활 언어 사용, 맥락이 있는 언어 학습을 증진시킬 수 있다.

이 교수 방법론들 중 내용기반교육(content-based instruction)은 언어 교육과 다른 과목의 내용 교육을 결합시킴으로써, 학습자가 내용을 이해하기 위해서 언어를 배우는 진정한 의미에서의 의사소통 동기를 부여한다(Skehan 290). 하지만 내용기반교육은 교사가 둘 이상의 과목에서 전문성을 갖기 어렵다는 점, 학습자들이 시험에 대비해서 내용에 치우치게 된다는 점 등의 문제점을 지적받기도 한다(Hinkel 114).

필자는 CLT에서 외국어 교육의 초점을 의사소통능력 향상에 둔 것에 적극 찬성하는 입장이다. 하지만 CLT가 강조하는 '의미 있는 의사소통'에서의 '의미 있는'이 단순히 기계적 훈련(mechanical drill)에 반대하는 정도일 때 CLT는 학습자에게서 학습에서 오는 신명의 일부를 빼앗아 버린다고 본다. 학습 욕구를 타고난 학습자로부터 인지적으로 도전적이고 흥미로운 내용에서 얻게 되는 신명을 빼앗아 버린다고 본다.

내용기반교육은, 몰입교육(immersion)으로 나아가면 외국어교육 상황에서 큰 논란거리가 되지만, 그 취지를 영어 교과 내부로 한정하게 되면 시사점이 커 보인다. 인지적으로 흥미 있고 도전적인 내용과 외국어를 결합시키려는 노력이라는 점에서 타당한 문제제기를 하고 있기 때문이다.

장르기반교수법(genre-based approaches)도 최근 외국어 교육의 주된 흐름들 중 하나이다(Dreweianka 133; Hinkel 113). 장르 기반 교수법에서는 구문이나 문장 수준보다는 전체 텍스트 수준에서의 의미를 강조하며, 언어 사용을 사회적 목적 혹은 기능과 관련짓는다. 호주와 같은 국가의 장르 기반 교육은 비고츠키(L. Vygotsky) 학습 이론에 기반을 두고 있는데, 교사는 학습자를 다양한 공동체에서 필요한 장르로 안내하여 학습자들이 점차 독자적으로 장르를 사용할 수 있게 해야 한다(Dreweianka 133-136).

2001년 싱가포르 교육부는 많은 사람들이 대학과 실제 생활에서 영어를 효율적으로 사용하지 못하고 있다는 문제의식을 갖고, 그 원인으로 기존의 초중등 교육 요강(syllabus)이 특정 장르에 치중되었다는 점 등을 지적하면서, 장르 기반 교수법을 중심으로 한 새로운 초중등 영어교육요강을 제시했다(Lin 224-225). 그들은 텍스트 유형을 개인사나 과거사에 대한 상술, 이야기(narratives), 지시나 절차, 정보 보고, 설명, 입장과 설득, 대화, 실용문으로 나눈 후, 초중등별 단계에 따라 섭렵할 각 텍스트 유형의 구체적 장르들을 세세하게 언급하고, 각 장르를 듣기 및 읽기(receptive skills) 수준에서 교육할지 아니면 말하기 및 쓰기(productive skills)까지 교육할지에 대해 제시하였다(Lin 233-237).

이 글에서 택한 장르인 연설은 싱가포르의 초중등 영어교육요강에서는 '입장과 설득-중등학교-네 가지 기능'에 해당하는 장르이다. 대중 연설은 연설자가 특정한 목적을 갖고서 준비하여 청중에게 호소하는 의사 전달 행위인데, 대중 연설 능력은 개인이 다른 사람들의 신념과 행동에 영향을 끼치고 자신감을 형성하는 데 도움을 주며, 대학에서 발표와 모둠 토의가 활발해짐에 따라 더욱 중요해지고 있으며, 취업과 승진에 큰 보탬이 된다(Yu-Chih 114). 연설 텍스트는 신중한 사고를 거쳐서 사전에 계획되고 조직된 후 구어로 발화되기 때문에, 짜임새 있는 구조를 통해 깊이 있는 정보를 제공하는 문어의 장점을 살리면서 동시에 체험적이고 정감적인 측면에서의 구어적인 이점을 살릴 수도 있다. 짧은 시간 안에 연설자의 의도를 청중에게 전달하여 이해와 동의, 설득의 효과를 얻기 위해서 다양한 수사 형태나 담화 전략을 사용한다(최선경 i-iv).

학습자들은 실제 생활에서 쓰이는 장르의 범례를 학습함으로써, 특정한 방식을 반드시 따라야 하는 것은 아니지만, 장르의 규칙성과 구조를 인식하고 그 장르에 대한 자신감을 갖게 된다(Hyland 151-152). 잘 준비된 연설 텍스트는 읽기와 듣기의 좋은 자료일 뿐만 아니라 쓰기와 말하기의 모범 사례가 될 수 있다.

3. 수업의 실제 및 자료의 조사

필자는 서울의 한 과학고에서 2년 동안 1학년 학생들을 가르쳤다. 2007년에는 1학년 일곱 반 중 다섯 반을 가르쳤는데 나머지 두 반에서도 다른 교사가 동일한 자료로 수업을 진행했다. 다음 해에는 필자가 1학년 일곱 반 전체를 가르쳤다. 한 학급 인원은 보통 22명 정도였다.

학생들은 수학과 과학 분야에서는 서울 시내에서 최상위급의 실력을 갖추고 있지만, 영어 성적은 평가원이나 교육청 주관 대학수학능력시험 모의평가로 보면 40-60퍼센트 정도는 1등급이고 30-40퍼센트 정도는 2등급, 5-20퍼센트 정도는 그 이하였다. 2007학년도 1학년 학생들은 학교에서 주로 iBT 교재로 읽기와 듣기 공부를 하면서, 1학년 때에는 약 10차시 정도의 연설문 학습을, 약 16차시 정도의 짧은 단편소설 및 영시 학습을 곁들였고, 2학년 때에는 약 20차시 정도의 긴 단편소설 학습을 경험했다. 그리고 대부분 대학 수시 입학과 관련하여 개인적으로 TEPS에 대비한 공부를 해왔다. 2008학년도 1학년 학생들은 iBT 교재를 주교재로 읽기와 듣기 공부를 하면서, 연설문으로 약 10차시를, 단편소설로 약 6차시를 공부했으며, 절반 정도는 개인적으로 TEPS 공부를 해왔다.

필자는 두 해 모두 연설문 두 가지를 수업 자료로 삼았다. "I Have a Dream"은 마틴 루서 킹 주니어가 1963년 워싱턴시의 링컨 기념관 앞에서 수십만 군중에게 인종차별 철폐 운동을 계속해나가자고 호소한 연설이다. "You've Got to Find What You Love"는 애플사의 회장인 스티브 잡스가 2005년 스탠포드 대학 졸업식에서 자신의 출생, 대학 생활, 기업가로서의 삶, 췌장암 수술 등을 소재로 진정으로 원하는 일을 찾아서 정진하라고 권고한 연설이다.

필자는 2007학년도 3월에 마틴 루서 킹 주니어의 "I Have a Dream"을 50분 수업 약 5차시에 걸쳐, 9월에 스티브 잡스의 "You've Got to Find What You Love"를 약 5차시에 걸쳐 진행했다. 수업은 주로 연설문의 내용, 연설의 조직, 표현과 구문을 이해하는 읽기 중심 수업으로 진행했다. 읽기 전에 연설자들의 육성 녹음을 먼저 듣고 이해하는 듣기 활동이 매번 있었지만 수업에서의 비중은 높지 않았다.

2008학년도에는 신입생들에게 3월에 "You've Got to Find What You Love"를 먼저 했고 9월에 "I Have a Dream"을 했다. 스티브 잡스의 연설이 과학고에 입학한 학생들의 진로 고민을 위해 먼저 필요한 내용이고 언어 난이도가 더 낮다고 판단했기 때문이었다. 기본적으로는 여전히 읽기 활동이 중심이었고 듣기가 결합되었다. 하지만, 전년도와 달리 연설의 전 과정을 동영상으로 한 번씩 보았고, 연설문 수업과 직접 연관시키지는 않았지만 연설문 수업이 끝난 뒤에 4월에는 My Future를 주제로, 10월에는 My Opinion을 주제로 모든 학생들이 5분씩 연설하는 시간을 가졌다.

2008학년도 12월에 1학년 학생들 다섯 반 84명과 2학년 두 반 34명의 학생들에게 설문조사를 실시하였다. 학년말에 일부 학생들이 각종 학내외 행사에 참여하였기 때문에 설문을 실시한 학급 학생들 중 일부는 설문에 응하지 않았는데, 빠진 학생들이 영어 학습과 관련하여 특이한 학생들은 아니었다. 1학년과 2학년 일부 학급에 대해서만 설문을 실시한 이유는 그 정도면 연구에 충분한 데이터를 얻을 수 있다고 보았기 때문이다. 2학년 학생들을 설문조사에 참여시킨 이유는 연설문 수업을 하고 나서 1년이 지난 뒤에 판단이 크게 달라지는지의 여부를 보기 위해서였다.

설문지는 1학년의 경우 1년 수업 총평가와 다음 해 수업에 대한 의견을 묻는 설문지에 연설문 관련 문항들을 포함시켰는데 응답에 15분 상당의 시간이 소요되었다. 2학년의 경우 1학년 설문지에서 연설문 관련 부분만 수정 없이 편집(부록 1 참고)하여 실시하였는데 7-8분이 소요되었다. 연설문 관련 설문에 솔직한 응답을 주는 것이 올바른 연구 결과를 위해 필수적이라는 이야기를 빠트리지 않았다.

설문지는 다섯 가지 연구 과제와 관련하여 5분 리커트 척도로 열세 문항을 물었다. 넷째 연구과제인 외국어 학습 자료의 내용적 측면과 언어적 측면을 비교하기 위해 학습자들이 연설문 수업자료에서 중요시 여기는 측면들을 있는 만큼 표시하게 했다. 다섯째 연구과제인 고등학교 외국어 학습에서의 연설문의 위치를 묻기 위해 학생들이 1년의 수업을 구상해보도록 했다.

한편 (1)부터 (14)까지의 문항에 대한 학생들의 구체적인 생각과 다른 의견을 알기 위해, 동일한 문항에 대해 개방형, 서술형으로 자세히 응답해줄 학생들을 찾았다. 특정 입장에 상관이 없이 생각이 풍부하기만 하면 된다고 했고, 응답하는 데 시간이 상당히 걸리기 때문에 모두 자원을 받았다. 총 16명의 1학년 학생들이 상세한 대답을 위해 별도의 시간을 내주었다.

학생들의 응답들 중 일부는 분석에서 제외시켰다. 리커트 척도 설문에서 모든 문항에 대해 한 응답에 몰아주는 방식으로 무성의하게 대답한 1학년 두 명과 2학년 세 명은 자료 분석에서 제외했다. 또한 일부 학생들이 일부 문항에 응답하지 않아서 각 문항별로 실제 응답한 학생들의 자료만을 분석했다. 그 결과 1학년 84명의 학생들 중 앞면의 질문인 (1)부터 (8)까지는 81, 82명의 응답을, 뒷면의 질문인 (9) 이하는 77, 78명의 응답을 자료로 삼았다. (14)의 경우 1학년 80명, 2학년 33명의 응답을 정리했다. (15)의 경우 무응답과 합산하여 30이 나오지 않은 합산오류 응답과 몰아주기의 무성의한 응답을 제외하여 1학년 64명, 2학년 31명의 응답만을 분석하였다.

4. 연구 결과와 논의

연구 과제별로 리커트 척도 설문, 서술형 설문의 자료를 분석하면서 연구 결과를 도출하고 논의를 이끌어 보도록 하겠다. 마지막으로 영어 명연설을 자료로 수업을 하는 교사의 소감도 덧붙이고자 한다.

1) 명연설은 외국어 학습의 동기를 강화할 수 있다

(1) 실제 연설을 다루었으므로 다른 지문에 비해 더욱 흥미를 느꼈다.

학년		매우 그렇다	그렇다	보통이다	아니다	전혀 아니다
1	응답자수	23	44	11	3	1
	백분율	28.05	53.66	13.41	3.66	1.22
	누적백분위	28.05	81.71	95.12	98.78	100
2	응답자수	6	19	5	1	0
	백분율	19.40	61.30	16.10	3.23	0
	누적백분위	19.40	80.60	96.80	100	100

(3) 연설자, 연설과 관련된 사건, 연설자의 또 다른 연설에 대해 궁금해졌다.

학년		매우 그렇다	그렇다	보통이다	아니다	전혀 아니다
1	응답자수	9	36	22	11	4
	백분율	10.98	43.90	26.83	13.41	4.88
	누적백분위	10.98	54.88	81.71	95.12	100
2	응답자수	4	13	9	5	0
	백분율	12.90	41.90	29.00	16.10	0
	누적백분위	12.90	54.80	83.90	100	100

(4) 다른 명연설에 대해 더욱 알고 싶어졌다.

학년		매우 그렇다	그렇다	보통이다	아니다	전혀 아니다
1	응답자수	18	34	16	9	4
	백분율	22.22	41.98	19.75	11.11	4.938
	누적백분위	22.22	64.2	83.95	95.06	100
2	응답자수	10	15	5	1	0
	백분율	32.3	48.4	16.1	3.23	0
	누적백분위	32.3	80.6	96.8	100	100

(1) '실제 연설을 다루어서 더욱 흥미로웠다'는 항목에 대해, 리커트 척도 설문에서는 1, 2학년 모두 81퍼센트 이상의 학생들이 '그렇다' 이상에 응답하여 매우 높게 동의하였다. 개방형 설문에서 긍정적으로 기술한 학생들은 그 이유로 '역사적으로 중요한 부분을 현실감 있게 느낄 수 있어서', '솔직한 감정이나 생각이 표현되어서', '일반적인 대화나 강의와는 달리 느껴지는 뭔가가 있어서', '강한 인상을 주는 표현이 많아서'와 같은 내용적 측면에 대해, '영어의 표현이 매우 형식적인 토플류의 지문과 달리 실제적인 영어 표현을 알 수 있어서', '일반 글보다 더 좋은 표현이 많아서', '말하기 기법도 배울 수 있어서'와 같은 언어적 측면에 대해, 그리고 '연설문 전문을 본다는 점에서', '공부해오던 지문들과는 색달라서', '현장감이 있어서', '실제 연설의 음성이나 장면을 접할 수 있어서'와 같은 측면들에 대해 언급하였다. 긍정적으로 기술하지 않은 네 명의 학생들은 '좋아하는 장르가 아니라서', '다른 지문들에서도 정보를 접할 수 있으므로'와 같은 이유를 들었다.

(3) '수업한 연설과 관련된 것에 대해 궁금해졌다'에 대해서는 1, 2학년 모두 55퍼센트 정도의 학생들만이 '그렇다' 이상에 동의하였다. '마틴 루서 킹의 자서전도 더 들춰보게 되었고, 스티브 잡스와 관련된 기사가 나오면 더 관심을 갖게 되었다', '1960년대의 인권운동과 그 전후의 흑인들의 삶에 대해 더 알고 싶었고, 잡스의 아시아 학생 대상 강연이 없나 궁금했다', '마틴 루서 킹에 대해 더 알고 싶어졌고 존경하게 되었다'와 같은 응답들이 있었다.

(4) '다른 명연설에 대해 궁금해졌다'에 대해서는 1학년 64퍼센트, 2학년 81퍼센트 정도가 '그렇다' 이상에 동의하여, (3)번 항목보다 상대적으로 높은 동의를 보여주었다. 학생들은 '마틴 루서 킹 주니어나 스티브 잡스의 연설에서처럼 명연설은 우리에게 비전이나 희망을 주므로', '오바마의 미대통령 당선이 역사적 사건이므로, 그리고 오바마

의 연설이 명연설로 평이 나있으므로'와 같은 이유를 갖고 있었고, '인격적으로 존중받는 인물의 연설에 대해', '우리가 친숙하게 느끼는 최근의 명연설에 대해', '명연설의 배경, 내용, 구조나 표현에 대해' 알고 싶어했으며, '미국 대통령 선거를 전후해서 오바마와 매케인의 연설을 같이 들었으면 좋았을 것'이라는 의견을 제시하기도 했다.

(4)를 긍정적으로 답하면서 (3)을 부정적으로 기술한 학생들의 의견으로는 '만약 또 연설을 공부한다면 다른 형태를 접하기 위해 연설자가 중복되는 건 피할 것이다', '수많은 연설법들, 즉 사람의 마음을 움직이는 힘을 알고 싶기 때문이다'가 있다.

이상에서 보는 바와 같이 학생들은 명연설 학습에 대해 강한 동기를 보여주고 있는데, 명연설은 내용적 측면에서든, 언어적 측면에서든, 아니면 복합적으로든 감동으로 다가오고, 이후의 학습에 대한 기대감으로 이어진다고 볼 수 있다. 다음 한 학생의 서술형 응답은 이 점을 잘 보여주고 있다. '명연설에는 그 이유가 있다. 내용이 좋아서든, 말을 잘해서든 각자의 이유가 있다. 그런 것들에서 장점을 얻을 수 있고, 교훈도 얻을 수 있으므로 다른 명연설도 알고 싶어졌다. 연설문으로 수업을 하기 전에는 연설문을 들어볼 생각도 못했었다.'

2) 외국어 학습에서 명연설은 내용상으로 가치 높은 교재이다

(7) 연설문 수업은 내 마음을 움직이거나 강화시켰다.

학년		매우 그렇다	그렇다	보통이다	아니다	전혀 아니다
1	응답자수	9	28	28	14	3
	백분율	10.98	34.15	34.15	17.07	3.66
	누적백분위	10.98	45.12	79.27	96.34	100
2	응답자수	3	15	10	2	0
	백분율	10.00	50.00	33.30	6.67	0
	누적백분위	10.00	60.00	93.30	100	100

(9) 다른 지문에 비해 역사와 사회와 문화에 대하여 더욱 깊이 이해할 수 있었다.

학년		매우 그렇다	그렇다	보통이다	아니다	전혀 아니다
1	응답자수	13	34	21	9	0
	백분율	16.88	44.16	27.27	11.69	0
	누적백분위	16.88	61.04	88.31	100	100
2	응답자수	3	16	10	1	0
	백분율	10	53.3	33.3	3.33	0
	누적백분위	10	63.3	96.7	100	100

(11) 연설문 학습 후 지적으로나 정서적으로 성장한 느낌을 받았다.

학년		매우 그렇다	그렇다	보통이다	아니다	전혀 아니다
1	응답자수	8	28	27	13	2
	백분율	10.26	35.90	34.62	16.67	2.56
	누적백분위	10.26	46.15	80.77	97.44	100
2	응답자수	2	15	10	3	0
	백분율	6.67	50.00	33.30	10.00	0
	누적백분위	6.67	56.70	90.00	100	100

명연설의 내용이 지적, 정서적 성장에 기여하는가의 연구 과제에 대해 전반적으로 긍정적이기는 하지만, '그렇다' 이상이 매우 높은 편은 아니었다. (7) '연설문은 내 마음을 움직였다'에 대해서는 1학년 45퍼센트, 2학년 60퍼센트가, (9) '역사와 사회와 문화에 대하여 더욱 깊이 이해했다'에 대해서는 모두 61퍼센트 이상의 학생들이 '매우 그렇다'나 '그렇다'에 응답하였고, (11) '지적으로나 정서적으로 성장했다'에 대해서는 1학년 46퍼센트, 2학년 57퍼센트가 '그렇다' 이상에 응답했다.

서술형 응답을 보면 두 연설이 학생들에게 내용적으로 각기 다른 영향을 끼친 것으로 이해된다. 스티브 잡스 연설에서는 '내가 살아가면서 필요한 교훈들을 몇 가지 얻었다', '좌우명이 하나 늘었다', '사랑, 가족, 죽음, 상실 등의 소재에 대해 다시 생각해볼 수 있었다', '인생 선배의 교훈을 얻었다', '인간 승리의 느낌에 난 할 수 있다는 느낌을 받았다', '도전하고 성취하고자 할 때의 자신감도 이 연설문을 통해 가지게 되었다'와 같은 언급을 했다. 마틴 루서 킹 주니어의 연설에서는 '시대와 인권을 이해하는 데 도움이 되었다', '인간의 평등이 무엇인지, 우리가 민주주의 속에서 살아왔는지 숙고하게 해주었다', '설명문보다는 상황 설명이 자세하지 않지만 연설문은 그 당시를 실감나게 하는 측면이 있었다'와 같이 구체적으로 기술했다.

지적, 정서적 성장과 관련하여 학생들은 여러 다른 장르의 지문들이 기여하는 바가 다르다는 점을 언급하기도 했다. '설명문 같은 것이 역사, 사회, 문화를 전달하는 데 더 적합할 것 같다', '역사적 사실을 전문적으로 다룬 것은 아니므로 깊이 이해한 것이라고 보기 힘들다', '정서적인 성장에는 문학이 더 나은 것 같다'가 그 실례들이다. 한편 부정적인 응답을 한 이유로는 '지금 나의 현실과 거리감이 있어서', '내신에 대한 부담을 갖고 연설을 공부하다 보니'와 같은 이유를 들었다.

정리하자면, 학생들은 명연설은 내용상으로 가치가 높은 편인데, 구체적인 내용상의 가치는 장르마다, 그리고 각 연설마다 다를 수 있다고 생각하고 있었다.

3) 외국어 학습에서 명연설은 언어상으로 가치 높은 교재이다

(5) 연설문 전체와 각 문단이 매우 짜임새 있다고 느꼈다.

학년		매우 그렇다	그렇다	보통이다	아니다	전혀 아니다
1	응답자수	18	39	23	2	0
	백분율	21.95	47.56	28.05	2.439	0
	누적백분위	21.95	69.51	97.56	100	100
2	응답자수	5	20	6	0	0
	백분율	16.1	64.5	19.4	0	0
	누적백분위	16.1	80.6	100	100	100

(6) 각 문장과 표현이 매우 훌륭하다고 느꼈다.

학년		매우 그렇다	그렇다	보통이다	아니다	전혀 아니다
1	응답자수	21	40	19	1	1
	백분율	25.61	48.78	23.17	1.22	1.22
	누적백분위	25.61	74.39	97.56	98.78	100
2	응답자수	8	16	6	0	0
	백분율	26.7	53.3	20	0	0
	누적백분위	26.7	80	100	100	100

(8) 연설할 기회가 있으면 학교에서 배운 연설문을 되짚어보거나 다시 검토해볼 것이다.

학년		매우 그렇다	그렇다	보통이다	아니다	전혀 아니다
1	응답자수	9	40	17	13	3
	백분율	10.98	48.78	20.73	15.85	3.659
	누적백분위	10.98	59.76	80.49	96.34	100
2	응답자수	0	13	9	6	2
	백분율	0	43.3	30	20	6.67
	누적백분위	0	43.3	73.3	93.3	100

(5)의 연설문 전체와 문단의 구성에 대해 1, 2학년 각각 70퍼센트와 81퍼센트가 '매우 짜임새 있다'고 응답하고, (6)의 문장과 표현에 대해 각각 74퍼센트와 80퍼센트가 '매우 훌륭하다'는 쪽으로 응답하였다. (8)의 '연설할 기회가 있으면 학교에서 배운 연설문을 검토할 것이다' 항목은 연설문의 구성과 문장과 표현을 포함하여 연설의 방식에 대해 검토하는 문제로 언어적 측면에 대해서인데, 각각 60퍼센트와 43퍼센트가 '그렇다' 이상에 응답하였다.

서술형 응답에서도 학생들은 (5)와 (6)에 대해 매우 긍정적으로 응답했다. 서술형 문항에서 거의 모든 학생들이 두 연설문이 모두 짜임새 있다고 평가했다. '적절한 예시', '반복적인 구문', '요지가 명확한 문단'과 같은 부분적인 사항을 드는 학생들도 있었고, '"I Have a Dream"은 단계적으로 감동과 결의가 솟아오르게 하였고, "You've Got to Find What You Love"에서 스티브 잡스는 특유의 위트를 하나하나 맛보게 하면서 점차 메시지에 도달하였다'는 응답으로 더 큰 틀에서 보는 학생들도 있었다.

문장과 표현에 대해서는 마틴 루서 킹 주니어의 연설은 '무거운 주제라서 그런지 딱딱한 느낌', '다양한 비유적 표현과 강한 느낌의 어휘'를 언급하고, 스티브 잡스의 연설은 '평범한 문장 속에 솔직하고 훌륭한 내용'이라고 하여 차이점을 밝히기도 했다. 두 연설문에 대해 '이런 높은 질의 표현을 익히는 것은 매우 뜻 깊고 교육적인 일', '다양한 문장 구조와 훌륭한 표현을 알 수 있어서 그것이 배움의 기쁨'이라고 극찬하는 학생들도 있었다. 하지만 '진짜 괜찮은 표현과 문장은 문학작품을 따라올 수 없을 것'이라고 덧붙이는 학생도 있었고, '쉽게 이해할 수 없는 미국인들만의 관용구'와 '내용의 흐름을 저해할 정도의 지나친 비유'가 사용되었다며 아쉬워하는 학생도 있었다.

(5)와 (6)에 대한 응답이 매우 긍정적인 데 반해 (8)의 응답에서

상대적으로 동의가 낮은 이유는 서술형 설문을 통해 이해할 수 있다. 표현 기법, 자세, 내용 전개, 연설의 분위기가 도움이 될 것 같다며 긍정적으로 기술한 학생들도 있었지만 '난 연설할 기회가 별로 없을 것', '다른 방법으로 연설을 준비할 것', '내가 전달할 내용을 바탕으로 구성할 것'과 같은 다른 의견들도 눈에 띄었다.

이상에서 알 수 있듯 학생들은 명연설의 언어적 측면에 대해 높이 평가하고 바로 그 언어적 측면으로 인해 명연설 학습에 대체로 만족하고 있는 것을 알 수 있다.

4) 외국어 학습에서 학습자들은 내용적 측면을 언어적 측면에 못지않게 중요시한다

(2) 내용이 좋아서 수업과 공부가 더욱 재미있었다.

학년		매우 그렇다	그렇다	보통이다	아니다	전혀 아니다
1	응답자수	16	41	20	4	1
	백분율	19.51	50	24.39	4.88	1.22
	누적백분위	19.51	69.51	93.9	98.78	100
2	응답자수	2	19	9	1	0
	백분율	6.45	61.3	29	3.23	0
	누적백분위	6.45	67.7	96.8	100	100

(10) 역사적으로 혹은 개인적으로 의미 있는 내용을 다뤘으므로 공감이 컸다.

학년		매우 그렇다	그렇다	보통이다	아니다	전혀 아니다
1	응답자수	13	33	20	10	1
	백분율	16.88	42.86	25.97	12.99	1.30
	누적백분위	16.88	59.74	85.71	98.70	100

학년		매우 그렇다	그렇다	보통이다	아니다	전혀 아니다
2	응답자수	3	18	9	0	0
	백분율	10.00	60.00	30.00	0	0
	누적백분위	10.00	70.00	100.00	100.00	100

(14) 좋은 연설문 수업자료가 갖췄으면 하는 사항을 있는 대로 골라 O표 하시오.

	1학년	백분율	누적 백분위	2학년	백분율	누적 백분위
감동	49	24.50	24.50	12	14.81	14.81
역사적, 사회적 의미	42	21.00	45.50	21	25.93	40.74
같은 시대	17	8.50	54.00	3	3.70	44.44
적절한 구문 난이도	30	15.00	69.00	22	27.16	71.6
빈도 높은 어휘, 표현	21	10.50	79.50	12	14.81	86.42
뛰어난 연설 기법	41	20.50	100	11	13.58	100

(2) '내용이 좋아서 공부가 더욱 재미있었다'에 대해서는 1, 2학년 각각 70퍼센트, 68퍼센트의 학생들이 '그렇다' 이상에 동의하고 있다. (10) '역사적으로나 개인적으로 의미 있는 내용을 다뤘으므로 공감이 컸다'에 대해서는 1, 2학년 각각 약 60퍼센트, 70퍼센트의 학생들이 '그렇다'에 동의했다.

서술형 응답에서는 '연설문들을 공부하면서 역사적인 현장에 서 있는 느낌을 받았고, 특히 스티브 잡스의 연설문의 경우, 현대 사회 '글로벌 리더'의 연설문으로서, 내 인생 설계에 있어 하나의 가이드라인이 되어 주었다.' '다른 읽기, 듣기 지문들과는 달리 연설자의 철학, 삶에 대한 생각 등 오랜 경험에서 우러나오는 지식과 경험들을 통해 삶의 지혜나 교훈을 얻을 수 있어서 좋았다.' '문장 하나하나가 일반 지문보다 훨씬 더 의미 있어서 좋았다.'와 같은 강한 느낌을 서술하는 글들이 눈에 띄었다. 한편 '취향이 문학 작품이라서 연설문이 재미 있다는 느낌은 없었다.' '내용이 좋았으나 학생들의 수업 집중력이나 흥미가 높아진 것은 아니다.'와 같은 의견들도 일부 있었다.

(14) '좋은 연설문 수업 자료가 갖췄으면 하는 사항'에서 학생들은 내용적 측면과 언어적 측면에 고르게 표시해주었다. '감동', '역사적, 사회적 의미', '같은 시대'를 내용적 측면으로, '적절한 구문 난이도', '빈도 높은 어휘와 표현', '뛰어난 연설 기법'을 언어적 측면으로 나누어 본다면, 1학년, 2학년은 각각 54퍼센트 대 46퍼센트, 44퍼센트 대 56퍼센트로 의견을 표명하였다. 서술형 응답에서는 이를 뒷받침해주는 글들을 읽을 수 있었다. '무엇보다 내용이 가치 있고 의미 있는 연설문이어야 한다. 말하는 것 자체가 자기의 생각이나 다른 것들을 전달하는 것이다. 연설을 효과적으로 전달하는 방법도 중요하다.' '영어에 한정되지 않고 학생들에게 도움이 되는 내용 등으로 복합적인 공부가 되었으면 한다.'와 같은 균형 잡힌 의견들이 실례이다.

설문 항목에 직접 명시되지 않은 사항으로는 내용적 측면에서 '학생과의 높은 관련성', '다양한 분야의 연설', '인생에 교훈', '어차피 주관적이므로 논쟁의 소지가 있는 연설'이, 언어적 측면에서 '뛰어난 문장', '청중을 사로잡는 분위기' 등이, 수업 운용 측면에서 '적당한 길이와 난이도', '동영상 자료'가 언급되었다.

5) 연설은 고등학교 외국어 학습의 주요 장르가 될 수 있다

(12) 기회가 있으면 다른 사람들에게 학습한 연설문을 권하고 싶다.

학년		매우 그렇다	그렇다	보통이다	아니다	전혀 아니다
1	응답자수	13	30	22	10	3
	백분율	16.67	38.46	28.21	12.82	3.85
	누적백분위	16.67	55.13	83.33	96.15	100

학년		매우 그렇다	그렇다	보통이다	아니다	전혀 아니다
2	응답자수	5	17	7	1	0
	백분율	16.70	56.70	23.30	3.33	0
	누적백분위	16.70	73.30	96.70	100	100

(15) 1년 30주, 1주 4시간으로 우리 학교 영어 수업을 구성한다면 장르별로 몇 주씩 안배되는 것이 좋겠는가? 모든 시간을 합하여 30이 나오도록 구성하시오.

학년		뉴스	강의	영화	노래	연설문	문학	비문학	
1 (64명)	총시간	216.5	369	254	137.5	329	353	261	총시간 1,920
	백분율	11.28	19.22	13.23	7.16	17.14	18.39	13.59	
2 (31명)	총시간	73.5	162	97.5	57	111	179	250	총시간 930
	백분율	7.90	17.42	10.48	6.13	11.94	19.25	26.88	
1, 2 (95명)	총시간	290	531	351.5	194.5	440	532	511	총시간 2,850
	백분율	10.18	18.63	12.33	6.82	15.44	18.67	17.93	

문항 (12) '학습한 연설문을 다른 사람에게 권하고 싶다'에 대해 1학년 55퍼센트, 2학년 73퍼센트 이상의 학생들이 '그렇다' 이상으로 답하였다. 서술형 문항을 통해 학생들이 밝힌 이유에 의하면 '내용 또한 새겨볼 수 있으므로', '연설문의 특징 등 영어공부 이외의 것도 얻을 수 있으므로', '읽기뿐만 아니라 듣기, 말하기까지 공부할 수 있으므로', '고등학생 정도라면 당연히 알아둬야 하므로'와 같이 내용, 언어, 수업 운용 등 여러 측면에서 이유를 들고 있었다. 부정적인 응답을 한 이유로는 '연설문보다는 관심 분야의 전문 서적이나 문학을 권하고 싶다' 등이 있었다.

문항 (15)에서 학생들에게 1년 동안의 자기 고등학교 수업을 구성해보라고 요구했을 때, 1학년은 17퍼센트, 2학년은 12퍼센트로 연설문에 수업 시수를 배정해주었다. 1, 2학년 학생들을 전체로 놓고 보았을 때, 연설문은 15퍼센트로서 문학 19퍼센트, 강의 19퍼센트, 비문학 18퍼센트보다 낮았지만 영화 12퍼센트, 뉴스 10퍼센트, 노래 7퍼센트보다는 높았다. 15퍼센트는 1년 중 수업이 가능한 주를 30주로 보았을 때 4주 반에 해당하며, 1주에 4시간의 수업이 있다고 할 경우 120시간 중 18시간에 해당하는 적지 않은 시수이다.

이와 같이 학생들은 연설문을 내용, 언어, 수업 운용의 종합적인 측면에서 다른 학생들에게도 권하고 싶을 뿐만 아니라, 자신들과 자기 학교 후배들의 수업에서 연설문이 15퍼센트를 점할 수 있다라고 판단하고 있다. 학생들이 판단하기에 연설은 영어 학습의 한 장르로 자리매김할 수 있는 것이다.

6) 명연설은 교사에게도 가르치는 기쁨을 증진시킨다

"이상해요. 지금 선생님의 목소리와 어투가 마틴 루서 킹 주니어를 닮아 버렸어요." 어느 날 한 학생이 던진 말이다. 어느 때보다 교사는 수업에 몰입해 있었다. 두 가지 연설로 수업을 하면서 필자는 고교 일반 교과서나 수능이나 토플이나 텝스 유형 자료로 수업할 때와는 다른 느낌을 가졌는데, 외국어라는 도구를 잘 연마시켜주는 데서 오는 성취감 이상이 있었다. 내용적 측면이 중시되는 수업에서 학생들에게 지적 · 정서적 성장이 주는 신명이 있었다면 교사에게는 전인교육을 하고 있다는 신명이 있었다. 학생들에게 유의미한 내용이라도 보통의 자료로 수업할 때에는 정보 전달에 그치곤 했는데, 연설 장르로 수업할 때에는 감동을 통해 학생들의 마음속 깊은 곳까지 다가가고 있다는 느낌이 있었다. 몇몇 학생들은 필자에게 인사 대신 마틴 루서 킹 주니어의 목소리로 연설문의 구절을 읊조리며 미소 짓는다. "I am happy to join with you today ……."

5. 요약과 시사점

필자는 영어 실력이 고등학생으로서 상급수준인 서울시내 한 과학고등학교 학생들과 각각 5차시 정도에 걸쳐 마틴 루서 킹 주니어의 "I Have a Dream"과 스티브 잡스의 "You've Got to Find What You Love"의 두 연설문을 읽기 중심으로 수업하였고, 설문을 통해 영어 명연설의 수업 자료로서의 가치와 내용적 측면의 중요성에 대해 연구하였다.

명연설이 학습동기에 미치는 영향과 관련하여, 유명한 연설이고, 강한 느낌을 남기고, 영어 표현이 좋고, 연설 기법도 배울 수 있다는 등의 이유로 학생들은 수업에 강한 흥미를 느꼈고, 다른 명연설에 대해서도 상당한 관심을 나타냈다. 명연설이 내용상 가치 있는 학습 자료인가에 대해 삶과 사회와 역사에 대해 깊이 생각하게 되었거나 교훈을 얻었다며 상당 수준 동의하는 편이었는데, 내용상의 가치는 장르와 구체적 연설마다 다르다는 점을 지적하기도 했다. 명연설의 언어상의 가치에 대해 학생들은 내용상의 가치보다 높게 평가하였다. 학생들은 외국어 학습 자료의 내용적 측면의 중요성에 대해서 상당한 공감을 표시하였고, 연설 수업자료는 내용적 측면과 언어적 측면이 모두 존중되어야 한다고 생각하고 있었다. 연설이 연구 참여 학교 학생들의 영어 수업에서 어느 정도의 비중을 차지해도 좋은가를 물어보았을 때 약 15퍼센트 정도라고 답하였다.

중등학생들 중 일부는 외국체류 경험이나 강력한 학업성취 동기에 의해 영어 학습을 잘해낼 것이다. 하지만 대다수는 외국체류를 기대할 수 없고 학업성취형 인간이 아니라고 할 때, 학습자들의 영어 학습 동기를 최대한 높임으로써 학생들의 외국어 학습을 도와주려는 접근이 필요하다. 본 연구는 중등영어교육에서 언어 능력의 성장을 돕는 비계

설정도 필요하지만 인지적, 정서적 성장을 돕는 내용상의 비계설정도 필요하다는 것을 보여준다. 언어적 측면과 내용적 측면 모두가 학습자에게 유의미할수록 영어 학습 동기는 더욱 높아질 것이다. 한편 의사소통교육(CLT)은 이론상으로나 실제상으로 학습자 내면의 성장에 가능한 한 많은 관심을 기울일 필요가 있다는 점도 시사해준다. 그러할 때 의사소통 능력 강화를 목표로 한 영어교육에 전인교육이라는 말을 붙여도 어색하지 않을 것이다.

이 연구는 또한 장르의 다변화가 중등 영어교육이 더욱 관심을 기울여야 할 과제임을 말해주고 있다. 연설, 논쟁, 문학, 영화, 연극, 광고, 언론 등으로 영어교육 텍스트를 다변화하면, 의사소통능력을 더욱 강화시킬 뿐만 아니라 장르에 따라 특성을 달리하면서 영어 학습의 내용적 측면 존중에도 기여할 것이다.

이 연구는 상위권 학생들이 참여하였기에 영어 수준이 비슷한 특수목적고 학생들이나 수준별 수업의 최상급반 학생들의 수업에 직접적으로 적용해볼 수 있다. 모든 고등학생들이나 중학생들까지 직접적으로 적용하기는 어렵다. 하지만 영어교육에서 동기 강화를 위한 내용상 비계설정의 중요성, 내용과 언어의 동시 존중, 장르 다변화의 개념은 중등학교 전반에 해당된다고 생각한다. 어른이 봐도 재미있고 내용상 유익한 동화나 영상물도 드물지 않다. 언어수준이 부담스럽지 않고 내용이 괜찮은 외국어 학습 자료는, 어렵지만 일단 찾거나 만들고 나면, 영어교육의 보배가 될 것이다.

참고문헌

교육인적자원부. 『외국어과 교육과정: 교육인적자원부 고시 제2007-79호』. 서울: 2007. 3-93.

전종섭. 「제4부 외국어교육」. 『미래를 준비하는 교육』. 최정연 제작. EBS. 2007. 6. 21.

전종섭, 황윤희, 이시연. 「유소년기의 다양한 영어 학습 방법이 고급 영어 구사 능력 달성에 미치는 장기적인 효과에 대한 연구」. 『영어교육』 60.4(2005): 487-515.

최선경. 「연설문의 텍스트 언어학적 분석: Roman Herzog의 '교육개혁'에 관한 연설문을 중심으로」. 석사학위 논문. 서울대학교 대학원, 1999.

Anton, Marta. "The Discourse of a Learner-Centered Classroom: Sociocultural Perspectives on Teacher-Learner Interaction in the Second-Language Classroom." *The Modern Language Journal* 83.3(1999): 303-318.

Bax, Stephen. "The End of CLT: A Context Approach to Language Teaching." *ELT Journal* 37.3(2003): 278-287.

Derewianka, Beverly. "Trends and Issues in Genre-Based Approaches." *RELC Journal* 34.2(2003): 133-154.

Dőrnyei, Zoltan. *Motivational Strategies in the Language Classroom*. Cambridge: Cambridge University Press, 2001.

Hinkel, Eli. "Current Perspectives on Teaching the Four Skills." *TESOL Quarterly* 40(2006): 109-131.

Hyland, Ken. "Genre Pedagogy: Language, Literacy and L2 Writing Instruction." *Journal of Second Language Writing* 16(2007): 148-164.

Kwon, Oryang. "Korea's English Education Policy Changes in 1990s: Innovations to Gear the Nation for the 21st Century." *English Education* 15.1(2000): 47-91.

Kumaravadivelu, B. "TESOL Methods: Changing Tracks, Challenging Trends." *TESOL Quarterly* 40.1(2006): 59-81.

Lin, Benedict. "English in Singapore: An Insider's Perspective of Syllabus Renewal Through a Genre-Based Approach." *RELC Journal* 34.2(2003): 223-246.

Savignon, Sandara. "Communicative Language Teaching: State of the Art." *TESOL Quarterly* 25(1991): 261-277.

Skehan, Peter. "Language Instruction Through Tasks." *International Handbook of English Language Teaching*. Ed. J. Cummins and C. Davison. New York: Springer, 2007.

Williams, Marion and Robert L. Burden. *Psychology for Language Teachers: A Social*

Constructivist Approach. New York: Cambridge University Press, 1997. 111-142.
Yu-Chih, Sun. "The Toastmasters Approach." *RELC Journal* 39.1(2009): 113-130.

제3부

대학 영어교육을 위한 새로운 탐색

01

절충주의식 셰익스피어 교육방법: 『리어왕』을 중심으로*

조광순

1. 셰익스피어 교육과 연구의 최근 동향

이 글의 목적은 절충주의식 셰익스피어 교육방법을 제시하는 데 있다. 필자는 오랫동안 대학에서 셰익스피어를 가르치면서 셰익스피어를 두 가지의 관점에서 접근하는 것이 필요함을 체험적으로 알게 되었다. 즉 문학적 방법과 공연비평적 방법을 절충하는 것이다. 이 방법은 셰익스피어의 작품을 문학작품으로 간주하여 문학적 측면을 조명하는 문학적 접근법과 이 작가의 희곡작품이 가지고 있는 공연적 특성을 강조하는 공연비평적 접근법을 통합하는 것이다. 특히 대학에서 셰익스피어를 가르칠 경우 본문의 이해와 작품 감상이 중요하기 때문

---

* 이 글은 *Shakespeare Review* 47.1(2011): 137-163에 수록된 것을 전재한 것이다.

에 문학적 접근방법의 바탕 위에 공연적 접근방법을 보완하는 것이 바람직하다.

필자의 절충주의식 교육방법은 문학적 접근방법과 공연적 접근방법의 한계를 극복하고 이 두 교육방법의 효과를 극대화하기 위한 것이다. 문학적 접근은 희곡 작품이 가지는 무대대본으로서의 특징을 간과한다는 측면이, 공연적 접근방법은 작품의 비평 역사와 문학 텍스트로서의 특징을 충분히 다루지 못한다는 한계를 지니고 있다. 이런 절충주의적 교육방법은 지금까지 이루어진 셰익스피어의 연구방법론에 기초한 것이다. 다른 분야에서도 마찬가지겠지만 셰익스피어의 교육방법은 셰익스피어의 연구방법과 밀접하게 맞물려 왔다. 이런 점에서 셰익스피어를 어떻게 가르치느냐의 문제를 고찰하기 위해서는 셰익스피어를 어떻게 연구하여 왔는가의 문제를 살펴보는 것이 필요하다.

셰익스피어가 대학에서 본격적으로 교수와 연구의 대상이 된 것은 영어영문학 전공이 설치되고부터이다. 미국에서는 1882-83년도에 존스 홉킨스 대학교(The Johns Hopkins University)에, 영국에서는 1917년도에 케임브리지대학교(Cambridge University)에 영어영문학전공이 개설되었다. 셰익스피어의 연구와 교육방법론은 지난 100여 년 동안에 괄목할 만한 성장을 이루어 왔다. 20세기 중반까지도 셰익스피어 연구는 셰익스피어의 작품을 문학으로 간주하여 그의 작품에 나타난 문학적 특성을 검토하는 것이 주된 경향이었다. 브래들리(A. C. Bradley), 윌슨 나이트(Wilson Knight), 도버 윌슨(Dover Wilson) 같은 대표적인 셰익스피어 학자들은 그의 희곡작품에 나타난 문학적인 문제들 즉 성격, 심상, 주제 등을 다루었다. 그러나 셰익스피어의 작품은 원래 읽기 위한 것이 아니라 공연하기 위한 것이었다는 점을 강조하는 학자들은 셰익스피어의 작품을 문학 분석의 대상으로만 삼을 경우 공연대본으로서 갖는 많은 공연적 요소를 놓치게 된다는 점을 강조하였다. 셰익스피어 작품이 갖는 공연적 요소를 강조하는 극장적 접근방법은 문학적 접근방법과 더불어 셰익스피어 연구와 교육의 양대 주류가 되었다.

셰익스피어 작품의 공연적 요소를 강조하는 입장을 공연비평(performance criticism)이라고 부른다. 공연비평의 대두는 1980년대에 들어서서 활발해졌는데 이는 기술의 발달로 말미암아 셰익스피어의 작품이 빈번하게 공연되었고 다양한 미디어 형태로 제작되었기 때문이다. 예를 들어 필립 맥과이어(Philip McGuire)와 데이비드 사무엘슨(David Samuelson)이 편집한 『셰익스피어: 극장적 측면』(*Shakespeare: The Theatrical Dimension*)이라는 책은 셰익스피어 작품을 무대에 올릴 때 고려해야 할 사항들을 다룬 논문집이다. 이 논문집에서 다루고 있는 공연적 요소로는 무용, 일인이역, 시각적 무대장치, 시극의 공연 등이 있다.

본문을 분석하고 해석한 전통적인 문학적 방법과는 달리 공연비평은 일회적인 공연과 한 편의 영화를 텍스트로 간주하기 때문에 셰익스피어의 텍스트를 확대하는 결과를 가져왔다. 근자에 들어서서 영화산업의 활성화로 셰익스피어의 작품이 영화로 만들어지면서 그의 작품 텍스트가 기하급수적으로 늘어나게 되었다. 이런 결과로 셰익스피어 작품과 영화와의 관계를 조명하는 것이 셰익스피어 연구와 교육의 중요한 분야가 되었다.

공연비평의 등장으로 인하여 셰익스피어 작품의 텍스트가 다양화되었을 뿐만 아니라 학생들로 하여금 실제로 공연에 참여하여 희곡의 공연적 요소를 체득하게 하는 교육방법이 활성화되었다. 학생들은 실제공연에 참여함으로써 작품의 문학적 특성뿐만 아니라 배우로서 또는 연출가로서의 역할을 깨닫게 된다. 이런 점에서 교실공연을 통하여 셰익스피어를 가르치는 것은 작품을 더 완벽하고도 전체적으로 이해하게 하는 방법이다.

렉스 깁슨(Rex Gibson)은 오랫동안 케임브리지대학교의 교육연구소에서 셰익스피어교육에 관한 연구와 프로젝트를 수행하였고 이 분야에 있어서 고전적인 연구서인 『중등학교에서의 셰익스피어』(*Secondary School Shakespeare*)를 저술하였다. 깁슨에 의하면 셰익스피어의 본문을 대본으로 접근하는 공연비평은 다음의 사항들을 부각시켰다(7-25). 첫째, 셰익스피어 교육은 학생중심이어야 한다. 학생들은 다른 사람의 해석이나 질문을 수용하기보다는 나름대로 의미를 만들어야 한다. 둘째, 공연에서는 공동의 참여가 요구되기 때문에 이런 점에서 성공적인 셰익스피어 교육은 협동적이어야 한다. 셋째, 셰익스피어의 모든 대사는 배우의 상상력을 필요로 한다. 배우는 대사를 무대에서 연행할 때 그 상황을 상상하게 마련이다. 넷째, 셰익스피어의 대사는 배우의 제스처를 통하여 가시화되고 구체화된다. 다섯째, 셰익스피어의 대사는 독창적인 설명을 필요로 한다. 여섯째, 셰익스피어의 작품은 독특성을 가지고 있다. 공연은 각 작품의 특이성을 살려야 한다. 일곱째, 셰익스피어의 작품을 무대에 올릴 때 필연적으로 선택과 다양성의 문제가 고려된다. 즉 셰익스피어를 공연할 때 한 가지 절대적인 방법이 있을 수 없다. 셰익스피어 공연과 연구에서의 복수성의 원칙은 해석의 경우에도 적용된다. 여덟째, 셰익스피어의 작품은 관객을 즐겁게 하기 위하여 쓰였다. 따라서 셰익스피어를 가르치는 것은 셰익스피어를 즐기게 하는 것이다.

20세기 후반에 공연비평이 셰익스피어 연구와 교육에 중대한 영향을 미쳤지만 그렇다고 후자의 시각이 과거의 문학적 접근방법을 대신하고 유일한 셰익스피어 교육방법으로 자리매김을 한 것은 아니다. 과거의 문학적 접근은 여전히 유효하고 중요한 연구와 교육의 방법으로 남아 있다. 다음에서 셰익스피어의 대표적인 비극인 『리어왕』을 어떻게 절충적으로 가르칠 수 있는가에 대한 구체적인 방법을 제시하고자 한다. 이 방법은 필자가 수년 동안 대학에서 셰익스피어를 가르치면서 축적한 것을 기초로 한 것이다. 이 글의 목적은 필자 개인의 교육방법을 제시하는 것에서 그치지 않고 셰익스피어 교육방법의 효과적인 모델을 제시하는 데 있다.

2. 셰익스피어에 대한 배경지식 강의

대학에서 셰익스피어를 가르치면서 가장 문제되는 것은 학생들과 셰익스피어 사이에 놓여 있는 문화적 언어적 간격이다. 셰익스피어의 활동 시기는 현재와 400년 이상의 시간적 차이가 있다. 이 시간적 차이로 인하여 학생들은 영국 르네상스 시대의 문화와 언어가 낯설게 느껴질 뿐만 아니라 이해하기가 어렵다.

셰익스피어를 성공적으로 가르치기 위하여서는 학기 초에 학생들로 하여금 셰익스피어와 친숙하게 만드는 것이 필요하다. 필자의 경우는 학기 초의 2주 동안 영국의 르네상스 시대와 셰익스피어에 대한 배경지식을 강의한다. 배경에는 셰익스피어의 시대적 상황, 셰익스피어의 생애, 셰익스피어의 무대, 셰익스피어의 본문이 포함이 된다. 배경에 관한 첫 번째 시간에서는 셰익스피어의 시대 특별히 르네상스 영국의 정치, 종교 문제를 다룬다. 학생들은 시대적 배경을 앎으로써 셰익스피어 작품의 역사적 배경을 더 잘 이해하게 된다. 셰익스피어 시대에 관한 가장 명료하고도 간략한 설명은 러스 맥도날드(Russ MacDonald)가 쓴 『베드포드 셰익스피어 안내서』(*The Bedford Companion to Shakespeare: An Introduction with Documents*)의 제9장이다. 맥도날드는 9장에서 '추밀고문관', '국왕', '교회', '질서의 이데올로기', '셰익스피어의 극장과 권력의 문제', '무대와 적대자들'의 문제들을 다루고 있다.

배경에 관한 두 번째 시간에서는 셰익스피어의 전기(biography)문제를 다룬다. 셰익스피어 학자들은 『좋으실 대로』(*As You Like It*)의 제2막 7장에서 제이키즈(Jacques)가 인생을 7막으로 나누었듯이("And one man in his time acts many parts, / His acts being seven ages" ["한 개인은 일생 동안에 여러 가지 역할을 합니다 / 왜냐하면 그의 인생은 7막이니까요"], 143-44) 이 극작가의 인생을 같은 수의 단계로 나눈다. 셰익스피어의 인생 7막은 초기시대, 결혼생활, 무기록시대, 시종장 극단배우시절, 글로브극장시기, 왕립배우시절, 말기와 은퇴로 나눌 수 있다.[1]

셰익스피어의 1막은 그가 태어난 1564년부터 스트랫포드 문법학교(Stratford Grammar School)를 다니기 시작했던 1571년까지이다. 셰익스피어는 인생 2막에서 결혼하는데 재미있는 사실은 셰익스피어의 결혼증서가 2개가 있다는 점이다. 먼저 증서는 1582년 11월 27일에 기록된 앤 웨이틀리(Ann Whateley)와의 결혼증서이고 나중 증서는 먼저 증서보다 하루 늦은 1582년 11월 28일에 기록된 앤 해서웨이(Anne Hathaway)와의 결혼증서이다. 몇몇 학자들은 두 증서에 기록된 신부의 이름이 다르다는 근거로 셰익스피어가 중혼을 하였다고 주장한다. 예를 들어 『사랑에 빠진 셰익스피어』(*Shakespeare in Love*)의 대본을 쓴 톰 스토파드(Tom Stoppard)와 마크 노만(Marc Norman)은 셰익스피어가 사랑하는 앤 웨이틀리와의 사랑을 이루지 못하고 원하지 않게 앤 해서웨이와 결혼한 후 별거상태로 있는 동안에 토마스 켄트(Thomas Kent)로 남장을 한 비올라 드 레섭스(Viola De Lesseps)와 낭만적인 사랑에 빠지는 것을 작품의 구도로 설정하였다. 현재로서는 셰익스피어의 결혼증서를 작성한 사람이 잘못하여 동일인의 이름을 다르게 표현하였다는 것이 학자들의 일반적인 견해다. 셰익스피어의 중혼설과 관련하여서

1 http://shakespeare.palomar.edu/timeline/timeline.htm을 참조하기 바란다.

는 쇼엔바움(S. Schoenbaum)이 쓴 가장 실증적인 셰익스피어 전기서인 『윌리엄 셰익스피어: 문헌에 기초한 간략한 전기』(*William Shakespeare: A Compact Documentary Life*) 73-94쪽을 참고할 수 있다. 셰익스피어의 전기에 관한 영상으로는 2004년도에 미국의 공영방송인 PBS에서 기획 제작한 『셰익스피어를 찾아서』(*In Search of Shakespeare*)가 있으나 내용이 너무 전문적이고 길어서 한 시간에 셰익스피어 전기를 다루어야 할 경우에는 적합하지 않다.

셰익스피어 인생 3막은 1586년에서 1592년까지의 기간인데 특이하게도 이 기간의 셰익스피어 행적에 대한 기록이 없다. 1594년부터 1609년까지의 15년 동안은 셰익스피어 인생의 4막에서 6막에 해당하는 기간이다. 그는 이 시기에 극작인생 중에서 전성기를 맞이하였다. 그는 시종장극단배우로서, 후에는 왕립극단배우로서 활약했을 뿐만 아니라, 글로브극장의 건립과 운영에도 관여하였다. 이 시기에 그는 36편에 이르는 대부분의 작품을 완성하였다. 셰익스피어의 인생 7막과 관련하여서는 그의 친필 유서를 소개하는데 이를 통하여 비록 학생들에게 고서체(paleography)를 가르치지는 않더라도 당시에 유행했던 초서체(secretary handwriting)의 예를 보여 줄 수 있다. 이때 현재 대영박물관에 남아있는 유서를 스캔한 pdf 파일과 이를 인쇄체로 변환한 문서(transcript)를 학생들에게 같이 보여준다. 셰익스피어 유서의 인쇄체 문서는 http://www.bardweb.net/will.html에서, 원본은 http://www.nationalarchives.gov.uk/museum/item.asp?item_id=21에서 볼 수 있다.

배경에 관한 세 번째 시간에는 무대의 문제를 다룬다. 엘리자베스 시대의 무대에 대해서는 스케치나 그림으로 전해져 내려오는 자료가 거의 없기 때문에 아직도 상당한 논란거리가 있음을 주지시킨 후에 글로브 극장(The Globe Theatre)과 같은 원형이나 다각형 극장의 개괄적인 구조, 당시의 3개 주요 극단—전문적인 성인극단, 어린이 극단, 궁중의 마스크극단—의 역할, 극단의 운영체계 등을 간략하게 설명한다. 이런 내용은 알프레드 하비지(Alfred Harbage)가 편집한 『펠리칸 셰익스피어 전집』(*The Complete Pelican Shakespeare*)의 21-29쪽에 자세하게 나와 있다. 셰익스피어의 무대는 말로 설명하기보다는 실물을 보여주는 것이 효과적인데 케임브리지대학교 영문과에서 만든 동영상이 유용하다.[2]

셰익스피어의 본문비평은 영어영문과 학생들이라도 생소하여 어려울 수 있으나 셰익스피어를 이해하기 위하여서는 극복해야 할 부분이다. 특히 『리어왕』을 가르칠 경우 이 문제가 중요하다. 『리어왕』의 원전에는 사절판(Quarto)과 이절판(Folio)이 있다. 사절판은 전지를 두 번 접어서 생긴 종이에 인쇄를 한 본문을 지칭한다. 사절판 본문으로는 1608년에 최초로 출판된 제1사절판(Q1)과 이를 개정하여 1619년에 출판한 제2사절판(Q2)이 있다. 제1사절판과 제2사절판 사이에는 본문의 해석에 영향을 줄 만한 큰 차이가 없다. 철자와 자구가 수정되었을 뿐이다. 반면에 전지를 한 번 접어서 만든 종이에 인쇄된 이절판 『리어왕』은 1623년도에 존 헤밍(John Heminge)과 헨리 콘델(Henry Condell)이 편집한 제1이절판 전집(F1)에 들어 있다. 그런데 문제는 사절판(Q1과 Q2)과 제1이절판(F1)이 상당 부분 다르다는 점이다. 제1이절판에는 제1사절판에 없는 133행의 대사가, 제1사절판에는 제1이절판에는 없는 288행의 대사가 들어 있다. 이 400여 행은 자구나 철자가 아닌 내용이 다르기 때문에 이 차이를 어떻게 보느냐 하는 문제가 대두된다. 20세기 초까지만 하더라도 사절판을 배우들의 기억에 의하여 재구성된, 소위 말하는 해적판으로 보고 본문의 권위를 인정하지 않았으나 20세기

2 이 동영상의 웹사이트 주소는 〈http://aspirations.english.cam.ac.uk/converse/enrich/globe_picker.html〉이다.

후반에는 재구성된 부분이 몇 군데 있기는 하지만 전체적으로 셰익스피어의 친필원고를 참조하여 만들어졌기 때문에 권위를 가지고 있다고 보는 견해가 압도적이다. 이런 이유로 인하여 『리어왕』은 사절판과 이절판의 두 개의 권위 있는 본문을 가지게 된다.

『리어왕』의 두 개의 본문과 관련하여 실제적으로 세 가지 다른 입장을 취할 수 있다. 첫째는 두 개의 작품이 있다고 보고 이 두 작품을 다 택하여 공부하고 연구하여야 한다는 주장이다. 두 작품론을 주창한 학자들로서 스탠리 웰즈(Stanley Wells)와 게리 테일러(Gary Taylor)를 들 수 있다. 이들은 셰익스피어가 제1사절판의 내용을 개정하였다는 수직적 개정론을 지지한다. 미국의 서지학자 토마스 탄젤(Thomas Tanselle)은 개정을 '수직적 개정'(vertical revision)과 '수평적 개정'(horizontal revision)으로 나누었는데 전자는 내용을 수정한 경우를 후자는 자구와 철자를 수정한 경우를 말한다(133). 이들은 『옥스퍼드 셰익스피어』(*The Oxford Shakespeare*)를 편집하면서 『리어왕의 역사: 사절판본』(*The History of King Lear: The Quarto Text*)과 『리어왕의 비극: 이절판본』(*The Tragedy of King Lear: The Folio Text*)의 두 가지를 제시하고 있다. 즉 학생들은 『리어왕의 역사』와 『리어왕의 비극』의 두 본문을 각각 읽어야 한다. 스탠리 웰즈와 게리 테일러는 두 판본 사이의 차이가 너무나 커서 두 판본을 다른 작품으로 간주해야 한다고 말한다.

『리어왕』의 본문과 관련한 둘째 관점은 합성론이다. 합성론은 위의 두 작품론 이론을 부정한다. 합성론자들은 두 판본의 차이가 대폭적이지 않고 국지적이라고 본다. 이들의 주장은 두 판본이 차이가 있기는 하지만 다른 작품으로 볼 정도로 다르지는 않다는 것이다. 즉 이들은 두 판본의 차이를 수직적 개정이 아닌 수평적 개정으로 인식한다. 이들은 두 판본의 차이가 다른 작품으로 볼 정도의 차이가 아니기 때문에 이 작품의 본문은 두 판본을 종합하여 만든 합성본이 되어야 한다고 주장한다. '아든 판 셰익스피어 시리즈'(The Arden Shakespeare Series)는 합성본이다. 1964년도와 1998년도에 각각 출판된 아든 2판과 3판의 경우 이절판과 사절판 본문을 합성하여 만들었다. 아든 3판의 경우 아든 2판과는 다르게 본문에 사절판(Q)과 이절판(F)을 표시하여 단어나 구의 출처를 명시하였다.

셋째 관점은, 택일론이다. 택일론자들은 두 개의 본문을 다 선택해야 한다는 두 작품론과 이 둘을 합하여 하나의 본문을 만들어야 한다는 합성론 둘 다 부정하고 두 본문 중 하나를 선택하여야 한다고 말한다. 이론적으로는 사절판과, 제1이절판이 각각 권위 있는 본문으로 채택될 수 있으나 대부분의 경우 제1이절판을 『리어왕』의 본문으로 삼고 있다. '신 케임브리지 셰익스피어'(The New Cambridge Shakespeare)가 바로 이 경우이다. 필자는 택일론자로서 제1이절판을 『리어왕』의 본문으로 생각하기 때문에 신 케임브리지 판을 교과서로 채택하고 있다. 제목 *The Tragedy of King Lear*에서 볼 수 있듯이 신 케임브리지 셰익스피어는 제1이절판을 바탕본문으로 삼았다.[3] 신 케임브리지 판은 1992년도에 초판이, 2005년도에 개정판이 나왔다. 이 판본은 제1이절판을 제시하고 있지만 '본문분석'(Textual Analysis)에서 제1사절판에만 있는 내용 중 중요한 것에 대하여 설명을 한다. 예를 들어 제4막 3장은 제1사절판에만 있고 제1이절판에는 없다. 그렇다고 4막 3장의 유무가 작품의 해석에 중요한 영향을 미치지는 않는다. 제1사절판의 제4막 2장 60-64행도 제1이절판에는 없다. 이 부분이 비록 길이로 따지자면 4막 3장보다 짧지만 내용적으로는 4막 3장보다 더 중요하다.

3 로널드 맥케로우(R. B. McKerrow)는 바탕본문(copy-text)을 편집자가 편집본의 기초로 사용하는 본문이라고 정의한다[*The Works of Thomas Nashe*(London: A. H. Bullen, 1904), i, xi].

사람에서 변하여 단성생식하는 악마로 변했구나
부끄러운 줄을 알고 괴물 같은 모습을 하지 말거라.
내 남자로서 감정대로 행동하는 것이 맞는다면
기꺼이 너의 살과 뼈를
찢고 탈골시키겠다만.

Thou changèd and self-covered thing, for shame
Be-monster not thy feature. Were't my fitness
To let these hands obey my blood,
They are apt enough to dislocate and tear
Thy flesh and bones. (Q1, 4. 2. 60-64)

이 대목은 올바니가 아내 고네릴과 처제 레이건이 리어왕을 폭풍우가 몰아치는 밤에 몰아낸 것을 알고 아내를 꾸짖는 대목이다. 올바니는 아내가 양성생식을 하는 인간에서 변하여 단성생식을 하는 괴물로 변했다는 대사를 통하여 그녀의 얼굴이 분노와 증오로 일그러져 있음을 묘사하고 있다.

마지막 예로 제5막 3장의 마지막 대사를 말하는 등장인물이 두 판본에 따라 다르다("The weight of this sad time we must obey, / Speak what you feel, not what we ought to say"["이 슬픈 시대의 무게를 견디어야 하니 / 해야 할 말이 아닌 하고 싶은 말을 합시다"]). 제1이절판에서는 에드가가, 제1사절판에서는 올바니가 이 대사를 전달하는데 이는 리어왕이 죽은 후 브리튼을 이끌 후계 왕이 두 판본에 따라 다르다는 것을 말해준다.

3. 『리어왕』의 문학적 요소

영국 르네상스와 셰익스피어에 대한 배경을 네 번에 걸쳐서 2주 동안 강의한 후 본격적으로 작품 강독과 분석에 들어간다. 학생들이 셰익스피어를 두려워하는 가장 큰 이유는 셰익스피어의 작품이 초기현대영어로 쓰였다는 점이다. 그렇다고 셰익스피어를 현대영어로 읽는다면 셰익스피어 작품이 가지고 있는 언어적 유희성을 놓치게 된다. 이런 점에서 최근에 출판된 '풀어쓴 셰익스피어'(*Shakespeare Made Easy*) 같은 현대어번역을 원문과 함께 사용하는 것이 좋다.[4] 더반드(Durband)가 『리어왕』을 풀어 썼다.

『리어왕』은 가장 심오한 주제와 철학을 담고 있는 작품으로서 학생들로 하여금 셰익스피어의 진수를 알게 해줄 뿐만 아니라 앞으로 세상을 살아나가는 데 필요한 가치관과 철학을 심어준다. 다른 작품의 경우도 마찬가지이긴 하지만 이 비극작품을 가르칠 때도 철저한 본문의 이해가 선행되어야 한다. 이런 점에서 과거 단어의 뜻과 문장의 구조 파악을 중시했던 훈고적 교육방법이 여전히 유효하다. 뿐만 아니라 학생들은 단어의 정확한 뜻과 문장구조를 이해하는 가운데 독해실력이 늘게 된다. 『리어왕』의 경우 전체 3,195행 중에서 69.9퍼센트가 약강오보격 무운시인 블랭크 시(blank verse)로, 5.3퍼센트가 각운시로, 나머지 24.8퍼센트가 산문으로 되어 있는데(Harbage 31) 특히 운문은 독해력을 증진시키는 데 유용하다. 예를 들어 제1막 4장에서 리어가 고네릴을 저주하는 장면은 블랭크 시인데 어려운 단어가 없고 문장구조가 복잡하지 않아서 내용을 파악하기가 어렵지 않다.

---

4 Spark Notes(http://nfs.sparknotes.com)에도 일부 셰익스피어 작품의 원문과 현대영어 번역본이 병행으로 소개되어 있다.

//   /   ∪   /   ∪ /   ∪   /

Hear Na | ture, hear, | dear god | dess, hear:

∪ / ∪ /   ∪ / ∪   /   ∪ /

Suspend | thy pur | pose, if | thou didst | intend

∪ /   ∪ /   ∪ /   ∪

To make | this crea | ture fruit | ful.

∪ /   ∪   /   ∪ /   ∪ / ∪ /

Into | her womb | convey | steri | lity,

/   ∪ ∪   /   ∪ /   ∪   / ∪ /

Dry up | in her | the or | gans of | increse,

∪   /   ∪ / ∪ / / ∪   / ∪   /

And from | her de | rogate| body | ne ver | spring ^

∪ /   ∪ /   ∪   /   ∪ /   ∪   /

A babe | to ho | nour her. | If she | must teem,

∪ /   ∪   /   ∪   /   ∪ /   ∪ /

Create| her child | of spleen, | that it | may live

∪   / ∪   /   ∪ / ∪   /   ∪ ∪ /

And be | a thwart | disna | tured tor | ment to her.

/ ∪   //   /   ∪ /   ∪   / ∪ /

Let it | stamp wrin | kles in | her brow | of youth,

∪   /   ∪   /   //   /   ∪   / ∪   /

With ca | dent tears | fret chan | nels in | her cheeks,

/ ∪   ∪   /   ∪   /   ∪ /   ∪ /

Turn all | her mo | ther's pains | and be | nefits

∪ /   ∪ /   ∪ /   ∪   /   ∪   /

To laugh | ter and | contempt, | that she | may feel

∪ / ∪ / ∪ / ∪ / ∪ /
How shar | per than | a ser | pent's tooth | it is
∪ / ∪ / ∪ / ∪ / ∪ /
To have | a thank | less child. | Away, | away! (229-243)[5]

셰익스피어의 대사에 대한 문법적 이해가 끝난 후에는 이를 블랭크 버스의 운율에 맞추어서 읽는 연습을 해야 한다. 레즐리 에어즈(Lesley Aers)에 의하면 영국의 일반중등교육증서(Graduate Certificate of Secondary Education, GCSE)를 받기 위한 교육에서 반드시 학생들에게 본문을 읽는 것을 요구한다(31). 문학본문 읽기의 중요성은 셰익스피어 교육에도 동일하게 적용된다. 희곡작품의 대사를 낭송하는 훈련은 나중에 교실공연을 하기 위한 준비도 되거니와 블랭크 시를 체험적으로 알게 해주는 과정이다. 대사를 읽기 위해서는 약강오보격의 운율을 표시하는 스캔작업이 필요한데 리어왕 제1막 4장 229-244행을 스캔하면 위와 같다. 셰익스피어의 대사를 정확하게 낭독하는 것은 쉬운 일이 아니기 때문에 오디오북을 참고하면 많은 도움을 받을 수 있다. 『리어왕』의 경우 폴 스코필드(Paul Scofield)가 알렉 맥코웬(Alec McCowen), 캐네스 브래너(Kenneth Branagh)와 같이 녹음하였고 낙소스에서 제작된 CD가 있다. 셰익스피어의 대사를 연습시킬 때는 두 사람이 짝을 지어 한 행씩 읽게 할 수도 있고 아니면 수강생을 두 그룹으로 나누어서 한 행씩 읽게 할 수도 있다.

문학적 접근방법에서는 본문의 독해와 더불어 작품 감상이 병행되어야 한다. 작품 감상을 위해서는 주요 비평가들의 논문을 소개하는 일이 필요하다. 『리어왕』에 대한 비평은 너무 많아서 이 중에서 중요

5 특별한 언급이 없는 한 『리어왕』의 인용은 '신 케임브리지 셰익스피어 판'을 따른다.

한 논문을 읽고 소개하는 것이 효과적이다. 예를 들어 제1막 1장의 왕국분할장면을 설명하면서 리어가 왜 코델리아의 답변에 격분했는가를 심리분석비평으로 접근할 수 있다. 코펠리아 칸(Coppélia Kahn)의 「리어왕에 나타난 모성의 부재」(The Absent Mother in *King Lear*)는 리어의 잠재의식에 들어 있는 모성애에 대한 욕구를 지적한다. 리어는 코델리아의 양육을 원하나 그녀가 이를 거절하자 리어는 모성으로부터 버림받은 상처로 인하여 괴로워한다. 『리어왕』에 자주 나오는 주제어인 "nature"는 '피조세계', '자연성', '몸', '생명' 등 여러 가지로 해석될 수 있는데 르네상스 시대에는 자연세계를 두 가지 다른 관점으로 바라보았다. 존 댄비(John Danby)의 『셰익스피어의 자연세계관』(*Shakespeare's Doctrine of Nature*)은 베이컨(Bacon)과 홉스(Hobbes)의 세계관을 소개하면서 리어왕으로 대변되는 정통적인 세계관과 에드먼드로 대표되는 홉즈적 세계관이 작품 속에서 어떻게 충돌하고 대립하는가를 분석하고 있다. 댄비의 이론은 특히 제1막 2장의 "그대 자연의 신이요 이제 나의 여신이 될지라"(Thou, Nature, are my goddess)로 시작하는 에드먼드의 독백(1.2.1-22)을 이해하는 데 도움을 준다. 로버트 하일만(Robert Heilman)의 『이 위대한 무대』(*This Great Stage*)와 마빈 로젠버그(Marvin Rosenberg)의 『리어왕의 마스크』는 단행본으로 된 가장 좋은 비평서라고 생각된다. 『리어왕』을 심도 있게 이해하는 데 하일만의 비평은 아주 유용하다.

필자는 『리어왕』의 작품 감상을 위하여 매 막이 끝날 때마다 학생들에게 에세이 문제를 주고 이에 대하여 답을 영어나 한국어로 적게 한다. 학생들로 하여금 조직문과 주제문을 선정하여 응집성과 통일성을 갖춘 글을 쓰도록 한다. 『리어왕』에 관한 문제를 만들 경우 '풀어쓴 셰익스피어 시리즈'를 참고할 수 있다. 이 책의 뒤에 있는 '활동'부분에는 '등장인물', '구조', '주제', '심상', '본문'에 관한 질문이 제시되어 있다(286-314). 클린스 브룩스(Cleanth Brooks)와 로버트 하일만이 편찬한 대학교의 표준 문학교과서로 개발한 『희곡의 이해』(*Understanding Drama*)에도 『리어왕』에 대한 포괄적인 질문이 제시되어 있다(659-661). 『희곡의 이해』에 수록되어 있는 질문은 저자 중의 한 사람인 로버트 하일만의 저서 『이 위대한 무대』에 근거하여 만들어졌다. 그런데 하일만의 각각의 질문은 심도 있는 답변을 요구하기 때문에 2-3쪽 에세이 과제로 적합하다. 〈표 1〉은 저자가 하일만의 질문 중에서 몇 개를 선정, 수정하여 만든 것이다(626-627).

한편 필자는 인터넷에서 비교적 짧은 답변을 요구하는 좋은 질문을 찾아서 사용하고 있다. 남호주영어교사협의회(South Australian English Teachers Association)의 웹사이트에는 앨리슨 로버트슨(Alison

〈표 1〉 하일만의 『리어왕』 제3막에 대한 에세이 문제

Questions on Act III

1. On the heath Lear "contends with the elements." What does the storm represent within Lear? Look at his speech at the beginning of Scene 2.
2. What is the point of the conversation between Kent and the Gentleman in Scene 1? Note that, up to now, most characters in the play (except Cordelia, Kent, and Edgar) have been cruel, inhuman, and "unnatural" toward their fellow human beings. Any indications of human sympathy toward another person's suffering has to be important.
3. Who is with Lear on the heath in the storm? Is Lear going mad? Does he seem changed in any way? When Kent bids Lear enter a hovel to escape the storm (4. 23) note what Lear does. Does this seem different from the way he behaved earlier in the play? Is he still egocentric and selfish?
4. The riddling speech of the Fool has captured the "logic" of Lear's reasoning and decision–making earlier in the play. How does Edgar's language capture the spirit of the group on the heath during the storm? Does his "madness" reflect what is going on in Lear's mind as a consequence of his daughters' ingratitude?
5. In Scene 7, Gloucester is arrested for treason. What happens to him? Remember Lear's reference to his eyes, when he had not been seeing clearly? Has Gloucester also not perceived which was his loyal and which was his traitorous son?
6. As Cornwall plucks out Gloucester's eyes, who tries to stop him? Why would a servant turn against his master this way and break the social and political bond that connects them? Is there a greater bond of human nature that the servant is honoring here?

〈표 2〉 남호주 영어교사 협의회 웹사이트에 게재된 제3막 문제

Act III
1. What does Act III Scene ii reveal about the development in Lear's character? Is he really "a man more sinned against than sinning"? 2. Discuss the dramatic irony in Gloucester's conversation with Edmund in Act III Scene iii. 3. How has Lear been cut down to "unaccommodated man" by this act and what does he learn from his experience and Poor Tom's? 4. What do we further learn about the characters of Edmund, Cornwall, and Reagan in this act? 5. Discuss Shakespeare's varied use of the imagery of blindness and true sight in Act III Scene vii.

Robertson)이 만든 『리어왕』에 대한 질문이 게재되어 있다.[6] 이 질문은 주어진 본문에 대한 비교적 단순하고 구체적인 답변을 요구한다. 필자는 학생들로 하여금 매 막에 대한 질문 중에서 두 개를 선택하여 각각 1쪽 분량의 답변을 적어 제출하게 하고 필자는 학생들의 답변에 글쓰기와 작품 감상과 관련한 피드백을 준다. 다만 5막에 관한 질문은 작품 전체를 다루기 때문에 한 질문만 선택하여 3쪽짜리 에세이를 쓰도록 한다. 예를 들어 3막에 대한 질문은 〈표 2〉와 같다.

3번 문제는 제3막 3장에 나오는 극적 아이러니에 관한 것이다. 필자는 먼저 학생들에게 이 개념을 설명한 후 한 가지 예를 들어 주고 나머지를 찾게 한다. 극적 아이러니는 극중 인물이 의도한 것과는 다르게 사건의 결말이 나는 경우를 의미한다. 일반적으로 극중인물은 이런 사실을 알지 못하나 극장의 관객은 이를 인지한다. 제3막 3장의 처음 대사에서 글로스터는 사생아인 에드몬드에게 콘월 공작과 레이건이 저지른 반인륜적 행동(this unnatural dealing)을 반대한다고 말한다.

6 http://www.saeta.org.au/files/documents/Conference/2007/Alison/LEAR%20Assignment%20&%20Oral.pdf

글로스터는 리어왕의 둘째 딸과 둘째 사위가 저지른 반인륜적인 행동을 지칭하나 관객은 이 말 속에서 에드몬드가 글로스터에게 잔혹한 행동을 가할 것이라는 것을 감지한다(Toschak 101-102). 이런 점에서 이 문장은 극적 아이러니를 담고 있다. 토착에 의하면 이 장에서 극적 아이러니의 다른 예는 5행("Most savage and unnatural"), 20행("a fair deserving), 그리고 22행("The younger rises when the old doth fall")에서도 나타난다(101-102).

4. 『리어왕』의 공연적 요소

대학에서의 셰익스피어 교육은 위에서 상술한 문학적 접근방법이 기조를 이루고 공연비평적 접근방법이 보완이 될 때 가장 효과적이다. 대표적인 공연비평적 접근방법은 영화와 학생공연을 도입하는 것이다. 영상이 문자를 압도하는 작금의 시대에 학생들이 영상을 좋아한다는 점과 셰익스피어 작품이 공연되고 영화로 만들어졌다는 사실을 감안할 때, 셰익스피어 교육에 영화를 도입함으로써 대학에서의 문학교육효과를 극대화할 수 있다는 것은 자명한 일이다. 시간이 허락한다면 공연적 접근방법에서 연극공연도 다루는 것이 바람직하다. 『리어왕』은 오랜 기간의 공연사를 가지고 있다. 그러나 공연사는 학생들이 구체적으로 볼 수 있는 자료가 아니기 때문에 잘못하면 피상적이 될 수 있다. 이러한 이유로 이 글에서는 영화비평과 교실공연을 중점적으로 다루고자 한다.

공연비평에서는 개개의 공연을 하나의 텍스트로 간주한다. 피터 레이놀즈(Peter Reynolds)에 의하면 한 공연은 하나의 텍스트이지 유일한 텍스트가 아니다(192). 한 공연을 볼 때 중요한 점은 이 공연이 셰익스피어 작품을 충실하게 재현하고 있느냐가 아니다 그 공연에서 감독이 시도한 것이 무엇이고 그의 지적 · 감정적 · 미학적 관점이 얼마나 성공적인가를 생각하는 것이다(Reynolds 192). 공연비평의 교육적 성과의 성패는 학생들로 하여금 한 공연을 수동적으로 보지 않고 능동적으로 보게 하느냐에 달려 있다. 학생들이 비평적 시각으로 공연을 보기 위해서는 문학적 이해와 감상이 선행되어야 한다. 이런 점에서 한 공연만을 보여주기보다는 여러 공연을 보여줌으로써 다양한 공연텍스트의 존재를 인식시켜주는 것이 필요하다.

『리어왕』의 경우 많은 영화가 제작되었고 이런 점에서 여러 공연텍스트가 존재한다. 이 중에서 영국의 피터 브룩(Peter Brook, 1925-), 러시아의 그리고리 코진체프(Grigori Kozintsev, 1905-1973), 프랑스의 장 뤽 고다르(Jean-Luc Godard, 1930-)가 제작한 영화가 대표적이다. 장 뤽 고다르는 고전적인 셰익스피어의 작품을 각색하여 현대적인 이야기로 풀어내고 있으나 작품성에서 브룩이나 코진체프에 미치지 못한다. 코진체프의 영화는 비록 배우들이 러시아어로 대사를 전달하지만 영어로 된 자막을 볼 수 있다. 유튜브에는 코진체프의 작품 중 주요한 부분이 동영상으로 올라와 있다. 예를 들어 마지막 장면인 제5막 3장을 공부할 때 브룩과 코진체프의 영화를 비교하면 공연비평의 교육적 효과를 극대화할 수 있다.[7]

피터 브룩의 마지막 장면은 소위 말하는 부조리극적 요소를 보여주고 있다(Jorgens 243). 여기서 말하는 부조리란 비합리적이고 부조화한 세계를 말한다. 『동시대 인물 셰익스피어』(*Shakespeare Our Contemporary*)라는 책을 쓴 얀 코트(Jan Kott)는 부조리성(the absurd)과 괴

7 코진체프의 5막 3장의 clip은 다음의 웹사이트(http://www.youtube.com/watch?v=ywTXvmVcVj8)를 참조하기 바란다.

기성(the grotesque)을 동일시하면서 현대의 괴기성을 두 가지로 요약하고 있다. 첫째, 과거에는 인간의 삶을 지배하는 자연과 신이 절대적이었다. 그러나 현대에서 절대자가 궁극적인 이유를 가지고 있지도 않고 인간을 구원할 수도 없다(133). 즉 과거에는 하느님과 자연을 궁극적인 존재의 근원으로 믿었으나 현재에서는 기계적인 기제를 삶의 운영자로 생각하게 되었다. 둘째로, 인간에게 구원의 가능성이 사라진 곳에 인간존재의 패배와 파괴가 자리 잡게 되었다. 인간에게 구원의 선택이 없다는 것은 인간존재의 괴기성이다(137). 다시 말하면 인간에게는 구원을 선택하는 혜택이 없다. 브룩의 제5막 3장은 인간존재의 괴기성과 파괴성을 극명하게 보여준다. 리어가 코딜리아의 시체 앞에서 무릎을 꿇을 때 그에게는 아무 것도 없다. 1막에서 여러 번 반복되어 나오는 "무"(nothing)의 개념이 시각적으로 표현되고 있다. 리어왕은 천천히 뒤로 넘어지는데 그가 바다의 모래밭에 넘어진 후에 화면에는 잠시 동안 아무것도 보이지 않는다. 이 '빈 화면'(empty space)은 인간존재

[그림 1] 피터 브룩이 감독한 『리어왕』의 마지막 장면

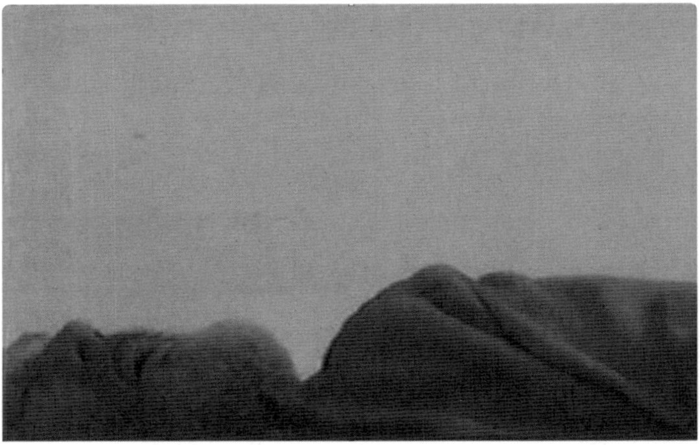

[그림 2] 코진체프가 감독한 『리어왕』의 끝 부분

의 무의미와 역사의 부조리성을 실감나게 한다. 조르겐스(Jorgens)가 지적하듯이 이러한 빈 공간은 정의와 자비가 사라진 세계에서 기계적인 자연과 폭력으로 고통스러워하는 인간의 모습을 보여준다. 인본주의의 중요한 덕목들 즉 용서, 자비, 겸손이 사라진 세상에서 문명은 무너지고 인간은 차갑고 빈 공간에서 공포로 떨게 된다.

반면에 코진체프의 영화에서 마지막 장면은 기독교적 또는 마르크스주의적 새로운 회복과 구원을 암시한다(Jorgens 237). 브룩이 기계적인 자연에 의하여 파괴된 인간과 문명을 영상화했다면 코진체프는 무너진 건물을 일으키고 다시 새싹이 트는 자연을 보여줌으로써 리어의 우둔함과 폭정으로 붕괴된 가치관과 세계 위에 새롭게 건설될 다른 세계의 출현을 시각화하고 있다. 브룩의 마지막 장면이 아무것도 없는 빈 공간인 반면에 코진체프의 마지막 장면은 재건되는 건물과 움트는 자연의 모습을 보여준다.

『리어왕』의 마지막 장면을 가르칠 때 영화 상영과 토론을 병행하면 최고의 교육효과를 거둘 수 있다. 제5막 3장에 대하여 지금까지 비평가들이 다양한 해석을 제시하였다. 브래들리를 위시한 많은 비평가들은 마지막 장면이 리어왕의 고통을 담고 있지만 일말의 낙관주의와 긍정을 시사한다고 주장한 반면에 다른 비평가들은 이 장면을 셰익스피어 작품 중에서 가장 비관적인 부분이라고 지적한다. 비관주의자들은 낙관주의자들이 종교적 신화적 허구에 사로잡힌 나머지 허무주의의 진실을 바라보지 못한다고 설명한다.

데이비드 크란츠(David Kranz)는 학생들로 하여금 위의 서로 다른 견해에 대해서 토론하게 할 것을 제안한다. 토론방법은 학생들을 두 그룹으로 나누고 각각의 그룹에 두 명의 발표자와 두 명의 반대자를 세운다. 이 네 명의 발표자는 제5막 3장 256행부터 끝까지의 의미를 해석한 후 두 명은 자신의 의견을 주장하는 발표를 각각 15분, 나머지 두 명은 상대방 그룹의 의견을 반박하는 발표를 각각 15분 하게 한다. 발표를 맡지 않은 학생들은 두 그룹의 발표가 끝난 후에 이어지는 자유토론시간에서 20-30분 동안 토론한다(138).

크란츠에 의하면 학생들은 토론을 거치는 동안에 리어왕의 5막 3장은 다의적이고 이는 다분히 셰익스피어가 의도한 결과라는 사실을 인정하게 된다(141). 토마스 로치(Thomas Roche)의 「"비극만이 기적을 체험합니다": 『리어왕』에 나타난 비극적 깨달음」('Nothing Almost Sees Miracles': Tragic Knowledge in *King Lear*), 휴 헤네디(Hugh Hennedy)의 「『리어왕』: 결말에 대한 인식」(*King Lear*: Recognizing the Ending), 필리스 래킨(Phyllis Rackin)의 「『리어왕』에 나타난 해결로서의 망상」(Delusion as Resolution in *King Lear*)은 각각 비관론, 낙관론, 망상론을 대표하는 글이다. 이 세 글은 강의실에서 학생들과 같이 읽기에 합당한데 이는 세 글의 가독성과 논리성이 비교적 뛰어나기 때문이다. 토마스 로치는 『리어왕』이 기독교적인 작품은 아니지만 셰익스피어는 기독교적인 작가라고 전제한다(148). 그는 『리어왕』의 시대적 배경이 영국 역사상 초기에 해당하는데 이 당시는 기독교의 구원이 소개되지 않았기 때문에 마지막 장면은 기독교 구원의 부재에서 오는 비극과 절망을 다루고 있다고 주장한다. 로치는 제2막 2장에서 나오는 켄트의 대사 중 "Nothing almost sees miracles / But misery"(148-49)라는 문장이 두 가지 의미, 즉 "거의 무의 상태에서 기적을 보지만 실제로는 비극을 체험합니다"("Almost nothing sees miracles but really sees misery")와 "비극만이 기적을 체험합니다"("Almost nothing but misery sees miracles")를 가지고 있다는 점에 착안하여 기독교의 신앙이 있을 때 기적 즉 희망이 있지만 기독교의 신앙이 없는 곳에서는 비극이 존재한다는 점을 강조한다.

래킨에 의하면 리어왕의 죽음은 승리로 끝나는데 왜냐하면 그는 코딜리아가 살아있다는 망상을 가지고 죽기 때문이다(34). 유명한 절벽장면에서 에드가가 아버지 글로스터로 하여금 절벽에서 떨어졌으나 기적적으로 살아났다고 믿게 하는 것처럼 작품 전체를 통하여 주인공들이 이런 망상에 빠지며 마지막 장면도 이런 점에서 망상이다. 리어왕은 코딜리아의 부활에 대한 믿음을 가지고 죽는다. 비록 리어의 믿음이 실제 사실에 기초한 것이 아니라 그가 믿는 바일지라도 믿음은 창조적인 행위이다.

헤네디의 글은 래킨의 주장을 반박한 것이다. 래킨이 리어왕은 환각적인 믿음을 소유했다고 주장하는 반면에 헤네디는 리어왕이 실제로 아리스토텔레스가 말한 깨달음(anagnorisis)을 가졌다고 말한다. 헤네디는 작품 전체를 통하여 주인공들이 어떻게 새로운 사실을 깨닫게 되었는가를 살피면서 마지막 장면에서 리어왕이 자신과 세상에 대하여 깨달음을 얻었다고 주장한다. 이 깨달음으로 인하여 리어왕의 최후는 절망이 아닌 희망으로 끝난다.

필자의 경우는 셰익스피어 강의를 학생공연으로 마무리를 짓는다. 학생들의 강의실 공연은 일반적으로 학기가 끝나기 2주 전에 실시한다. 학생들은 공연을 준비하면서 희곡작품의 공연적 요소를 깨닫게 되고 실제 공연에서 부딪히는 여러 문제를 스스로 해결하게 된다. 필자는 학기 초에 학생들이 공연하게 될 장면을 나누어주고 스스로 공연조를 조직하게 한다. 다음의 〈표 3〉은 공연비평 학자인 스타이언(Styan)이 만든 공연장면목록(112-13)을 필자가 수정하여 만든 것이다. 여기서 막, 장, 행 표시는 신 케임브리지 판에 의거한 것이다.

강의실 공연을 위하여 한 조당 15-20분의 시간이 주어진다. 학생들은 대개의 경우 한 달 동안 연습을 한다. 학생들은 주로 대사를 암기

〈표 3〉『리어왕』의 공연장면 목록

	NCS reference	Subject	Performance points	Characters
A	I.i. 31–89	dividing the kingdom	ritual stage, contrast of character	Lear, Gonerill, Reagan, Cordelia
B	I.iv. 160–212	Gonerill confronts the king	stage space, contrast of voices	Gonerill, Lear, Fool
C	III.iv. 1–36	Lear before the hovel	use of platform, address to audience	Kent, Lear,
D	III.iv. 37–101	the king meets the beggar	use of platform, address to audience	Edgar, Fool, Kent, Lear
E	III.vi. 1–74(Q)	the mad trial	ironic comedy	Gloucester, Kent, Edgar, Lear, Fool
F	IV.v. 1–78	On Dover Cliff	comic use of the stage	Gloucester, Edgar
G	IV.v. 79–179	Blind man meets madman	character contrast	Lear, Edgar, Gloucester,
H	IV.vi. 23–82	Waking Lear	movement, space, gesture	Gentleman, Cordelia, Kent, Lear
I	V.iii. 231–300	death of Lear	pace, tone, character	Lear, Kent, Edgar, Albany, Officer

하는 데 시간을 투자하게 되는데 앞에서 언급한 낙소스에서 제작한 오디오 북을 듣고 대사를 암기할 뿐만 아니라 연기도 연습한다. 교실공연을 실시할 경우 주의해야 할 점이 있다. 첫째, 학생들이 이를 준비하는 데 너무 많은 시간을 빼앗기지 않도록 해야 한다. 뿐만 아니라 강의실 공연이 학점을 좌우하지 않도록 평가에서 공연이 차지하는 비율을 적절하게 조정해야 한다. 둘째로, 공연기간 동안 공연을 하지 않는 조는 수동적으로 객석에 앉아 있기가 쉬운데 이를 방지하기 위해서 평가표를 작성하게 하여 다른 조의 공연을 관심 있게 보도록 유도한다. 이 학생들의 평가표는 나중에 담당교수가 강의실 공연을 평가할 때 참고자료로 사용한다. 다음의 〈표 4〉는 필자가 만들어서 사용하고 있는 학생들의 동료학생공연평가표이다. 강의실 공연기간 동안 학생 중에서 몇 명을 선발하여 공연을 캠코더로 촬영하게 하고 공연이 끝난 후 이를

〈표 4〉 동료학생 공연 평가표

기준 / 조	대사암기(30)			대사전달(30)			연기(30)			팀웍(10)		합계	날자

보여주면서 공연에 대해서 자유롭게 이야기하도록 하는 것이 필요하다. 나중에는 교실공연이 담긴 CD를 제작해서 학생들에게 나누어 주어 개인적으로 보관하게 한다.

5. 결론

대학에서의 셰익스피어 교육은 이중적인 면을 충족시킬 수 있다. 첫째는, 셰익스피어의 작품을 통하여 인문학적 가치를 가르칠 수 있다. 『리어왕』에서 셰익스피어는 인내, 공감, 정의, 고통의 문제를 다루고 있다. 이런 점에서 셰익스피어는 인문학적 가치를 예술로 승화시킨 작가이다. 둘째로, 셰익스피어의 작품을 통하여 학생들의 영어구사력을 증진시킬 수 있다. 셰익스피어의 작품은 영어능력을 개발시켜주는 유용한 자료요 교재이다. 셰익스피어는 어떤 관점에서 접근하느냐에 따라 다양한 효과와 결과를 가져올 수 있다. 셰익스피어를 절충주의식으로 교육함으로써 이러한 두 가지 목표를 달성할 수 있다는 것이 이 글의 논지이다.

참고문헌

Aers, Lesley. "Shakespeare in the National Curriculum." *Shakespeare in the Changing Curriculum*. Ed. Lesley Aers and Nigel Wheale. London: Routledge, 1991. 30-39.

Brooks, Cleanth and Robert Heilman, eds. *Understanding Drama: Twelve Plays*. New York: Holt, Rinehart and Winston, 1945.

Danby, John. *Shakespeare's Doctrine of Nature: A Study of* King Lear. London: Faber, 1949.

Gibson, Rex, ed. *Secondary School Shakespeare: Classroom Practice*. Cambridge: Cambridge Institute of Education, 1990.

Harbage, Alfred, ed. *The Complete Pelican Shakespeare*. New York: The Viking, 1969.

Heilman, Robert. *This Great Stage: Image and Structure in* King Lear. Baton Rouge: Louisiana State University Press, 1948.

Hennedy, Hugh. "*King Lear*: Recognizing the Ending." *Studies in Philology* 71(1974): 371-384.

In Search of Shakespeare. Dir. Michael Wood. Perf. Ray Fearon, Gerald Kyd, Fred Melamed, and Michael Wood. Maya Vision Production, 2004.

Jorgens, Jack. *Shakespeare on Film*. Lanham: University Press of America, 1991.

Kahn, Coppélia. "The Absent Mother in *King Lear*." *Rewriting the Renaissance: The Discoveries of Sexual Difference in Early Modern Europe*. Ed. Margaret Ferguson. Maureen Quilligan, and Nancy Vickers. Chicago: University of Chicago Press, 1986. 33-49.

King Lear. Dir. Peter Brook. Perf. Paul Scofield and Irene Worth. Athena-Laterna Films, 1971.

King Lear. Dir. Grigori Kozintsev. Perf. Yuri Jarvet and Elza Radzins. Lenfilm, 1970.

King Lear. Dir. Jean-Luc Godard. Perf. Burgess Meredith and Peter Sellars. Cannon Films, 1988.

Kott, Jan. *Shakespeare Our Contemporary*. Trans. Boleslaw Taborski. New York: Norton, 1964.

Kranz, David. "'Is This the Promis'd End?': Teaching the Play's Conclusion." *Approaches to Teaching Shakespeare's* King Lear. Ed. Robert Ray. New York: MLA, 1986. 136-141.

McDonald, Russ. *The Bedford Companion to Shakespeare: An Introduction with Documents*. Boston: St. Martin's Press, 1996.

McGuire, Philip and David Samuelson, eds. *Shakespeare: The Theatrical Dimension*. New York: AMS Press, 1979.

McKerrow, R. B. *The Works of Thomas Nashe*. London: A. H. Bullen, 1904.

Mr. William Shakespeare and the Internet. September 2009. 〈http://shakespeare.palomar.edu/timeline/timeline.htm〉

Rackin, Phyllis. "Delusion as Resolution in *King Lear*." *Shakespeare Quarterly* 21(1970): 29-34.

Reynolds, Peter. "Unlocking the Box: Shakespeare on Film and Video." *Shakespeare in the Changing Curriculum*. Ed. Lesley Aers and Nigel Wheale. London: Routledge, 1991. 189-203.

Roche, Thomas. "'Nothing Almost Sees Miracles': Tragic Knowledge in *King Lear*." *On King Lear*. Ed. Lawrence Danson. Princeton: Princeton University Press, 1981. 136-162.

Rosenberg, Marvin. *The Masks of King Lear*. Berkeley: University of California Press, 1972.

Schoenbaum, S. *William Shakespeare: A Compact Documentary Life*. New York: Oxford University Press, 1977.

Shakespeare, William. *The Tragedy of King Lear*. Ed. Jay Halio. The New Cambridge Shakespeare. Cambridge: Cambridge University Press, 1992.

_____. *The Tragedy of King Lear*. Ed. Jay Halio. The New Cambridge Shakespeare. The Updated Edition. Cambridge: Cambridge University Press, 2005.

_____. *King Lear*. Ed. Kenneth Muir. The Arden Shakespeare. London: Methuen, 1964.

_____. *King Lear*. Ed. R. A. Foakes. The Arden Shakespeare. Third Series. London: Thomas Nelson and Sons, 1997,

_____. *King Lear*. Ed and Trans. Alan Durband. Shakespeare Made Easy. Modern English Version. Side-By-Side with Full Original Text. New York: Barron's, 1986.

_____. *King Lear*. Read by Paul Scofield and full cast. Naxos, 2002.

Shakespeare In Love. Dir. John Madden. Perf. Gwyneth Paltrow, Joseph Fiennes, Geoffrey Rush, Tom Wilkinson, and Steven O'Donnell. Miramax, 1999.

Shakespeare "King Lear"-Kozintsev (1971 film)-end of play 〈http://www.youtube.com/watch?v=ywTXvmVcVj8〉

Shakespeare Resource Center. September 2009. 〈http://www.bardweb.net/will.html〉

South Australian English Teachers Association. September 2009. 〈http://www.saeta.org.au/files/documents/Conference/2007/Alison/LEAR%20Assignment%20&%20Oral.pdf〉

Sparknotes. September 2009. 〈http://nfs.sparknotes.com〉

Styan, J. L. "A Theatrical Approach: *King Lear* as Performance." *Approaches to Teaching Shakespeare*. Ed. Robert Ray. New York: MLA, 1986. 111-118.

Tanselle, Thomas. "The Editorial Problem of Final Intention." *Studies in Bibliography* 29(1976): 191-207.

The National Archives. September 2009. 〈http://www.nationalarchives.gov.uk/museum/item.asp?item_id=21〉

The University of Cambridge. September 2009. 〈http://aspirations.english.cam.ac.uk/converse/enrich/globe_picker.html〉

Toshack. H. S. *King Lear: A Study Commentary*. Wordsmith, 2004.

Wells, Stanley and Gary Taylor, eds. *The Oxford Shakespeare: The Complete Works*. Oxford: Oxford University Press, 1988.

02

영문학 기반 문화교육과정 개발*

김경한

1. 영문학 교육의 문제

영문학이 학문으로서 그 기반을 상실하고 있다는 인식과 궤를 같이하여 그동안 다양한 영문학 개선 논의들이 있었으나 영문학 교육은 여전히 그 가시적인 성과를 거두지 못하고 있다. 그 핵심적인 이유 중의 하나는 그러한 시도들이 근본적으로는 기존의 영문학 관련 핵심 틀을 유지하는 선에서, 즉 영문학의 핵심이 되는 교육과정의 근간을 유지하는 선에서 개선 방안을 찾았기 때문이다. 기존의 틀을 유지하면서 어느 한 측면만을 변화시키려는 시도는 영문학 교육을 외국어 문학

* 이 글에서 제시하는 영문학 기반 문화교육과정은 김경한(2006; 2007; 2008)의 논의들을 바탕으로 개발되었다.

교육이 아닌 모국어 문학교육으로 간주하는 것과 같은 이치이다. 이것은 우리나라 영어교육의 환경, 즉 외국어로서 영어교육(English as a Foreign Language: EFL)이라는 환경을 고려하지 않은 처방이라고 할 수 있다.

그동안 우리나라에서의 영문학 교육의 목표는 영어능력의 향상보다는 인문학적 소양 혹은 상상력을 함양하는 데에 중점을 두어 왔다. 영문학 교육과정은 그러한 목표를 달성하기 위해서 소위 정전(canon)이라고 일컫는 영문학 고전들을 학습하도록 구성되어 있다. 영미문학개관 시간에 배우는 『노튼 앤솔러지』(*Norton Anthology*)는 이 교육과정의 핵심으로서 학생들은 난이도와는 상관없이 앤솔러지에 수록되어 있는 정전 텍스트들을 정밀하게 읽고, 분석하고, 비평하는 방법을 배운다. 여기에서 영어 학습은 이 과정에 수반되는 것으로 간주된다. 이러한 과정은 영문학 연구의 본령에 부합할 수는 있으나, 사실상 원어민 혹은 ESL(English as a Second Language) 상황을 전제로 하고 있기 때문에 우리의 현실과는 괴리가 있고, 바로 이 점이 영문학 무용론을 낳은 계기가 되기도 하였다.

그렇다면, 영문학 교육의 방향을 일차적으로 영어 학습 그 자체에 두는 방향을 생각해볼 수 있다. 이것은 문학교육보다는 문학작품이 갖고 있는 장점들을 활용하여 학습자의 영어 능력을 향상시키는 데에 초점을 두는 방향이다. 이를 위해 기존의 영문학 정전을 포기하고 처음부터 학생의 영어 수준에 맞는 작품, 이를테면 아동문학, 청소년문학, 대중문학, 추리문학, 판타지, 만화 등을 텍스트로 사용할 수 있다. 영시의 경우도 전래동요, 동시, 노래 등으로 시의 영역을 확대, 재정의하고 그것들을 텍스트로 사용할 수 있다. 실제로, 아동문학은 현재 여러 대학의 영문학과의 교과목으로 채택되어 운영되고 있기도 하다. 이 방향성을 진정한 의미에서의 영문학 교육이라고 간주하기는 어렵겠으나,

비교적 우리의 현실에 적용 가능하고, 영어교육의 한 분야로서도 많은 가능성을 내포하고 있다. 그럼에도 이러한 텍스트들은 주로 흥미 위주의 내용과 독서여서 말 그대로 즐거운 글 읽기의 차원으로 끝나고 말 위험이 있다. 이 텍스트들은 대부분 혼자 학습해도 무방한 것들이고, 학습자의 인지적 수준과도 맞지 않아서 과연 교육과정의 텍스트로서 다룰 만한 가치와 의의가 있을지 의문시되기도 한다.

2. 문화교육의 필요성

영문학 교육의 이러한 문제점들을 보완하는 하나의 방안으로서 문화교육을 상정해 볼 수 있다. 영문학 교육에서 문학교육 이외에 또 하나의 중요한 교육의 목표와 방향성을 영어권 문화교육으로 설정할 경우, 문화교육은 문학교육의 본령인 인문학적 소양을 배양하면서 동시에 현재 우리나라 영어교육의 목표인 의사소통 능력의 배양과도 접목될 수 있다.

언어와 문화는 분리될 수 없다(김경한 2006: 100-101). 원활한 의사소통 능력이란 언어지식 측면뿐만 아니라 그 언어에 담겨 있는 문화적 배경까지, 즉 목표사회의 풍습, 사고방식, 생활양식 등까지 이해할 수 있는 능력을 의미한다고 볼 때, 원활한 의사소통은 목표사회의 문화를 이해할 때에만 가능해진다. 문화에 대한 올바른 이해와 경험 없이 언어적 숙달만으로 목표사회에서 완전하게 의사소통할 수 없다. 따라서, 문화교육은 의사소통 능력의 향상이라는 영어교육의 목표와 부합하고, 영어의 네 가지 의사소통기능과 마찬가지로 문화교육도 의사소통 능력의 고등 단계로서 교육현장에서 심도 있게 취급되어야 한다.

물론, 흔히 지적되듯이, 이질적인 영어권 문화에 대한 교육은 우리에게 정서적인 어려움을 유발할 수 있고, 나아가 영어권 문화에 동화될 우려를 야기할 수도 있다. 그러나 그러한 동화는 이미 초등학교에서 영어교육을 시작할 때부터 우리에게 엄연히 존재하는 사실이다. 오히려 문화교육을 통해 영어권 문화를 더 잘 인식하게 될 때, 우리는 영어권 문화에 대해 더 비판적일 수 있다. 영어권 문화를 아는 사람만이 영어권 문화에 대해 더 자유롭게 거리를 둘 수 있기 때문이다.

문화의 습득은 목표사회에서의 다년간의 생활뿐만 아니라 그 사회의 이념들에 대한 교육까지도 포함하는 무형의 정신에 대한 체험을 의미한다(김경한 2007: 10-11). 그러나 우리에게 그러한 직접적인 체험과 교육은 불가능하므로 이를 대신할 수 있는 간접 체험 및 교육의 장이 필요하다. 그러한 간접 문화체험의 장으로서 가장 현실적인 대안은, 결국 문학체험이라고 말할 수밖에 없다. 문학 텍스트는 문화체험에 필요한 다양한 콘텐츠를 보유하고 있고, 또한 문학체험은 문화체험과 유사한 구조를 지니고 있다. EFL 상황에서 문화교육이란 그것이 어떤 종류든 간에 텍스트 체험 및 교육에 의존할 수밖에 없는 성격을 띤다.

문화체험 혹은 문화인식 과정에는 이야기 구조가 존재한다. 문화체험은 문학체험처럼 특정한 상황에서 발생한 이야기 혹은 사건을 추이하고 그 의미를 이해해 가는 과정이라고 할 수 있다. 한 문화의 가치관이란 보이지 않는 무형의 정신으로서 그것은 단순한 독서를 통해서, 혹은 일반화된 진술과 설명을 통해서 체득되는 것은 아니다. 그것은 구체적인 체험, 즉 그것을 재현하는 구체적인 상황과 이야기의 전개를 요구한다. 이를테면, 우리나라의 후기 조선시대의 문화를 이해하기 위해서는 당시 사회에 관한 논문 한 편을 읽는 것보다 김홍도의 풍속도를 감상하는 것이 효과적일 것이다. 마찬가지로, 미국의 프로테스탄트 정신(Protestantism)을 이해하기 위해서, 현재 영미문화 강좌의 주 텍스트로서 많이 사용되고 있는 『미국의 생활방식』(*The American Ways* 1997)에 기술되어 있는 해당 관련 부분(44-52)에 대한 독서보다는, 성경의 관련 에피소드를 읽거나, 너대니얼 호손(Nathaniel Hawthorne)의 『주홍글씨』(*The Scarlet Letter*)를 읽거나 혹은 그것을 영상화한 영화 한 편을 보는 편이 훨씬 유익하다. 문화란 그것을 설명하거나 요약함으로써 체득되는 것이 아니라 그러한 일반적인 설명을 끌어내는 구체적인 컨텍스트 혹은 배경, 즉 이야기 구조를 이해해야 하는 것이다. 이러한 문화의 이야기 구조는 문학체험 그 자체에 다름 아니다.

우리는 문화 텍스트를 통해서 목표사회의 구성원들이 공유하고 있는 정신적 배경지식의 구조, 즉 목표 사회의 시스템으로 작용하고 있는 문화 에피스테메(episteme: 지식 체계) 혹은 문화체계를 학습한다. EFL 상황에서 목표 사회의 문화체계에 대한 학습은 모국의 문화체계와의 상호작용을 통해서 이루어진다. 목표 문화를 접할 때, 모국문화는 하나의 배경지식처럼 작용함으로써, 즉 양 문화의 유사점과 차이점을 인식적으로 비교함으로써 가능해진다. 학습자는 모국 문화와의 유사점 및 차이점에 대한 사유를 통해 문화체험이 수반하는 이야기의 의미를 이해하고, 그것을 바탕으로 그 안에 숨겨져 있는 목표 문화의 구조를 읽어 낸다. 이러한 문화의 독특한 체험방식은 소위 "인문학적 상상력" 혹은 "창의력"이라고 불리는 문학의 사유과정과 유사하다.

요컨대, 문화체험은 문학체험과 유사한 패턴을 지니고 있고 그 인식과정 또한 유사하다고 할 수 있다. 진정한 문화체험을 위해서는 문화체계에 대한 사유과정을 위한 구체적인 상황 혹은 이야기 구조가 필요한데, 그것을 다양하게 보유하고 있는 장이 바로 문학 텍스트이다. EFL 상황에서 우리는 문학을 통해서 목표 사회의 정신문화를 간접적으로 체험하고 학습할 수 있고, 따라서 문학을 통한 문화교육의 정당성은 확립될 수 있다.

우리는 그동안 문학에 존재하는 다양하고 풍부한 문화 콘텐츠와 그것의 교육적 가치를 잊고 있었다. 사실, 현장에서 학생들은 문화 수업을 매우 재미있어 하고 있고, 영어 학습의 매우 훌륭한 동기가 된다고 말한다. 문화교육은 정서적·인지적으로 영어교육에 도움을 주고 있는 것이다. 이러한 문화를 문학에서 가르칠 수 있고, 또한 그렇게 함으로써 영문학 교육의 의미가 존재할 수 있다. 문화교육을 영문학 교육의 한 축으로 새롭게 설정할 때, 우리는 영문학과 영어교육의 목적 두 가지를 모두 충족시킬 수 있게 된다.

이 글에서는 영문학 교육의 한 축을 문화교육으로 설정하고 그렇게 될 때 필수적으로 요청되는 문화교육과정의 내용 및 문화교수학습 방안을 논의해 보고자 한다. 문학과 문화교육의 상호 연관성은 그동안 막연히 언급되기는 하였으나, 구체적으로 어떤 내용을 학습해야 하는지, 또한 이를 위해 어떤 방법론이 요구되는지에 대한 구체적인 연구가 부족했다고 보고, 이를 활성화할 수 있는 방안을 모색해 본다.

3. 영문학 기반 문화교수요목

영문학에 기반을 둔 문화교수요목을 개발하기 위해서는 기존의 문학 관련 과목을 재편성하여 문학교육과는 별도로 문화교육에 초점을 맞춘 교육과정을 마련할 필요가 있다. 그동안의 영문학 정전은 영어권 대학의 정전을 그대로 답습한 것으로서 그 기준이란 작품의 문학사적 혹은 예술적 의의 등과 같은 가치였다. 그러나 문화교육을 위한 새로운 교육과정은 문학적 가치보다는 문화적 유용성이라는 기준을 두고 선정된다. 문화교육과정에서 제시되는 새로운 문화교육 정전은 영어권 문화의 배경지식을 다양하게 제공할 수 있는 문화적 의미를 지닌 텍스트로서 학생들에게 간접 문화 체험의 장이 될 수 있도록 선별된다.

이러한 방법이 현실적으로 여의치 않으면, 좀 급진적이긴 하지만, 기존의 문학정전 대신 필수적인 문화학습 내용을 이야기 구조로 재현한 가상 텍스트를 개발하여 새로운 정전을 구축할 수도 있다. 이를 위해서, 영어권 문화를 이해하는 데 필수적인 문화 항목들을 분류하고, 목록을 작성하고, 텍스트별로 신화, 성경, 우화, 동화, 문학, 역사, 사상 등으로, 가치관 별로 개인주의(Individualism), 프로테스탄트교(Protestantism), 실용주의(Pragmatism), 자연관, 시간관 등으로, 소주제별로 영웅문화, 부활문화, 회개문화 등과 같이 분류하고, 그렇게 확립된 문화 항목의 학습을 위한 텍스트들을 연구하고 개발할 수 있다. 해당 문화 항목이 담고 있는 가치나 이념을 가장 잘 예증하는 작품 혹은 문헌에는, 문학 텍스트뿐 아니라 역사, 철학, 사회학, 정치학 등에 관계되는 인문학적 혹은 사회학적 문헌들과, 이와 유관한 다큐멘터리, 만화, 영화와 같은 영상 텍스트도 포함될 수 있다.

현재 영문학 교육과정의 정전을 구성하고 있는 것은 노튼 앤솔러지라는 작품 선집이다. 노튼 앤솔러지는 영문학, 미국문학 각각 2권으로 구성되어 있는데, 노튼 앤솔러지는 영어 관련 학과의 필수과목으로서 총론인 영국문학개관 I, II(혹은 영국문학사), 미국문학개관(혹은 미국문학사)의 교재로 사용되고 있고, 각론인 시, 희곡, 소설, 비평의 개별 장르의 과목에서도 교재로 혹은 부교재로 사용되고 있다. 따라서, 기존의 노튼 앤솔러지에서 서양고전문화, 영국문화, 미국문화로 범주를 정하고 각 분야별로 핵심 텍스트를 선별, 개발하는 것은 문학교육과의 연관성을 유지하면서 문화교육과정을 확립한다는 점에서 의의가 있다. 이러한 작업을 통해 가칭 "영미문화 앤솔러지"를 새롭게 정립하고

〈표 1〉 문화교수요목

	서양고전문화	영국문화	미국문화
문화교수요목	1. The Bible	1. English History & Politics	1. American History & Politics
	2. Classical Mythology	2. English Monarchy: Nobility & Gentleman	2. Puritan Spirit
	3. Philosophy: Plato & Aristotle	3. Shakespeare	3. Frontier Spirit & American Dream
	4. Fairy Tales, Arthurian Romances & Nursery Rhymes	4. British Imperialism	4. Multicultural Society: Race, Gender & Class
	5. The Reformation	5. The Industrial Revolution	5. Individualism & Pragmatism
		6. (Post)modernism	6. Popular Culture

그것을 바탕으로 문화교육을 수행할 수 있을 것이다.

이 글에서는 영어권 문화를 이해하는 데 가장 핵심이 되는 필수 문화항목으로서 17개 항목을 문화교수요목으로 설정하였다. 영문학 기반 문화교수요목 내용은 다음과 같다.

1) 서양고전문화

서양고전문화는 영어권을 포함한 서양문화 전반의 공통적인 배경 지식을 구성하는 문화 요소들에 대한 학습을 목표로 구성된다. 영어권 문화교육의 출발점으로서 서양고전문화에는 서양문화의 원형을 구성하는 핵심 고전문화 항목들에 대한 목록이 작성되고 그 학습 내용이 기술된다.

(1) The Bible

성경은 서양 문화의 원형 중의 원형으로서 이에 대한 학습은 필수적이다. 성경은 동양의 불교나 유교처럼 서양의 정신문화, 행동문화, 유형문화 전반에 걸쳐 막대한 영향을 끼쳤다. 성경의 중요성은 언어적·문화적으로 부인할 수 없는 사실이다. 영어권 사회에서, 이를테면 "My cup runs over."라는 문장이 행복을 의미하는지, 불행을 의미하는지 알지 못하면 의사소통에 지장을 받게 된다 성경은 또한 도덕적·정신적 가치에 대한 서양인들의 문화적 감수성과도 심오하게 연관되어 있다. 아브라함과 이삭(Abraham and Isaac)의 이야기는 서양인들의 부모와 자식 사이의 깊은 감정을, 욥(Job)의 이야기는 시련에도 불구하고 그것을 인내하고 꿋꿋하게 견뎌나가는 정신을 서양인들의 감수성에 새겨놓고 있다.

(2) Classical Mythology

그리스 로마 신화는 성경과 함께 서양문화의 양대 산맥을 형성하는 문화의 원형으로서 서양문화의 이해에 필수적이다. 이 과정에서는 고전 신화의 학습을 통해 신화란 무엇인가에서부터 출발하여 고대의 인생관, 세계관, 우주관 등에 대하여 생각해보는 것을 목표로 한다. 이를테면, 당시의 문화코드로서 신의 의미, 인간 혹은 영웅의 의미, 삶과 죽음의 의미, 전쟁과 사랑의 의미, 명예와 복수 코드 등이 학습된다. 그리스 로마 신화에 대한 학습은 성경에 대한 학습과 함께 서양고전문화 과정의 전반적인 기초를 제공할 것으로 기대된다.

(3) Philosophy: Plato & Aristotle

플라톤과 아리스토텔레스는 서양 사상의 형성에 있어서 동양의 공자와 맹자와 같은 문화적 역할을 하였으므로 그들의 기본적인 개념들에 대한 학습이 필요하다. 이를테면, 그들의 영향을 입은 스콜라철학(Scholasticism)과 신플라톤주의(Neoplatonism) 등은 각각 중세, 르네상스

문화를 형성하는 데 지대한 영향을 미쳤고 오늘날까지 서양 사상의 원형 역할을 하고 있다.

(4) Fairy Tales, Arthurian Romances & Nursery Rhymes

동화는 단순히 어린이의 꿈만이 아니라 민족 전체의 잠재의식적인 희망을 대변하는 것으로서 민족정신의 연구에 도움이 된다. 이솝(Aesop), 안데르센(Andersen), 그림 형제(Grimm Brothers), 디즈니(Disney) 등뿐만 아니라, 거위 어머니 동요(Mother Goose Nursery Rhymes), 로빈 후드(Robin Hood) 이야기, 아라비안 나이트(Arabian Night), 기타 아동문학도 서양문화의 중요한 자산들로서 이에 대한 학습이 필요하다. 아서왕(King Arthur) 이야기는 역사적으로 입증된 사실은 아니지만, 그 어느 역사적 사건보다도 서구인의 정신에 강력한 영향을 끼친 문화 소재이다. 아서왕에 관련된 기사도(chivalry) 문화, 궁정풍 사랑(courtly love)의 전통 등은 오늘날의 문화산업에 빈번히 활용되는 문화 콘텐츠로서 이에 대한 학습이 요청된다.

(5) The Reformation

1517년 루터가 주도하는 종교개혁이 발생한 이래 유럽에는 가톨릭교(Catholicism)의 부패와 탄압에 대한 프로테스탄트교(Protestantism)의 해방운동이 당시의 정치상황과 맞물려 유럽 전역에 걸친 거대한 전쟁, 즉 "종교전쟁"(Wars of Religion)으로 발전하였다. 이 사건은 마치 우리의 역사에서 조선시대에 불교에서 유교로 종교적 국시가 바뀐 것과 같은 변화로서 당대 유럽인들에게는 문화적으로 엄청난 가치관의 변화를 가져온 사건이었으므로 심도 있는 학습이 요구된다.

2) 영국문화

(1) English History & Politics

이 과정에서는 영국 역사에서 중요한 사건들, 이를테면 백년전쟁, 장미전쟁, 무적함대 아마다(Armada), 청교도혁명 등과 같은 역사적 사건들을 영국의 정치, 경제, 사회와 관련하여 시대배경에 대해서 고찰하고 그 문화적 의미를 학습한다.

(2) English Monarchy: Nobility & Gentleman

영국의 군주제는 영국 민족의 독특한 성격을 규정하고 있으므로 왕족 및 귀족 문화의 전통에 대한 이해는 영국문화를 이해하는 데 필수적이다. 또한, 왕족 및 귀족문화의 변형으로서 근대의 신사문화도 영국의 근대문화를 대변하고 있으므로 이에 대한 학습도 요청된다.

(3) Shakespeare

영어권 문화에서 셰익스피어의 작품들은 성경이나 고전 신화에 못지않은 문화적 의의를 지니고 있다. 그의 작품들의 줄거리, 등장인물들에 대한 지식뿐만 아니라 작품에 나오는 명대사 등은 영미인들의 일상생활에서 이미 중요한 의사소통기능을 수행하고 있다. 셰익스피어는 반드시 체득해야 할 영미문화의 배경지식이다.

(4) British Imperialism

19세기의 영국은 세계를 제패한 대영제국의 국가이다. 엘리자베스 여왕시절, 당시 세계의 초강대국 스페인의 무적함대 아마다(Armada)를 물리치면서 해상의 패권을 차지하기 시작한 영국은 빅토리아 여왕에 이르러 태양이 지지 않는 대영제국을 건설하게 된다. 19세기 영국의 해양문화, 제국주의, 신세계 개척, 빅토리아조 정신 등에 대한 이해는 근대 영국문화를 이해하는 데 필수적이다.

(5) The Industrial Revolution

영국의 산업혁명은 오늘날의 자본주의를 낳았고, 근대 기술혁신의 교두보 역할을 한 것으로서 이에 대한 이해가 필요하다. 서양역사에서 소위 유물론(Materialism)적 사고의 등장은 다윈(Darwin)의 진화론, 마르크스(Marx)의 공산주의, 쇼펜하우어(Schopenhauer)의 숙명론, 니체(Nietzsche)의 무신론, 프로이트(Freud)의 정신분석 등의 발전과 함께 서구인들의 영혼 중심 사고방식에 일대 전환을 가져온 혁명이다.

(6) (Post)modernism

전통적인 영혼 중심의 사고방식에 대한 회의를 던지며 태동한 모더니즘과 포스트모더니즘은 현대의 사고방식을 낳은 문예사조들이다. 이들 문예사조들을 이해하는 것은 영국 현대문화에 대한 이해와 더불어 앞으로 진행될 미래 문화의 방향성을 이해하기 위해서도 필요하다.

3) 미국문화

(1) American History & Politics

미국정신을 형성하는 데 중요한 역할을 한 역사적 사건들, 이를테면 독립혁명, 남북전쟁 등과 같은 사건들을 미국의 정치, 경제, 사회와 관련하여 시대배경에 대해서 고찰하고 그 문화적 의미를 학습할 필요가 있다.

(2) Puritan Spirit

청교도 정신은 미국의 민족정신이다. 미국의 선조들은 당시 영국의 종교적 박해로부터 종교의 자유를 찾아 신세계로 향하였던 청교도 순례자들이다. 그들은 기존의 모든 권위를 부정하고 만인은 신 앞에서 평등하다는 정신을 중심으로 청렴하고 근면한 생활을 영위함으로써 오늘날의 미국을 건설하였다. 청교도 정신은 미국문화의 이해에 필수적이다.

(3) Frontier Spirit & American Dream

미국의 역사는 이민의 역사이고 미국에 온 이주민들의 꿈이란 성공의 꿈이다. 오늘날 미국사회의 발전에 원동력이 된 미국의 꿈은 "기회의 나라" 미국에서 물질적으로 성공을 거두는 것을 의미한다. 미국의 꿈의 양면성, 즉 밝은 면과 어두운 면에 대한 이해는 미국문화에 대한 심층적 이해에 직결되는 것으로서 매우 중요한 문화학습이라고 할 수 있다.

(4) Multicultural Society : Race, Gender & Class

미국은 이민을 통한 다인종으로 구성된 나라이다. 다문화 사회로서 미국사회는 인종 간의 갈등이 첨예한 사회이다. 특히 흑백 간의 갈등은 오랜 전통을 지니고 있다. 인종뿐만 아니라 남녀 차별 및 계급 분쟁도 미국문화의 독특한 부분을 형성하고 있는 것으로서 이에 대한 학습이 필요하다.

(5) Individualism & Pragmatism

미국정신 중에서 가장 중요하다고 간주되는 가치관은 개인주의(individualism) 혹은 자립(self-reliance) 정신이다. 우리는 사회 혹은 가정에 더 중요한 가치를 두지만, 미국문화에서는 개인이 우선시된다. 우리는 공동체를 중시하고 상대방의 마음을 배려하여 말을 가려서 하는 경향이 있지만, 미국인들은 개인적 권리를 중시하므로 자신의 견해를 소신 있게 피력한다. 그들의 개인주의는 우리와 빈번하게 문화 간 충돌을 일으키는 가치관 중의 하나이므로 이에 대한 이해가 필요하다. 미국의 실용주의 정신 또한 우리의 가치관과 대립되는 면이 있다. 우리는 관념을 중시하여 즉물적인 것을 경시하는 경향이 있으나 미국인들은 아무리 훌륭한 생각이라도 그것이 실행에 옮겨지지 않고 생각으로만 남으면 그것은 무익하다고 본다. 이를테면, 아무리 뛰어난 이론이라도 그것이 실천에 옮겨져 결과물로 형상화되지 않으면 그 이론은 무의미한 것이다. 이러한 실용주의적 가치관의 본질에 대한 이해는 미국인의 정신을 이해하는 첩경으로서 필수적으로 요청된다.

(6) Popular Culture

현대 미국의 대중문화는 전 세계의 문화를 선도해가고 있다. 코카콜라, 맥도날드, 할리웃 영화 등은 이미 우리의 삶의 중요한 부분이 되었다. 미국의 대중문화에 대한 이해는 미국에 대한 이해를 도울 뿐만 아니라 대중문화의 미래의 방향성에 대해서 시사하는 바가 크기 때문에 매우 의미 있는 학습 분야라고 할 수 있다.

4) 교수요목 개발 시안

위에서 제시된 문화교육과정을 바탕으로 각 과정의 문화 항목의 학습에 소용되는 교과 자료의 개발을 위한 기초 연구의 예는 다음과 같다. 이를테면, 서양고전문화의 성경 항목의 경우, 성경의 "천지 창조" 및 "창조와 타락"에 대한 문화적 의의로 학습 주제를 설정한다면, 다음과 같은 예의 독서 리스트가 작성될 수 있다(Jasper 65-107).

〈Discussion Topic〉

The cultural significance of the theory of creationism

The meaning of the Fall

The Bible List

The Creation (Genesis 1–2)

In the Beginning as the Word (John 1 : 1–18)

The Fall (Genesis 3 : 1–13)

List of Literary Texts

C. S. Lewis, *The Magician's Nephew*

John Milton, *Paradise Lost*

D. H. Lawrence, "Let There Be Light!"

William Golding, *Free Fall*

John Donne, Holy Sonnets, No. 4

St. Augustine of Hippo, *The City of God*

John Wilmot, "The Fall"

Abraham Cowley, *The Tree of Knowledge*

List of Films

The Ten Commandments, 1956

The Gospel of John, 2003

학습 주제에 대한 일반적인 배경 지식을 습득하기 위해서는 우선 성경의 관련 대목들을 읽어야 하므로 이에 대한 성경 리스트(The Bible

List)가 필요하다. 그리고 이 성경 대목들과 유관한 문학 작품 및 기타 관련 문헌 및 시청각 자료들에 대한 독서 리스트(List of Literary Texts)를 개발하여야 한다. 이 독서 리스트는 학생들이 성경 리스트와 함께 같이 읽고 토론할 자료이다. 특히, 시청각 자료의 개발은 문화 수업에서 매우 중요한 역할을 하는 것으로 생각된다(List of Films). 시청각 자료는 직접 체험의 장이 존재하지 않는 우리의 현실에서 그나마 생생한 간접 체험의 장으로서의 역할을 수행한다. 학생들은 시청각 자료를 통해서 자신의 배경 지식을 확고하게 하거나 수정할 수 있다.

5) 영문학 기반 문화교수학습 모형[1]

이러한 교수요목을 학습하기 위한 문화교수학습 모형은 〈표 2〉와 같다.

〈표 2〉 영문학 기반 문화교수학습 모형

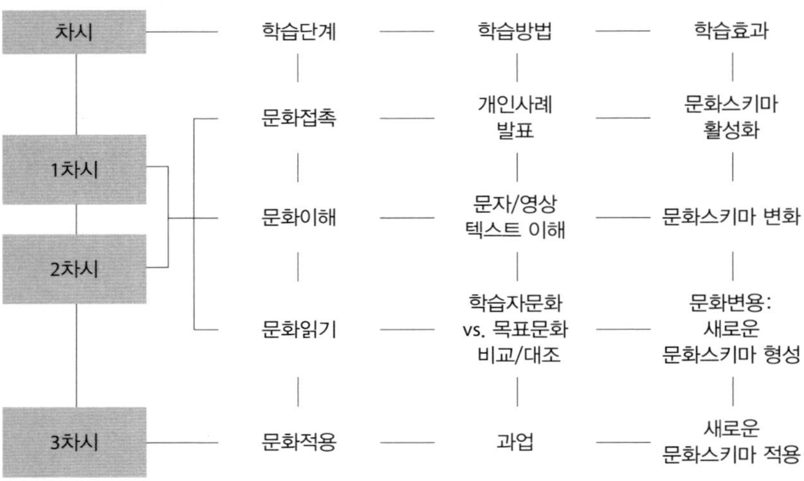

---

1 김경한(2007)에서는 교수학습모형을 3단계로 나누었으나 이 글에서는 4단계로 제시하였다(12-14).

이 문화교수학습 모형은 문화의 내용 중, 특히 문화의 원형으로 간주되는 정신문화를 학습하기 위한 것으로서 다음과 같이 문화접촉, 문화이해, 문화읽기, 문화적용의 네 단계로 분류된다. 해당 강좌는 3학점, 일주일 3시간 수업으로서 수업 모형에서 제시한 네 단계의 과정을 모두 수행하도록 한다.

(1) 문화접촉

문화접촉은 문화 체계 혹은 문화 지식 구조를 인식하기 위한 예비 단계로서 일상생활에서 체험하거나 발견되는 문화접촉의 구체적인 예, 이를테면 어휘, 문장, 로고, 그림, 지식, 개인적 문화 충격의 사례 등과 관련된 내용이 제시됨으로써 학습자의 문화적 배경 지식을 활성화하는 단계이다. 학습자는 자신의 개인적 문화체험 혹은 경험 사례를 말하거나 일상생활에서의 문화체험을 기술한다.

(2) 문화이해

학습자는 문화접촉 단계에서 제기된 문화 내용에 대한 기초적인 텍스트를 학습한다. 우선, 통상적인 문장 읽기를 한다. 선별된 텍스트는 전 단계에서 제기된 어휘, 로고, 그림 등에 대한 기원, 배경, 역사적 상황 등에 대한 기본적인 의미를 기술한 것으로 구성된다. 이 단계에서는 관련 문화 내용의 기본적 의미와 그 내용을 나타내는 어휘 및 표현을 이해한다. 그런 다음, 텍스트를 통한 문화체험의 간접성을 극복하고 문자 텍스트 체험을 강화시키는 방안으로서 영상 텍스트를 보조 자료로 활용한다. 영상 텍스트 체험이란 영화, 만화, 다큐멘터리, 그림 감상 등 문화적 의미를 담고 있는 영상화된 모든 종류의 텍스트 체험을 의미한다. 영상 텍스트가 문화교육에서 매우 효과적이라는 사실은 이미 경험적으로 증명되고 있다. 영상 텍스트는 문화 내용과 의미가 선명한 이미지로 남아 쉽게 잊히지 않는 장점을 지니고 있다. 이를 위해서 산재해 있는 영상 텍스트들을 한데 모아 데이터베이스화하여 정리하고 학습자가 도서관 등에서 활용할 수 있도록 해야 할 것이다.

(3) 문화읽기

이 단계는 전 단계에서 수행된 문화 내용의 기본적 의미에 대한 이해를 바탕으로 그 배경을 구성하는 문화 체계 혹은 문화 지식 구조를 읽어내는 것을 목표로 한다. 문화읽기 단계는 추상적이고 보이지 않는 문화 원형의 의미를 추출해 내는 작업으로서 문화 능력(cultural competence)의 습득에서 매우 중요한 단계이다. 문화읽기는 학습자의 분석적 · 비판적 사고력을 요하는 것으로서 이러한 능력을 이끌어내기 위해서 목표문화와 학습자문화를 비교하거나, 또는 기본 텍스트를 목표문화의 다른 텍스트들—역사, 지리, 철학, 예술, 영화, 만화, 그림, 음악 등—과 비교 · 분석할 수 있다. 문화 능력의 습득이란 단순한 지식의 축적을 넘어서 배경 지식 구조 자체의 변화까지 수반하는 것으로 정의될 때, 그러한 구조적 변화, 즉 문화변용(acculturation)을 유발하기 위해서는 문화의 다양한 텍스트들에 노출되어 그것을 통합적으로 사유할 수 있는 시간과 공간이 필요하다. 따라서 문화방백(culture aside) 등과 같은 교사 중심의 단시간의 문화 수업보다는 텍스트를 바탕으로 학생 중심의 활동을 통해 문화 구조의 의미를 파악하게 하는 장기간의 지속적인 문화학습이 요구된다.

(4) 문화적용

문화적용은 문화읽기에서 발견한 문화 구조를 학습자 스스로 재구성해 봄으로써 그것을 확인 및 적용해 보는 과정이다. 학습자는 발견된 문화 구조를 요약 발표하기, 글로 기술하기, 포스터 만들기, 홍보용 광고 만들기, 역할극 혹은 스크립트 만들기 등의 활동 및 과업을 할 수 있다(culture capsule, culture cluster, culture assimilator). EFL 상황에서 문화교육의 현실이란 직접 문화 체험이 아닌 간접 문화 체험이고, 그 때문에 텍스트 체험이라는 가상 체험에 의존할 수밖에 없다. 또한, 텍스트에 담겨 있는 문화 구조를 발견하기 위해서 목표문화와 학습자문화 사이의 공통점 및 차이점들에 대한 사유 과정을 촉진하는 학습활동에 의존해야 되고, 그것을 확인하는 방법도 가상의 상황을 가정하고 그것을 기술하는 수밖에 없다. 이것이 EFL 문화교육의 본질이라고 본다.

4. 문화 교수학습 방안

위에서 제시된 문화 교수학습 모형을 성공적으로 수행하기 위해서는 각 학습 단계마다 효율적인 학습활동 및 교수학습자료가 뒷받침되어야 한다. 이 글에서는 지금까지 문화수업을 위해 사용되었던 교수법 및 수업활동을 아래와 같이 소개한다. 교사는 교수하고자 하는 문화 내용에 가장 적절한 문화교수법 및 수업활동이 무엇인지 파악하고 이를 뒷받침할 교수학습자료를 제작해서 사용하도록 한다.

지금까지 알려진 구체적인 문화지도 방안은 다음과 같다(Stern 1992; 김경한 2008).

1) 문화방백(Culture Aside)

문화방백은 수업을 진행하다가 문화적 내용을 설명할 필요가 있을 때, 이를테면 "Valentine's Day"에 대해서 교사가 간단히 부연하는 방법이다. 현행 교재들이 문화를 팁 정도로 다루고 있기 때문에 지금까지 현장에서 가장 많이 사용된 문화교수 방법이다. 그러나 문화방백은 학생들의 활동이 없는 교사 중심의 일방적인 교수법이다.

2) 문화캡슐(Culture Capsule)

문화캡슐은 목표문화와 자국문화의 차이점을 설명하기 위해 사용하는 방법으로 대조적인 문화항목을 골라, 관련된 다양한 자료와 실물들을 사용하여 간단한 대본을 만든다. 교사는 학생들에게 문화의 내용을 간결하게 설명하고 비교한다. 학생들은 토론이나 역할극을 하도록 한다.

3) 문화송이(Culture Clusters)

문화송이는 서로 관련된 대략 세 개 정도의 소재로 연결된 문화캡슐로 구성되어 있고 각 캡슐에 들어 있는 정보를 통합하는 30분 정도 분량의 드라마 실연을 상정하고 있다. 이를테면, 영국의 가족식사는 식탁 세팅하는 법, 식탁에서의 매너, 식탁에서 가족과 이야기하는 법 등 세 개의 캡슐로 구성할 수 있다.

4) 문화동화자(Culture Assimilator)

학습자에게 목표문화와의 문화충돌을 다룬 에피소드가 주어지고 그에 대해서 객관식 형태의 네 가지 선택지가 제시된다. 학습자는 가장 적절한 답을 고르면 된다. 이를테면, 다음과 같은 질문에 대해서 정답을 고르도록 한다.

eg. You are invited to an American friend's house and you are introduced to the friend's parents. What would you do?

a. Say nothing and bow.

b. Say, "hi!" and bow.

c. Say nothing, and shake hands.

d. Say, "Nice to meet you," and shake hands.

eg. You feel like blowing your nose at table in the American friend's dinner party. What would you do?

a. Say nothing, and go to the toilet to blow your nose.

b. Say, "Excuse me," and go to the toilet to blow your nose.

c. Say, "Excuse me," and blow your nose.

d. Try to control the needs and quicken the meal.

5) **문화** TPR(Audio-Motor Unit)

목표문화의 행동방식을 체험하기 위해 고안된 일종의 문화학습을 위한 TPR(Total Physical Response)이다. TPR과 다른 점은 교사의 지시에 따라 즉각 반응하지 않고, 교사의 행동을 관찰한 후에 실제 행동을 한다. 이를테면, 레스토랑에 들어가 식사할 때 취하는 일련의 행동을 교사가 먼저 다음처럼 말과 행동으로 보여준다.

eg. Appropriate behavior in a restaurant: entering, sitting down, ordering a meal, eating it, paying the bill, and leaving.

I enter a restaurant.
Find a waiter and say, "May I take a table, please?"
Sit down at a table and pick up the menu to select the food to order.
Call a waiter and order the food.
Unfold a napkin and put it on my lap.
The food comes and I enjoy the food.
Finishing the meal, I put a tip on the table.
I go to the cashier and pay the bill.

6) 문화 미니드라마(Cultural Mini-Dramas)

문화충돌이 일어나는 상황을 3-5개 에피소드의 드라마로 구성하여 학생들이 실연을 해봄으로써 체험한다.

7) 극화(Dramatization)

학생들 스스로 문화충돌이 일어나는 상황을 극화하여 제시한다.

8) 모의 역할극(Role-Play Simulation)

어떤 행위가 문화적으로 적절한 것인지 아닌지를 지적하기 위해 사용된다. 학생들은 가상의 인물들 사이에서 임기응변적으로 행위를 해야 한다. 고도의 언어구사력을 요구하므로 상위권 학생들에게 적합하다.

5. 결론과 제언

이 글에서 제시한 영문학 기반 문화교육과정과 교수학습 모형을 우리나라와 같은 EFL 환경에서 활용한다면 높은 교수학습 효과를 기대할 수 있다고 본다. 우선, 영문학 기반 문화교육과정은 영문학을 문화 이해를 위한 한 분야로서 자리매김함으로써 앞으로 EFL 환경에서 영문학 교육의 방향성 혹은 정체성을 명시해줄 것으로 기대된다. 나아가, 영문학은 EFL 상황에서의 독특한 영미문화교육 지식체계를 확립하고 발전시켜 나감으로써 국내외의 영어교육에 이바지할 수 있다. 또한, 영문학기반 문화교육과정은 영문학을 통한 문화교육과정 및 교과자료 개발을 위한 교육 시스템을 구축하는 데 필요한 기초 자료를 제공할 수 있을 것이다.

참고문헌

김경한. 「영어과 문화교육과정 확립 방안」. 『영어교과교육』 7.2(2008): 17-37.

______. 「영문학 기반 문화 교수-학습 모형 개발」. 『영미문학교육』 11.2(2007): 5-22.

______. 「영문학교육의 새 방향: 문화교육」. 『영미문학교육』 10.1(2006): 85-110.

Baym, Nina, et al. eds. *The Norton Anthology of American Literature*. 2 Vols. 6th ed. New York: W. W. Norton Company, 2003.

Datesman, Maryanne Kearny, Joann Crandall, and Edward N. Kearny, eds. *The American Ways*. 2nd ed. Upper Saddle River: Prentice-Hall, Inc., 1997.

Greenblatt, J. Stephen, et al. eds. *The Norton Anthology of English Literature*. 2 Vols. 8th ed. New York: W. W. Norton Company, 2006.

Hawthorne, Nathaniel. *The Scarlet Letter*. Ed. Sculley Bradley, Richmond Croom Beatty, E. Hudson Long, and Seymour Gross. 2nd ed. New York: W. W. Norton & Company, 1978.

Jasper, David and Stephen Prickett, eds. *The Bible and Literature: A Reader*. Malden: Blackwell Publishing Ltd., 1999.

Stern, H. H. *Issues and Options in Language Teaching*. Ed. Patrick Allen and Birgit Harley. Oxford: Oxford University Press, 1992.

03

영어교육과 인문학적 가치의 재정립: 영문학과 교과과정의 경우*

이인기

오늘날 영문학이 인문학적 가치[1]보다는 영어의 실용적인 활용을 먼저 연상시키게 된 데에는 사회의 실용적이며 경제우선적인 풍조가 끼친 영향이 크다. 이제 영문학은 인문학적 가치를 해석하고 적용하는 공간이라기보다 영어를 의사소통 도구로서 활성화시켜야 할 공간으로 인식되는 경우가 많아진 것이다. 그러나 이러한 사회학적 원인에 못지않게 영문학이 기존의 학문적 권위 아래 온존함으로써 사회 변화를

* 이 글은 『영어영문학』 55권 5호(2009, 821-841)에 게재된 「영문학과 교과과정과 인문학적 가치의 재정립」을 수정 · 보완하여 작성되었다.

1 인본적인 가치를 이해, 박애, 동정, 연민, 용기, 신중, 판단, 설득력, 명예욕 등의 인간적인 자질과 결부시킨다면("Humanism" 2), 더 포괄적으로는 인간에 대한 경험과 성찰을 통해 얻어진 전망의 총화를 일컬을 것이다. 시대에 따라 다른 양상을 보이기는 하지만 이러한 인본적인 가치들과 직접 관련된 학문적 통로는 인문학이므로 인문학의 영역에서 추구하는 인본적인 가치와 그 추구의 과정을 통괄하는 개념을 인문학적 가치로 보자.

선도하거나 해석해내지 못한 점도 이러한 인식의 저변을 형성한다. 사실 그간 영문학은 영문학과 인문학적 가치의 등식관계를 전제로 그 당위성에 의존해서 시류를 비판하면서도 시대의 변화와 양립하는 인문학적 가치를 개발하려는 노력에 소홀하였다. 이 같은 반성적 고찰을 전제로 할 때 우리 영문학계는 사회가 우선적으로 요구하는 영어의 실용적 가치와 양립하는 인문학적 가치를 재정립하기 위해 노력할 필요가 있다.

이를 위해서는 실용성에 대한 시대적 요구를 단지 인문학적 가치의 위축이라는 방어적 관점으로만 파악할 것이 아니라 그 요구 자체의 인문학적 의미를 먼저 이해하는 것이 중요하다. 사실 실용적 활용이 강조되는 이면에는 소통의 확대에 대한 요구가 존재한다고 할 수 있다. 그동안 학문적 권위에 의존하여 배타적으로 구가해온 문화권력의 표징으로서의 영어보다는 사회적 필요에 의해 공유할 수 있는 도구로서의 영어를 영문학이 활성화시켜야 한다는 요구가 표면화된 것이라고 인정할 필요가 있는 것이다. 이 글은 영문학과 교과과정에서 그 가능성을 모색할 수 있다고 판단하여 그 교과과정에서 실행되고 있거나 원용할 필요가 있는 방안들을 제시해 보고자 한다. 현재 대다수 대학교의 영어영문학과가 전공교육과 교양교육, 그리고 실용영어교육의 분야를 포괄하는 교과과정을 운영하고 있기 때문에 이 글에서도 이 세 분야의 교과과정에 대하여 인문학적 가치를 재정립할 방안을 모색할 것이다.

1. 인문학적 가치의 변화

본론으로 들어가기 전에, 실용적인 영어교육에 대한 우리 사회의 강한 요구를 인문학적 가치의 위상과 관련하여 전제할 점이 있다. 현 사회의 요구는 인문학적 가치를 함몰시키려는 것이 아니라 사회의 변화에 상응하는 새로운 양태의 가치가 필요하다는 것을 웅변하고 있다는 점이다. 이러한 판단은 인본주의 혹은 인문학 그리고 영어 혹은 영문학에 대한 인식이 시대의 변화에 따라 상응하며 변해온 사실에 근거한다. 사실상 역사적으로 볼 때, 인문학적 가치는 시대가 변할 때 양태를 달리하며 삶의 본질적인 토대를 구성해왔기 때문에 실용적인 영어교육에 대한 오늘날의 요구도 영문학의 인문학적 가치를 재정립할 계기로 인식해도 되는 것이다.

역사상, 인문학적 가치에 대한 인식이 확산된 것은 인본적인 가치의 결핍에 대한 반작용 때문이다. 그 가치의 결핍을 극복하려는 과정에서 영혼의 자유, 구속으로부터의 해방, 그리고 인간다움의 의미 등 인문학적 상상력이 구성되어온 것이다. 따라서 르네상스 인본주의는 중세의 무지, 폭력, 미신으로부터 인간의 자유와 존엄성을 지키려는 시도이고, 19세기의 인본주의는 물질주의적 '무정부 상태'에 대항하는 '문화'와 동의어로 이해할 수 있다(Davies 5). 물론, 계몽의 논리로 다수 대중을 억압하고 주변화하기 위한 이념적 연막으로 이용되기도 한 시대가 있었지만 그것은 인본주의를 지배 이데올로기가 오염시킨 결과였을 뿐이다. 현대에 이르러서도 인문학적 상상력의 중요성이 거론되는 이유는 2006년 9월 15일에 발표된 '인문학 선언문'에서 지적한 대로 오늘날 신자유주의적 시장 경제 체제와 효율성에 대한 맹신이 인본적인 가치를 심각하게 압박하고 있다(안수찬 13)는 상황인식에서 찾을 수 있다.

이처럼 인본주의의 양태가 달라진 대로 인문학도 시대의 변화에 상응하는 지향을 구성해왔다. 15세기에는 고전문학 연구(studia humanitatis)를 통해 문법, 시, 수사학, 역사, 윤리학 등이 융성했고 중세 동안 억압되었던 교양(paideia)을 회복하고자 했다. 더불어 당시 인문학은 단순한 기능으로 취득할 수 없는 '고귀한 직업'의 영역에 속하게 되었다(Davies 4-5). 그러다가 18세기에 이르러 산업사회의 기틀이 다져지고 과학기술에 대한 신뢰가 커지면서 언어와 사상을 거론하는 직업의 중요성이 상대적으로 낮아졌는데, 이것은 존슨(Samuel Johnson)의 『영어사전』(*A Dictionary of the English Language*)에서 인문학자를 르네상스시대와는 달리 '문법학자, 언어학자'로만 한정하여 정의하고 있는 데서도 입증된다. 하지만 다른 한편으로 새로운 소설과 새로운 철학이 증산됨으로써, 아놀드(Matthew Arnold)의 용어를 이용하자면, 인문학자들의 헬레니즘적 '달콤함과 빛'이 무정부 상태와 암흑의 '무지한 군대'를 계도하는 이성적 지표로서 형상화되기도 했다(Davies 8 재인용). 이 형상은 그 후 세계대전을 거치고 근대적인 개발이 가속화되는 시기를 거치면서 사회를 계도할 '훈련된 지성'(Doyle 108)으로까지 발전하였다. 그러나 현대에 이르러서는 급속한 경제 조류 속에서 계몽적 이성이 효력을 발휘하지 못함으로써 '훈련된 지성'으로서의 형상이 약화되었고 영문학 교수는 단지 괜찮은 직업의 차원에서만 인식될 뿐 가치나 도덕적인 힘으로서의 위상은 상실하게 되었다(Doyle 121).

이러한 변화의 와중에 영어 혹은 영문학 자체에 대한 사회적 인식이나 요구도 달라졌고 영어 혹은 영문학의 위상은 그에 상응하여 변하였다. 영국에서 영어는 19세기까지 고전이나 수학보다 위상이 낮았으며, 아동이 자국어를 배우거나 도덕관념을 형성하도록 돕는 기능적 도구로서 인식되어서 여성이 가르쳐야 하는 분야로 간주되었다. 그 후 식민지 개척으로 공무수행상 영어교육의 중요성이 제기되자 학습 체계로서 구성되기 시작하였고 1894년에 공식적인 학과목의 형태로 교수되었다. 영어는 영국인들에게는 국어이므로 의사소통을 위한 교육보다는 문학읽기와 작문교육을 위주로 교과과정이 편성되었고 세계대

전 중 국민통합을 도모하는 과정에서 영문학의 소용 가치가 높아지면서 영문학 자체의 위상을 공고히 다지는 기회를 맞게 되었다. 그동안 리차즈(I. A. Richards)나 리비스(F. R. Leavis) 등의 영문학자들은 문학 이해에 관해 '원칙'을 설정하고 '정전'을 확립하여 전통을 정립함으로써 사실상 다른 학문 영역까지도 통어하는 권력적 지위를 누릴 기반을 만들었다.

> 정치 및 경제적 사안에 대한 사고는 실질적인 문학 교육을 받은 사람들이 해야 하고 생생한 문학적 배경이 제공하는 지적인 풍토 속에서 이루어져야 한다.(Leavis, "Literature" 193)

리비스의 이러한 주장은 영문학과가 다른 학문들 간의 연락센터(liaison centre) 역할을 해야 한다는 발상으로 전개되었는데(Leavis, *English* 65) 그만큼 영문학의 문화적 연속성에 대한 신뢰가 컸음을 알 수 있다.

그러나 1960년대에 접어들면서 리비스의 이상적 기준이 다변화하는 사회의 요구와 상응하지 못하게 됨으로써 영문학은 '여러 과목들 중의 하나'(Doyle 117)에 불과한 위상으로 위축되었을 뿐만 아니라 영문학과 내에서도 소수의 우수한 학생들을 제외한 일반 학생들과 비전문적인 독자들로부터 외면당하게 되었다. 우리 사회의 경우, 영국에서와 같은 복잡한 변전을 거칠 만큼 역사적 과정이 길지는 않았지만[2] 해방 이후 미군정의 경험과 수출주도형 산업구조상 영어 혹은 영문학의 위상이 '훈련된 지성'을 전수하는 과목으로서 성가를 높였던 시기를 보내다가 90년대에 이르러 그 위상이 급격히 약화되는 상황을 경험하

2 우리 사회에서 영어 과목의 도입과 교수 과정상의 변천에 관한 논고는 본 논문의 범위를 벗어나므로 『영어, 내 마음의 식민주의』에서 박종성, 강내희의 글을 참조할 것.

였다. 물론 이러한 위기는 영국에서와 마찬가지로 "대학 구조가 당대의 문화적·경제적 필요에 대하여 제대로 적응하지 못한 결과"이기는 하다(Doyle 115).

이처럼 시대에 따라 인본적인 가치의 양태가 달라지고 인문학의 지향이 변하며 영어 혹은 영문학의 위상에도 부침이 있었지만 그것은 가치의 결핍에 대한 인식과 그에 대한 인문학자들의 대응이 상관적으로 만들어낸 결과이다. 따라서 오늘날 인문학적 가치의 위축에 대한 인식도 사회가 그 가치를 담아낼 새로운 통로나 방식을 모색하는 징후라고 보면 된다. 심지어 비인간적인 전쟁 중에서도 소설을 발표하고 미술관 전시회 소식 등을 전하는 잡지가 발행되어 유통되며 참호 속의 군인들에게도 인간적 가치가 존속함을 증명하였듯이(Dixon 79) 시대 상황에 적합한 인문학적 가치의 표현 양태가 다르게 존재하기 때문에 현재 인문학의 위기는 사실상 인문학적 가치를 재정립할 기회인 것이다. 그 과정에서 영문학이 인문학적 가치를 전수할 통로로서의 위상을 새로이 확보할 방안을 강구하는 것이 이 글의 목적이다.

2. 영문학과 교과과정과 새로운 인문학적 가치의 모색

우선은 영문학이 현재 결핍하고 있다고 볼 수 있는 인문학적 가치가 무엇인지를 가늠해야 할 것이다. 대부분의 영문학과 교과과정이 전공지식의 학습, 교양교육 그리고 실용영어교육 등의 세 분야로 구성되어 있는데, 각 분야별로 볼 때, 정전에 입각하여 권위주의적 독백으로 일관하는 전공수업, 기능적 효율성을 위해 텍스트의 진정성을 훼손한 교재에 의존하는 교양수업, 그리고 비용절감을 위해 수업현장에서 교수자의 현존을 삭제하려는 실용영어 수업 등이 현재 결핍된 인문학적 가치의 면모를 대변하고 있다. 물론 이러한 지적은 이 글의 문제의식이며, 보편성을 입증하려는 것은 이 글의 연구범위를 넘어선다. 여기에서는 이처럼 수업환경에서나 교수매체상으로 인식론적이건 존재론적이건 의사소통의 막힘증상이 나타나는 것을 인문학적 가치의 결핍상태로 보고 그것을 극복하기 위한 방안을 각 교과과정 속에서 모색해보기로 한다.

1) 전공교육과 소통의 확대

전공교육과 관련하여 이 글에서 거론하고자 하는 것은 교수요목의 다양화 추세와 교수방식의 변화이다. 현재 전공교육의 교수요목이 다양화되고 있는 추세는 인문학의 위상 강화와 상응하므로, 이와 마찬가지로 교수방식도 예전의 일방적인 전달을 탈피하여 학생이 교수자와 소통하며 학습내용을 체험하면 수업현장에서도 인문학적 가치를 새로이 정립할 수 있을 것으로 판단한다. 단, 여기서 전공교육은 주로 문학교육과 관련되어 있으나, 영어학이나 영어교육학도 인문학적 가치의 범주 안에서는 제외되지 않는다. 물론 교수요목의 다양화와 교수방식의 변화는 직접적인 인과관계가 있는 것은 아니나 기존의 관행으로부터 소통을 확장한다는 점은 공통적이다. 그 자체가 인문학적 상상력을 구현하고 있는 것이다.

교수요목의 다양화는 전공과정에서 출근길 열차에서도 읽을 수 있는 책들을 가르칠 것인가 혹은, 일반대중들이 해독할 수 없는 기호들의 집합을 다룸으로써 학문을 게토화시키고 학생들을 주변화시킬 것인가에 관한 고민에서 출발하였다(Graff 22). 이러한 고민의 원인은 소위 고급문학, 혹은 정전의 배타성이 구성해온 문화권력이 시대의 변화에 적절히 대응하지 못했기 때문이다. 20세기 초의 '민주적' 혹은 대중적 경제저변의 확대를 문화적 주도권에 대한 위협으로만 인식하고 리비스 식의 '전통'을 확정하여 방어하려고만 했을 뿐 시대의 변화를 주도하지 못했던 결과인 것이다. 이처럼 전공교육이 배타적인 영역을 '전통' 방식대로 교수하려는 방침을 고수하게 되면 영문학은 소수의 우수한 영문학과 학생들에게나 의미 있는 교육과정으로 위축되고 말 것이다. 사실상 이러한 추정은 영문학을 외국문학으로서 다루어야 하는 우리의 입장에서 보면 비현실적이지 않다.

그리고 정전은 한 공동체의 가장 심오한 가치체계를 반영하고 있기 때문에 영문학의 범주를 이해하는 데 주요한 지침 역할을 하지만(Reed 103), 그 때문에 한 시대의 가치체계의 틀을 벗어나지 못하게 하는 장애요소가 될 수 있다는 점을 인정할 필요가 있다. 1960년대를 지나면서 문학과 인류학, 혹은 문학과 사회학 등 학제적인 연구가 시작되었을 때 인문학에 대한 위기의식이 형성되기 시작한 것과(Doyle 115), 인종적, 페미니즘적 분야까지 포괄하게 되면 영문학과의 정체가 모호해진다는 등의 비판이 제기되었던 것(Graff 27)은 정전을 고수하려는 입장을 대변하고 있다. 하지만 현재는 다원주의적 교과과정의 세례를 받은 신진영문학자들을 중심으로 리비스의 '전통'이나 블룸(Harold Bloom)의 '정전'과는 달리 페미니즘문학, 아동문학, 제3세계 문학 등을 교수요목으로 도입하는 사례가 늘어나고 있다. 이러한 현상은 영문학의 지평을 확장함으로써 그동안 정전만을 흠모해야 했던 우리가 영문학의 세계에 접근할 기회를 확대하는 효과가 있다.

다만, 이러한 다원주의적 교수요목이 우리의 실정에서 영문학의 근간을 훼손하지 않는 수준으로 적용될 수 있을는지는 계속 연구해야 하는 요소이기는 하다. 영문학을 이해하는 데 번역의 과정이 개입할 수밖에 없는 우리의 현실에서는 교수요목의 다양화가 자칫 표준을 폐기하는 일이 될 수 있기 때문이다. 그러나 아동문학, 제3세계 문학, 대중문화 등과 함께 다양한 비평적 이론들에 대한 논의들을 적극 수용하려는 자세는 새로운 시대가 요구하는 인문학적 가치들을 확인하고 개발하려는 노력의 일환으로 인정할 필요가 있다. 학생들의 다양한 가능성을 개발하기 위해서 다양한 씨를 심어야 한다는 것을 인정한다면 정전만을 고수하는 과거 회고적인 교수방식으로는 학생들이 정전의 교수자를 위한 글을 쓰는 것 이상의 글을 쓰기가 힘들어진다는 사실도 인정해야 할 것이다.

이 같은 교수요목의 확장과 동일한 선상에서 교수방식의 변경도 인문학적 가치의 재정립에 기여할 수 있다. 일방적인 정보전달에 치중하였던 것이 기존의 교수방식이라면 정보전달 과정의 일부분을 할애하여 교수자와 학생이 소통하며 학습내용을 체험할 수 있는 시공간을 확보하고자 하는 노력은 영문학 수업이 '권위주의적인 독백'에서 탈피하여 열린 대화를 지향하도록 도울 수 있다(Doyle 126 재인용). 기존의 교수방식은 영문학이 외국문학이기 때문에 정보독점과 일방적인 정보공여가 수월한 점을 이용하여 교수자의 권위를 확보해주기는 해도 학생의 자기주도적 학습경험은 제공하기 어려웠다. 사실 현재의 비평조류 중에는 독자가 저자의 의도나 작품 속에 씌어진 내용을 읽으려 하는 것이 아니라 자신이 기대하는 것을 읽으려 하므로 문화적 전제들에 대해서 새로운 관점을 제시하는 독해법을 수용하고 '표준적인' 해석 기법의 편협성을 벗어나야 한다고 주장하는 경우도 있으므로(Rabinowitz 234, 241) 학생의 독서 경험도 수업의 중요한 일부분으로 활용할 필요가 있는 것이다. 또한 학생이 주체가 되는 수업의 효과는 이미 여러 연구 결과에서 긍정적으로 입증해온 바이다. 교수방식에 따른 학습기억 보유율에 대한 연구에 따르면, 학생들이 학습활동에 참여하는 비율이 높은 교수방식의 경우 학습기억의 보유율도 비례하여 높았다. 도표에서 보듯이 학생들은 주체적으로 수업에 참여할 때(Doing) 학습기억을 가장 높게 유지하고 있다(Sousa 96). 따라서 학생을 수업의 주

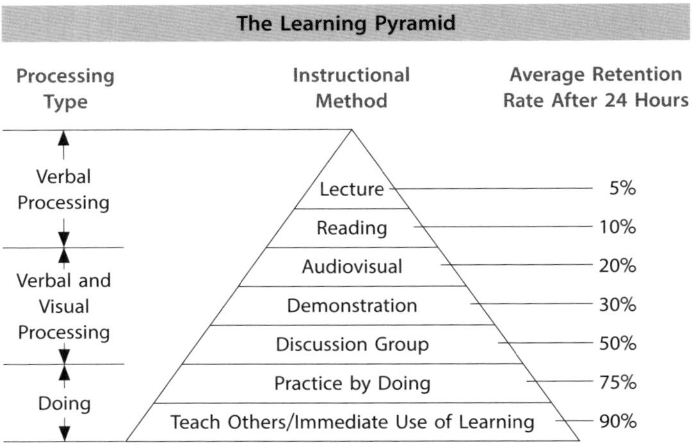

(Source: National Training Laboratories of Bethel)

체로 설정하려는 시도는 권위와의 소통을 확대시키는 점에서 인문학적 가치를 구현할 방안이 될 수 있다.

여러 교수법적 방안 중에서 역할극(role play)은 학생을 수업에 주체로 참여시키는 효과적인 방안이다. 역할극은 학생이 학습한 내용을 자신의 언어와 몸짓으로 체현하는 과정으로서 문법능력, 사회언어적 능력, 담화능력, 전략적 능력 등의 의사소통 능력을 통합적으로 구현할 수 있게 하므로 우리 사회의 요구까지도 수용할 수 있는 방안이 된다. 역할극을 수행하면서 학생들은 일종의 가상체험을 통해 텍스트 이해를 높이고 전공지식과 관련된 문화적 · 역사적 정보를 활성화할 수 있으며, 동시에 외국어 능력의 개발 또한 통합적으로 체험할 수 있게 된다. 그리고 무엇보다 학생들은 '권위주의적인 독백'의 시공간을 벗어나 주체적인 학습활동, 학습자 간의 상호작용, 사전지식의 활성화 등이 진행되는 시공간을 경험하면서 수동적인 수용자로부터 창의적인 생산자로 변모할 수 있게 된다. 물론 학습자의 수준이나 요구가 달라서 그 효과가 가상체험의 단계에 머무르거나 학생들을 오히려 소외시킬 우려가 없지는 않지만 연차적으로 향상될 수 있도록 조정할 수 있는 가능성은 많다. 중요한 것은 역할극이 학생을 수업의 주체로 참여시킴으로써 표준적인 해석 기법으로서의 교수자를 보완하고 경우에 따라서는 창의적인 해석도 제공하는 등 학습효과의 범위를 확장할 수 있다는 점이다. 이는 이후에 설명하게 될 이 글의 실험 결과에서 확인할 수 있었던 효과였다.

필자는 단편소설을 한 편 선정하여 학기말(2009. 5. 29.)에 역할극을 실시한 적이 있다. 이미 다른 단편들을 읽고 있는 중이었기 때문에 역할극의 대상은 수업 중에 학습하지 않은 단편을 선정하였고 2주의 시간 여유를 준 뒤 수업 중에 시연하도록 하였다. 역할극의 대상 단편소설은 오 헨리(O Henry)의 「하그레이브즈의 일인이역」(The Duplicity of Hargraves)이었으며 네 명씩 한 조를 편성하여 대본화와 역할분담을 일임하였다. 각 조별로 10-15분의 시간을 배정하였고 7개 조가 실연하였으며 연기를 마친 후 강평하는 시간을 포함하여 전체 시간은 두 시간이 소요되었다. 학생들이 일단 작품의 내용을 오독한 경우가 없었으며 상황을 자체적으로 설정한 논리에 맞도록 재해석하려고 시도하거나 열의를 갖고 역할극을 수행한 점 등을 확인한 것은 큰 성과였다.

역할극을 수행한 후 학생들의 평가는 다음과 같았다.

번호	설문 내용	매우 그렇다	그렇다	보통이다	아니다	매우 아니다
1	강의를 들을 때보다 단어나 문장의 의미를 더 잘 이해할 수 있다.	22.2	59.3	14.8	3.7	0
2	강의를 들을 때보다 텍스트 전체의 내용을 더 잘 파악할 수 있다.	22.2	62.9	14.8	0	0
3	강의를 들을 때보다 수업참여의 열의와 집중도가 높다.	25.9	62.9	11.1	0	0

번호	설문 내용	매우 그렇다	그렇다	보통이다	아니다	매우 아니다
4	강의를 들을 때보다 준비 시간이 많이 걸려서 비효율적이다.	3.7	25.9	59.3	11.1	0
5	대본화 과정은 영어 사용 능력을 신장할 기회가 된다.	22.2	66.7	11.1	0	0
6	영어로 연기하는 것은 의사소통능력을 신장할 기회가 된다.	29.6	59.3	11.1	0	0
7	다른 모둠의 발표를 보면서 내용 이해를 보충하거나 강화할 수 있다.	18.5	51.9	25.9	3.7	0
8	발표 준비 과정에서 모둠원들에 대한 인간적 유대를 강화할 수 있다.	29.6	70.4	0	0	0
9	한 학기중 역할극 방식의 수업은 몇 회가 적절하다고 생각하는가? (회수)	5회	4회	3회	2회	1회
		3.7	0	11.1	40.7	44.4

학생들은 설문 항목 1-4에서 밝혔듯이 수용자로서의 입장보다 주체적인 참여자로서의 입장에 더 큰 호응을 보였다. 그리고 서술형으로 기술한 평가에서 학생들은 "협독 작업의 장점에 대해 공감하게 되었다" "자기주도적 학습이 가능하다" "관련분야에 대한 정보를 참조하게 됨으로써 학습의 지평이 넓어진다" "의사소통능력의 종합적 배양에 도움이 된다" 등의 효과를 장점으로 언급하였다. 반면, 단점 및 보완할 점으로는, "완성도 면에서 조별로 차이가 있다" "준비시간이 부족하므로 3주 정도 사전예고를 하는 것이 좋다" "독자적인 오독의 경우에 교정이 필요하다" "동일한 내용이 반복되므로 실연하는 조의 숫자를 줄여야 한다" "무대를 활용할 수 있는 소품 등의 준비도 필요하다" 등을 지적하였다. 이 중에서 오독의 경우를 언급한 것은 재해석과 관련하여 관점의 차이가 생긴 문제이며 실연하는 조의 숫자는 4조 정도로 각각 10분씩 배당한 뒤 종합평가를 15분 정도 하는 것이 바람직할 것으로 판단되었다.

학생들의 강평에서도 확인할 수 있듯이 전공교육에서 역할극을 도입하면 학생들의 수업만족도가 강독이나 발제 등의 교수방식보다 높으며 더불어 학습효과도 배가된다고 할 수 있다. 물론 모든 작품을 역할극으로 구성한다거나 한 과목의 수업과정 전체를 역할극으로 운영하지 못할 것이므로 최대한의 기대효과를 얻기 위한 조정 작업은 필요할 것이다. 현재 전공교육에서 영화나 연극을 관람하는 방식도 활용되고 있으나 학생이 주체로서 수업에 참여한다는 인식은 역할극이 더 크다고 판단된다. 게다가 영어로 실연을 하게 함으로써 통합적인 의사소통 능력을 수업 중에 개발할 수 있는 기회를 학생들에게 제공하는 효과도 있다. 물론 장르에 따라 영시를 작성하여 낭독하게 하거나 희곡을 실연해보게 하는 등의 방법도 역할극의 효과를 얻을 수 있을 것이나 개별적인 실험을 통해서 검증되어야 하는 요소들이 분명히 다르게 존재할 것이다. 결론적으로 학생이 수업의 주체가 되어 본다는 경험은 수업을 '권위주의적인 독백'으로부터 벗어나게 하며 이것은 교수요목의 확장과도 동일한 정신을 공유하는 작업이라 할 수 있다.

2) 교양교육과 텍스트의 진정성

현재 대학교의 교양과정에서 교양의 개념은 "인류가 사고하고 표현해온 최상의 결과물"이라는 아놀드(Matthew Arnold) 식의 정의나 "우리 삶의 지향과 결과에 관한 이상"(Davies 10) 등으로 인식되기보다 전공과정의 하위 개념이거나 취업대비 실용과목과 접목된 영역 정도로 이해되고 있는 것이 현실이다. 교양영어도 학생 개개인의 내면적 성장을 신장하려는 기획과는 달리 전공별 필요에 부속되어 있는, 혹은 전공교육과 거리가 있어서 불필요할 수도 있는 과목으로 이해되거나 사업가, 공무원, 교사, 방송인, 언론인 등의 직업에 응모하기 위한 선결요건 정도로 인식되고 있다. 오늘날 교양교육의 위상은 이처럼 전공교육과 실용교육의 범주 사이에서 그 정체성과 존재를 잃어버릴 위기에 처해 있다.

이러한 위기의 원인과 개선책에 관한 제안들은 수많은 선행연구들을 통해 제시된 바 있지만, 이 글은 인문학적 가치를 재정립하는 문제와 관련하여 텍스트의 진정성(authenticity)을 확보하려는 노력의 중요성을 강조하고자 한다. 텍스트의 진정성 문제는 교양영어의 인문학적 가치를 재정립하려는 시도에 인식론적 토대가 되기 때문에 교수법적 차원의 개선책보다 우선한다고 할 수 있다. 진정성을 유지하는 텍스트, 즉 편집되지 않은 원본 텍스트는 작가 정신의 실재를 독자에게 직접 전달하기 때문에 편집된 텍스트보다 더 인본적일 수 있다. 물론 푸코(Michel Foucault)나 바르트(Roland Barthes)가 제기한 저자의 문제까지 포괄하자면 진정성 자체도 불안정한 개념이 되지만(Foucault 112-138; Barthes 49-55 참고) 원본 텍스트에 한정하여 진정성의 문제를 결부시킬 때, 편집된 텍스트가 작가와 독자 사이에 편집자의 틈입을 허용하여 상호간의 직접적 소통을 방해한다는 사실은 쉽게 추론할 수 있다. 편집된 텍스트는 편집의 방침이라는 이데올로기를 통해 소통을 필경 왜곡하게 되므로 본질적으로 자유와 해방이라는 인본적인 가치를 유린하게 되는 것이다. 또한 편집행위는 텍스트의 아우라를 제거함으로써 삶의 복합성에 따른 다양한 해석의 가능성을 제한하여 "서둘러 인간성의 의미를 규정하는 (…) 비인간성"(Lyotard 4)을 드러낼 우려가 있다. 따라서 교양영어의 텍스트도 진정성을 최대한 확보하여야만 인문학적 가치의 소통과 공유를 확대할 수 있는 것이다.

사실 우리나라의 학생들은 중고등학교 시절로부터 편집된 텍스트를 읽으며 교육받아 왔다. 교육과정의 지침에 따라 통제된 글들을 학습하는 것은 단계적 학습의 필요성 때문이기는 하지만, 다른 교과목과는 달리 교과서에 사용되는 단어의 숫자와 난이도까지 통제받아 만들어진 글을 읽으며 영어를 배웠기 때문에 학생들은 영어로 쓰인 글의 생명력과 복합적 해석의 가능성을 삭제당한 채 단선적인 읽기만을 반복했을 가능성이 크다. 그 과정에서 영어를 문화와 인간성의 교류가 생략된 의사소통의 도구로만 인식하는 경향이 개발되었을 수 있는 것이다. 한 조사가 보여주듯이 학생들에게 교양영어 학습의 제일 목표가 "영어로 의사소통하는 것"이며 그다음이 "각종 시험에 대비하는 것"으로 드러난 것(송미정 181)은 이러한 추론의 개연성을 증명한다.

게다가 고등학교 영어교육의 전반에 절대적인 영향을 끼치는 대학수학능력시험에서조차 이러한 편집관행을 답습하고 있으므로 의사소통을 위한 실용적 도구로서의 인상은 강화될 수밖에 없다. 물론 영어는 의사소통을 위한 일차적인 목적에 복무해야 하지만 도구성이 강조될 때 언어에 실린 인문학적인 상상력은 삭제될 수밖에 없는 것이다. 예를 들어, 2009학년도 대학수학능력시험 문제지 외국어(영어)영역 홀수형 30번 문제를 보자.

> 30. 다음 글에 드러난 'She'의 심정으로 가장 적절한 것은?
>
> Her nerves were hurting her. She looked automatically again at the high, uncurtained windows. As night fell, she could just perceive outside a huge tree swinging its branches. The rain came flying on the window. Ah, why didn't she have peace? These two men, her husband and her son, why did they not come? She wrapped a large scarf around her, and hesitated for a moment. She opened the door and stepped out into the backyard. There was no sign of a light anywhere. She listened with all her ears but could hear nothing but the night. "James! – Shawn!" she called, but nothing came from the darkness.

① nervous and worried ② relaxed and comfortable

③ safe and relieved ④ satisfied and pleased

⑤ cold and indifferent

이 문제의 지문은 로렌스(D. H. Lawrence)의 단편 「눈 먼 남자」(The Blind Man)를 십여 단락에 걸쳐 조합한 것이다(Lawrence 40-41). 그 편집 과정에서 이 지문이 가졌던 복합적인 삶의 국면은 축소되고 삭제당했다. 상론하지는 않겠으나 이처럼 문제유형에의 적합성에 치중하여 맥락을 생략하고 편집하게 되면 원본의 일차적 의미마저 왜곡하여 해석의 다양성은 아예 차단되고 말 것이다.

이와 같이 편집된 텍스트로만 영어를 가르치게 되면 영어는 인문학적 상상력의 전달체계로서 인정받지 못할뿐더러 기능적인 도구로서 간주되도록 교육하는 것과 같게 된다. 사실 고등학교 수업 현장에 대한 대학수학능력시험의 환류(backwash) 효과를 고려한다면, 그 시험에서부터 이러한 편집된 텍스트의 활용을 최소화하려고 노력함으로써 영어를 통해서 인문학적 가치를 학습할 수 있다는 인식을 파급시킬 필요가 있다. 물론 교과서의 관행마저 단기간에 개선할 수는 없겠지만 원본 텍스트를 활용할 필요성을 인식시키는 데는 이바지할 것이다. 그리고 한 단락에 한 개의 문제를 묻는 출제 관행도 점차 장문독해를 늘려가는 쪽으로 개선해가면 고등학교 수업 현장에서 진정성이 높은 텍스트를 활용할 가능성이 확대될 것이고 더불어 영어를 단순히 실용적인 도구로서만 간주하게 되는 경향도 개선될 것이다. 장문독해의 지문은 한 단락 단위의 문제보다 진정성이 높은 텍스트를 다룰 확률이 높고 호흡이 긴 사고를 훈련시킬 수 있으므로 영어와 인문학적인 상상력과의 연관성을 높여줄 것이기 때문이다.

대학의 교양영어 교재도 이러한 의식을 반영해야 한다. 현재의 여건상 편집된 텍스트를 사용할 수밖에 없을지라도 원본 텍스트의 독해를 강화하려는 타협지점을 찾기 위한 노력을 경주해야 하는 것이다. 사실 학생들도 자신들의 지적 수준에 맞지 않은 주제나 소재의 글을 영어로 씌어졌다는 이유만으로 인내하며 읽으려 하지는 않는다. 우리나라 대학교의 교양영어 수업에 주로 사용되는 교재는 미국인 혹은 영국인 필자가 원본 텍스트를 비영어사용권 국가 학생의 학습 수준을 가늠하여 다시 쓴 텍스트로 구성된 경우가 많다. 교수자의 입장에서는 단어나 구문 그리고 문장 등이 조정된, 혹은 편집된 텍스트의 편리성을 인정하지 않을 수 없지만, 독자의 입장에서는 교재 편집자가 의도하는 합목적적 효과를 수용할 수밖에 없게 된다. 물론 문화적 이질감과 언어 구조의 상이성을 유화시키는 단계적 학습의 효과를 부정하는 것은 아니지만 그 절차마저도 편집자의 기준에 따르기에는 학생들의 여건이 단순하지가 않은 것이다. 우리나라 현실에서는 학생들의 영어 해득능력도 대학에 따라 서열화되어 있다고 할 수밖에 없는데 편집자의 기준에 따라 교재의 수준을 결정했을 경우 학생들의 지적 수준과는 차이가 나는 텍스트로 수업을 해야 하는 사태가 초래될 수 있다. 현재 교양영어 교재로는 중상급(High Intermediate) 수준이 일반적으로 사용되고 있지만 학생들의 영어 해득능력의 문제로 중급(Intermediate)을 선택해야 할 때는 주제나 소재의 수준이 현격히 낮아져 학생들의 지적 수준과 흥미를 충족시키지 못하게 되는 경우도 있는 것이다. 참고로, 시중 교재 중 *For Your Information*의 중상급편(Level 4)의 텍스트는 4편만 개작되었으나 중급편(Level 3)에서는 20편의 텍스트가 개작되었다(Blanchard xiv-xv). 이처럼 영어 해득능력이 떨어진다고 해서 소재나 주제마저 진부하거나 잘 알려진 내용의 텍스트를 읽어야 하는 것은 학생들의 사고능력을 제한하는 행위에 해당한다.

우리에게 익숙한 교재로는 *Issues for Today*, *Mosaic*, *NorthStar*,

Strategic Reading, *For Your Information*, *Active* 등이 있는데 이들은 모두 독해 수업의 합목적적 필요에 따라 재구성된 것들이며 다양한 원본 텍스트를 입수하기 어려운 여건과 평가 관리의 일관성을 고려하여 수업 교재로 선정되는 경우가 많다. 이러한 현실적인 여건을 무시할 수 없는 상황에서 진정성이 높은 텍스트를 접하게 할 수 있는 방법은 결국 정도의 문제로 귀착하게 될 것이다. 평가 관리의 일관성을 위해서 상기 교재를 선정하는 경우라도 공통 교수요목 이외에 교수자가 학생들에게 원본 텍스트를 부가하여 읽힐 수 있도록 시간과 평가상의 여지를 허용할 타협 지점을 찾아야 한다는 것이다.

이 글은 교양영어 수업에서 편집된 텍스트와 편집되지 않은 텍스트를 각각 사용하여 학생들의 강의평가상 수업만족도를 비교해 보았다. 〈영어〉 수업에서는 편집된 텍스트로서 *Active*를 사용하였고 〈영문독해〉 수업에서는 편집되지 않은 텍스트로서 최근 신문 및 잡지의 기고문 혹은 사설 7-8편, 단편소설 1-2편, 과학 및 공학의 현상 혹은 실험에 관한 글 4-5편을 학기마다 조금씩 다르게 입수하여 사용하였다. 〈영문독해〉 수업에 사용된 텍스트는 단어나 시사적인 정보 등이 조정되지 않은 상태여서 *Active*보다 난이도가 높았기 때문에 학생들의 만족도가 낮을 것으로 예상하였으나 수업내용과 관련된 항목의 강의평가 결과는 학생들도 자신들의 흥미와 지적 호기심에 도전이 될 만한 글들을 읽고 성취감을 느끼는 비율이 더 높았다.

학기	2007년 1학기		2007년 2학기		2008년 1학기		2008년 2학기	
과목	영어	영문 독해	영어	영문 독해	영어	영문 독해	영어	영문 독해
수업 만족도	82.75	91	77.9	82	77.35	90	76.45	76

4명씩 모둠별 토론을 하며 부정기적으로 발표도 하는 등 수업활동상의 여건은 동일했으나 〈영문독해〉는 선택과목이었으므로 학습 동기가 다소 다른 학생들로 구성되었을 가능성은 있다. 하지만 학기마다 편차가 있기는 해도(2008년 2학기 〈영문독해〉의 경우 개인적인 사정으로 수업결손이 있었던 결과 다른 학기와 차이가 났다) 〈영어〉와 비교하여 높은 수업만족도를 보이는 사실만으로 판단할 때, 학생들도 원본 텍스트의 교육적인 효과를 인식하고 있다고 할 수 있다. 편집된 텍스트에서는 삶의 복합적인 국면을 단순화했기 때문에 토론의 여지가 상대적으로 적었고 그에 따라 교양영어 독해 수업의 목표에서 자주 언급되는 비판적 읽기(Kim 62)를 훈련할 가능성도 낮았던 것이다.

결론적으로, 서두에서 언급한 대로 편집 행위는 합목적적 작업이어서 원본을 변형시켜 텍스트 자체의 존엄성을 훼손하게 된다. 글(로고스)에 담긴 혼, 인간에 대한 이해 등을 왜곡할 수 있는 것이다. 따라서 교양영어에서 영어를 실용적인 도구로서뿐만 아니라 인문학적 상상력이 구현된 공간으로서 인식시키기 위해서는 편집되지 않은 텍스트를 가능한 한 활용하려는 노력을 기울일 필요가 있다. 영어를 통해서 "인류가 사고하고 표현해온 최상의 결과물"을 학습할 수 있으며 언어에 실린 인간적 삶의 복합성과 다양성을 직접 경험하고 인식할 수 있음을 보여줄 때, 교양영어교육의 인문학적 가치는 재정립될 것이기 때문이다.

3) 실용영어교육과 교수자의 현존

최근에 기업들이 입사시험에서 토익이나 토플 성적을 요구하게 되자 영어에 대한 인식은 '훈련된 지성'의 육성보다는 취업조건을 확보하기 위한 필수도구로 급격히 선회하였다. 현재는 학문적인 교육보다는 영어회화나 실무영어 등 실용적인 과목을 확대하거나 전공과목과 접목한 복합 강좌를 개설할 필요성이 제기되는 등 대학교에 따라서는 전공교육과 교양교육의 영역까지 할양해야 할 상황인 경우도 많아졌다. 특히, 최근에 강조되는 실용교육의 분야는 대체로 토익 혹은 토플 등 수험대비 과목과 관련되어 있는데 이러한 수험영어는 그간 유학 혹은 특수 분야의 취업을 준비하는 극소수 학생들이 사설학원의 도움을 받아 개별적으로 학습하였기 때문에 대학교의 정규과정에서 교수될 영역으로 간주되지 않았지만 요즘은 취업을 앞둔 학생들 대다수가 수업연한 내에 수행해야 하는 절차들 중의 하나가 되었고 대학교의 정규과정에서 교수되는 경우도 많아졌다.

대학교에 따라 사정이 다르기는 하겠지만, 토익이나 토플을 정규 수업으로 개설하려고 할 때 양립하기 어려운 문제는 사설학원의 영역을 대학교 영내에 허용하는 일이라는 인식과 또한 단기간에 암기하고 문제풀이 기술을 익혀야 하는 비학문적 수업방식에 대한 거부감일 것이다. 그러나 현재 이러한 인식상의 갈등이 해소되지 않은 채 학습 '소비자'의 요구라는 명분 아래 잠복되어 있지만, 수험대비라는 실용적 목적이 두드러진다 해서 학문적 입장의 거부감을 고수하고만 있을 수 없는 것이 현실이다. 물론 취업과 관련된 수요가 가장 크지만 1980년대 이후 대학생 수가 급증하면서 학생들의 실력이 전반적으로 낮아진 것과 대학수학능력시험의 문제유형이 십수년간 고정되면서 학생들의 독해력이 저하되는 부작용이 생기게 된 것도 이런 과목들을 대학교에서 체계적으로 교수해야 하는 이유가 된다. 그리고 졸업인증제를 실시하는 대학교의 경우 대체로 수험영어의 결과를 기준으로 졸업인증을 실시하고 있어서 정규과정으로 교수되어야 할 명분을 더해주고 있다.

이와 같은 현실적인 이유들 때문에 토익이나 토플 등의 수험영어가 정규과정에서 교수되는 경우가 많아지기는 했지만, 학습의 본질적인 성격상 우려되는 점은 수험영어의 수업을 문제풀이 위주로 할 수밖에 없기 때문에 마치 고등학교에서 대학수학능력시험을 대비하는 것처럼 수업이 기계적인 유형별 연습으로 변질될 경우 결국 비본질적인 문제풀이 기술을 배우는 데 시간과 정력을 소모하게 될지도 모른다는 것이다. 따라서 토익이나 토플 수업이 대학생들에 대한 또 다른 수학능력시험 대비 수업이 되지 않도록 하기 위해서 그 과목에도 일반학문에 적용하는 교수방식을 도입할 필요가 있다. 특히 최근에 수험영어를 교수하는 과목 자체에 극도의 경제성을 적용하여 온라인 강좌로만 수업을 진행하는 경우가 많아졌는데 이것은 사실상 수업의 인문적 환경을 삭제하는 조처에 해당한다. 문제풀이가 주요한 학습활동이라 해서 수업을 일방적인 정보 전달로만 운영하려는 교수방식은 실용적인 효과 이전에 교수자의 현존이라는 수업의 최소 요건을 무시하며 '권위주의적 독백'을 고착화하는 행위와 다르지 않은 것이다.

온라인으로만 강좌를 운영하는 것은, 료타르가 비판하듯이, 인류가 의학기술, 정보산업, 인공지능 등의 "발전"을 통해서 기계와의 경계를 흐릴 정도로 비인간화됨으로써 인간 주체에 대한 관심이 발전의 현상 아래 묻히고 시뮬라크라(simulacra)가 횡행하는 세계를 초래하게 된 상황을 환기시킨다(Lyotard 6). 교수자의 현존이 삭제된 공간에서 인간성의 시뮬라크라로서 동영상이 학생을 지도하는 상황은 그가 비판하는 현대 사회의 전개과정을 그대로 구현하고 있는 것이다. 학생들은 언제 어디서나 동일한 프레임을 반복하여 시청하는 등 발전된 시스템의 원조를 받는 것처럼 보이지만 사실상 직접적인 소통이 불가능한 시뮬라크라의 통제를 받는다. 결국 온라인 강의가 의도하는 경제적 효율성은 비인간적인 체제성장에만 복무할 따름이다.

따라서 온라인으로 교수되는 수험대비 과목의 수업이 시뮬라크라가 지배하는 공간으로 전락하지 않기 위해서는 수준별 수업이나 적정 규모의 학생수 등 선결요건들이 있지만 무엇보다도 교수자의 현존이 확보되어야 한다. 익명의 다수 학생들을 상대하는 온라인 강좌에서는 불가피하게 학생들과 교재의 수준 및 적합성 등이 무시될 가능성이 크므로 이러한 요소들을 적극적으로 조정하며 수업의 진행을 관리하고 학생들과 소통할 수 있는 교수자의 존재는 학습효과의 달성을 위해서 필수적인 조건인 것이다. 실제로 수업의 질을 좌우하는 것은 주체적으로 학습자료를 개편하거나 수업과정을 관리하는 교사의 역량이다(McGrath 63). 어떤 교과서도 특정 교수학습 상황에 완벽하게 맞지는 않는데 그런 경우 학습의 효율성을 위해서 학습자료를 첨가하거나 변형하여 개작할 수 있는 존재는 교사인 것이다(McGrath 79). 이 경우 교사는 '권위주의적 독백'의 실체가 아니라 수업역량의 조정자로서 기능한다. 즉 이러한 교수자의 현존이 생략되면 토익이나 토플처럼 교재의존도가 높은 수업일 경우에도 수업 목표 및 학생들의 필요와 교과서의 역량 사이에 생긴 격차를 보충할 수 없게 되는 것이다.

실제로 필자가 근무하는 대학교에서 토익 강좌를 정규과정으로 개설하였는데, 교수자의 존재와 역할에 따라 성적 향상도에 차이가 나는 것을 발견하였다. 사실상 예상할 수 있듯이 학습효과의 차이는 두드러졌는데 실용성만을 추구할 경우 상기와 같은 실질적인 학습효과마저 상실하는 우를 범할 수 있음을 확인하게 하는 결과였다. 담당한 동료 교수들은 4개 반을 각각 50명 정원으로 운영하되 온라인 두 시간은 학생들이 개별적으로 강의를 듣고 오프라인 두 시간은 교실수업으로 진행하도록 결정하였다. 온라인 수업은 모 전문 업체의 토익 강좌 프로그램을 이용하기로 하고 오프라인 수업은 온라인 강좌와 관련된 교재를 사용하여 어휘, 문법, 독해 등의 보충 강의를 진행하였다. 그리고 각각 두 반씩 묶어 A군과 B군으로 나눈 뒤 여러 가지 비교 변인 가운데 학생들의 수업참여도(성실도)를 성적에 반영한 경우와 반영하지 않은 경우를 비교하여 성적 향상도에 어떤 차이가 있는지를 조사하였다. 여기서 실험대상반의 오프라인 수업에서도 교수자의 역할을 최소화시킨 경우와 최적화시킨 경우로 나누어 비교했으면 대비가 분명해졌겠지만 이 과목이 정규과정에 편성되었기 때문에 그런 변인을 한 학기 동안 적용할 수 없어서 오프라인 수업에서는 공통적으로 교수자가 수업을 진행하고 온라인 수업에 한하여 교수자의 역할을 갈음할 수 있는 성실도 요소를 성적에 반영하는 경우와 그러지 않은 경우로 나누어 비교하였다.

성실도 요소에서는 오프라인 수업에서 하듯이 학생들의 수업참여도를 평가하였는데 온라인상의 테스트를 정해진 기간 내에 완료했는지의 여부를 3회에 걸쳐서 점검하였고, 과제물을 기간 내 완료했는지의 여부도 3회에 걸쳐 점검하였다. 각 회당 1.5점씩을 부여하였고 기간을 넘겼거나 미응시 혹은 미제출의 경우는 0점 처리를 하였다. 전체 점수는 기본점수인 1점을 포함하여 10점 만점이었다. 그리고 이 모든 사항들은 오프라인 수업 시간에 공지되고 평가되었다.

실험군 A는 1차 모의고사 성적 평균이 500점 이상인 학생들로 구성되었고 B군은 500점 이하인 학생들로 구성되었다. B군의 평균 성적이 낮으므로 B군에 성실도 요소를 첨가하여 수업 관리를 하기로 결정하고 2008년 2학기부터 2009년 1학기까지 1년 동안 수업을 진행하였다.

	실험군	성실도	온라인 테스트	지필 테스트	성적 향상도	평균 향상점수
2008년 2학기	A		7.57		7%	48
	B	6.89	6.25		12%	66
2009년 1학기	A		7.09	7.46	12%	78
	B	9.06	6.25	7.54	25%	165

성실도 요소를 성적에 반영한다고 공지하였기 때문에 B군의 학생들은 성실도 9.06에 이르는 수업참여도를 보였다. 시행 초기에는 학생들의 적응 문제로 성실도 반응률이 상대적으로 낮았지만 다음 학기에는 적정한 반응률을 보였다. 온라인테스트는 3회 실시한 결과의 평균을 100점대별로 10등급으로 산정하여 등급 평균을 표시하고 지필테스트는 최종 모의고사의 성적 평균을 등급별로 점수화해서 표시한 것이다. 성적 향상도는 각 테스트의 회별 점수를 개인적으로 산정하여 향상도의 평균을 표시한 것이고, 평균향상점수는 2008년의 경우 3차 온라인테스트 성적에서 1차 온라인테스트 성적을 차감한 것이며 2009년의 경우 최종 지필 모의고사의 성적에서 1차 온라인테스트 성적을 차감한 평균 점수를 나타낸다.

실험군을 비교한 표에서 보듯이 성실도를 평가한 B군의 성적향상도가 A군보다 월등히 높은 것을 알 수 있다. 비록 각 군의 분반 기준이었던 평균점수 차이로 추론할 때 고득점군의 성적향상도가 상대적으로 낮을 수 있다는 사실을 고려한다 하더라도 성적향상도와 평균향상점수가 2009년의 경우 배 이상 차이가 나며 최종 지필모의고사의 성적도 B군이 높은 것으로 나타난 것은 성실도 요소가 함의하는 수업관리의 결과라고 볼 수밖에 없다. 따라서 실용과목을 교수하더라도 온라인 강좌로만 개설할 것이 아니라 교수자가 현존하는 오프라인 방식의 교수법을 적용하는 것이 학습효과를 배가하는 방안이 된다고 할 수 있다.

물론, 이 경우에 온라인으로만 수업하더라도 이러한 교수자의 현존 효과를 획득할 수 있는 장치를 체제 속에 설치하면 동일한 효과를 얻을 수 있을 것이라는 추론이 가능하다. 그러나 오프라인 수업에서 교수자의 현존이 이러한 평가 활동에 한정된다면 논리적인 추론일 수 있으나 교수자의 현존은 평가 활동을 넘어서 직접적인 소통과 조정의 인간적 특성을 구현하고 있다. 시뮬라크라로서는 이러한 인문학적 가치의 구현을 기대할 수 없다. 따라서 어디까지나 온라인 수업은 오프라인 수업의 보조 활동으로서 활용되어야 한다. 이 점은 오늘날 디지털 매체를 활용한 수업의 사례들이 증가하는 상황에 대해서도 시사하는 바가 클 것이라 판단한다.

결론적으로, 수험영어 등 실용과목에 대한 사회의 요구가 강해진 것은 취업을 대비하고 졸업인증을 준비하며 기초실력을 보강해야 하는 등의 요인들이 있기 때문인데, 그러한 필요를 실용적으로 관리한다는 명분으로 온라인 강좌를 개설하여 교수자의 현존을 삭제하는 우를 범해서는 안 될 것이다. 교수자의 현존은 교수자가 부재할 경우에나 그 결과가 두드러지는 요소이기 때문에 중요하게 취급되지 않는 경우가 있지만 사실상 수업의 학습효과를 선도하는 역할을 하므로 경제적 효율성만을 추구하여 오히려 학습효과를 떨어뜨리게 해서는 안 되는 것이다. 조사결과에서도 나타났듯이 수업 현장에 교수자가 현존하여 학생들과 소통하게 되면 수업환경에서 최소한의 인문학적 요건을 갖추게 되고 영어교육의 실질적인 효과까지도 배가시킬 수 있다. 실용성도 사실은 이처럼 인문학적 요건을 삭제한 상황에서는 효과를 얻기 어려운 것이다.

3. 맺음말

인문학의 중요한 축을 구성해온 영문학에 대해 우리 사회가 영어교육의 실용성을 강화하도록 요구하는 것은 영문학이 구가해온 학문적 권위를 위축시키고 인문학적 가치를 훼손하는 일로 비칠 수 있다. 하지만, 오늘날 인문학의 지배적 위상이 더는 절대적이지 않을 만큼 사회의 규모와 구조가 커지고 복잡해진 상황에서는 영문학과 인문학적 가치의 등식관계를 전제로 그 당위성에 의존해서 그러한 시류를 비판하려고만 할 수는 없다. 게다가 취업과 졸업인증, 기초실력을 보강해야 하는 교육 수요자의 요구를 수용해야 하는 것은 영문학이 담당해야 하는 현실적인 과업이기도 하다. 이러한 상황에 대한 반성적 고찰로써 이 글에서는 영문학과 교과과정 내에서 사회의 현실적인 요구와 양립하는 인문학적 가치를 재정립할 가능성을 모색해보았다. 그래서 전공교육에서 교수요목의 다양화 추세를 수용하고 역할극을 활용함으로써 수업을 '권위주의적 독백'으로부터 학생이 주체가 되어 체현하는 과정으로 변화시키며, 교양교육에서는 텍스트의 진정성이 확보되는 글을 학생들에게 교수함으로써 학생들의 흥미와 지적 호기심을 만족시켜 주고, 실용영어교육에서는 수험영어를 교수하더라도 경제적 효율성만을 앞세워 교수자의 현존을 수업현장에서 삭제하는 것보다 교수자가 현존하는 방식이 학습효과를 배가시킨다는 점을 제안하였다. 이러한 제안들은 수업현장과 교수매체에 있어서 인식론적으로나 존재론적인 의사소통의 확장을 구현하여 인문학적 가치를 영문학과 교과과정에 재정립하며, 궁극적으로는 실용적인 영어교육에 대한 사회의 요구도 실현하게 할 토대를 구축할 수 있을 것으로 판단한다. 물론 이러한 제안들 자체가 인문학의 위기 현상에 대해 다소 선언적이기는 하지만 우리 사회에서 인문학적 가치를 지속적으로 구현하기 위한 분석적인 대안을 마련할 수 있을 한 가지 방향설정으로 이해할 수 있으리라 본다.

참고문헌

송미정, 박용예. 「대학 교양영어 교육의 통합적 접근: 서울대학교 대학영어 프로그램의 사례 연구」. 『영어교육』 59.2(2004): 179-211.

안수찬. "인문학자 117명 처음으로 '집단 비명'". 한겨레신문. 2006년 9월 16일. 13면.

윤지관 편. 『영어, 내 마음의 식민주의』. 서울: 당대, 2007.

Kim, Eun-jeong, and Jungwan Yang. "College English Textbook Analysis: Whose View & Whose Reality?" *Recent Trends and Future Directions in Developing Foreign Language Materials*. 『외국어 교재 개발의 최근 동향과 발전방향』. 한국외국어교육학회 2006년 학술대회. 2006. 58-63.

Barthes, Roland. "The Death of the Author." *The Rustle of Language*. Trans. Richard Howard. Berkeley: University of California Press, 1986. 49-55.

Blanchard, Karen, and Christine Root. *For Your Information: Reading and Vocabulary Skills*. Level 3, 4. 4 vols. 2nd ed. White Plains: Pearson Education, 2007.

Davies, Tony. *Humanism*. London: Routledge, 1997.

Dixon, John. *A Schooling in 'English': Critical Episodes in the Struggle to Shape Literary and Cultural Studies*. Milton Keynes: Open University Press, 1991.

Doyle, Brian. *English and Englishness*. London: Routledge, 2003.

Foucault, Michel. "What Is an Author?" *Language, Counter-Memory, Practice*. Ed. & Trans. Donald F. Bouchard. Ithaca: Cornell University Press, 1977. 112-138.

Graff, Gerald. "Is There a Conversation in This Curriculum? or, Coherence without Disciplinarity." *English as a Discipline or, Is There a Plot in This Play?* Ed. James C. Raymond. Tuscaloosa: University of Alabama Press, 1996. 11-28.

"Humanism." *Encyclopaedia Britannica*. 2008. Encyclopaedia Britannica 2006 Ultimate Reference Suite DVD. 4 Nov. 2008. 1-47.

Lawrence, D. H. "The Blind Man." *England, My England and Other Stories*. Teddington, Middlesex: The Eco Library, 2006. 37-51.

Leavis, F. R. "Literature and Society." *The Common Pursuit*. Harmondsworth: Penguin, 1962. 182-194.

______. *English Literature in Our Time and the University*. Cambridge: Cambridge University Press, 1970.

Lyotard, Jean-François. *The Inhuman: Reflections on Time*. Trans. Geoffrey Bennington &

Rachel Bowlby. Stanford: Stanford University Press, 1991.

McGrath, Ian. *Materials Evaluation and Design for Language Teaching*. Edinburgh: Edinburgh University Press, 2002.

Rabinowitz, Peter J. "Against Close Reading." *Pedagogy Is Politics*. Ed. Maria-Regina Kecht. Urbana: University of Illinois Press, 1992. 230-243.

Reed, Walter L. "Canonization and Its Discontents: Lessons from the Bible." *English as a Discipline*. 99-118.

Sousa, D. A. *How the Brain Learns*. Thousand Oaks: Pearson, Corwin Press, 2006.

04

드라마를 체험하는 교양영어*

강유나

1. 교양영어 수업의 딜레마

대학에서 실시하고 있는 교양교육의 명목과 실제는 많이 다르다. 대부분의 대학은 안내 책자나 홈페이지를 통해 '교양교육'이 1) 지적이고 보편적인 인재를 육성하는 것, 2) 전공을 위한 기초적인 능력배양, 그리고 3) 성공적인 사회진출을 위한 적성개발이라는 세 가지 목표를 지향하고 있다고 말하지만, 지금 나라 이곳저곳에서 단행되는 대학 교양교육 개편안의 실질적인 내용은 단연 세 번째, 간단히 요약하자면 '성공적인 취업'이라는 항목으로 집중 편향되어 있다.

* 이 글은 『영미문학교육』 12권 2호에 게재된 「드라마를 체험하는 시간: 교양영어를 통한 문학교육」을 수정 · 보완하여 작성되었다.

그중에서도 교양영어 과목은 세 번째 목표에 치우치기 딱 좋은 과목이다. 세계 공용어에 대한 집단적 인식과 국가적 요구가 한데 어우러져 영어는 일찌감치 전공과 취업에 가장 큰 도구이자 무기가 되었고, 영어는 진학과 취업전선에서 날이 갈수록 더 중요해지기만 한다. 그러나 바로 그런 이유로 하여 대학의 교양영어 수업은 학원 대신 학교에서 그 도구를 습득할 수 있는 기회나 방편으로 여겨지는 경우가 허다하다. 학생들은 교양영어에서 언어적 유창함 내지는 공인시험에 도움이 되는 공부를 기대하고, 학교당국 또한 학생들의 취업준비를 교양영어에서 도와주는 것이 당연하다고 생각한다. 이미 너무 많은 학교에서 교양영어는 토익 등의 공인영어 시험과 관련된 수업을 추가하거나 중점적으로 진행하고 있고, 그러지 않는 경우 '세상물정 모르는' 혹은 (더 나쁘게는) '학생들의 절실한 요구를 나 몰라라 하는' 교양영어 수업으로 몰리기 일쑤이다.

여기서 교양영어를 가르치는 교수의 고민은 깊어진다. 교양영어교육의 목표는 학습자가 '교양있게' 영어로 읽고 쓰고 듣고 말할 수 있도록 하는 것이고, 이는 '일상생활에서 영어로 의사소통이 원활한 정도'를 지향하는 실용영어수업의 목표와는 달라야 하고 다를 수밖에 없다. 교양영어는 지적 사고력을 함양할 수 있는 수업이어야 하고, 기계적 유창함 이상의 논리와 조직적인 언어구사가 반드시 요구되는 수업이어야 한다. 더 노골적으로 말하자면, 영어를 좔좔 수다를 떠는 것보다 차라리 더듬거리더라도 자신의 생각을 조목조목 풀어놓을 수 있게 하는 것이 교양영어의 목표인 것이다. 흔히들 영어가 막히는데 무슨 생각을 어떻게 풀어놓느냐고 반론한다. 물론 그렇다. 그러나 이 땅에서 '영어 좔좔'이라는 목표 또한 매우 모호하고 이루기 어려운 신화 아닌가. 일상생활을 하는데 어려움이 없는 영어구사력이라면 공식회의석상에서 멋지게 프레젠테이션도 할 수 있으리라는 도식은 텔레비전 드라마에서나 가능한 상상이지만, 그 사이의 엄청난 수준차이는 간과된 채 버젓이 유통된다. 수단으로서의 영어습득이 필생의 목표로 바뀌어 또 다른 부가적인 수단을 낳고 또 낳는 욕망의 경제 속에서, 대학의 교양영어 수업은 영어 이상의 것을 향하고 있을 때에야 제대로 이루어질 수 있다. 우리가 이미 시대착오적이라고 폐기처분해 버린 교양교육의 첫째 목표인 '지적인 것과 보편적인 것'을 지향하고 '교양'이 의미하는 바 '인간적이고 폭넓은 성숙'으로서의 Bildung을 기억해야 할 때인 것이다.

그렇다고 해서 유창한 생활영어를 꿈꾸는 많은 학생들에게 막무가내로 이상적인 교양영어의 모습을 강변하는 것은 정말이지 겉도는 일이다. 정말 '이상적인 교양영어 수업'이라면 기술로서의 언어구사력 증진이라는 현실적 요구를 도외시하지 않아야 하고, 수업 중에 학생들의 현실적 요구가 어느 정도 충족되어야 하지 않을까. 더 나가서, 수업이 끝난 후에도 학생들이 자신들의 '현실적인' 요구 속에 깃들어 있는 비현실적이고 맹목적인 허상을 깨닫고 의식적 무의식적으로 궤도수정해 가야 하지 않을까. 그렇다면 판단력과 사고력의 증진을 꾀하면서 현실적 요구를 '통합적으로' 아우를 수 있는 지점은 어디이며, 이처럼 서로 다른 지향점이 수렴해 나갈 수 있는 수업은 어떻게 이루어져야 할까.

여기서 필자는 몇 년 전 서울대학교 학생들과 함께 한 '드라마를 통한 영어연습'(English through Drama)을 구체적인 모형으로 내놓는다. 미리 사족을 덧붙이자면, 필자는 이 수업을 통해 위에서 열거한 고민과 문제의식을 해결할 수 있는 가능성을 보았지만 그것이 특정한 환경 속에서 가능한 것이었음을 부인하지 않는다. 후속 논의가 이어져 수정 보완된 교양영어 수업모형이 계속 나오기를 기대하는 마음이다.

2. '드라마를 통한 영어연습'의 전제

드라마 기법은 대화 나누기, 역할놀이에서부터 상황극에 이르기까지 학습자의 수준에 따라 다양하게 이용될 수 있다 하여 다른 어떤 문학 장르보다 영어교육현장에서 다양하게 애용된다. 이는 또한 영어 교수법에서 대세를 이루고 있는 의사소통적 접근방식(communicative approach)에서 적극적으로 옹호하는 기법이기도 하다. 의사소통적 접근방식은 외국어 습득에서 어휘지식이나 단어구성을 습득하는 문법적인 능력 외에도 사회문화적 맥락에 따라 언어행위를 이해하고 수행할 수 있는 사회-언어적 능력이 있어야 함을 주목하고, 효과적인 의사소통을 위해서는 이 두 가지가 통합되어야 한다는 점을 강조하는데 (Canale and Swain 7, 25; 어도선 92 재인용), 드라마 기법이야말로 사회-언어적 능력을 키우기에 적절한 기법이기 때문이다. 서울대학교 기초교육원에서 제시하고 있는 '드라마를 통한 영어연습'의 교육목표도 다음과 같이 영어의 어휘, 형태, 규칙에 대한 문법적인 지식과 함께 사회문화적 맥락을 강조한다.

> 이 강의는 희곡 작품 이해와 다양한 연극 기법들을 활용하여 학생들의 영어구사능력을 향상시키는 것을 목적으로 한다. 희곡작품은 다양한 상황에서 실제 쓰이는 생생한 고급 영어회화 지표를 제시하므로 영어능력 향상과 사회/문화 이해에 큰 도움을 준다. 우선 희곡작품을 큰 소리로 읽는 활동을 통해 정확한 자모음의 발음연습과 한국 학생들이 특히 어려움을 겪는 억양, 강세, 리듬, 끊어 읽기 등을 연습한다. 나아가 구체적인 내용과 사회 · 문화적 요소들에 대해 공부하고 그에 기초하여 토론, 역할활동(role play), 즉흥대사 연습, 실연 연습 등을 통하여 영어능력을 향상시킨다.(http://english.snu.ac.kr/cep/kr/lec/)

그러므로 대학의 교양영어 수업으로 제공되는 '연극을 통한 영어 연습'은 일상적인 영어표현을 습득하는 한편으로 대학생 학습자의 지적 인지적 소통능력을 최대한 발휘할 수 있는 커리큘럼을 짤 수 있다는 점에서, 의사소통적 접근방식을 가장 잘 적용할 수 있는 대표적 영어수업 모형이라 할 수 있다. 그런데 실제로 의사소통적 접근방식을 바탕으로 하여 운용되고 있는 드라마중심 수업모형은 대학 교양영어와 초·중·고의 영어수업이 인지적으로 크게 다르지 않고, 따라서 대학생에 걸맞은 지적 능력을 자극하고 창의력을 최대한 이끌어 내기에는 아쉬운 점이 많다. 현재 대부분의 드라마중심 수업모형은 드라마 프로젝트 위주인데, 문제는 대학수업에서의 수업이나 초등학교 수업이 큰 질적 차이를 보이지 않는다는 점이다. '대본 제시 및 주제소개－몇 개의 간단한 대본읽기와 내용이해－동작표현－리허설(드레스 리허설 포함)공연－평가'라는 틀은 일반적인 초등학교 드라마프로젝트 모형인데(이윤미, 김숙희), 이를 그대로 따르게 되면 비판적 논의나 창의성을 발휘할 여지가 절대적으로 부족하다.

이 같은 드라마 프로젝트를 보완하고자 하는 시도는 계속되고 있다. 한 학기 동안 외국어의 네 가지 기술을 익히는 표준적인 교재로 교양영어를 수강하는 한편 학기말에 『흥부 놀부』나 『로미오와 줄리엣』, 혹은 그에 상응하는 창작물 등을 공연하도록 하는 경우(김진철, 김혜련), 혹은 단막극 하나를 집중적으로 분석하고 연습하여 학기말에 공연하는 경우(이보경, 김진나)가 그것이다. 그런데 일반 영어회화교재로 수업하고 학기말에 따로 드라마를 올리도록 한다면 밀도 있는 드라마 프로젝트라고 부르기 어렵고, 기존의 드라마를 공부해서 기말에 공연하는 경우도 창의적인 글쓰기를 아우르기는 힘들다. 교양영어의 드라마프로젝트가 학습자 수준에 따라 의미 있는 질적 차이를 보여주지 못한다는 점은, 외국어 학습법의 '수단'으로 드라마를 사용할 때의 한계가 아닐까 싶다. '몸으로 표현하기'("physicalization" Spolin 15-16) 같은 드라마 기법을 차용하는 정도를 넘어서, 대학 교양수업에서 필수적인 가치와 사고력에 대한 수준별 고려가 미흡하다는 뜻이다. 서울대학교에서 제공하는 수업도 예외는 아니어서, '드라마를 통한 영어연습'이라는 제목에서부터 '(이 수업은 문학수업이 아니다, 단지) 외국어 습득(을 위한 드릴일 뿐)'이라는 암시가 강하다.

그런가 하면 영문학과 전공과목으로 진행하는 드라마 프로젝트의 경우는 훨씬 더 전문적이고 수준 높은 논의가 개입될 가능성이 많지만, 그렇기 때문에 비영문학과 대학생에게는 선뜻 수강하기 어려운 과목으로 느껴지는 것도 사실이다.

어도선은 인문학 수업으로서의 영미극 교육이 '실용성' 또한 갖출 수 있다는 점에서 영문학 수업에 의사소통 접근법을 적극적으로 차용할 것을 권하고 있으며, 이 주장은 영미 드라마 수업에서 큰 호응을 이끌어낸 바 있다. 예를 들어 정문영은 희곡 읽기에서 실제 공연으로 이르는 전 과정을 영어로 진행하면서 수행하는 영미극 드라마 프로젝트로 수업을 진행한 사례를 소개한 바 있는데, 이는 웨슬즈(Charlyn Wessels)의 언어학습과 습득을 위한 프로젝트를 한국의 대학수업 스케줄에 맞추어 창조적으로 번안한 것이며 어도선의 논의를 실질적으로 구현하는 본보기이다. 예를 들어 수강생 중 한 팀은 『어니스트 놀이』(*The Importance of Being Honest*)를 조선시대 풍속희극으로 만들어내는 프로젝트를 수행하면서, 영미극 또한 더 효과적이고 창의적으로 이해할 수 있게 되었다. 그러나 영미드라마 전공수업이 실용성을 더불어 갖춘다고 해서 문학적 이해나 소양이 부족한 비전공자에게까지 접근가능성이 높아지는 것은 아니며, 더구나 전공에 비해 짧은 호흡으로 진행되어야 하는 교양영어 학습자가 참여하기에는 상당히 부담스러운 프로젝트가 아닐 수 없다.

여기서 일반 학생을 위한 교양영어수업이 대학생 학습자의 논의 수준을 한층 이끌어 올릴 수 있는 수업으로 가야 한다는 요구가 더 절실해진다. 즉 드라마를 효과적인 외국어 습득의 소통수단으로 채택하는 교양영어수업과, 그것을 적극적인 문학작품 이해와 재현의 틀로 상정하는 영문학 전공수업, 그 사이 지점에서 인문학적 상상력과 실용적 언어습득을 최대한 용이하게 하는 부분을 '드라마를 통한 영어'수업에서 획득하여야 하는 것이다.

인문학적 상상력이라는 측면을 전제할 때 드라마 영어수업에서는 의사소통적 접근방식 이상의 통합적인 시각이 필요하다. 히스콧(Dorothy Heathcote)은 드라마의 역할놀이를 폭넓게 발전시켜 "전문가의 망토"(the mantle of the expert)라는 이름으로 다양한 문제해결에 접근했다. 그를 소개하는 지면에서 동역자 볼튼(Gavin Bolton)은 드라마기법에 기능적인 방식 이상의 유기적이고 전체적인 면모가 있음을 강조한다. 즉 드라마를 실연하기 위해서는 서로 협동해서 극을 만들어가야 하는 공동체를 만들어야 하는데 이는 단지 인지적일 뿐 아니라 사회적이고 역동적인 학습환경을 자발적으로 조성하는 데 크게 도움이 된다. 게다가 극을 스스로 만들어내는 과정까지 포함하면서 학습자가 그에 대한 주체적인 해석과 권위를 갖게 된다는 점도 창의적인 문학교육 방식으로 널리 사주어야 한다는 것이다.

이 지점에서 히스콧의 접근법은 일반적인 의미의 문학교육을 넘어선다. 그의 방식은 어느 한 분야에 국한할 수 없을 만큼 총체적이어서, 어떤 주제에 대해 학생공동체 전원이 폭넓고 통합적인 리서치를 행하고 전문가로서 행동하는 역할 놀이를 하는 가운데 그 주제를 완전히 인식하게 된다는 것이다. 예를 들어 '중세 수도원의 삶'이라는 주제로 프로젝트를 수행하는 기간 동안 학생들은 중세 수도원장과 수도사의 역할로 살면서 생각하고 말하면서 그들의 생활과 역사와 종교를 통합적으로 익히게 된다. 이 같은 방식은 책상물림으로서의 문학공부가 아니라, 인문학적인 상상력을 최대치로 발휘하는 방식이라 보아야 할 것이다.

또한 여기서 히스콧은 현재 주도적인 외국어교수법의 기본개념 몇 가지에 대해 도전한다. 맥락이 대폭 거세된 반복학습의 언어적 기술습득이나 사지선다형의 계량적 측정방식을 지양하고 교수-학습자로 이어지는 지식의 직접적이고 1차원적인 전달이 아닌 교육방식을 주장하고 있기 때문이다. 그는 분절되고 반복적인 학습이 학습자의 앎의 욕구를 제한하고 그 이상으로 훌쩍 넘어서지 못하도록 선을 긋는다고 비판하면서, 교육이 미리 포장된 상품을 뜯어 학생들에게 떠먹여주는 것 이상의 것이 되어야 한다고 주장한다. 스스로 창의적인 답을 찾아서 제시해낼 때 학생들의 지적 욕구가 가장 왕성하며, 그럴 때 학습효과도 최고에 도달하기 때문이다.

한편 아널드(Jane Arnold)는 외국어 학습이라는 부분에 초점을 맞추면서도 외국어 습득에서 '정의적 요인'(affect)을 중요하게 탐색한다. 그는 자존감과 공감(감정이입), 혹은 동기부여가 언어학습과정을 매우 용이하게 한다는 점을 강조하면서, 외국어 학습을 단순히 언어습득이라는 목표를 넘어서 삶의 가치 추구라는 방향으로 확장시킨다. 이는 일반적으로 모든 가치가 학문적 영역, 기술적 영역, 삶의 가치 영역 중 하나로 분화되어온 것을 통합하고자 하는 것이면서, 외국어 습득이 기능적이고 구조적 측면의 성과에만 머무르지 않고 측량가능하지 않은 부분들까지 포용하고자 하는 시도이기도 하다.

"드라마를 통한 영어"는 교양영어의 한 과목이니만큼, 전공자가 아닌 일반 대학생 학습자의 지적인 흥미와 창의성을 유발하면서 영어, 문화, 문학교육을 아우르는 폭넓은 교양교육의 일환이 되어야 한다. 그와 더불어 전문성과 경쟁이 덜한 교양영어수업을 통해 학생들은 서로 협동하는 공동체 경험을 할 수 있어야 한다. 드라마는 몸으로 표현하기를 통해 개인화된 학습방식을 벗어날 수 있는 기회를 제공해준다. 이 같은 수업체계를 통해 필자가 의도한 바는 1) 수업을 통해 살아 있는 언어로서의 영어를 가장 효과적으로 습득하고, 2) 짧은 작품을 총체적으로 읽고 분석하는 능력을 기르는 한편, 3) 한 학기 전체가 창의적인 기말 프로젝트 팀별 공연을 위한 워크숍이자 협동을 배우는 유기적 시간이 될 수 있도록 한다는 것이었다.

이 같은 전제에는 학생들이 교양영어수업을 통해 '언어습득'뿐 아니라 '창의적인 생각', '공동체적 경험'까지 할 수 있어야 한다는 당위와 더불어, 작품으로서의 드라마를 읽고 구현하는 과정에서 인문학적인 분석력이 키워질 수 있으리라는 믿음이 자리하고 있다. 교양영어는 영어를 배우고자 하는 요구와 공급이 맞아떨어지는 시장(市場)이나 전장(戰場)으로, 일주일 2-3시간 수업을 통해 깊은 문학적 의미를 깨닫게 되리라고는 아무도 기대하지 않는다. 그러나 그처럼 문학적 전제가 배제된 공간, 호흡이 짧은 수업이라는 점이 긍정적으로 작용할 수 있다. 문학적 · 정전적 의미가 무겁게 드리워진 '문학작품'을 읽는다는 부담에서 벗어나 텍스트에 주도적으로 접근하여 자유롭게 분석하고 평가할 때, 오히려 자유로운 분석력과 창의력이 함께 발달할 수 있다고 생각하기 때문이다. 이 같은 희망이 이루어질 수 있는 장이 '드라마를 통한 영어' 수업이며, 영어텍스트를 같이 읽고 목표언어로 토의하며 적극적으로 표현하는 가운데 문학적 감식안을 기르는 과정을 함께 하게 된다. 이러한 전제 위에서 비로소 교양영어수업은 인문적 교양과 실용을 통합하는 가능성을 열어주게 될 것이다.

3. 수업의 설계와 실제

1) 수업개요

필자는 2005년 1학기 고급영어 수강자격 TEPS 701점 이상 혹은 TOEFL 560점 (CBT 220, iBT 85) 이상의 다양한 전공과 학년의 서울대학교 학생들을 대상으로 '드라마를 통한 영어연습'을 영어로 진행하였다. 한 학기 동안 5-10분 길이의 브로드웨이 단막극 11편을 중심으로 함께 읽고 조별로 분석발표하며 극을 공연하는 것까지 한 주 2회 수업(1회 75분) 안에 소화할 수 있도록 실러버스를 구성하였다. 그 결과 학생들은 극을 이해하고 토론하고 공연하는 과정을 통해 양식화된 영어 회화를 넘어서는 읽고 듣고 말하기를 직접 경험할 수 있었다. 또한 학기 말까지 2-4명의 팀으로 짧은 단막극을 써내고 교수와 전체 학생의 피드백을 거쳐 고쳐쓰기 과정을 거친 후 무대에 올리는 드라마 프로젝트를 함께 수행하여, 유기적으로 통합된 수업을 만들어 나갈 수 있도록 했다. 이는 교양영어수업을 통해 최근 미국 드라마와 문화까지 이해할 수 있는 가능성을 제시하는 것이며, 문학작품을 '연구/향유'하는 방법과 문학작품을 '활용'하는 두 분야가 창조적으로 수렴할 수 있는 길이라 생각된다. 또한 학습자는 이를 통해 계량화될 수 없는 능력, 즉 적극성과 자신감, 널리 자료를 찾는 능력, 논리적 사고 등을 계발시킬 수 있었다.

2) 학습자 구성

고급영어는 이전 단계인 대학영어를 면제받거나 수강한 후 들을 수 있는 강좌로, 기본적인 영어이해력과 구사력을 전제로 한다. 전체 구성은 총 20명 중 비영어권 외국인 1명을 포함하여 외국에서 1년 이상 살다 온 학생이 4명 정도이며, 이중언어 사용자는 없었다. 첫 시간 강의계획서를 받기 전 학습자 설문조사에서 학생들은 영미 TV드라마나 시트콤을 보면서 구어적 표현을 익히고 수업 중에 연습하는 시간이 될 것으로 기대하는 것으로 나타났으며, 영어로 진행되는 수업을 수강하면 외국인과 친구가 되는 기회가 더 많아질 것이라는 희망을 노골적으로 피력하였다.

3) 교재의 선택

현재 대학에서 드라마를 통한 영어 수업 교재로 널리 사용되는 책은 『희곡: 통합적 언어 접근법』(*The Play's the Thing: A Whole Language Approach to Learning English*)으로서, 이 교재는 동시대 유명극작가들의 희곡을 일부 발췌하여 텍스트로 싣고 읽기, 말하기, 문법, 단어 등의 학습내용을 덧붙인 절충주의적 방식으로 구성되어 있다. 그런데 이는 드라마의 온전한 이해가 불가능한 상태에서 발췌본만 보고 논의해야 한다는 점에서 흡족한 내용논의를 전혀 기대할 수 없을 뿐 아니라, 대상 텍스트에 나온 문법과 단어를 매우 규범적 형태로 연습해야 하는 과정을 따라가야 하기 때문에 일관된 언어적 지식향상을 기대하기 어렵다. 절충주의적 방식으로는 절충적인 결과 이상을 바랄 수가 없는 것이다. 또 다른 교재로 널리 쓰이는 『단막극』(*One Act Plays for Acting Students*)은 배역의 대사 분량이 고르게 할당되어 있지 못하고 극적 재미가 부족하다는 점에서 제외되었다. 따라서 우리 수업에서는 훨씬 더 짧고 덜 알려진 드라마 텍스트라 하더라도 전체를 택하여 읽고 논의하고 쉽게 극화할 수 있는 작품을 골라, 작품 전체를 두고 논의할 수 있도록 계획했다. 그러기 위해 상대적으로 접근이 쉬우면서 학습자 세대와 정서적으로 가까운 『브로드웨이 10분극 시리즈』(*Take Ten: New 10-Minute Play*) 중에서 11개 작품을 선택하고, 웜업(warm up) 자료 및 시범발표자료, 기타 드라마가 아닌 작품도 추가하여 교재를 구성하였다.

4) 평가방식

• 퀴즈 2회

전통적인 문학수업의 퀴즈 양식을 따랐다. 기본적인 단어의 뜻 이해, 작품 일부를 보고 전후맥락을 쓸 수 있는 문제를 풀 수 있도록 하여 학습자들이 여러 번 작품을 읽는 가운데 해석력과 판단력이 함께 상승하기를 의도했다.

• 중간/ 기말고사

빈칸에 핵심어를 넣는 기초적인 이해 문제와, 작품주제를 자신의 생각대로 써보도록 했다. 기존 작품들과 달리 서적이나 인터넷으로 작품개관을 찾을 수 없기 때문에 학생들은 스스로 주제를 생각해 와야 했고 수업 중 논의에 적극 참여해야 했다.

• 작품 분석 및 시연

한 작품을 두세 명의 학생이 맡아 작품을 분석하고 공연하도록 했다. 작가와 작품, 공연 등에 대한 정보가 있으면 이해를 돕는 차원에서 같이 발표하되, 주로 등장인물, 작품배경, 작품의 플롯을 위주로 분석하고, 해당 작품의 일부 혹은 전체를 시연해 보이도록 했다.

• 작문과제

학기 중반과 후반에 두 번의 작문과제가 부과되었다. 첫 번째 과제 "What will happen next?"는 선행 상황을 주고 그다음에는 어떤 일이 일어날 것인지 뒷부분을 상상해 이어보도록 하고, 두 번째 작문은 약

3-5분 정도의 단막극을 공동으로 써보도록 하였다. 이 내용은 기말 프레젠테이션을 염두에 두고 작성되어야 하므로, 그간 함께 공부한 극의 요소를 이용해 체현가능한 대본이 되도록 주지시켰다. 모든 대본은 초고 상태에서 교수와 한 번 이상 만나 피드백을 받도록 했으며, 학기말에는 팀별로 올릴 단막극의 내용에 대해서는 시놉시스를 함께 보는 시간을 마련해 내용과 표현에 대해 전체적으로 논평하는 시간을 가졌다.

• 발표과제

2-4명씩 팀을 짜서 학기 초부터 기말 프레젠테이션에 대해 주지시키고, 개인적인 학습영역과 공동학습 및 기말 프로젝트가 모두 함께 진행되어야 한다는 점을 강조했다. 또한 팀별로 교재에 있는 작품을 하나씩 맡아 해당 주에 내용을 전체 요약하여 정리 발표하고 구체적으로 드라마를 체현해 보이도록 했다. 이러한 과정이 모두 기말 프로젝트로 가는 과정에 있음을 주지시켰음은 물론이다.

효율적인 발표와 시연을 위해서는 첫 주에 『유리동물원』(*The Glass Menagerie*)에서 로라(Laura Wingfield)가 자신의 유리동물원에 대해 독백하는 부분을 일부 넣고, 소도구와 시각자료를 이용하여 필자가 시범발표를 하고 일부를 시연하는 시간을 할당했다.

기말의 프로젝트를 위해서는 학기 초 웜업과 시범발표가 매우 중요하다. 우선 첫 시간에 직접 몸을 움직여 표현하는 시간을 가진다. 말없이 표정만으로 여러 가지 감정을 표현해보면서 두려움과 어색함을 떨치고, 서로의 감정표현 '연기'를 해석해 본다. 아널드는 수업에서 좋은 웜업활동은 교사와 학생 그리고 학생과 학생들 사이에서 어색한 분위기를 녹여주어 자유로운 대화를 가능하게 할 뿐 아니라 자아를 벗어나 다른 존재로 손을 뻗는 행위라 말한 바 있다. 교사는 자신이 이 같은 과정을 활성화하는 매체가 됨으로써 학생들에게 "그저 정해진 교재의 내용을 전달하는 것이 아니라 어떻게 배우는지를 가르치는"(teaching students how to learn rather than merely "covering" a fixed curriculum. Arnold 20) 학습의 패러다임으로 옮겨갈 수 있다.

- 실제수업모형(Lesson Plan): 「필라델피아」("The Philadelphia")의 경우
  1. 도입: 오늘의 작품 소개(교수, 5분)
  2. 작품분석(해당 발표팀, 10분)
     - 작가소개(David Ives), 작품주제 및 내용분석, 인물분석 포함
     - A4 한 페이지에 해당하는 발표문/ 공연 및 작가소개에 필요한 시각자료 준비
  3. 질문 및 대답(25분)
     - 사전 준비된 질문지에 따른 토론주제 제시(해당 발표팀)
     - 전체 학생대상 질문지(교수)

     발표 팀의 토론주제는 두세 가지로 제한하되, 교수의 질문지는 더 구체적인 단어와 상황에 치중한 문제리스트 열 개 정도를 준비하여 학생들의 사전준비상태를 점검하는 동시에 상세한 내용이해를 돕는 방향으로 진행하였다("왜 이 작품에서는 고유명사인 Philadelphia/Cleveland에 관사가 붙어 있는가?" 등). 수업이 진행되어 갈수록 학생들의 질문도 더 구체적이고 세밀한 극의 내용을 집어서 큰 주제와 연결하는 방향으로 발전되어 갔다.
  4. 휴식(5분)
     - 발표 팀에게는 두 번째 발표인 공연을 준비하는 시간이며, 다른 학생들은 수업 중에 묻지 못한 내용을 교수와 나눌 수 있는 시간으로 마련했다.
  5. 공연 및 논평(15분)

– 10분극이지만 적지 않은 분량이므로 발표 팀이 할 수 있는 부분만 발췌해서 2–3분 정도 연기해보도록 하였으나, 학기 후반부에는 모든 팀이 자발적으로 대본을 전부 외우고 완전한 극을 만들어 냈다. 공연은 발표 팀의 해석이 들어가서 이루어지는 결과물이므로, 공연 후 연기 및 연출방향에 대한 질문과 역할에 대한 질문 및 평가가 이루어졌다.

6. 마무리(교수, 10분)

– 이 작품은 발랄한 상황전도와 다양한 지명을 통해 등장인물들의 착잡한 상황과 기분상태를 은유적으로 전달했음을 밝히고, 여러 가지 의미로 해석될 수 있는 노래 "뉴욕 스테이트 오브 마인드"(New York State of Mind)를 듣고 작품과 연결될 수 있는 문화적인 의미를 짚어보았다.

4. 반성과 제안

"그냥 들으면 잊어버리고, 유심히 들으면 기억하지만, 직접 해보면 온전히 이해한다."(I hear and I forget, I listen and I remember, I do and I understand.)라는 속담은 '드라마를 통한 영어' 수업의 위력을 드러내는 적절한 표현으로 애용된다. 이 속담은 '행동'과 '이해'에 대한 놀라운 상관관계에 주목하도록 지시하면서, 텍스트가 단순히 구문을 익혔다가 필요한 때 꺼내 쓸 수 있는 외국어 표현의 보관소 이상의 역할을 할 것을 요구한다.

효율적인 외국어 습득과 표현은 모든 영어학습자들의 최종목적이다. 그것은 교양영어를 가르치는 모든 교수자들의 바람이기도 하다. 외국어 학습자료가 언어기능 향상이라는 일방적인 목적 아래 수

집된 산발적인 자료 이상의 것, 참여하고 몸을 움직이고 학습자의 생각을 적극적으로 표현할 수 있는 텍스트가 될 수 있다면, 그리하여 학생들이 텍스트와 컨텍스트 읽기를 동시에 수행할 수 있다면, 언어기능 향상이라는 목적도 수월하고 즐겁게 달성될 것이다. 지금까지 살펴본 '드라마를 통한 영어' 수업은 영어실력 향상이라는 현실적인 목표와 작품에 대한 인문적인 해석과 표현훈련이 행복하게 공생할 수 있는 가능성을 보여주었다. 이 수업을 통해 학생들은 유원지의 페리스 대회전 관람차에서 만나는 남녀의 관계("The Ferris Wheel"), 기발한 말장난("The Philadelphia"), 야구심판 이야기를 통한 삶의 가치관 논쟁("Judgment Call"), 뉴요커의 무미건조한 일상("Two Eclairs"), 그리고 범죄자교화수업에 나선 여선생의 난관("Helen at Risk")에 이르기까지, 다양한 소재와 표현을 접하면서 독해력과 감수성을 훈련시켰다. 그 결과 학생들의 기말 프로젝트도 다양한 스펙트럼을 보여주었다. 말하는 고양이와 대화를 나누는 젊은 여인의 고백, 논쟁적인 사건을 다루는 재판, 그리고 영화 『이터널 선샤인』(*Eternal Sunshine of Spotless Mind*)을 연상시키는 기억 지우는 남녀 이야기 등이 그 몇 가지 예이다. 드라마 영어라는 수업이 TV프로그램 보는 것도 아니고 외국인과의 직접대화도 아니라는 데 대해 처음 불만을 표시했던 학생들은, 한 학기 수업 전체가 자신들만의 드라마 프로젝트를 위한 워크숍이자 드라마 투르기를 배우는 시간이며 배운 내용이 자신들의 분석력으로 재해석되고 창의력으로 이어져 하나의 작품으로 완결된다는 사실에 흡족해했다.

물론 이 같은 수업이 상당한 영어실력을 가진 학생들을 대상으로 이루어졌기 때문에 작품해석과 창작이 성공적이었던 것은 부인할 수 없다. 또한 텍스트가 짧고 간단한 상황을 제시하고 있기는 하지만 일반적인 언어학습용 텍스트와 달리 상황을 빨리 파악할 수 있는 '부드럽고 친절한' 내용도 아니었다. 그러므로 교수자는 사전 준비할 내용도 많지만 언제 어떻게 쏟아질지 모르는 질문과 상황을 해결하면서 논의의 매듭을 지어야 하는 난제를 매시간마다 처리해야 했다. 그러나 지극히 동시대적이고 독자 중심적이지 않은 텍스트라는 점은 오히려 상급학습자에게 상당히 흥미로운 도전의식을 불러일으켰던 듯하다. 매주 다른 내용을 부담 없이 읽고 들어와서 작품에 대해 '자유롭게' 이야기를 할 수 있다는 점은 학습자에게 은연중에 강요되던 순종적인 자세를 벗어버릴 수 있는 것처럼 느껴졌을 것이다. 이 같은 자유로움에는 작품성에 대한 그들의 평가기준을 만들어 가는 것까지 포함하고 있었기 때문에, 학생들은 작품에 대한 해석과 재현 모두를 행하는 가운데 자신만의 가치기준을 정립하게 되고, 그 속에서 자신만의 작품 구상에 대한 아이디어를 구체적으로 만들어 나가게 되었던 것이다.

중간 정도의 영어실력을 가진 학생들을 대상으로 하더라도 이처럼 독창적으로 작품을 읽고 창조적인 작품을 쓰는 것은 충분히 가능하고 그렇게 되도록 적극적으로 권장해야 한다. 많은 학생의 경우 언어적인 기술이 모자라서라기보다, 영어수업에 기대하는 방향과 목표가 다르기 때문에 창의력 발휘에 난관을 겪기 때문이다. 그러나 상상력과 창의성을 자극할수록 자발적인 학습의욕이 더불어 고취되게 마련이다.

상급 학습자에게 교수자의 역할은 처음 시범발표에서 학습방향을 선명하게 보여주는 것이고, 그 후에는 전체 진행을 맡은 사회자처럼 두드러지지 않게 흐름을 적절히 조정해 주는 것이어야 한다. 발표문을 미리 받아서 학생들이 미처 생각해보지 못했던 점을 지적하는 문제지를 준비해 가지만, 그 이전에 학생들이 직접 의견을 말해보도록 기다려야 '모범답안'을 의식하지 않고 서로 논의하게 된다. 수업 중간에 잠시 마련하는 휴식시간에 교수는 학생들에게 다가가 가벼운 질문을 던지고 대답을 이끌어 내면서 수업과 비수업의 경계를 허물 필요가 있다. 특히 상급 영어 학습에서 교수는 수업시간 외의 모임을 가외로 마련하는 것이 필수적이었다. 조별로 창의적인 글쓰기를 피드백하는 시간이 반드시 필요하기 때문이다.

그러나 중급 학습자들은 수동적 영어학습 패턴에서 빠져나오는 시간이 훨씬 더 오래 걸릴 것이다. 이를 보강하기 위해 학기 초 웜업 시간을 대폭 늘리고, 웨슬즈와 스폴린의 책에서 소개되는 보디 랭귀지와 제스처, 발성 연습을 적극적으로 도입할 필요가 있다. 또한 필자의 최근 경험에 비추어 볼 때 샘플로 비디오 클립을 제시하여 내용을 숙지한 후 목소리 연기(voice acting)를 시켜보는 것도 수동적인 학생들에게 상당히 효과적인 방식이다. 중급 학습자는 일단 목소리 연기를 통해 분명한 발화에 대한 자신감을 획득할 수 있기 때문이다. 이어서 간단한 상황을 제시하고 해결책을 모색하는 『상황극』(*Decision Drama*) 등으로 옮겨가는 것이 바람직하다. 교수자는 시범발표사례를 충분히 제공하여야 할 것이고, 위화감을 주지 않도록 짧고 쉬우면서도 대학생의 지적 수준에 맞는 텍스트를 선정해야 할 것이다.

최근 2-3년 사이 인터넷 시각자료가 폭발적으로 증가하여 유튜브(www.youtube.com)를 통해 키워드만 치면 짧은 극의 공연을 볼 수 있는 것도, 중급 이하 학습자들의 이해를 크게 도울 수 있게 되어 고무적이다. 예를 들어 『버자이너 모놀로그』에서 다루는 할머니 이야기 「홍수」("The flood")는 다양한 실제 공연내용이 올라와 있어서 학습에 큰 도움이 되는데, 이 부분을 젊은 남학생에게 연기해 보도록 하는 것은 그 자체로 연기자나 학생관객에게 연령과 성차를 가로지르는 흥미로운 경험이 될 수 있을 것이다. 학생과 교수가 함께 자기반성적인 학습자가 되어 "작품을 논평하고 되살리며 자신의 것으로 할 수 있게 되는" 것, 그것이 어떤 수준의 장에서든지 이루어가야 할 학습목표가 되어야 할 것이다(Brauer, "Introduction" xi). 실용성과 인문적인 전망이 수렴하는 가능성의 공간으로 '드라마를 통한 영어'수업의 후속 사례가 이어지기를 기대한다.

참고문헌

김진철, 김혜련. 「대학 교양영어 수업에서 드라마 프로젝트의 활용 효과」. *Foreign Languages Education* 5.2(1999): 91-105.

어도선. 「영미극 교육과 의사소통 접근법」. 『영미문학교육』 8.1(2004): 89-118.

이보경, 김진나. 「연극을 통한 영어교육: 평가와 활용안」. 『현대영미드라마』 13.1(2001): 237-263.

이윤미, 김숙희. 「의사소통 능력 신장을 위한 드라마기법의 활용」. 『인문예술논총』 25(2003): 161-190.

정문영. 「공연 교수법을 통한 영미드라마 가르치기」. 『현대영미드라마』 10.1(2006): 45-66.

Arnold, Jane. *Affect in Language Learning*. Cambridge: Cambridge University Press. 1999.

Bert, Norman, ed. *One-act Plays for Acting Students*. New York: Meriwether. 1987.

Brauer, Gerd, ed. *Body and Language: Intercultural Learning through Drama*. Westport, Connecticut: Ablex, 2002.

Ensler, Eve. *The Vagina Monologue*. New York: Villard, 2001.

Heathcote, Dorothy and Gavin M. Bolton. *Drama for Learning: Dorothy Heathcote's Mantle of the Expert Approach to Education*. Portmouth, NH: Heinemann. 1995.

Lane, Eric N. and E. Lave Sheilgold. *Take Ten: New 10-Minute Plays*. New York: Knopf, 1997.

Radin, Barbara. *Decision Drama: Real Language for Real Life*. New York: Jag, 1992.

Spolin, Viola. *Improvisation for the Theatre*. Evanston, IL: Northwestern University Press, 1999.

Wessels, Charlyn and Alan Maley. *Drama*. Oxford: Oxford University Press, 1987.

Whiteson, Valerie Lily and Nava Horovitz. *The Play's the Thing: A Whole Language Approach to Learning English*. Cambridge: Cambridge University Press, 1998.

첨부: Syllabus

1. Course Description

This course is designed to improve students' competence in English further, and this specific class is intended for the students who are motivated enough but still reluctant to express themselves in English. Students with TEPS score 701 and above would be especially welcome. Which means, this class is in a "high intermediate level for the non-native speakers" who want to do more English after taking required English classes.

Here we are going to deal with various 10-minute plays by international playwrights and explore the art of drama as well as English skills. We will read and practice live English expressions through contemporary plays, contextualize and enact what we have read, and ultimately, make a short play of our team's own.

*NOTE: Some of the materials may contain "indecent" vocabularies and scenes. If you are likely to be offended by this, please select other courses.

2. Textbook

a course packet available

3. Class Policies

1) Attendance and Participation

Class attendance and active participation is highly important to build your fluency and confidence in English. They are also important because course grades partly depend on them. Whoever missing 7 classes will get F. Being late 20 minutes will be regarded as one absence.

2) Reading in advance

Assigned reading should be done before the class begins. This is essential for your understanding and active participation. There will be QUIZZES to check out your comprehension.

3) Writing

There will be TWO writing assignments: one for writing one page-long composition and the other for writing a short play. Submit each assignment on time (Late submission will NOT be accepted). Each assignment will be returned to you with comments and grades.

4) Team Project

Each team will have its own project. You will co-work with your crew and produce your own play/ film at the end of this semester. It should be 5-10 min. long, and you should submit your synopsis in detail by May 31.

*NOTE: Every writing and synopsis should be posted on the class web board on time.

5) Quizzes and Exams

There would be two quizzes, one written exam and one oral presentation. Make sure you take every quiz and exam. There's NO make-up for the quizzes or exams.

4. Course Schedule

week 1. (3/3) Needs Analysis (Survey); Introduction to the course
Icebreaking + Team-up

week 2. (3/8-3/10) Warm-up: from *Glass Menagerie*/ *Ferris Wheel*

week 3. (3/15-17) *The Philadelphia*/ from *True West*

week 4. (3/22-24) *A Bowl of Soup*/ "Ah, are you digging my grave?"

week 5. (3/29-3/31) *The Janitor*/ "The Flood" from *Vagina Monologues*

week 6. (4/7) *Brights*/ Quiz 1

week 7. (4/12-14) *Judgment Call*/ *Love Poem #98*
1st Composition ("What Will Happen Next?") Due

week 8. (4/19-21) *Two Eclairs*/ *New York Story* (video)

week 9. (4/26-28) *Reverse Transcription*/ Midterm Exam

week 10. (5/3) from *Art*/ Comments on the 1st Composition (OHP)

week 11. (5/10-12) from *Our Town*

week 12. (5/17-19) *Duet for Bear and Dog*/ Quiz 2

week 13. (5/24-26) *Helen at Risk*/ from *Endgame*

week 14. (5/31-6/2) Script Due; Feedback on synopsis (OHP)

week 15. (6/7-9) Course Review (Feedback on scripts)

week 16. (6/14) Team Project: Oral Presentation

05

웹 기반 학습 환경을 활용한 실용영어와 인문소양의 계발*

이원주

1. '실용영어'의 의미와 영어교육

세계화의 확대에 따라 영어가 국제어로 확고하게 자리매김하면서 의사소통을 중시하는 '실용적인' 영어 능력에 대한 요구가 우리나라 사회 전반에 거세게 휘몰아치고 있다. 취학 전 아동부터 직장인들까지 영어능력을 향상시키기 위해 상당한 경제적 부담을 감수하면서 사교육 기관을 찾고 있을 뿐 아니라, 자녀의 조기 유학 때문에 우리나라에 홀로 남게 된 '기러기 아빠'가 심각한 사회 문제로 대두된 지도 이미 오래다. 이처럼 '실용영어'에 대한 사회적 요구가 거세지면서 공교육에도 적지 않은 변화가 생겨났다. 1994년에는 대학입학 수학능력

* 이 글은 『영미문학교육』 15권 1호에 실린 저자의 논문과 내용이 동일하다.

시험에 의사소통 능력을 측정하는 듣기평가가 도입되었고, 1997년부터는 효율적인 의사소통 능력의 함양을 외국어 교육의 가장 중요한 목표로 하는 7차 교육과정이 공포되어 시행되고 있으며, 초등학교에서 전면적으로 영어교육이 실시되고 있다. 공립 초 · 중등학교에서 원어민 교사에게 수업을 받고, 지방자치단체가 운영하는 영어마을에서 원어민과 함께 합숙하며 영어를 배우는 모습을 보는 것도 이제는 흔한 일이 되었다. 뿐만 아니라, 서울시 교육청에서는 2009년 1월에 일명 스마일 프로젝트(SMILE Project; School Managed Innovation of Learning English)를 발표함으로써 실용영어 교육 강화, 우수 영어교사 확보, 영어교육 인프라 확충 등을 위한 본격적인 노력을 시작했다.

이러한 변화는 비단 초 · 중등 교육 현장에만 국한된 것은 아니다. 거의 모든 대학에서도 학생들의 의사소통 능력을 함양하고 토익, 텝스 등의 실용영어 시험 성적을 향상시키기 위해 실용영어 관련 교과목의 개설을 늘리고, 기초교육원, 어학원 등의 전담기구를 설립하고, 원어민 교수의 채용을 확대하는 등의 변화를 시도하고 있다. 몇십 년간 유지되어온 '교양영어' 혹은 '대학영어'라는 명칭이 '실용영어'로 바뀐 것도 이제는 그리 새삼스러운 일이 아니다. 영어 전공 학과의 경우에도 영문학과 영어학 위주의 교과목으로 구성된 전통적인 커리큘럼에서 벗어나 '실용영어' 관련 교과목의 비중을 높이는 것이 일반적인 추세가 되었다. 필자가 몸담고 있는 한국방송통신대학교에서도 원격교육기관으로서 교육시스템상 '실용영어' 교육에 구조적인 어려움이 있음에도, 2001년과 2010년에 걸친 두 차례의 교육과정 개편을 통해 실용영어로 분류되는 교과목의 비중을 점차 높이고 있으며, 실용영어 능력의 향상을 위해 집중영어교육프로그램(Intensive English Program)의 개발을 서두르고 있다.

그러나 우리나라 영어교육계 전반에 격렬한 변화를 불러온 '실용영어'가 정확히 무엇을 지칭하는지는 그리 분명치가 않은 것 같다. 물론 일반적으로 통용되는 의미에 따르면 '실용영어'는 대체로 "일상생활에서 접하는 여러 가지 다양한 상황에 따라 올바른 영어를 자유롭게 구사하는 능력" 즉 '구어'(spoken language)로서의 영어능력을 가리킨다고 할 수 있다(김성연, 김원기 116). 이는 '실용영어'에 관해 언급할 때마다 항상 '문자언어'와 대비되는 '음성언어', '대화 능력' 혹은 '의사소통' 능력 등의 표현이 등장하는 데서도 충분히 확인된다. 사실 '구어'로서의 '실용영어'의 중요성이 강조되고 있는 것은 지금까지 우리나라의 영어교육이 문자 언어를 중심으로 이루어졌지만 그 결과가 그리 만족스럽지 못했기 때문에 음성언어에 대한 집중교육을 통해 학습자들의 대화 능력, 즉 의사소통능력을 길러야 한다는 사회적 요구에서 비롯되었다고 할 수 있다. 그러나 일반적으로 통용되는 의미와 '실용영어'가 지향해야 할 궁극적인 목표 사이에는 큰 차이가 있는 것 같다. '실용'(practical)의 사전적 의미는 이론(theory)보다는 행동(action)과 결과 그리고 효율성을 중시하는 경향으로 정리할 수 있다. 이에 비추어 보면 '실용영어'는 단순히 일상생활에서 사용되는 기계적인 대화를 가능케 하는 협소한 영어능력을 가리키는 개념이라기보다는, "영어라는 도구를 써서 무엇을 할" 수 있는 능력을 의미한다고 볼 수 있다(엄용희 35).

실용영어뿐 아니라 모든 '언어'는 의사소통이라는 실용적인 목적을 지니기 마련이다. 그러나 의사소통 수단으로서의 '언어'는 그리 단순한 도구가 아니다. 구조주의 언어학에서 지적하듯이 언어는 기표(signifier)와 기의(signified) 사이에 '자의적'(arbitrary)인 관계를 지니게 되는데, 외국어 학습의 어려움은 바로 동일한 기의에 대해 해당 외국어가 학습자의 모국어와는 전혀 다른 기표를 지니는 데에서 상당 부분 기인하는 것으로 볼 수 있다. 더구나 해당 외국어의 기표를 학습하는 것만으로 외국어 학습이 완성되는 것도 아니다. 학습의 대상이 되는 외국어는 학습자의 모국어와는 전혀 다른 사회문화적 환경에서 형성되었고, 해당 언어가 발생한 시점부터 현재에 이르기까지 해당 언어권 사회구성원들의 합의를 거쳐서 현재의 모습을 갖추게 되었기 때문이다. 따라서 언어 학습은 "특정한 일련의 소리의 '합의된' 의미를 학습하는 것"(Fromkin & Rodman 163)이며, 각각의 언어는 이러한 합의를 도출해낸 해당 사회의 모든 것을 담고 있는 장치라 할 수 있다.

이러한 점을 고려할 때, 현재 우리나라에서 통용되고 있는 의미에서의 '실용영어'는 영어가 지닌 '언어'로서의 풍부함을 지나치게 가볍게 여긴다는 점에서 적잖은 문제를 지닌다. '의사소통' 내지 '소통'은 상대방에 대한 이해를 목표로 하기 마련이며, 외국어를 통해 진정한 소통을 이루기 위해서는 소통의 수단인 해당 외국어뿐 아니라 소통의 상대방을 형성한 그 사회 전반의 독특한 문화를 반드시 이해해야 하기 때문이다. 그런 까닭에 외국어 학습을 단순히 표면적으로 전달되는 의미를 파악하는 훈련으로만 간주하게 된다면 해당 외국어가 지닌 '언어'로서의 다양한 측면을 소홀히 하는 큰 손실로 이어질 수 있다. 고대 그리스에서 '언어'를 의미하는 '로고스'(logos)가 '이성'(reason)이라는 뜻도 동시에 지녔다는 점을 굳이 언급하지 않더라도, 우리는 '언어'를 통해서 우리가 살아가는 세상을 이해하고, 그 세상을 규정하고, 그 세상을 변화시키기도 한다. 언어는 상대방의 생각과 마음을 바라보는 창(窓)이며, 우리 주변의 모든 것, 즉 세상과 소통할 수 있게 해주는 장치이기도 하다. 따라서 언어 학습은 해당 언어의 표피적인 의미 너머에 있는 근원적인 의미를 찾아내는 과정이어야 하며, 삶과 세상의 의미를 찾아낼 수 있는 고차원의 능력을 기르는 과정이어야 한다.

2. 웹 기반 학습 환경과 실용영어 교육

20세기 후반에 이르러 컴퓨터 및 인터넷 관련 기술이 비약적으로 발전하면서 웹에 기반을 둔 온라인 영어교육에 대한 관심이 커지고 있다. 초등학생을 위한 영어교육 프로그램부터 직장인들을 대상으로 하는 토익, 텝스 등에 관한 학습프로그램에 이르기까지 다양한 연령대와 다양한 수준의 학습자를 위한 온라인 학습프로그램이 이미 큰 시장을 형성하고 있으며, 오프라인(off line)으로 출발한 사설 영어교육 기관들도 이미 웹을 기반으로 한 온라인 영어 학습, 즉 이러닝(e-learning)을 학습 보조 도구로 활용하는 블렌디드 러닝(blended learning) 프로그램을 운영하는 경우가 많아졌다. 이러한 사교육기관에서의 움직임뿐 아니라 공교육 기관에서도 온라인 혹은 멀티미디어 학습 자료를 활용하여 영어교육의 효율성을 높이기 위한 방안을 적극적으로 찾고 있다. 서울시 교육청에서 발표한 스마일 프로젝트에서도 영어교육 인프라 확충의 구체적인 방안으로 인터넷 및 'U-Learning'과 같은 원격교육을 통한 영어 학습 기회의 확충을 제안하고 있을 정도이다.

1728년에 칼렙 필립스(Caleb Philips)가 우편을 이용하여 새로운 속기법 교육을 실시한 이래(Holmberg 13), 과학기술의 발전과 더불어 비약적인 발전을 이룬 원격교육(distance learning)은 면대면 교육의 한계를 극복해줄 방안으로 여겨져 왔다. 원격교육 환경에서는 교수자와 학습자가 동일한 시공간에 존재해야 할 필요가 없으며, 시스템이 허락하는 한 인원 제한 없이 대량 교육이 가능하다. 또한 강의를 담당한 교수자의 능력에 따라 수업의 내용과 질이 달라지게 마련인 면대면 교육과는 달리, 모든 학생이 동일한 학습 자료로 교육을 받게 되어 내용과 질에서 일관성을 유지할 수도 있다. 특히 20세기 후반부터 웹 기반 수업

(Web-based Instruction)이 원격교육에 도입되면서 음성과 동영상, 그리고 문서 자료 등을 이용하여 제작된 멀티미디어 학습 자료를 활용하여 실제 대화 상황과 흡사한 '진정성'(authenticity) 있는 다양한 자료로 학습할 수 있게 되었고, 이로 인해 원격교육은 면대면 교육에 비해 약점으로 평가받던 부분을 상당히 극복할 수 있게 되었다. 뿐만 아니라 멀티미디어 학습 자료를 통해 다양한 상황을 제시할 수 있게 되었고, 반복학습을 통해 어휘력 및 청취력 향상 연습을 하기가 훨씬 쉬워졌으며, 면대면 수업 환경에는 못 미치지만 말하기와 쓰기 교육도 어느 정도 가능해졌다. 이처럼 컴퓨터와 인터넷을 활용한 이러닝 또는 웹 기반 학습 환경은 제대로 활용한다면 실용영어 능력의 향상에 획기적인 도움을 줄 수 있을 것으로 기대되고 있다.

그러나 웹 기반 학습 환경 혹은 멀티미디어 학습 자료를 활용한 영어교육이 지닌 이러한 강점은 오히려 실용영어 교육에서 치명적인 약점이 될 수도 있으므로 주의가 필요하다. 멀티미디어 영어 학습은 매체를 활용하여 실시하는 훈련의 특성상 영어가 지닌 기능적 측면의 습득에 집중할 수밖에 없다. 그러나 교수자와의 적극적이고 다양한 상호작용을 통해 인문적 소양을 충분히 함양하지 못한다면, 진정으로 실용적인 영어능력을 갖추지 못하는 큰 손실로 이어질 수 있다. 단순히 영어 자체에 대한 능력뿐 아니라, 영어권 문화에 대한 이해, 논리력과 사고력의 함양, 다양한 분야에 대한 풍부한 지식과 정보의 습득 등을 모두 이루어야 영어 학습의 궁극적인 목표인 실용적인 의사소통능력을 갖출 수 있기 때문이다. 이에 필자가 운영한 대학원 웹 강의의 구체적인 사례를 분석함으로써 웹 기반 학습 환경하에서 실용적인 영어 능력과 인문적 소양을 더불어 함양하기 위해 고려해야 할 사항을 확인하고 이를 위한 방안을 찾아보고자 한다.

3. 영화를 통한 실용영어능력 향상 방안: 〈영상영어세미나〉의 경우

웹 기반 강의로 개설된 여러 과목 중에서 〈영상영어세미나〉를 택한 가장 중요한 이유는 '영화를 통한 청취력 향상'이라는 이 과목의 중요한 학습 목표 중의 하나가 실용영어 능력의 함양에 실질적으로 큰 도움이 될 수 있으리라 판단했기 때문이다. 현재 우리나라의 실용영어 교육에서 가장 강조되고 있는 말하기와 듣기 능력 중에서 실생활에서 가장 많이 활용되는 것이 듣기일 뿐 아니라(Rivers & Temperley 62), 듣기 능력의 향상은 말하기, 읽기, 쓰기 등의 영어 능력 향상에 미치는 전이효과도 상당히 큰 것으로 알려져 있다. 뿐만 아니라 소리와 같은 언어적 의사전달 수단만을 활용하는 음성매체와는 달리, 영화와 같은 영상매체는 표정과 몸짓 등의 비언어적(non-verbal) 의사 전달 수단까지 모두 활용할 수 있는 진정성이 높은 학습 자료일 뿐 아니라, 사실적인 영상을 통해 영어권의 일상생활을 경험할 수도 있으며, 대본과 영상을 적절히 활용할 경우 듣기, 말하기, 읽기, 쓰기 능력을 동시에 향상시킬 수 있는 장점을 지니기 때문이다.

이 과목을 택한 또 하나의 중요한 이유는 대규모 온라인 강좌에 비해 강의 여건이 비교적 양호하여 웹 기반 강의의 한계를 어느 정도 극복할 수 있으리라는 데에 있었다. 웹 기반 강의임에도 수강인원이 20명 내외에 불과했고, 수강생들과의 의사소통을 도와줄 시간강사급의 전담 튜터가 배정되어 있어서 면대면 수업에 비해 부족하기 마련인 웹 강의의 상호작용을 충분히 보완할 수 있을 것으로 판단했다. 수강은 기본적으로 온라인으로 이루어졌지만 세 차례의 오프라인 세미나도 동시에 개최하였으므로 온라인 수업과 오프라인 수업의 장점을 모두 취할 수 있는 가능성도 있었다. 물론 아래에 제시한 〈영상영어세미나〉

는 대학원생을 대상으로 하는 강의의 특성상 학습 분량이 다소 많고 영화에 대한 전문적이고 학술적인 내용이 포함되어 있어서 학부나 초중등학교의 수업에 바로 적용하기는 어렵다. 그러나 강의 내용 중에서 영화를 통한 청취력 향상 연습 부분을 중심으로 학생들의 수준에 맞게 취사선택하여 강의를 구성한다면 학부생이나 초중등학생을 대상으로 하는 온라인 강의나 면대면 교실 수업의 보조 자료로 활용하는 것도 충분히 가능할 것이다.

1) 강의 구성

〈영상영어세미나〉는 2008년 1학기부터 대학원 신입생들을 위한 웹 기반 강의로 운영하였으며, 일차적인 수업목표는 영화를 통한 영어 청취력 향상이라는 의사소통 능력 함양에 두었다. 그러나 실질적이고 진정한 의사소통 능력은 단순히 영화에서 사용되는 영어 표현을 익히는 것만으로 갖출 수 있는 것은 아니다. 의사소통의 매개체인 '영화'가 지닌 여러 가지 특징을 이해해야 하고, 영화에 등장하는 인물들의 삶과 그들의 문화를 제대로 파악해야만 영화에 표현된 텍스트를 충실하게 이해할 수 있다. 영화에 제시된 개별 텍스트에 대한 정확한 이해뿐 아니라, 그러한 개별 텍스트들이 맞물리며 형성하는 콘텍스트(context)를 제대로 이해하기 위해서도 해당 언어권의 삶과 문화에 대한 이해가 필수적이다. 이를 위해 〈영상영어세미나〉에서는 영상매체로서의 영화가 지닌 다양한 특징(영상매체의 특징, 영상언어와 일상언어의 차이, 과학기술의 발전과 영화), 다른 예술 분야와의 관련성(영화의 장르, 문학작품과 영화, 영화와 저자, 원작과 영화, 영화와 관객), 영화에 표현된 문화적 요소(영화와 문화, 영화와 세계화) 등을 각 주차별 주제로 선택하여 15주 동안 강의를 진행했다.

〈영상영어세미나〉는 이러한 주제를 중심으로 각 주마다 크게 나

[그림 1] 동영상 강의 화면

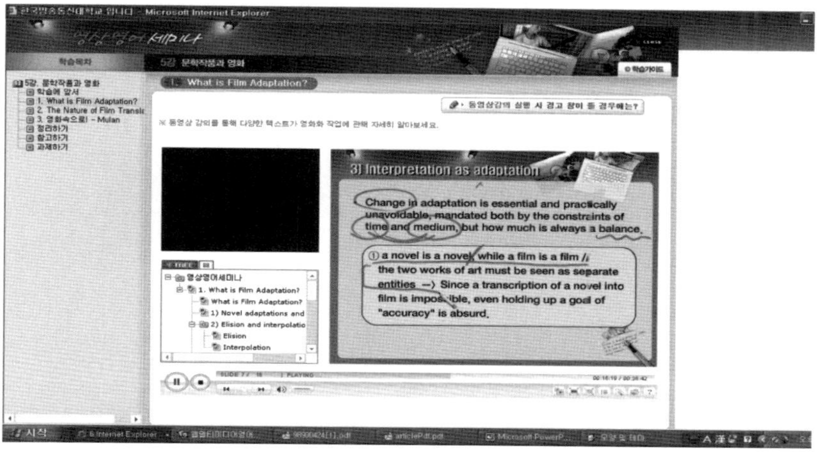

누어 세 부분의 강의로 구성하였다. 첫 번째 부분은 각 주차의 주제와 관련된 인문적 소양을 갖추는 데 도움이 될 학습 내용을 동영상 강의로 제공하였는데([그림 1] 참조), 파워포인트로 사전 제작한 파일을 화면에 제시하고 그래픽 펜으로 컴퓨터의 화면에 판서하며 설명하는 방식으로 진행되었다.

두 번째 부분은 각 주제와 관련된 논문을 읽으며 논리력과 사고력 및 고급 독해력을 기르는 과정으로, 대략적인 내용을 설명한 음성강의를 들은 다음 학생들 스스로 주어진 글을 읽고 그 내용을 이해하도록 유도하였다. 마지막 세 번째 부분에서는 영화를 통해 원어민의 실제 발화 속도와 거의 동일한 상황에서 청취력 향상 연습을 실시하였다. 2-3분 정도 분량의 동영상을 보면서 아래쪽에 제시한 스크립트의 빈칸을 채우는 방식으로 진행하였으며, 청취력 향상 연습의 속성상 여러 차례 반복 학습이 요구되는 만큼 빈칸을 채울 스크립트는 두 종류를 제시하여 적극적인 반복학습을 유도하였다.

[그림 2] 영화를 통한 영어청취력 향상 연습 화면

아울러 해당 부분을 제대로 이해했는지 확인하기 위한 단답형 혹은 선다형 확인학습 문제를 "퀴즈"로 제시하였는데, 대화의 내용 파악 여부를 확인하는 간단한 문제뿐 아니라, 등장인물의 성격을 묻는 문제(예: 이 장면에서 드러나는 Joe의 성격을 간략하게 설명해 보시오.)나, 주어진 말에 담긴 의미를 파악하는 문제(예: Eliza가 한 말 "I wouldn't marry you if you asked me and you're nearer my age then what he is."로 미루어 보아 Eliza가 Higgins 교수에게서 바라는 것은 무엇인가?)도 포함시킴으로써 텍스트의 표면적인 의미를 넘어서 이면에 담긴 내용을 파악할 것을 유도했다. 스크립트 바로 위에 있는 "Script 1", "Script 2", "Quiz" 아이콘을 클릭하면 아래쪽 화면이 바뀌도록 되어 있고, 중요한 표현이나 학습이 필요한 어휘는 오른쪽에 있는 "Useful Expressions" 아이콘을 클릭하면 팝업창이 뜨게 되어 있어서 쉽게 확인할 수 있게 구성하였다. 청취력 향상 연습을 위한 영상자료로는 로맨틱 코미디(*You've Got Mail*), TV 연속극(*Lost*), 만화영화(*Mulan*), SF 영화(*The Matrix*), 그리고 문학작품을 영화화한 판본(*My Fair Lady*) 등의 다양한 장르의 자료를 활용하였으며, 각 주차별 강의 내용 및 토론 주제와 연관된 자료를 제시함으로써 세 부분의 강의 사이의 연관성을 높이려 했다. 대학원생들을 대상으로 하는 〈영상영어세미나〉의 특성상 다양한 장르의 영화를 통한 학습을 시도하였지만, 수강생의 수준이나 강의 목표에 따라서 특정한 장르의 영화를 중심으로 강의를 구성할 수도 있을 것이다. 이러한 본 강의 앞에는 해당 주차의 강의 내용, 교육 목표 및 주요 용어 등을 제시하였고, 강의의 끝 부분에는 정리하기, 참고문헌, 강의록 다운로드 등의 항목을 배치하여 선수학습과 심화학습을 유도하였다.

〈영상영어세미나〉 강의에서 가장 중점을 두었던 것은 웹 강의의 한계를 보완하기 위해 부과한 번역 및 에세이 과제, 그리고 토론과제였다. 번역과제는 해당 주차에 학습한 내용에 대해 산문번역과제와 영상번역과제를 각각 3-5개 제시하였고, 각 주차 강의 내용 중에서 중요한 주제를 3-5개 선정하여 에세이과제로 부과하였다. 수강생들은 3주 단위로 산문번역, 영상 번역, 에세이 과제 중에서 매주 하나씩 번갈아 제출해야 했으므로, 각 주차당 10여 개의 과제 중에서 하나씩을 담당하게 되었다. 토론 과제도 매주 부과하였는데, 자신이 담당하지 않은 분야의 과제(산문번역 과제를 제출했으면 영상번역 과제나 에세이 과제)에 대해 동료들의 과제를 읽고 게시판에 장점이나 단점 혹은 개선사항을 올리도록 하는 피어리뷰(peer review)의 형식으로 이루어졌다. 이는 자신이 담당하지 않은 나머지 과제도 충실히 학습하도록 유도하기 위해서였으며, 텍스트 내용에 대한 논의과정을 통해 스스로 오류를 수정하고, 다양한 시각에서 텍스트에 접근함으로써 비판적 사고력을 향상시킬 수 있는 기회를 가질 수 있으리라 여겼기 때문이다.

그 외에 3-5명이 한 조가 되어 작성하는 그룹과제를 2개 부과했다. 하나는 단편소설이나 설화 등의 소재를 골라 영화 스크립트와 비슷한 형식의 대본을 작성하고, 그 내용을 동영상을 만들어 제출하거나 오프라인 과목세미나에서 직접 연기하도록 하는 과제였다. 이 과제는 학습자들로 하여금 영화라는 매체의 제작과정에 대한 이해를 높일 수 있을 뿐 아니라, 그 과정에서 영화나 연극에 표현된 다양한 표현 수단과 기법 등의 텍스트를 충실하게 이해할 수 있으리라 생각했기 때문이었다. 또 다른 그룹과제는 수강생들이 대상 학습자를 직접 선정하여 영화를 활용한 효율적인 영어능력 향상 방안을 제출하게 하였다. 이 과제는 이 강의에서 활용한 학습 방법의 장단점을 파악함으로써 나름의 효율적인 방안을 찾게 하기 위해서였다. 그룹과제는 여러 명이 공동으로 작업을 수행해야 하기 때문에 원격교육 기관의 학생들에게 부과하기에는 다소 부담스러울 수 있으나, 학습자들 간의 상호작용을 활성화하고, 수강한 내용을 응용하여 활용하는 능력을 길러주기 위해 부과하였다.

2) 강의 수강

웹 기반 원격교육은 학습자가 각기 다른 장소에서 수강하는 것을 전제로 하지만, 같은 시간에 접속하여 학습하게 되는 경우와 시간에 구애받지 않고 학습자가 원하는 시간에 자유롭게 접속하여 수강할 수 있는 두 가지 방식으로 나뉜다. 〈영상영어세미나〉는 공간과 시간 모두에서 제약을 두지 않는 비동시적(asynchronous) 수강방식을 택했는데, 예상대로 수강생들은 자신이 원하는 시간에 강의를 들을 수 있는 것을 웹 강의의 가장 큰 장점으로 꼽았다. 그러나 웹 기반 원격 강의의 이런 장점은 학습자의 자기 절제(self-discipline)와 의욕(initiative)이 부족할 경우 가장 큰 결점이 될 수도 있다(Kearsley 41). 실제로 학기가 시작된 지 2-3주 이내에 직장 등에서의 바쁜 일정을 이유로 수강을 포기한 학생이 전체의 4분의 1가량인 7명에 이르렀다. 이는 교수자나 동료 학습자로부터 지속적인 자극을 받을 수 있는 면대면 수업과는 달리, 웹 기반 학습에서는 학습자 본인이 적극적인 학습 의욕을 지니지 않을 경우 학습의 포기로 이어질 수 있는 가능성이 훨씬 높다는 것을 잘 보여준다.

학습 과정에서 학습자들은 수강과 과제제출 및 토론을 동시에 해야 하는 것에 대해 큰 부담을 호소하였다. 이에 따라 중간시험(8주차) 이후에는 강의 수강과 과제제출은 해당 주에, 토론은 그 다음 주 초에 하는 것으로 변경함으로써 수강생들의 심리적인 부담을 덜어주었으며 결과적으로 학습의 효율성도 높일 수 있었다. 과목 세미나와 워크숍을 통해 확인한 바에 따르면 수강생들은 영어를 우리말로 옮기기만 하면 되는 번역과제보다는 학습한 내용을 활용하여 자신의 생각을 논리적으로 기술해야 하는 에세이 과제를 부담스러워하는 경우가 많았다. 동료들의 과제에 대해 평가해야 하는 토론 과제에 대해서도 상당히 부담스러워했지만, 학기가 끝난 후에 가진 간담회에서는 동료들의 글이 지닌 장단점을 판단하는 과정에서 과제에 대한 이해를 높일 수 있었다는 평가가 많았다.

강의를 수강한 정도를 나타내는 진도율의 경우 89.5퍼센트로 상당히 높게 나타났다. 이 수치는 각 주차별 수강항목 중에서 여러 차례 반복 수강한 경우는 반영하지 못하기 때문에, 실제 수강 시간은 훨씬 길었다. 간담회를 통해 확인한 결과, 많은 학습자들은 매일 1시간 이상 규칙적으로 학습한 것으로 나타났으며, 주중에 규칙적인 학습을 하지 못한 학습자들은 주말을 적극적으로 활용하여 매주 7시간 이상 학습한 것으로 나타났다. 특히 영화를 통한 청취력 향상 연습 섹션인 "영화 속으로"를 수강한 비율이 다른 부분에 비해 훨씬 높았고 반복 수강도 많은 편이었다. 그러나 10여 차례 이상 반복 학습해야 애초에 기대한 수준의 청취력 향상을 기대할 수 있었지만, 3-4회 정도 학습하는 데 그친 학습자도 있어서 다소 아쉬웠다. 이에 비해 심화학습을 유도하는 섹션인 "참고하기"는 가장 낮은 수강률을 보였고, 각 주차의 학습 내용을 간단히 정리하는 "학습에 앞서"와 전체 강의 내용을 되짚어보는 "정리하기"의 경우도 수강률이 낮은 편이었다. 이러한 부가항목들은 학습과정을 조직화하고 학습의 효율을 높이기 위해 포함시켰지만, 전체적으로 수강이 저조했을 뿐 아니라, 본 강의와 내용이 중복되기 때문에 수강 여부가 학업 성취도에 큰 영향을 미치지는 못했다.

개인별 과제 제출과 토론은 마지막까지 강의를 수강한 17명의 수강생들에게 각각 11회씩 부과하였으며, 과제와 토론 모두 미제출 건수가 7건씩에 불과하여 미제출 비율은 3퍼센트에 불과했다. 이는 수강생들이 적극적인 학습 의지를 지니고 있었기 때문이라 볼 수 있지만, 과제 제출을 성적에 반영한다고 공지한 것도 효과가 있었던 것으로 보인다. 그룹과제의 경우에는 총 17명의 수강생 중에서 2명이 두 차례의 그룹과제에 모두 참여하지 않았는데, 그중 1명은 제주도에 거주하는 지역적 특성 때문이었고, 나머지 1명은 직업군인이라는 부득이한 사정 때문이었다. 첫 번째 그룹과제는 중간시험 직후에 개최한 과목세미나에서 발표하는 기회를 가졌다. 총 5팀 가운데에 3팀은 동영상을 제작하여 제출하였으며, 1팀은 보이스 액팅(voice acting), 나머지 1팀은 소품을 활용한 공연을 실시했다. 학기 초에 일부 수강생들은 여러 명이 모여서 과제를 작성해야 하는 그룹과제에 대해 불만을 표출하기도 했다. 그러나 과목세미나에 참석한 이후에 열린 간담회에서는 이러한 과정을 통해서 영화의 제작과정을 좀 더 깊게 이해할 수 있었으며 동료들과의 유대감도 높일 수 있었다고 전반적으로 긍정적인 평가를 내렸다. 두 번째 그룹과제는 대체로 불성실하게 작성하여 제출하였는데, 이는 제출 마감시한이 기말시험을 치른 후여서 학생들의 긴장감이 떨어진 것이 중요한 이유가 되었던 것으로 보인다.

3) 강의 운영

〈영상영어세미나〉의 강의 여건은 다른 온라인 강의에 비해 상당히 양호한 편이었다. 전담 튜터가 배정되어 있어서 전반적인 강의 운영을 담당했으므로 수강생들은 자유롭게 질의응답을 할 수 있었다. 면대면 교육에서처럼 같은 시간에 함께 모여 수업을 들을 수는 없지만, 정해진 시간에 전화로 수업 내용에 대해 질문할 수도 있었고, 긴급하지 않은 사항은 과목 홈페이지에 마련된 "쪽지함"을 통해 담당교수와 튜터에게 연락할 수도 있었다. 기한 내에 과제나 토론을 제출하지 않은 수강생들에게는 튜터가 직접 이메일 혹은 전화로 제출을 독려하기도 했고, 토론 게시판에서는 튜터가 수강생들의 토론에 개입하여 토론의 방향을 제시하기도 했다. 두 차례 실시된 과목세미나와 워크숍을 통해 직접 만나서 과목 전반에 대해 논의할 수 있는 기회도 있었다.

이처럼 다양한 방법으로 상호작용을 시도하고 피드백을 제공할 수 있는 여건이 조성되어 있었지만, 온라인 강의의 한계는 극복하기가 쉽지 않았다. 웹 기반 온라인 강의의 특성상 수강생들이 게시판을 통한 토론에 적극적으로 참여하지 않으면 바람직한 상호작용을 기대하기 어려운데, 일부 수강생들은 토론을 단 한 차례 올리는 것만으로 자신의 책임을 다했다는 태도를 보이는 경우가 있어서 아쉬움이 남았다. 토론은 학습자의 지식 습득에 도움이 될 뿐 아니라, 자발적인 참여를 유도함으로써 학습의 질을 높일 수 있고, 논거와 자료를 평가하는 비판적 사고력을 향상시킬 수도 있다(정재찬 외 365). 또한 서로간의 적극적인 의견 교환을 통해 개선방향을 찾을 수도 있고, 논의 과정의 문제점을 해결할 수도 있는 장점이 있다.

[그림 3] 토론 게시판 예시

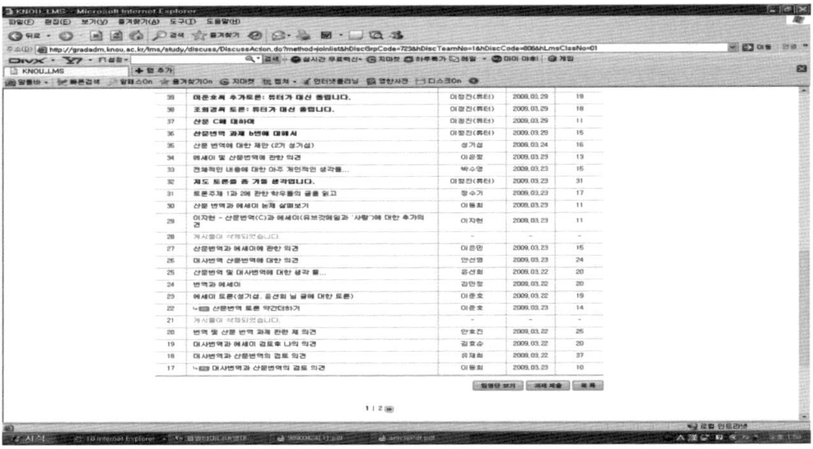

면대면 교실 수업에서의 토론은 직접적인 참여가 가능하고 찬반 의견을 실시간으로 제시할 수 있는 장점이 있지만, 수동적이고 내향적인 성향을 지닌 학습자는 성공적인 학습을 해내지 못할 가능성이 높다(권수현 23). 이에 비해 게시판으로 이루어지는 웹 기반 학습 환경하에서의 토론은 면대면 교실 수업의 장점을 구현하기 어렵다는 한계가 있지만, 상대방의 의견을 꼼꼼히 파악한 다음 자신의 견해를 체계적으로 정리하여 제시할 수 있는 장점을 지닐 수 있다. 따라서 이번 강의에서 면대면 수업의 상황과 비교적 유사한 실시간 온라인 채팅과 게시판 토론을 복합적으로 활용했다면 두 가지의 장점을 적절히 취하는 긍정적인 결과로 이어질 수도 있었으리라는 아쉬움이 남는다.

수강생들이 이 강의에서 가장 아쉬워했던 점은 번역 및 에세이 과제에 대한 피드백이 부족했다는 것이었다. 튜터가 직접 토론에 개입하여 학생들에게 논의의 방향을 제시하였고, 과제제출과 토론이 마무리된 이후에 강의 담당 교수가 과제와 토론에서 아쉬웠던 부분과 바람직한 부분에 대해 전체 학생을 대상으로 피드백을 제시했지만, 그 정도로는 수강생들의 요구를 충족시키기가 어려웠다. 15주에 걸친 긴 기간 동안 과제제출과 토론이 진행되는 과목의 특성상 수강생에 대한 개별적인 피드백을 제공하기 어려웠던 점 때문에 동료들과의 토론이라는 보완장치를 도입했고, 이를 통해 교수자의 피드백을 어느 정도 대신할 수 있으리라고 예상했지만, 학생들은 담당교수나 튜터로부터 직접 피드백을 받는 것을 더 선호했다. 그 이유로는 과제제출과 토론 등의 학습을 해나가는 과정에서 자신들이 제출한 과제나 토론의 내용이 옳은지에 관해 확신을 지니지 못하기 때문이라고 응답한 학생들이 많았다. 그러나 웹 기반 강의에서 교수자가 지나치게 개입할 경우에는 학생들의 자발적인 학습을 방해할 수 있기 때문에 과연 어느 정도의 개입이 적절한지에 대해서는 대상학생과 학습의 성격을 감안하여 교수자가 적절히 판단하여야 할 것이다.

4. 반성과 제언

〈영상영어세미나〉는 청취력 향상을 위한 연습뿐 아니라, 영화라는 예술 장르에 대한 이해 및 학문적 소양을 함께 기르는 방향으로 강의를 구성하여 운영했다. 웹 기반 학습 환경 이전까지 초창기 원격교육에 활용되었던 활자화된 문서자료, 강의가 녹음된 음성자료뿐 아니라 최근에 많이 사용되는 동영상 자료에 이르기까지 다양한 원격교육 매체들은 강의 내용을 일방적으로 제시하는 데에 그쳤으며 외국어 학습에서 필수적인 요소인 지속적인 반복 학습을 실시하기에는 부적절한 면이 많았다. 반면 〈영상영어세미나〉와 같은 웹 기반 강의는 쌍방향 의사소통이 가능할 뿐 아니라, 다양한 상황에서의 반복학습이 가능하다는 장점을 지닌다. 특히 〈영상영어세미나〉는 웹 기반 강의임에도 비교적 소규모의 학생을 대상으로 운영되었으므로 원격교육의 가장 큰 한계인 상호작용의 부족을 충분히 극복할 수 있을 것으로 판단하고, 과제와 토론을 통한 수강생들과의 상호작용을 최대한 활성화하는 방향으로 강의를 구성하고 운영하려고 노력했다. 그러나 실제로 교과목을 운영해본 결과 온라인 강좌의 성공적인 운영을 위해 해결해야 할 문제점은 여전히 남아 있었다. 여기서는 교수자의 강의 제작과 운영, 그리고 학습자의 강의 수강이라는 두 가지 측면에서 그러한 문제점을 살펴봄으로써 성공적인 웹 기반 강의 구성을 위해 고려해야 할 사항을 확인하고자 한다.

웹 기반 강의는 면대면 교실 수업에 비해 훨씬 많은 인력과 비용 그리고 노력이 필요하지만, 시간 및 공간의 제약 없이 프로그램에 접근할 수 있으며 여러 차례 반복 사용할 수 있고 다양한 학습 매체를 활용할 수 있는 장점이 있으므로 '실용영어' 교육을 위한 유용한 강의 방식이 될 수 있다. 그러나 〈영상영어세미나〉를 운영해 본 결과, 웹 기반 강의의 약점이자 면대면 수업의 강점인 상호작용에 있어서는 그 한계를 극복하기가 쉽지 않았다. 상호작용의 유일한 통로인 토론은 주어진 텍스트의 표피적인 이해를 넘어서는 심층적인 이해를 위해 필수적인 요소이며 이 강의를 개발하면서 가장 주안점을 둔 부분이었기 때문에 토론이 활성화되지 못한 것은 무척 아쉬웠다. 문학 분야의 교과목이건 실용영어 관련 교과목이건 학습의 대상이 되는 텍스트를 이해하고 활용하는 것을 기본 목적으로 하기 마련인데, 교수자와 학습자의 상호작용이 부족할 경우 기계적인 학습에 그치는 부정적 결과로 이어질 수 있기 때문이다.

튜터와 수강생들이 함께 참석한 세 차례의 간담회를 통해 분석해 본 결과 이러한 문제에 대한 개선방안은 대략 다음과 같다. 우선, 온라인 강의의 유일한 상호작용 수단인 질의응답이 자유롭게 이루어질 수 있도록 분위기를 활성화시키는 것이 무엇보다 중요할 것으로 지적되었다. 질문에 대해 간단히 답변하는 그런 일방적인 의사소통의 공간으로 게시판을 활용할 것이 아니라, 지속적으로 학생들의 흥미를 자극하고 쌍방향 의사소통을 통해 학생들의 사고력을 함양시키는 방향으로 활용할 수 있도록 지속적으로 노력해야 할 것이다. 특히 표면적인 의미를 넘어서서 다른 문화적 요소를 인유(allusion)하는 대사 혹은 추론을 요하는 경우나 사고력과 논리력이 요구되는 경우에는 그때그때 적절히 개입하여 학습의 흐름을 조정하고 적절한 반응을 유도하는 것이 바람직하다. 물론 그 경우에도 즉시 해답을 제시하기보다는 학생들 스스로 해답을 찾을 수 있도록 유도하고 조금씩 단서를 제시하면서 논의를 이끌어가는 것이 학습의 자발성 및 효율성 면에서 훨씬 바람직한 결과로 이어질 수 있다. 면대면 수업의 보조자료로 활용할 경우에는 큰 문제가 되지 않겠지만, 웹 강의로만 이루어지는 경우라면 담당교수가 수강생들의 토론에 적극적으로 개입해야 할 것이다. 기술적인 문제만 해결된다면 실시간 온라인 채팅과 게시판 토론을 병행하는 것이 훨씬 효율적일 것으로 판단된다.

한편, 〈영상영어세미나〉를 모두 수강한 후 학생들이 보여준 반응에서는 웹 기반 강의의 한계가 여실히 드러났다. 강의 내용과 강의 방식에 대해 수강생들은 대체로 긍정적인 평가를 내렸지만, 몇 가지 아쉬웠던 사항에 대한 지적도 찾아볼 수 있었다. 아래에 제시한 한 학생의 글에서는 〈영상영어세미나〉와 같은 웹 기반 강의가 지닌 한계와 위험이 잘 드러난다.

> 영상영어세미나에 대한 기대가 참으로 컸다. 어느 과목보다 자신이 있었다고나 할까? (…) 전체적인 영화 감상보다는 듣기용 토막 영상이라서 사실 개인적인 기대가 무너진 학습이었다고 할 수 있다. (…) 그런데도 가장

중요한 학습 부분을 자습으로 할당했다는 것에 아쉬움도 있다.

물론 이 학생은 웹 기반 강의에서 충분히 예상되는 그런 문제점에 대해 타당한 지적을 한 셈이지만, 대부분 이 강의의 오리엔테이션 시간에 충분히 설명하고 학생들의 적극적인 노력을 촉구했던 사항들이라는 점에서 많은 아쉬움이 남는다. 1시간 30분에서 2시간에 이르는 분량 전체가 하나의 플롯을 구성하는 영화의 특성상 학생들에게 미리 그 영화의 배경과 의미를 소개했고, 학생들의 이해를 돕기 위해 간략한 줄거리도 제시했으며, 가능하면 미리 영화를 구해서 작품 전체를 감상할 것을 권유했었기 때문이었다. 이러한 사전 노력에도 불구하고 일부 학습자가 이러한 반응을 보인 것은 웹 기반 강의에서 성공적인 학습을 유도하기 위해서 학습자의 적극적인 참여 의식과 직접적인 상호작용이 얼마나 중요한지를 여실히 보여준다고 할 수 있다.

이 학생이 청취력 향상 연습 부분을 자습으로 받아들였다는 점도 비슷한 맥락에서 유의할 필요가 있다. 대학원 학생들을 대상으로 하는 과목의 특성상 자율적인 반복학습이 무엇보다 중요하다는 점을 여러 차례 강조했고, 이를 위해 스크립트를 2종류 제시했으며, 각 동영상을 제시하면서 간략하게나마 그 부분의 흐름과 줄거리를 제시했다. 또한 "전쟁에 참전하기 위해 남장을 하지 않을 수 없었던 뮬란(Mulan)처럼 우리 사회에는 사회적 약자들(동성애자, 여성, 외국인 등)을 차별하는 많은 제약이 있다. 그중에서 가장 중요하다고 생각하는 것 하나를 골라서 그 문제점을 구체적으로 밝히는 에세이를 쓰시오."와 같은 과제를 부여하고 이를 토론에도 활용했음에도 이러한 학습활동을 자습으로 느꼈다는 것은 교수자가 조금이라도 주의를 소홀히 하면 상호작용이 부족하다는 느낌을 주기 쉬운 웹 기반 강의의 어려움을 절실히 보여주고 있기 때문이다.

그러나 웹 기반 강의가 지니는 이러한 태생적인 한계보다도 훨씬 큰 문제는 '실용영어'에 대한 학생들의 인식을 바꾸는 일이었다. 강의가 시작될 무렵에 학생들은 소위 '실용'적인 능력을 향상시키는 데에만 집중하려는 경향을 보여주었는데, 이는 한 학기 강의가 마무리된 후에 학생들이 보인 반응에서도 확인할 수 있었다. 시험, 과제, 토론 등 거의 모든 분야에서 최상위권의 활동을 보여준 한 학생은 강의가 끝난 후 "〈영상영어세미나〉 강의는 제가 처음 생각했던 방향과 약간 달라서 4월까지 마음과 머리가 많이 복잡했었어요. 제가 워낙 지식의 범위가 좁은 터라 이론 다룰 때 너무 어렵더라구요."라는 쪽지를 보내왔는데, 이는 이 과목에서 이 학생이 처음 기대한 것이 청취력 향상에 집중되어 있었음을 잘 보여준다고 할 수 있다. 물론 학생들의 이러한 성향은 영어권 문화에 대한 이해가 텍스트의 정확한 이해에 도움이 되는 것을 직접 경험하면서 어느 정도 개선되기는 했다. 간담회에서 많은 학생들이 〈매트릭스〉에 기독교, 불교, 그노시스교(Gnosticism) 등의 다양한 종교와 데카르트(Rene Descartes)와 보드리야르(Jean Baudrillard) 등의 철학에서 따온 이미지와 사상이 포함되어 있다는 것을 알게 되면서 텍스트를 훨씬 충실하고 정확하게 이해할 수 있었따는 평가를 내리기도 했다.

그러나 이러한 학습 효과가 학생들로 하여금 인문적 소양을 함양하기 위한 내용에 대한 적극적인 학습으로 이어지지 못했던 점은 다소 아쉬웠다. 진정한 의미에서의 '실용영어'가 무엇인지에 관해 여러 차례 언급했고 다양한 정보와 지식의 습득을 통해 텍스트를 더 충실하게 이해할 수 있다는 것을 실제로 경험했음에도 '실용영어'에 대한 학생들의 인식을 전환하기에는 많은 어려움이 있었던 것이다. 이는 지나치게 협소한 '실용영어'의 개념이 우리나라 사회 전반에 집요하게 자리잡고 있음을 잘 드러내며, 이러한 인식을 전환하기 위한 노력이 얼마나 절실해야 할지를 잘 보여준다. 어쩌면 '실용영어' 교육의 성공 여부는 '실용영어'의 진정한 의미에 대한 인식을 어떻게 바꾸느냐에 달려 있다고도 볼 수 있을 것이다.

참고문헌

권수현. 「블렌디드러닝 기반의 토론 학습을 위한 토론 도우미 시스템 설계 및 구현」. 『한국컴퓨터 정보학회』 15.2(2007): 19-28.

김성연, 김원기. 「학습자 자율성과 실용영어능력에 관한 연구」. 『영어교육연구』 17.3(2005): 107-129.

엄용희. 「대학 영어교육의 방향: 교양영어냐 실용영어냐」. 『안과밖』 12(2002): 33-40.

정재찬 외. 「국어과 토의 · 토론 학습의 수업모형 개발연구(1)」. 『선청어문』 26.1(1998): 359-414.

Fromkin, Victoria & Robert Rodman. *An Introduction to Language*. New York: Holt, Rinehart and Winston, 1983.

Holmberg, B. *The Evolution, Principles and Practices of Distance Education*. Oldenberg: Bibliotheks-und Informationssystem der Universität Oldenburg, 2005.

Kearsley, Greg. "Is Online Learning for Everybody?" *Educational Technology* 42.1(2002): 41-44.

Rivers, W. M. and Mary S. Temperley. *A Practical Guide to the Teaching of English as a Second or Foreign Language*. New York: Oxford University Press, 1978.

찾아보기

*영화명과 드라마명은 책명과 구분하기 위해 색인에서 〈 〉로 표시하였다.

ㄱ

ㅁ

ㅂ

ㅅ

ㅇ

ㅈ

ㅊ

ㅋ

ㅌ

ㅍ

ㅎ

Abstract

Toward a Humanist Reorientation in English Language Education in Korea

The English language education in Korea is a phenomenon that goes far beyond the bounds of a common educational subject or a mere pastime in culture. Historically, the power of the language was commonly felt in three major East Asian countries although its influence in Korea was more or less filtered by the intervening colonial Japan. Reflecting the prominent American role in the area, post-colonial Korea began to spend much concerted educational energy in the learning of the privileged language. The effort has always been strenuous but beyond a degree of slow progress the result was never satisfactory for the simple reason that their target is a foreign tongue with limited use in practical life. Despite this innate limit, society at large demanded not necessarily in silence greater strenuousness on the part of students or general public. Meanwhile, a great deal of academic energy has gone to the theories of teaching and art of pedagogy. I dare to conjecture that Korean students could possibly already have reached their maximum point in collective achievements.

Nevertheless, though the guiding spirit coming from current theories appears to be rational and practical and even human, they may still be overly rooted in the second language teaching theories to the neglect of the distinct concept of foreign language, thereby possibly harming some significant dimension of humanity in education. On the basis of this incongruence and supported by some indirect social indices, *Toward a Humanist Reorientation in English Language Education in Korea* suggests that for the concerned scholarship and pedagogy in Korea it is time to go back to some fundamental principles of human ways in education that ought to inform the practical pedagogy of English as a foreign language and imagine a new philosophy fit for the second developmental chapter of English education in Korea.

김길중
서울대학교 영어교육과 명예 교수.
「영어교육에서 텍스트의 의미」, 『외국어교육연구』 6(2003).
"Reading Joyce in the Other Word/World," *James Joyce Journal* 12.2(2006).
『고등영어 1, 2』, 서울: 지학사, 2009(공저)

신문수
서울대학교 영어교육과 교수.
『모비딕 읽기의 즐거움』, 서울: 살림, 2005.
『타자의 초상: 인종주의와 문학』, 서울: 집문당, 2009.
『시간의 노상에서 1, 2』, 서울: 솔출판사, 2010.

김재오
영남대학교 영어영문학과 교수.
『유럽적 보편주의: 권력의 레토릭』, 서울: 창비, 2008(역서).
『윌리엄 모리스: 낭만주의자에서 혁명가로』, 서울: 한길사, 2012(공역).
「고통, 쾌감, 그리고 공감의 문제: 워즈워스의 시론과 시를 중심으로」, 『안과밖』 32 (2012).

강규한
국민대학교 영어영문학과 교수.
「지방대학 교양영어교육의 효율성 제고 방안 연구」, 『언어연구』 22.1(2006)(공저).
「워즈워스 시 가르치기와 생태의식의 확장」, 『영미문학교육』 14.1(2010).
「인간과 동물 사이: 아동문학의 동물 형상화」, 『영어영문학』 56.1(2010).

조자룡
서울국제고등학교 영어 교사.
"Native and Non-native English Raters' Use of Assessment Criteria in the Evaluation Process of English Compositions by Korean High School Students," 서울대학교 석사학위 논문, 2003.

High School English, 서울: 금성출판사, 2009(공저).
High School English I, II, 서울: 금성출판사, 2010(공저).

윤미정
신서고등학교 영어 교사.
Middle School English, 서울: 두산, 2003(공저).
『윌리엄 블레이크 인간관 연구』, 서울대학교 박사학위 논문, 2005.
High School English, 서울: 두산, 2009(공저).
High School English I, II, 서울: 두산, 2010(공저).

이진경
대구가톨릭대학교 영어교육과 교수.
『언어교육의 원리와 교수법』, 서울: 도서출판 하우(2002)(역서).
「사범대학 영어 예비교사들의 외국어학습에 대한 신념 연구」, 『교사교육연구』 52. 3(2013).

정종호
신도림고등학교 영어 교사.
「고등학교 영어읽기수업에서 수업과정협상이 학생들의 역할의식, 학습동기 및 읽기능숙도에 미치는 영향」, 서울대학교 석사학위 논문, 2003.

김은실
수원외국어고등학교 영어 교사.
「현행 고등학교 영어수업에서 문학텍스트 활용방안에 관한 연구」, 서울대학교 석사학위 논문, 2009.

조광순
아주대학교 영어영문학과 교수.
Emblems in Shakespeare's Last Plays, Lanham, Maryland: University Press of America, 1998.
『줄리어스 시저 작품해설 및 주석』, 서울: 건국대학교출판부, 2005.
『오셀로』, 서울: 동인, 2009(역서).

김경한

한국교원대학교 영어교육과 교수.

「운율 지도를 위한 고등학교 내용중심 교재 단원 개발」, *Foreign Languages Education* 18.2(2011)(공저).

「고등학교 영어 이야기 글(Narrative texts) 평가 문항 개발」, *Studies in English Education* 17.2(2012)(공저).

「한국형 다독 교재 모형 개발」, *Foreign Languages Education* 20.2(2013)(공저).

이인기

전 명지대학교 방목기초교육대학 교수.

『유럽문화사 1』, 서울: 지와 사랑, 2003(공역).

『젊은 예술가의 초상』, 주석본, 서울: 다락원, 2007.

『영국소설 2』, 서울: 한국방송통신대학교출판부, 2007(공저).

강유나

서울여자대학교 교양영어 교수.

「가정법을 배우는 시간: The History Boys」, 『현대영미드라마』 23.1(2010).

『세일즈맨의 죽음』, 서울: 민음사, 2011.

「왕의 귀환: The Madness of George III」, 『현대영미드라마』 25.3(2012).

이원주

한국방송통신대학교 영어영문학과 교수.

『산호섬』, 서울: 주니어 파랑새, 2004(역서).

『뉴밀레니엄 시대의 영미 극작가 동향』, 서울: 동인, 2005(공저).

『화이트팽』, 서울: 파랑새, 2009(역서).